江西省"十四五"普通高等教育本科省级规划教材

21世纪应用型本科会计系列规划教材

AUDITING 2nd edition

审计学

第二版

胡淑娟 主编

东北财经大学出版社
Dongbei University of Finance & Economics Press
大连

图书在版编目（CIP）数据

审计学 / 胡淑娟主编．—2版．—大连：东北财经大学出版社，2024.1（2025.8重印）
（21世纪应用型本科会计系列规划教材）
ISBN 978-7-5654-5102-7

Ⅰ.审… Ⅱ.胡… Ⅲ.审计学-高等学校-教材 Ⅳ.F239.0

中国国家版本馆CIP数据核字（2024）第004351号

东北财经大学出版社出版
（大连市黑石礁尖山街217号 邮政编码 116025）
网 址：http://www.dufep.cn
读者信箱：dufep@dufe.edu.cn

大连市东晟印刷有限公司印刷 东北财经大学出版社发行

幅面尺寸：185mm×260mm 字数：576千字 印张：24.25
2024年1月第2版 2025年8月第2次印刷

责任编辑：孙晓梅 石真珍 周 晗 责任校对：刘贤恩
封面设计：原 皓 版式设计：原 皓

定价：65.00元

教学支持 售后服务 联系电话：（0411）84710309

如有印装质量问题，请联系营销部：（0411）84710711

第二版前言

审计作为党和国家监督体系的重要组成部分，是推动国家治理体系和治理能力现代化的重要力量，在强国建设、民族复兴新征程上担负着重要使命。为了贯彻落实党的二十大精神，适应新时代经济社会高质量发展和全面建成社会主义现代化强国对审计人才培养提出的新要求，本教材编写组以习近平新时代中国特色社会主义思想为指导，根据国内外行业环境以及职业规范的最新变化，对2021年7月出版的《审计学》第一版进行了全面修订。

本教材的此次修订工作主要围绕以下三个方面的“新”展开：

（1）在知识传授上体现“新”。各章节内容均按最新发布的执业准则和职业道德守则以及相关的法律法规进行了修订，并引入了行业最新研究成果，以帮助学习者了解和掌握审计新理论、新技术和新方法。

（2）在价值塑造上体现“新”。对各章末“思政园地”的内容按照新时代注册会计师行业人才培养要求进行了修订，引入了最新审计工作相关会议和文件精神，着力提升学习者开展审计工作所应具备的思想政治素养。

（3）在配套网络教学资源建设上体现“新”。对与本教材配套的线上教学资源同时进行了修订和完善，使其能够实现与教材内容的融合，以便于教师开展线上线下混合式教学和学习者进行自主学习。

本教材由胡淑娟负责修订工作安排和最终定稿，由关书豪（第1章）、周骞（第2~5章）、胡淑娟（第6、7、9~14章）、董莎莎（第8章）、程鸣（第15章）共同修订完成。

本教材在修订过程中得到了相关任课教师的支持和帮助，九江学院管理学院2021级本科生占立威、邹丹等同学为本教材收集整理了相关的思政素材，在此一并深表感谢！

修订后的教材如果仍有错漏，恳请指正。

编　者

2023年10月

第一版前言

随着我国社会主义市场经济的快速发展，审计工作成为政府对市场经济进行宏观调控、强化经济监督以及发展社会事业的重要手段，社会公众对其关注度愈来愈高。为了适应现代社会经济发展的需要，我国高校在工商管理人才培养中纷纷将“审计学”作为专业课程，列入人才培养的专业课程体系。

由于“审计学”课程的综合性、理论性和技术性都比较强，加之为了适应经济环境和社会需求的变化，审计准则近年来进行了多次修订，这些都在一定程度上加大了老师教和学生学的难度。审计学教材作为教学中的重要因素之一，是整个教学活动顺利开展的基础和保障，对审计学课堂教学质量具有决定性、根本性、实质性的影响。本书以最新修订的注册会计师职业规范（包括审计准则、质量管理准则、职业道德守则等）为依据，以注册会计师审计为主线，侧重于审计的基本知识、基本原理和基本方法的讲解。本书共15章，分为四个模块：第一模块是职业信念，包括第1~3章，主要介绍审计的基本概念、注册会计师职业规范以及职业责任和法律责任，使学习者形成“以审计精神立身、以创新规范立业、以自身建设立信”的职业信念；第二模块是基本原理，包括第4~8章，主要介绍审计目标、审计证据、审计工作底稿、审计计划、审计抽样、风险评估及应对以及审计报告，使学习者了解并掌握审计的基本原理和方法；第三模块是实际应用，包括第9~12章，主要介绍销售与收款循环、采购与付款循环、生产循环、投资与筹资循环等财务报表循环审计，使学习者掌握从事审计实务工作的基本技能；第四模块是热点专题，包括第13~15章，主要介绍舞弊审计、内部控制审计和大数据审计技术与方法，使学习者了解并掌握目前实务中关注度较高的审计领域和最新技术。

本书在写作中着重突出以下几个特点：

（1）在层次结构上，体现先立职业信念、再养执业能力、后强综合素质的审计教学思路。

（2）在内容设计上，体现“价值塑造、知识传授、能力培养”的融合。本书在各章末设有“思政园地”和“拓展阅读资料”栏目，力求向学习者传达审计精神、创新规范和自身建设对从事审计工作以及行业发展的重要性，提升学习者的审计思维能力、创新能力和职业发展能力。

（3）在体例安排上，体现教材在教学和自学方面的适用性。每章章首有“学习目标”，章末有“本章小结”、“思政园地”、“拓展阅读资料”以及“自测题”（即测即评），这样的体例安排不仅有利于提高教学效果，而且能够满足学习者自学的需要，提高自学效率。

（4）在语言表述上，体现专业术语通俗化。本书力求用简明易懂的语言来表述审计专业术语，使初学者易于理解和掌握。

（5）在配套资源上，体现教材的信息化。本书主要章节配有网络教学资源，包括教学视频、课件和作业等，通过二维码扫码即可观看或使用，这可以满足信息化教学所需。

本书由胡淑娟负责拟定大纲和定稿，由关书豪、段春明（第1章），周骞（第2~5章），胡淑娟（第6、7、9~14章），董莎莎（第8章），程鸣（第15章）共同编写完成。

特别感谢东北财经大学出版社对本书出版的大力支持！本书在编写过程中，吸收了国内外广大专家学者的研究成果，同时九江学院管理学院2018级本科生章浩峰、周家欣、王昕等同学还为本书收集整理了相关的案例和思政素材，在此一并深表感谢！

由于编写时间仓促和编者水平有限，书中错漏在所难免，恳求读者提出宝贵意见。

编　者

2021年3月

目录

◎ 第一模块　职业素养 / 1

◎ 第四模块 热点专题 / 315

第一模块

职业素养

第1章　审计概述

【学习目标】

通过本章的学习，你要：

1. 了解审计的产生动因和发展历程；
2. 掌握审计的基本概念和审计监督体系的构成；
3. 理解各种审计类别和审计方法的关系；
4. 理解审计在公共治理和公司治理中的地位和作用。

1.1　审计的产生和发展

1.1.1　审计产生的动因

视频1　审计的产生和发展

审计作为一种经济监督活动，是社会经济发展到一定阶段的产物，并且会随着社会政治、经济、文化的发展而不断发展变化。审计活动的产生具有一定的客观基础。关于审计产生的客观基础，目前国内学者多采用经济关系论的观点，认为财产所有者和经管者之间的受托经济责任关系是审计产生的客观基础。

受托经济责任关系是财产经营权由委托者转移至受托者所引致的委托、受托双方相关权利、义务和责任的契约关系。在这种关系下，委托人为保护自身的经济利益，需要对受托人提供的报告的真实性以及履行受托责任的情况进行审核、检查，实行监督以便确认和解除受托责任。但是，由于经济关系的日益复杂和经济管理的客观需要，财产委托人由于能力、检查技术，以及法律、地域或经济等方面的限制，不能或无法亲自审核查实受托人的活动，而需要一个具有相对独立身份的第三者来进行检查和评价，这就是审计人员。因此，受托经济责任关系的存在是审计产生的客观动因。当审计人员介入受托经济责任关系之后，审计人员与受托责任双方就构成了如图1-1所示的审计关系。

从历史角度看，由奴隶主和封建主阶级掌管的国家为了维护其统治，必须向被统治者征收税赋，以维护国家机器的运转。国家统治者必须逐级委派官吏，征收、经营税赋。国家统治者作为授权人，征收、经营税赋的官员作为受托人，他们之间就存在一种受托经济

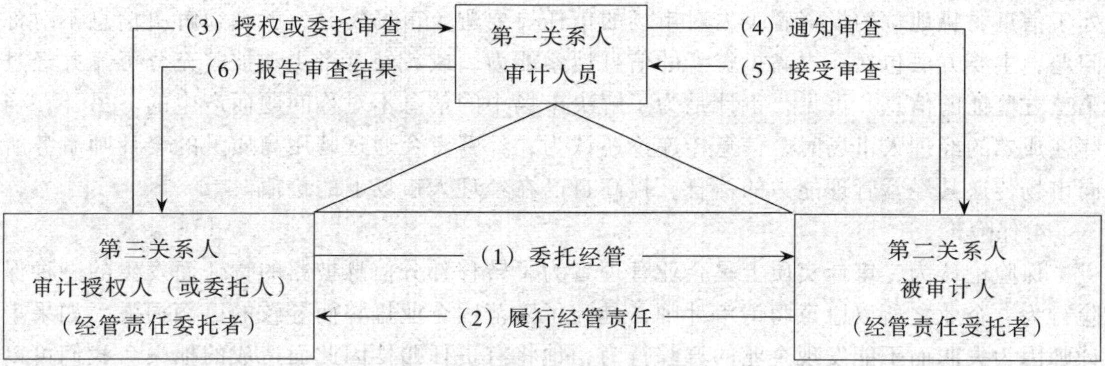

图1-1 审计关系图

责任关系。授权人为了考核受托人是否认真负责、诚实守信地履行受托责任，就有必要委派另一些独立于税务官员之外的官吏，监督、审查税收官员的税赋收支活动和记录，进行审计活动。这种受托经济责任关系在现代社会同样广泛存在，其可因宪法、法律、合同、组织的规则、风俗习惯，甚至口头合约而产生。可以说，这种普遍存在的受托经济责任关系就是审计产生和发展的根本动因或客观基础。

随着受托经济责任关系的不断深化与扩展，人们对审计在受托经济责任关系中发挥这种鉴证功能的机制提出了不同的解释，主要有以下几种：

1.代理理论

审计需求的代理理论是目前解释审计自愿性需求的主流理论，它是在詹森（Jensen）和麦克林（Meckling）（1976）所倡导的代理理论的基础上发展起来的，并由瓦茨（Watts）和齐默尔曼（Zimmerman）（1983）提出。代理理论认为，委托人和代理人都是理性的经济人，都把自身利益最大化作为目标。由于委托人与代理人的效用函数不一样，委托人追求的是自己的财富最大化，而代理人追求自己的工资津贴收入、奢侈消费和闲暇时间最大化，这必然导致两者的利益冲突。在没有有效的制度安排的情况下，代理人很可能利用其信息优势作出损害委托人利益的行为。因此，为监督和约束代理人的行为，降低委托人和代理人在契约程序上最大化各自的利益而发生的契约成本，企业需要审计这一独立的监督服务。

2.信息论

信息论是基于财务会计信息决策有用观而兴起的。审计需求信息论认为，之所以存在对注册会计师独立审计的需求，是因为审计具有改善财务信息质量、提高财务资源配置的作用，其立论的一个基本前提是：股东及利害关系人广泛依赖审计师审计的信息，并将其作为决策的依据。在现代企业两权分离的情况下，经营者和企业外部投资者、债权人等利益相关者之间存在信息不对称，经营者必须向外部利益相关者提供会计信息，但这些信息的使用者自身无法对会计信息的真实可靠性作出判断，他们需要聘请公正、独立的第三者——审计师对会计信息进行鉴证。

3.信息传递论

信息传递论认为，经营者和投资者之间存在信息不对称问题，经营者比投资者拥有更多的信息。根据阿克洛夫（Akerlof）的“柠檬市场”模型，在信息不对称的市场上，如果对掌握大量信息的经营者不实施干预，将导致“劣质公司驱逐优质公司”的现象，从而使处于信息弱势地位的投资者丧失对市场的信任。要避免市场失灵，就必须解决信息不对称问题，主要方法包括：提高投资者的信息搜索能力，或者经营者主动披露充分可靠并经过第三方鉴证的信息。可见，审计是为了解决市场中的信息不对称问题而产生的。另外，当存在成熟的经理人市场时，信息传递论还认为，经营者会通过聘用高质量的会计师事务所向市场传递其经营管理能力的信息，提高自己在经理人市场上的价值。

4.保险论

保险论认为，审计实质上是企业管理者为了转移部分信息披露的责任而发生的一种保险行为。企业之所以愿意聘请审计师，是为了防范因企业舞弊而导致的巨额损失，如果审计师因为失职而不能发现企业的舞弊行为，他将有责任赔偿因此而造成的损失。我们可以把企业支付的审计费用视为保险费用，把审计效果视为保险价值。由于保险机制作用的发挥通常体现在财务危机发生和审计师对信息使用者进行赔偿时，因此，审计的保险价值通常取决于两个因素：审计师的法律责任和审计师的赔偿能力。在法律责任一定的情况下，审计师的赔偿能力越强，其所提供的审计保险价值就越大。

客观地讲，以上几种对审计发挥鉴证作用的机制的解释并无本质的区别，只是考查这一问题的视角不同。在现代市场经济环境下，委托代理关系广泛存在，由于有限理性经济人的特性和信息不对称导致了信息风险问题，因此需要独立的审计师以第三者的身份对财务报告的真实可靠性进行鉴证。

1.1.2 审计的发展历程

审计作为人类一项社会实践活动，源远流长，历史悠久。据相关史料记载，早期的审计活动出现在奴隶社会。从奴隶社会到现代社会，审计经过了漫长的历史演变，已经成为社会经济发展中一种非常重要的监督手段。现阶段，审计活动包括政府审计、注册会计师审计和内部审计，这三类审计活动的发展历程不尽相同。

1.政府审计的发展历程

审计最初的形态是官厅审计，即政府审计。政府审计也称国家审计，是统治者为了巩固其统治地位，达到管理和控制经济的目的而产生的一类审计活动。我国是世界上最早产生政府审计的国家之一。早在3 000多年前的西周（公元前1046—公元前771年），周王下设天、地、春、夏、秋、冬六官分掌政令。天官之长为大宰（也称冢宰），位居百官之首，掌邦国之治，并总揽财政大权。为辅佐大宰，设有司会和小宰官职，分别主管财政经济和王宫的刑法政令，同时也负有对群官政绩的考查之责。在小宰之下，又专设宰夫一职，掌管有关治朝的法令，用以考核各级官府的政绩，计算他们钱粮财物的收支情况。专门履行具有审计性质的财政经济监督工作的“宰夫”一职的出现，标志着我国政府审计的产生。

在春秋战国时期，各诸侯国开始推行“上计之制”。该制度要求地方官吏每年将所辖区域的税赋收入及各项财政开支情况，用书面形式上报给朝廷，朝廷则根据上计报告对各级地方官员的政绩进行考核。上计制度作为我国历史上最早的一套审计监督制度，在当时对于增加财政税收、遏制官吏腐败非常有效。至秦汉时期，上计制度得到了进一步发展和完善。

但此时的审计只被视为御史监察事务的分支，尚未专设机构及官员，加之上计内容包罗万象、含混不清，其仍处在审计发展的初始阶段。

隋唐时期，三省六部制定型，客观上为审计的发展和完善创造了先决条件。隋唐时期在中央设尚书省，置尚书令行宰相职权，总揽国政，在尚书省的刑部下设专门的中央审计机构——比部。比部的设立标志着我国政府审计工作开始走向专业化、独立化和司法化。

自唐以后，随着我国封建经济走向衰落，比部审计制度逐渐走向消亡。宋朝建立初期实施的是三司（户部、度支、盐铁）系统审计，在全国最高财政机构三司之下设立三部勾院、都磨勘司之类专职审计机构。宋神宗元丰三年实行改制，废三司，合并为户部，并由其统管全国财政，审计之事仍袭唐制，复归刑部所属比部掌管。宋太宗淳化三年，在三司之下增设了专门审查军政开支的"马步军专勾司"，后于南宋时期更名为"审计院"。自此，"审计"不仅成为我国审计机构的名称，而且成为我国财政财务监督的专用名词。

此后的元、明、清三朝未设专职审计机构，审计的职能由户部或都察院行使，审计的发展总体上处于停滞不前状态。辛亥革命以后，我国审计制度才呈现出稳步发展的态势。国民政府在1912年恢复设立中央审计处，1914年发布审计法，标志着我国近代审计的逐步完善。

中华人民共和国成立后，我国实行高度集中的计划经济体制，没有设立独立的审计机构，基本上是以会计检查和财政、银行、税务等经济监督方式替代审计监督。改革开放以来，随着工作重心向经济建设转移，1982年第五届全国人大五次会议通过的《中华人民共和国宪法》（以下简称《宪法》）明确规定我国建立审计机关、实施审计监督制度，并于次年在国务院成立我国最高审计机关——审计署，在县级以上各级人民政府成立审计局（厅）。从此，政府审计呈现出蓬勃发展的新局面。1994年，《中华人民共和国审计法》（以下简称《审计法》）颁布，对审计的基本原则、职责、权限、程序、法律责任等作了明确的规定，政府审计走上了法治化的轨道。

在西方国家，早在古希腊时期，就有审计官对官吏离任的经济责任进行审查监督。奴隶制下的古罗马也由元老院及其所属的监督官对国库和地方的财政收支进行监督。到了中世纪，历代封建王朝大多设有审计机构对国家的财政收支进行审计监督，但当时的审计无论是组织机构还是工作方法，均处于很不完善的初始阶段。到了资本主义时期，政府审计有了长足的发展。在现代，议会作为国家最高立法机关，对政府行使包括财政监督在内的各种监督权。为监督政府的财政收支，西方国家大多在议会设立专门的审计机构，由议会授权，从事独立的审计监督活动。美国于1921年成立审计总署，隶属于国会，担负为国会行使立法权和监督权提供审计信息和建议的重要职责。类似的机构还有英国国家审计署、加拿大审计公署、西班牙审计法院等，这些都是隶属于国家立法部门的独立审计机关。当然，也有部分国家的政府审计机关不隶属于国家立法部门，如法国审计法院隶属于司法系统，瑞士联邦审计局隶属于政府，日本会计检察院既不隶属于司法系统又不隶属于政府，而是直接对天皇负责。

2.注册会计师审计的发展历程

注册会计师审计起源于意大利合伙企业制度，形成于英国股份制企业制度，发展和完善于美国发达的资本市场，是伴随着商品经济的发展而产生和发展起来的。

注册会计师审计起源于16世纪的意大利。当时威尼斯是地中海沿岸国家航海贸易最为发达的地区，是东西方贸易的枢纽。由于单个业主难以向企业投入巨额资金，为适应筹集大量资金的需要，合伙企业应运而生。合伙经营方式不仅提出了会计主体的概念，促进了复式簿记在意大利的产生和发展，也产生了对注册会计师审计的最初需求。尽管当时合伙企业的合伙人都是出资者，但是有的合伙人参与企业的经营管理，有的合伙人不参与企业的经营管理，所有权和经营权开始分离。那些参与企业经营管理的合伙人有责任向不参与企业经营管理的合伙人证明合伙契约得到了认真履行，利润的计算与分配是正确、合理的，以保障全体合伙人的权利，进而保证合伙企业有足够的资金来源，使企业得以持续经营下去。在这种情况下，客观上需要独立的第三者对合伙企业进行监督、检查，人们开始聘请会计专家来担任查账和公证的工作。这样，在当时的意大利出现了一批具有良好的会计知识和技能的专业人员，专门承担对合伙企业进行独立检查监督的使命，他们所进行的查账与公证可以说是注册会计师审计的起源。随着此类专业人员的增多，他们于1581年在威尼斯创立了威尼斯会计协会。其后，米兰等城市的职业会计师也成立了类似的组织。

注册会计师审计虽然起源于意大利，但这对后来注册会计师行业的发展影响不大，英国在创立和传播注册会计师行业过程中发挥了重要作用。18世纪下半叶，英国生产社会化程度大大提高，以发行股票、筹集资金为特征的股份公司大量涌现。股份公司的出现使得所有权和经营权明显分离，绝大多数股东完全脱离了经营管理，他们开始雇佣职业经理人员来管理日常活动。在这种情况下，股东就需要借助外部的专业人员来检查和监督他们所雇佣的经理人员，防止可能出现的贪污、舞弊等行为，于是英国出现了一批以查账为职业的独立会计师，他们接受股东的委托，对企业的会计账目进行检查，目的在于查错防弊，其结果也是向股东报告。此时的审计是任意的，技术方法也较为简单。

1720年，英国“南海泡沫事件”爆发，该事件被认为是注册会计师审计的“催产剂”，揭开了注册会计师审计发展的序幕。当时的南海公司以虚假的会计信息诱骗投资人，其股票价格一时扶摇直上。但好景不长，南海公司最终未能摆脱破产倒闭的厄运，股东和债权人损失惨重。为了查明南海公司破产的真相，英国议会聘请了一位资深会计师查尔斯·斯耐尔（Charles Snell）对南海公司的账目进行审计。查尔斯·斯耐尔于1721年以“会计师”名义出具了一份查账报告书，宣告注册会计师的诞生。在该事件中，承担审计职责的查尔斯·斯耐尔被视为注册会计师审计的开创人，他所出具的查账报告书是历史上第一份注册会计师审计报告。

为了监督公司管理层的经营管理活动，防止其徇私舞弊，保护投资者、债权人利益，避免“南海公司泡沫事件”重演，英国政府于1844年颁布了公司法，规定股份公司必须设监察人，负责审查公司账目。1845年英国政府又对公司法进行修订，规定股份公司的账目必须经董事以外的人员审计。此后，独立会计师业务得到迅速发展，独立会计师人数越来越多。英国政府对一批精通会计业务、熟悉查账知识的独立会计师进行了资格确认。1853年，在爱丁堡创立了第一个注册会计师的专业团体——爱丁堡会计师协会。该协会的成立标志着注册会计师职业的诞生。1862年，英国公司法确定注册会计师为法定的破产清算人，奠定了注册会计师审计的法律地位。

从1844年到20世纪初，是注册会计师形成时期。在这一时期，英国法律规定股份公司和银行必须聘请注册会计师进行审计，使英国注册会计师审计得到了迅速发展，并对当时的欧洲、美国及日本等产生了重要影响。这一时期注册会计师审计的主要特点是：注册会计师审计的法律地位得到了法律确认；审计的目的是查错防弊，保护企业资产的安全和完整；审计的方法是对会计账目进行详细审计；审计报告使用人主要为企业股东等。

从20世纪初开始，全球经济发展重心逐步由欧洲转向美国。随着英国的巨额资本流入美国，为了保护广大投资者和债权人的利益，英国的注册会计师远涉重洋，到美国开展审计业务，这也促进了美国本土注册会计师职业的发展，注册会计师审计逐步渗透到社会经济领域的不同层面。1887年，美国全国性会计职业组织——美国公共会计师协会成立，该协会于1957年更名为美国注册会计师协会（American Institute of Certified Public Accountants，AICPA），是当今世界上最富影响力的会计职业组织。20世纪初，随着经济的发展，金融资本对产业资本的渗透更加广泛，企业与银行之间的利益关系日益紧密，银行逐渐把企业资产负债表作为了解并评价企业信用状况的主要依据，于是，在当时的美国产生了以帮助贷款人及其他债权人判断企业信用状况为目的的资产负债表审计，即美国式注册会计师审计。这一时期，美国注册会计师审计的主要特点是：审计对象由会计账目扩大到资产负债表；审计的主要目的是通过资产负债表数据的检查，判断企业的信用状况；审计方法从详细审计初步转向抽样审计；审计报告使用人从企业股东扩大到债权人。

从1929年到1933年，资本主义世界陷入了历史上最为严重的一次经济危机，大批企业破产，工人大量失业，经济损失严重。这场经济危机的爆发，促使企业包括债权人和投资者在内的利益相关者从只关心企业财务状况转变为更加关心企业盈利水平，产生了对企业利润表进行审计的客观要求。经济危机之后，美国证券法（1933年）规定，在证券交易所上市的企业的财务报表必须接受注册会计师审计，并向社会公众公布注册会计师出具的审计报告。因此，在这一时期，注册会计师审计的主要特点是：审计对象转为以资产负债表和利润表为中心的全部财务报表及相关财务资料；审计的主要目的是对财务报表发表审计意见，以确保财务报表真实可靠，查错防弊转为次要目的；审计范围已扩大到测试相关的内部控制，并以控制测试为基础进行抽样审计；审计报告使用人扩大到股东、债权人、证券交易机构、税务部门、金融机构及潜在投资者；审计准则开始拟订，审计工作向标准化、规范化过渡；注册会计师资格考试制度广泛推行，注册会计师专业素质普遍提高。

第二次世界大战以后，科学技术取得了突飞猛进的发展，世界经济一体化程度不断提高，资本在国家间的流动日趋频繁，跨国公司得到空前发展。国际资本的流动带动了注册会计师审计的跨国界发展，形成了一批在行业内具有较强影响力的国际性会计师事务所，如20世纪80年代之前的“八大”国际会计师事务所。“八大”国际会计师事务所在20世纪80年代末合并为“六大”，之后又合并为“五大”。2001年，美国安然公司的财务造假丑闻被曝光，作为“五大”之一的安达信会计师事务所，因在该事件中涉嫌舞弊和销毁证据受到美国司法部门的调查，之后宣布关闭，世界各地的安达信成员所也纷纷与其他国际会计师事务所合并。经过数十年的演变，目前尚存“四大”国际会计师事务所，即普华永道（PwC）、安永（Ernst & Young）、毕马威（KPMG）、德勤（Deloitte）。与此同时，审计技术也在不断发展：抽样审计方法得到普遍运用，风险导向审计方法得到推广，计算机辅助审计技术得到广泛采用。

中国注册会计师审计的产生和发展滞后于西方国家。鸦片战争之后，外国巨额资本的入侵以及民族工商业的兴起，促进了中国商品经济的发展，为我国注册会计师制度的产生奠定了一定的社会经济基础。由于当时的中国没有独立、公正、为社会公众担任审计查账和会计咨询服务的公共会计师，一切对外经济纠纷、涉讼案件都要受外国公共会计师的操纵。为打破这一现状，维护民族尊严，以谢霖为代表的爱国会计学者积极倡导创建中国的注册会计师职业。1918年9月，北洋政府农商部颁布了我国第一部注册会计师法规——《会计师暂行章程》，同年批准谢霖为中国的第一位注册会计师，谢霖创办的中国第一家会计师事务所——“正则会计师事务所”也获准成立。此后，又逐步批准了一批注册会计师，建立了一批会计师事务所，包括潘序伦创办的“潘序伦会计师事务所”（后改称“立信会计师事务所”）等。1930年，国民政府颁布了《会计师条例》，确立了会计师的法律地位，之后，上海、天津、广州等地也相继成立了多家会计师事务所。1925年在上海成立了“全国会计师公会”，1933年成立了“全国会计师协会”。至1947年，全国已拥有注册会计师2 600余人。但是，注册会计师职业未能得到很大的发展，注册会计师审计也未能充分发挥应有的作用。会计师事务所主要集中在上海、天津、广州等沿海城市，注册会计师业务主要是为企业设计会计制度、代理申报纳税、培训会计人才和提供会计咨询服务。

中华人民共和国成立初期，注册会计师审计在经济恢复工作中发挥了积极作用。后来由于我国实行高度集中的计划经济体制，注册会计师审计便悄然退出了经济舞台。党的十一届三中全会以后，我国实行“对外开放、对内搞活”的方针，把工作重点转移到社会主义现代化建设上来，商品经济得到迅速发展，为注册会计师制度的恢复重建创造了客观条件。随着外商来华投资日益增多，1980年12月14日，财政部颁发了《中华人民共和国中外合资经营企业所得税法施行细则》，规定外资企业财务报表要由注册会计师进行审计，这为恢复我国注册会计师制度提供了法律依据。1980年12月23日，财政部发布《关于成立会计顾问处的暂行规定》，标志着我国注册会计师审计开始复苏。1981年1月1日，“上海会计师事务所”宣告成立，成为第一家由财政部批准独立承办注册会计师业务的会计师事务所。我国注册会计师制度恢复后，注册会计师的服务对象主要是“三资”企业。这一时期的涉外经济法规对注册会计师业务作了明确规定。1984年9月25日，财政部印发《关于成立会计咨询机构问题的通知》，明确了注册会计师应该办理的业务。1985年1月实施的《中华人民共和国会计法》规定，经国务院财政部门批准组成会计师事务所，可以按照国家有关规定承办查账业务。1986年7月3日，国务院颁发《中华人民共和国注册会计师条例》，同年10月1日起实施。1988年11月15日，财政部领导下的中国注册会计师协会正式成立。1993年10月31日，第八届全国人大常委会第四次会议审议通过了《中华人民共和国注册会计师法》（以下简称《注册会计师法》），自1994年1月1日起施行。在国家法律法规的规范下，我国注册会计师行业得到了快速发展，为改革开放和社会主义市场经济体制的建立及有序运行发挥了积极的作用。

1996年10月，中国注册会计师协会加入亚太会计师联合会（The Confederation of Asian and Pacific Accountants，CAPA），并于1997年4月在亚太会计师联合会第四十八次理事会上当选为理事。1997年5月8日，国际会计师联合会（International Federation of Accountants，IFAC）全票通过，接纳中国注册会计师协会为正式会员。按照国际会计师联合会章程的规定，中国注册会计师协会同时成为国际会计准则委员会的正式会员。目前，中国注册会计师协会已与50多个境外会计师职业组织建立了友好合作和交往关系。

3. 内部审计的发展历程

有专家认为，内部审计的产生几乎与政府审计同步，奴隶社会是古代内部审计的萌芽时期，内部审计是基于奴隶主的财产监管需求而产生和发展起来的。比如，西方的庄园审计、宫廷审计和我国的皇室审计、寺院审计等都属于古代内部审计范畴。

现代西方的内部审计是在20世纪40年代，随着大型企业管理层次的增多和管理人员控制范围的扩大，基于企业内部经济监督和管理之需要产生的。20世纪40年代以后，资本主义企业的内部结构和外部环境进一步复杂化，跨国公司迅速崛起，管理层次快速分解，内部审计因此也有长足的发展。1941年，维克多·布瑞克出版了第一部内部审计著作《内部审计学》，宣告了内部审计学科的诞生。约翰·瑟斯顿联合一群有识之士在美国纽约创立了“内部审计师协会”，后来发展为国际性的内部审计组织，由此揭开了现代内部审计的序幕。

1941年以后，尤其是第二次世界大战以后，由于企业经营环境的进一步变化，企业管理层日益重视内部经济监督，在控制理论的指导下实行事前预防性控制。20世纪60年代以后，管理审计与经营审计合二为一，70年代又相继出现了环境审计、社会审计。国际内部审计师协会（The Institute of Internal Auditors，IIA）自1947年制定《内部审计师职责说明》之后，又在1968年颁布《内部审计人员职业道德准则》，1978年制定和颁布《内部审计实务标准》，这些都有力地推动着内部审计不断向前发展，促进现代内部审计的成形。

我国的现代内部审计是伴随政府审计的恢复和重建而产生和发展起来的。1983年8月20日，在审计署成立前夕，国务院转发了审计署《关于开展审计工作几个问题的请示》，指出建立健全部门、单位的内部审计是搞好国家审计监督的基础。1985年，国务院发布《内部审计暂行规定》，同年《审计署关于内部审计工作的若干规定》颁布，对我国的内部审计工作进行了规范。在内部审计初步实践的基础上，1987年4月在北京成立了中国内部审计学会，并于同年年底以国家分会形式加入国际内部审计师协会。2002年5月，经民政部批准，中国内部审计学会更名为中国内部审计协会。随后，中国内部审计协会以内部审计职业化建设为主线，对内部审计准则体系进行了制定完善和推广实施，并积极开展国内外交流，为推动我国内部审计事业的科学发展发挥了重要作用。为贯彻落实党中央国务院关于加强内部审计工作、充分发挥内部审计作用指示精神，适应新时代内部审计形势发展需要，审计署继1989年、1995年和2003年之后，于2018年1月再次修订并发布了《审计署关于内部审计工作的规定》（以下简称《规定》），并自2018年3月1日起施行。《规定》的出台实施，对促进被审计单位规范内部管理、完善内部控制、防范风险和提质增效具有十分重要的意义。

1.2　审计的概念及分类

视频2　审计的概念及分类

1.2.1　审计的概念

由于人们对审计的认识会随着审计实践的丰富而不断地发展和完善，所以在不同的历史阶段，人们对审计概念的界定是存在一定差异的。在我国，“审计”一词最早出现在宋代，在字义上，“审”被释义为“详究，考察”，而“计”的本义为“算账、总计、计算”。在西方，“审计”的英文为“Audit”，有“查账”“旁听”之意。由此可见，人们对审计最初的认识就是对会计账目进行审查核对。

对于现代审计概念的界定，目前最具代表性的是美国会计学会（American Accounting Association，AAA）在1973年发布的《基本审计概念说明》中的表述：为了确定关于经济行为及经济现象的结论和所制定的标准之间的一致程度，而对与这种结论有关的证据进行客观收集、评定，并将结果传达给利害关系人的系统的过程。

在《基本审计概念说明》中，审计被认为是一个系统化的过程，也就是围绕目标，有计划、有组织、分步骤地完成的一项工作，是一种遵循逻辑顺序、结构严密的活动。在这个过程中，审计的对象是经济活动和经济事项的认定。所谓认定，也就是被审计单位对其在一定时期内所发生的经济活动和经济事项按照既定标准进行评价和计量所形成的结果的一种表达，如财务报表。审计工作的目标就是确认这些认定与既定标准之间的符合程度，并形成结论。既定标准作为审计依据，是开展审计工作的前提，审计人员在审计工作中需要用既定的标准去衡量被审计单位所作出的各项认定是否恰当，从而形成最终结论，也就是审计结果。而要实现这一目标，就必须有证据，因此，客观地获取和评价与认定有关的证据就构成了审计工作的主要内容和重要环节。完成审计工作后，审计人员最终要将结果传达给有利害关系的用户。也就是说，审计最终的服务对象是那些与被审计单位有利害关系的经济组织或人员，既包括被审计单位的管理层和治理层，也包括股东、债权人、政府监管部门、潜在的投资者等。

1.2.2 审计的分类

审计可以从不同的角度加以考查，从而作出不同的分类。我们通常对审计进行基本分类和其他分类。其中，常见的基本分类主要有三种：按审计主体不同分类、按审计目的和内容不同分类、按审计方法不同分类。

1.按审计主体不同分类

（1）政府审计。政府审计通常也称国家审计，是指由政府专设的审计机关代表政府依法进行的审计活动。该类审计活动的执行主体是政府审计机关及其人员。例如，由我国审计署和地方审计厅（局）组织和实施的审计就属于政府审计范畴。

（2）注册会计师审计。注册会计师审计又称民间审计或社会审计，是指由注册会计师所组成的会计师事务所进行的审计活动。由于其独立性非常强，所以也被称为独立审计。这类审计活动的执行主体是作为社会中介组织的会计师事务所以及具有注册会计师执业资格的工作人员。

（3）内部审计。内部审计也称单位或部门审计，是指由各单位或部门内部组织或管理的审计活动。这类审计活动的执行主体通常为企业内部所设置的专门机构或人员。但是，随着现代企业所需审计服务范围的拓宽，企业也可以从外部购买服务，从而使得内部审计外部化。在这种情况下，内部审计则由企业内部负责管理而由外部审计机构来进行。

2.按审计目的和内容不同分类

（1）财务报表审计。财务报表审计的目标是通过执行审计工作，对财务报表是否按照规定的标准编制发表审计意见。规定的标准通常包括公认会计准则和会计制度。当然，在审计实务中，还包括对按照计税基础、收付实现制基础或监管机构的报告要求编制的财务报表发表审计意见。财务报表审计的内容通常包括资产负债表、利润表、现金流量表、所有者权益（或股东权益）变动表以及财务报表附注等。

（2）经营审计。经营审计是指为了评价被审计单位经营活动的效果和效率，而对其经营程序和方法进行的评价。在经营审计结束后，审计人员一般要向被审计单位管理层提出经营管理建议。在经营审计中，审计对象不限于会计账目，还包括组织机构、信息系统、生产方法、市场营销以及风险管理等领域。

（3）合规性审计。合规性审计的目的是确定被审计单位是否遵循了特定的程序、规则或条例。例如，确定会计人员是否遵循了财务主管规定的手续，检查工资率是否符合相关法律法规规定的最低限额，或者审查与银行签订的合同以确信被审计单位遵守了法定要求。合规性审计结果通常报送被审计单位管理层或外部特定使用者。

3.按审计方法不同分类

审计发展至今，虽然审计的根本目标没有发生重大变化，但审计环境发生了很大的变化。注册会计师为了实现审计目标，一直随着审计环境的变化调整审计方法。审计方法从账项基础审计发展到风险导向审计，就是注册会计师为了适应审计环境的变化而作出的调整。

（1）账项基础审计。在审计发展的早期（19世纪以前），由于企业组织结构简单，业务性质单一，注册会计师审计主要是满足财产所有者对会计核算进行独立检查的要求，促使受托人（通常为经理或下属）在授权经营过程中作出诚实、可靠的行为。注册会计师审计的重心在资产负债表，旨在发现和防止错误与舞弊，审计方法是详细审计。详细审计又称账项基础审计，由于早期获取审计证据的方法比较简单，注册会计师将大部分精力投向会计凭证和账簿的详细检查。根据有关文献的记载，当时的注册会计师在整个审计过程中将约3/4的时间花费在合计和过账上。从方法论的角度讲，这种审计方法就是账项基础审计方法（Accounting Number-based Audit Approach）。

（2）制度基础审计。19世纪即将结束时，会计和审计步入了快速发展时期。注册会计师审计的重点从检查受托人对资产的有效使用转向检查企业的资产负债表和利润表，判断企业的财务状况、经营成果是否真实和公允。由于企业的规模日益扩大，经济活动和交易事项的内容不断丰富、更加复杂，注册会计师审计工作量迅速增大，而需要的审计技术也日益复杂，使得详细审计难以实施，企业对审计费用也难以承受。为了进一步提高审计效率，注册会计师将审计的视角转向企业的管理制度，特别是会计信息赖以生成的内部控制制度，从而将内部控制与抽样审计结合起来。这是因为职业界逐渐认识到，设计合理并且执行有效的内部控制可以保证财务报表的可靠性，防止重大错误和舞弊的发生。从20世纪50年代起，以控制测试为基础的抽样审计在西方国家得到广泛应用，从方法论的角度讲，该种方法就是制度基础审计方法（System-based Audit Approach）。

（3）风险导向审计。审计风险受到企业固有风险因素的影响，如管理人员的品行和能力、行业所处环境、业务性质、容易产生错报的财务报表项目、容易遭受损失或被挪用的资产等导致的风险；又受到内部控制风险因素的影响，即账户余额或各类交易存在错报，内部控制未能防止、发现或纠正的风险；此外，还受到注册会计师实施的审计程序未能发现账户余额或各类交易存在错报风险的影响。因此，职业界很快开发出了审计风险模型。审计风险模型的出现，从理论上解决了注册会计师以制度为基础采用抽样审计的随意性，又解决了审计资源的分配问题，要求注册会计师将审计资源分配到最容易导致财务报表出现重大错报的领域。从方法论的角度讲，以审计风险模型为基础进行审计，就是采用了风险导向审计方法（Risk-oriented Audit Approach）。

除了上述基本分类以外，审计还存在一些其他分类。比如，按照审计的范围不同，审计分为全面审计、局部审计和专项审计；按照审计的时间不同，审计分为事前审计、事中审计和事后审计；按照审计动机不同，审计分为强制审计和任意审计；按照审计地点不同，审计分为就地审计、送达审计和远程网络审计等。

1.3 审计监督体系

1.3.1 审计监督体系的构成

视频3 审计监督体系

如前所述，从国内外审计的历史和现状来看，审计按不同主体划分为政府审计、内部审计和注册会计师审计，并相应地形成了三类审计组织机构，共同构成了审计监督体系。

1.政府审计组织

政府审计主要监督检查各级政府及其部门的财政收支及公共资金的收支、运用情况。政府审计具有较强的单向独立性，属于强制审计，其审计结果的权威性与审计机构的设置模式有关。目前，各国政府建立的审计机构按照隶属模式不同，主要分为四种：

（1）立法型，即政府审计机构隶属于立法机关，由议会（或国会）直接领导并对议会（或国会）负责。这种类型的政府审计机构地位高，不受政府的控制和干预，依照国家法律赋予的权力行使审计监督权，具有较强的独立性和权威性。目前，世界上多数国家采用这种模式，如美国、英国、加拿大、澳大利亚等。

（2）司法型，即政府审计机构隶属于司法部门，具有较强的司法权和司法职能。法国和意大利的审计法院就是这种类型。

（3）行政型，即在政府内建立审计机构并对政府负责，政府则对议会负责。这种类型的政府审计机构是国家行政部门的一个职能机构，其独立性和权威性相对较弱。目前，瑞典、瑞士、沙特阿拉伯等国家的政府审计机关就是这种类型。

（4）独立型，政府审计机关既不隶属于议会，也不向政府或司法机关负责，只受法律约束。这种类型的政府审计机关自成体系，地位独立，代表性国家有日本和德国。

我国政府审计机关由政府领导，分中央与地方两个层次。其中，中央审计机关（即审计署）作为我国最高审计机关，成立于1983年，是国务院所属部委级的国家机关，接受国务院总理的直接领导。按照《宪法》和《审计法》的规定，我国县级以上地方人民政府应设立地方审计机关，负责本行政区域内的审计工作；省、自治区的审计机关称为审计厅，其他的则统称为审计局；地方审计机关接受本级人民政府和上一级审计机关的双重领导。《宪法》规定，审计机关独立行使审计监督权，不受其他行政机关、社会团体和个人的干涉。

2.内部审计组织

内部审计主要监督检查本单位及所属单位的财政财务收支、经营活动、内部控制、风险管理，目的在于纠错防弊，促进单位完善治理、改善经营管理、提高经济效益。由内部专设审计机构所执行的内部审计活动往往独立性较弱，其审计效果同样也会受内部审计机构设置的影响。目前，国内外企业内部审计机构的领导体制大体分为三种：一是受本单位总会计师或主管财务的副总经理领导；二是受本单位总经理或总裁领导；三是受本单位董事会或其下属的审计委员会领导。就审计的独立性、权威性来讲，领导层次越高越有保障。因此，相对而言，第三种领导体制下的内部审计机构更能有效地开展审计工作。根据2018年发布实施的《审计署关于内部审计工作的规定》，我国国家机关、事业单位、社会团体等单位的内部审计机构应当在本单位党组织、主要负责人的直接领导下开展内部审计工作，向其负责并报告工作。

3.注册会计师审计组织

注册会计师是指依法取得注册会计师证书并接受委托从事审计和会计咨询、会计服务业务的执业人员。在我国，注册会计师证书的获取需要通过全国注册会计师统一考试并具有2年以上专职审计工作经验。根据《注册会计师法》的规定，注册会计师执行业务，应当加入会计师事务所。会计师事务所作为注册会计师依法承办业务的机构，是由政府有关部门批准设立的自主经营、自负盈亏、独立核算并依法纳税的社会中介组织。它不附属于任何机构，因此在业务上具有较强的独立性、客观性和公正性，并且为社会公众所广泛认可。

从全球范围来看，会计师事务所根据组织形式不同，主要有独资、普通合伙、有限责任公司制和有限责任合伙制四种。独资会计师事务所是由具有注册会计师执业资格的个人独立开办并承担无限责任的会计师事务所。这种事务所设立简便，执业灵活，但无力承担大型业务，缺乏发展后劲，主要服务于小型企业。普通合伙会计师事务所是由两名或两名以上注册会计师组成的合伙组织，合伙人对事务所的债务负无限连带责任。这种事务所虽然经营风险高，但由于风险的牵制和共同利益的驱动，执业人员规避风险的能力较强。有限责任公司制会计师事务所是由注册会计师认购事务所的股份，并以其所认购股份对事务所的债务承担有限责任的会计师事务所。这种事务所虽然能够迅速扩大公司规模，承办大型业务的能力较强，但由于股东对事务所债务只承担有限责任，降低了风险责任对执业行为的高度制约，弱化了注册会计师的个人责任，因此事务所规避风险的能力较弱。有限责任合伙制会计师事务所是事务所以全部资产对其债务承担有限责任，各合伙人对个人执业行为承担无限责任的会计师事务所。这种事务所既融合了合伙制和有限责任公司制会计师事务所的优点，又摒弃了它们的不足，是目前国外较为推崇的一种事务所组织形式。

根据《注册会计师法》的规定，我国可以设立合伙制和有限责任制两种类型的会计师事务所。合伙制会计师事务所具体包括普通合伙会计师事务所和特殊普通合伙会计师事务所。其中，特殊普通合伙会计师事务所强调一个合伙人或者数个合伙人在执业活动中因故意或者重大过失造成会计师事务所债务的，应当承担无限责任或者无限连带责任，其他合伙人以其在事务所中的财产份额为限承担责任；如果合伙人在执业活动中非因故意或者重大过失造成会计师事务所债务，则由全体合伙人承担无限连带责任。由此可见，特殊普通合伙与普通合伙、有限责任合伙制相比较，合伙人在法律责任的承担上存在明显的区别，特殊普通合伙的普通合伙人可能承担有限责任也可能承担无限连带责任，这取决于有过错的合伙人的过错行为性质是否属于故意或重大过失。

无论哪种类型的会计师事务所，其内部工作人员分工大体一致，实行主任会计师（或所长）、部门经理和项目经理三级管理制度。一般情况下，会计师事务所内部职员一般包括四个等级：合伙人或股东、高级（部门）经理、项目经理（主管审计师）和助理人员等。他们在审计项目中的主要职责不同。助理人员在审计项目中执行大部分细节审计工作；项目经理协调并负责外勤工作，包括对助理人员的工作进行复核和督导；高级（部门）经理则帮助项目经理计划和管理审计工作、复核项目经理的工作，并负责与客户沟通与联系，一般可同时负责多项业务；合伙人负责复核整个审计工作，并参与作出重要的审计决策，对审计工作和为客户提供的服务承担最终责任。

现阶段，会计师事务所的业务范围总体来说包括两大类：鉴证业务和相关服务业务。其中，鉴证业务包括审计、审阅和其他鉴证业务。审计业务作为注册会计师最基本、最主要的鉴证业务，主要有财务报表审计，验资，企业合并、分立、清算时的审计以及法律法规所规定的其他审计业务。审阅业务主要是指财务报表审阅业务，即审计师通过有限的审计方法来获取证据，对所审阅的信息进行有限保证的一类鉴证业务，其鉴证的对象与财务报表审计一致但保证程度低于审计业务。除了审计、审阅业务以外的其他鉴证业务，我们将其归为第三类，比如预测性财务信息审核、风险管理鉴证、系统鉴证等。会计师事务所除了执行鉴证业务以外，还可以为客户提供相关服务业务，包括：对财务信息执行商定程序；代编财务信息；管理咨询，即在计划、财务、存货、供应、运输、计算机系统、人力资源等方面为客户提供管理建议或技术协助，以帮助企业改善其能力和资源的利用；税务服务，具体包括税务代理和税务筹划等。会计师事务所还可以为企业提供会计服务，帮助企业解决财务、税务、工商、年检等方面的各类“疑难杂症”。

1.3.2 注册会计师审计与政府审计的关系

最初的政府审计是随着国家管理事务中经济责任关系的形成，为了促使经济责任的严格履行而诞生的。现代意义上的政府审计是近代民主政治发展的产物，按照民主政治的原则，人民有权对国家事务和人民财产的管理进行监督。各级政府机构和官员在受托管理全民所有的公共资金和资源的同时，也要受到严格的经济责任制度的约束。这种约束方式就表现为政府审计机构对受托管理者的经济责任进行监督。因此，政府审计担负的是全民财产的审计责任。

注册会计师审计是商品经济发展到一定阶段的必然产物，也是商品经济条件下社会经济监督机制的主要表现形式。由于所有权与经营权的分离，以及投资者对自身权益的关心，投资者必然密切关注投资运用或债务收回的前景。这种关注就要依赖注册会计师的审计结果。因此，相对于审计客体而言，政府审计和注册会计师审计都是外部审计，都具有较强的独立性。从我国的情况看，两者在以下方面存在区别：

1.两者的审计目标不同

政府审计是对被审计单位的财政收支或者财务收支的真实、合法和效益依法进行的审计；注册会计师审计是注册会计师对财务报表是否按照适用的会计准则和相关会计制度的规定编制进行的审计。

2.两者的审计标准不同

政府审计是审计机关依据《审计法》和《中华人民共和国国家审计准则》等进行的审计；注册会计师审计是注册会计师依据《注册会计师法》和《中国注册会计师审计准则》进行的审计。

3.两者的经费或收入来源不同

政府审计履行职责所必需的经费应当列入财政预算，由本级人民政府予以保证；注册会计师审计的收入来源于审计客户，由注册会计师和审计客户协商确定。

4.两者的取证权限不同

审计机关有权就审计事项的有关问题向有关单位和个人进行调查，并取得有关证明材料，有关单位和个人应当支持、协助审计机关工作，如实向审计机关反映情况，提供相关证明材料；注册会计师获取证据时，在很大程度上有赖于被审计单位及相关单位的配合和协助，对被审计单位及相关单位没有行政强制力。

5.两者对发现问题的处理方式不同

审计机关审定审计报告，对审计事项作出评价，出具审计意见书；对违反国家规定的财政收支、财务收支行为，需要依法给予处理、处罚的，在法定职权范围内作出审计决定或者向有关主管机关提出处理、处罚意见。注册会计师对审计过程中发现的需要调整和披露的事项，只能提请被审计单位调整和披露，没有行政强制力，如果被审计单位拒绝调整和披露，注册会计师视情况出具保留意见或否定意见的审计报告。如果审计范围受到被审计单位或客观环境的限制，注册会计师视情况出具保留意见或无法表示意见的审计报告。

1.3.3　注册会计师审计与内部审计的关系

内部审计是随着企业规模的扩大、内部分级管理的出现而产生和发展的。早期的内部审计诞生于19世纪中叶的英国。第二次世界大战后，由于市场经济竞争更加激烈，企业更加重视内部经济管理，内部审计得到迅速发展。

内部审计与注册会计师审计一样，都是现代审计体系的组成部分。从我国的情况看，两者在以下方面存在区别：

1.两者的审计目标不同

内部审计主要是对内部控制的有效性、财务信息的真实性和完整性、经营活动的效率和效果所开展的一种评价活动；注册会计师审计主要对被审计单位财务报表的真实性（或合法性）和公允性进行审计。

2.两者的独立性不同

内部审计为组织内部服务，接受总经理或董事会的领导或管理，独立性较弱；注册会计师审计为需要可靠信息的第三方提供服务，不受被审计单位管理层的领导和制约，独立性较强。

3.两者接受审计的自愿程度不同

内部审计是代表总经理或董事会组织和实施的内部监督，是内部控制制度的重要组成部分，单位内部组织必须接受内部审计人员的监督；注册会计师审计是独立的第三方对被审计单位进行的审计，委托人可自由选择会计师事务所。

4.两者遵循的审计标准不同

内部审计人员遵循的是内部审计准则；而注册会计师遵循的是注册会计师审计准则。

5.两者审计的时间不同

内部审计通常对单位内部组织采用定期或不定期审计，时间安排比较灵活；而注册会计师审计通常是定期审计，每年对被审计单位的财务报表审计一次。

注册会计师审计与内部审计尽管存在很大的差别，但是，注册会计师审计在工作中要利用内部审计的工作成果。任何一种外部审计在对一个单位进行审计时，都要对其内部审计的情况进行了解并考虑是否利用其工作成果。这是由于：

第一，内部审计是单位内部控制的一部分。内部审计作为单位内部的经济监督手段，主要对各项经营管理活动是否达到预定目标、是否遵循了单位的规章制度等进行监督，属于单位内部控制体系的组成部分。外部审计人员在对被审计单位进行审计时，要对内部控制制度进行测评，就必须了解内部审计的机构设置和工作情况。

第二，内部审计和外部审计在工作上具有一致性。内部审计在审计内容、审计方法等方面都和外部审计有一致之处。例如，在进行财务审计时，两者在方法上都要评价内控制度、检查凭证和账册、核对账表一致性等。这就为外部审计利用内部审计工作的成果创造了条件。

第三，利用内部审计工作成果可以提高审计效率，节约审计费用。外部审计人员在对内部审计工作进行评价以后，利用其全部或部分工作成果，可以减少现场测试的工作量，提高工作效率，从而节约被审计单位的审计费用。

1.4 公共治理、公司治理与审计

1.4.1 公共治理与政府审计

1.公共治理的概念

公共治理是指政府、社会组织、私人部门、国际组织等治理主体，通过协商、谈判、洽谈等互动的、民主的方式共同治理公共事务的管理模式，包括政府行政部门治理和公共部门治理。与传统的公共行政相比，公共治理不再自上而下、依靠政府的政治权威，通过发号施令制定和实施政策，对公共事务进行单一化管理，它强调的是主体多元化、方式民主化、管理协作化的上下互动的新型治理模式。其特征包括：

（1）治理主体的多元化。在公共治理中，政府不再是治理公共事务的唯一主体。各社会组织、私人部门、国际组织以及公民个人都可以成为公共治理的主体。在处理公共事务时，不同主体发挥其特有的作用，以便达到处理效率的最大化、方式的最优化。各治理主体之间也不再是管理与被管理、控制与被控制的关系，而是相互平等的合作关系。

（2）治理权力的多中心化。在公共治理模式中，政府不再是单一的主体，也不再是唯一的权力中心。政府不能依靠其政治权威来制定政策，不对公共事务进行单一化管理。社会组织、私人部门、国际组织等其他主体也参与到管理中，组成管理网络，形成多个权力中心，互相监督和制衡，共同治理公共事务。

（3）政府权力的有限化。公共治理强调，社会通过公民自主自治能够解决的问题，政府都不应该插手，即将全能型政府转变为有限政府。这样不但可以限制政府滥用权力，还可以有效保障其他主体能够参与到公共事务的管理中。同时，也可以极大地降低管理成本，提高管理效率。

（4）参与与合作是公共治理的精髓。公共治理在主张主体多元化、权力多中心化的同时，注重在公共治理过程中吸纳利益相关者、专家学者以及关心公共事务的组织和个人的广泛参与；否则，其多元化、民主化、合作化便无从谈起。

2.政府审计在公共治理中的作用

（1）重视政府绩效审计，发挥政府审计增值功能。公共治理对政府的功能和作用提出了更高的要求，政府的效率是政府作为公共治理重要主体实现公共治理目标的前提条件，而有效政府理念使政府对公众的受托责任由强调过程上的合规性，逐渐转变为强调结果上的绩效性。人们不但要了解政府是否按照法律法规、预算以及合同契约等使用和管理公共资源，而且更希望了解政府是否有效地使用了公共资源。这就要求政府审计职能发生相应的改变，由原来只重视公共支出的规则性和合法性的合规性审计扩展到重视公共支出经济性、效率性和效果性的绩效审计，发挥政府审计的增值功能。在开展绩效审计的情况下，政府需要建立全面而有效的政府绩效评价指标和政府绩效预算体制。

（2）建立政府公共财政审计，实现政府审计对宏观调控的保证功能。在我国原来的计划经济体制下，政府被视为一个无所不知、无所不能的"超人"，政府几乎包揽了市场和社会的一切事务，是一个真正意义上的"全能政府"，一切个人、组织、团体都被纳入政府的统一管理之中。在公共治理理念下，政府的权力是有限的，政府所赖以建立的权力资源、信息资源、人力资源等都是有限的，不能承担无限的职能。公共治理和有限政府必须实行公共财政，国家财政必须顺应政府职能的转变，从政企不分、以干预微观经济活动为己任的状态中彻底摆脱出来，转到以宏观调控为重点的轨道上来，为全社会提供必要的公共产品和公共服务，充分体现政府的社会性和财政的公共性。公共财政体制的确立要求政府审计在传统财政审计的基础上发展公共财政审计，保证国家财政方针、政策的贯彻执行，充分保障公共财政对宏观经济的调控作用。

（3）完善政府经济责任审计，发挥政府审计对权力的制约作用。公共治理要求政府对权力进行下放与分权，以便及时地对社会公众的需求作出反应，基层领导干部有了更大的裁量权，可以更好地利用自己所掌握的地方信息作出正确的决策。但这同时也带来了风险，如果权力的分授不能做到恰如其分，权力的不恰当使用或滥用必将损害组织的整体利益和社会公众的利益。因此，应完善领导干部经济责任审计监督机制，降低政府权力分授的风险，充分发挥政府审计对基层领导干部权力的制约功能。

（4）完善审计信息公告制度，为实现政府审计功能提供制度保障。公共治理要求政府相关信息透明化、公开化，实行透明政府。公共财政审计、绩效审计和领导干部经济责任审计功能的实现有赖于审计结果的执行情况。审计公告制度把审计监督和舆论监督紧密地结合在一起，有利于强化审计结果的执行，实现政府审计功能。社会舆论监督具有传播范围广、传播速度快、社会影响大的特点，较之审计监督具有更强的威慑力。把政府审计中发现的相关问题置于社会公众的监督之下，将对干部管理部门和被审计单位造成强大的舆论压力，促使其不得不加强对审计结果的执行。

1.4.2 公司治理与注册会计师审计

1.公司治理的概念

公司治理是一个多角度、多层次的概念，很难用简单的语言来表达，但从公司治理这一问题的产生与发展来看，可以从狭义和广义两方面去理解。狭义的公司治理是指所有者，主要是股东对经营者的一种监督与制衡机制，即通过一种制度安排，合理地配置所有者与经营者之间的权利与责任关系。公司治理的目标是保证股东利益的最大化，防止经营者对所有者利益的背离。其主要特点是通过股东大会、董事会、监事会及管理层所构成的公司治理结构进行内部治理。广义的公司治理则不局限于股东对经营者的制衡，而是涉及广泛的利益相关者，包括股东、债权人、供应商、雇员、政府和社区等与公司有利害关系的集团。公司治理就是通过一套包括正式或非正式的、内部或外部的制度或机制来协调公司与所有利益相关者之间的利益关系，保证公司决策的科学化，从而最终维护公司各方面的利益。因为在广义上，公司不仅仅是股东的公司，而是一个利益共同体，公司的治理机制也不仅限于以治理结构为基础的内部治理，而是利益相关者通过一系列的内部、外部机制来实施共同治理，治理的目标不仅是股东利益的最大化，而且要保证公司决策的科学化，从而保证所有利益相关者的利益最大化。

公司治理不同于公司管理，公司治理规定了整个企业运作的基本网络框架，公司管理则是在这个既定的框架下使企业奔向目标。缺乏良好治理模式的公司，即使有“很好”的管理体系，也会如同地基不牢固的大厦；同样，没有良好的公司管理体系，单纯的治理模式也只能是一个美好的愿望。正是因为公司治理的重要性，其关系到资本市场的健康发展，自20世纪90年代以来，公司治理受到世界各国的广泛关注，也是目前理论界和实务界讨论的热点。

公司治理既包括外部治理也包括内部治理。外部治理是通过竞争的市场实现的，如产品、劳动力和资本的竞争市场，这种治理也称为公司的间接控制；而人们经常提到的公司治理往往指的是内部治理，即所有者对企业经营者进行监督和控制的一整套制度安排，又称为直接控制。外部治理是内部治理的前提条件，如果没有市场提供充分的竞争和充分的信息，单纯依靠公司的内部治理进行有效的监督和激励是不可能的。与外部治理相比，公司内部治理只是派生的制度安排。公司内部监控机制主要包括董事会监督机制、监事会监督机制、持股大户监控机制、主银行制度和企业内部的审计监督等。

2.注册会计师审计在公司治理中的作用

注册会计师审计是公司外部治理机制的一部分，其作用包括：

（1）保护股东权益。在所有权和经营权分离的股份公司，由于信息不对称，再加上时间和专业的限制，股东需要借助独立的第三方，即注册会计师，对管理层提供的财务报表关于投资的安全性、被投资企业的经营状况以及经理层有无舞弊行为进行审计和监督。

（2）降低信息风险。充分的信息披露是证券市场富有效率、公平透明的核心，也是投资者、债权人正确决策的基础，但由于利益冲突，会计信息的使用者常面临信息不真实、不完整的风险。如股份公司为了保证股票以较高价格成功发行并上市交易，很可能公布虚假的会计报表，虚增利润，误导投资者。处于独立地位的注册会计师对企业会计报表的编制和披露进行审查或审核，并就其真实性、公允性发表意见，提供合理保证，有利于提高财务会计信息的可靠性，降低决策者的风险。

（3）提高代理人的收益。作为代理人的公司经理层与作为委托人的公司股东之间总是存在利益冲突的，如经理可能追求不当的个人效用，牺牲股东利益。由于股东预期经理会追求不利于自己利益的个人目标，因而在与经理签订报酬契约时会降低经理的报酬水平，以抵消其不当的利益追求。为了避免自己报酬的逆向调整，精明、诚实的经理会主动聘请独立的注册会计师审查、鉴证其提供的财务报表，使股东确认自己的业绩，从而维护自己的职业声誉和地位。在对公司进行审计的过程中，注册会计师要对企业内部控制系统的健全、有效性进行调查、测试和评价，并向客户管理层指出其中的薄弱环节和提出必要的改进建议，有利于提高企业的经营绩效。

（4）约束控股股东行为。控股股东的行为必须予以规范，否则不仅会损害中小股东和公司的整体利益，还会动摇投资者对资本市场的信心。注册会计师按审计准则的要求严格进行审计，需要对关联交易的公允性、披露的充分性进行审查，这有助于约束控股股东侵占、转移上市公司资产的行为，至少可以促使公司充分披露控股股东长期大量占用上市公司资金、上市公司为控股股东提供巨额担保等严重危害上市公司持续经营的行为，从而引起公众的关注。对中小股东和公司其他利益相关者来说，注册会计师审计是一个很好的风险预警机制。

1.4.3 公司治理、风险管理与内部审计

1.内部审计在公司治理中的作用

内部审计除了保证公司会计信息质量和对管理活动进行考核和评估之外，从公司治理的角度看，内部审计可以对公司的管理控制和程序进行监督，表现在：

（1）内部审计是解决信息不对称问题的有力措施。内部审计通过对财务信息的审计，可对管理层的会计信息编报权力和披露进行约束，缓解管理层与投资者之间的信息失衡问题。

（2）内部审计是完善公司治理机制的重要内容。一般而言，上市公司内部审计要满足以下要求：股东和股东大会代表机构对公司经营状况的了解，以防范决策风险；管理层对管理控制薄弱环节的客观反映，以规避经营风险；外部审计和监管对公司内部控制状况的评估，以降低审计风险和监管风险；潜在投资者对公司经营业绩和发展潜力的客观评估，以降低投资风险。可见，在补充与加强内部监督的同时，内部审计可以弥补外部审计在实现公司治理功能方面的不足。

（3）内部审计是创造公司价值的重要载体。一方面，内部审计努力帮助组织预防和减少损失，当内部审计成本小于损失的减少时，公司价值增加；另一方面，内部审计的存在客观上会对组织内的经营管理者和其他职能部门产生威慑作用，使其不得不维持良好的控制系统，并努力改善工作绩效。这种被动的“自律”行为客观上导致了组织价值的增加。

（4）内部审计是实现内部控制的关键要素。内部审计是在内部监督公司内控结构、确定和调查可能的虚假财务报表迹象的最好选择。世界通信公司将38.5亿美元的费用列为资本支出的财务舞弊行为，就是首先在内部审计工作中发现的。

2.风险管理与内部审计

风险管理是指对影响组织目标实现的各种不确定性事件进行识别与评估，并采取应对措施将其影响控制在可接受范围内的过程。在全球化、信息化程度不断加深的背景下，人才、技术、资本、商品等要素的流动日益加快，经济中的不确定性因素越来越多，组织面临的风险也越来越大。处于这样的环境中，要让组织增强应对风险的能力，从而掌握主动权，将风险的影响控制在可接受的范围内，就必须强调风险管理。

风险管理包括三个阶段：风险识别、风险评估、风险应对。风险识别是根据组织目标、战略规划等识别所面临的风险。风险评估是指对已识别的风险，评估其发生的可能性及影响程度。风险应对是指采取应对措施，将风险控制在组织可接受的范围内。

风险管理属于内部控制的要素之一，以内部控制为主要对象的内部审计也必须对其进行审查和评价。内部审计应当充分了解组织的风险管理过程，审查和评价其适当性和有效性，并提出改进建议。

本章小结

本章主要对审计的基本概念进行了阐述，包括审计产生的动因和审计的发展历程、审计的定义和分类、审计监督体系以及审计在公共治理、公司治理中的作用。审计作为一个系统化的过程，通过对证据进行客观收集、评定以确定关于经济行为及经济现象的结论和所制定的标准之间的一致程度，并将结果传达给利害关系人。审计作为一种社会实践活动，是为满足社会的特定需求而产生和发展起来的。这种需求直接发端于财产的所有者与经营者之间的受托经济责任关系。对审计需求动因进行解释的理论主要有代理理论、信息论、信息传递论、保险论。审计监督体系由政府审计、注册会计师审计、内部审计构成，是国家进行公共治理以及公司进行内外部治理的重要手段。公共治理的主体多元化、权力多中心化、政府权力有限化、民主的特征决定了完善和开展政府绩效审计、公共财政审计、经济责任审计和信息公告制度的重要性；注册会计师审计是公司外部治理机制的一部分，通过注册会计师对公司财务报告的审计，能够发挥其保护股东权益、降低信息风险、提高代理人的收益、约束控股股东行为的作用；内部审计是公司内部治理机制的一部分，它通过对风险识别、风险评估、风险应对的审查和评价，在企业风险管理中发挥重要作用。

思政园地

发挥审计在推进党的自我革命中的独特作用 进一步推进新时代审计工作高质量发展

2023年5月23日，在二十届中央审计委员会第一次会议上，习近平总书记发表重要讲话。他强调，在强国建设、民族复兴新征程上，审计担负重要使命，要立足经济监督定位，聚焦主责主业，更好发挥审计在推进党的自我革命中的独特作用。做好新一届中央审计委员会工作，要坚持以习近平新时代中国特色社会主义思想为指导，深入学习贯彻党的二十大精神，完整、准确、全面贯彻新发展理念，聚焦全局性、长远性、战略性问题，加强审计领域战略谋划与顶层设计，进一步推进新时代审计工作高质量发展，以有力有效的审计监督服务保障党和国家工作大局。

会议强调，审计是党和国家监督体系的重要组成部分，是推动国家治理体系和治理能力现代化的重要力量。党的十九大以来，在党中央集中统一领导下，中央审计委员会推动审计体制实现系统性、整体性重构，走出了一条契合中国国情的审计新路子，审计工作取得历史性成就、发生历史性变革。一是深入推进审计管理体制改革，党中央对审计工作的集中统一领导不断细化实化制度化。二是对中国特色社会主义审计事业的规律性认识不断深化。三是审计服务党和国家大局的主动性更强、契合性更高，独特监督作用更加彰显。四是审计整改总体格局初步成型，审计成果运用贯通协同更加顺畅、权威、高效。

会议指出，做好新时代新征程审计工作，总的要求是在构建集中统一、全面覆盖、权威高效的审计监督体系，更好发挥审计监督作用上聚焦发力。要如臂使指，增强审计的政治属性和政治功能，把党中央部署把握准、领会透、落实好。要如影随形，对所有管理使用公共资金、国有资产、国有资源的地方、部门和单位的审计监督权无一遗漏、无一例外，形成常态化、动态化震慑。要如雷贯耳，坚持依法审计，做实研究型审计，发扬斗争精神，增强斗争本领，打造经济监督的"特种部队"；做好与其他监督的贯通协同，形成监督合力。

会议要求，要扎实做好今年的审计工作，突出重大问题加大审计力度，促进把党中央决策部署贯彻好、落实好。聚焦高质量发展首要任务，加大对重大项目、重大战略、重大举措落实落地情况的监督力度。聚焦稳增长稳就业稳物价，继续盯紧看好宝贵的财政资金，加大对稳经济一揽子政策措施落实情况的审计力度。聚焦实体经济发展，加大对金融支持实体经济、助企纾困政策落实情况的审计力度，推动落实好"两个毫不动摇"。聚焦推动兜牢民生底线，紧盯人民群众最关心最直接最现实的利益问题，推动惠民富民政策落实。聚焦统筹发展和安全，密切关注地方政府债务、金融、房地产、粮食、能源等重点领域，牢牢守住不发生系统性风险底线。聚焦权力规范运行，充分发挥审计在反腐治乱方面的重要作用，坚决查处政治问题和经济问题交织的腐败，坚决查处权力集中、资金密集、资源富集领域的腐败，坚决查处群众身边的"蝇贪蚁腐"。

资料来源：新华网.习近平主持召开二十届中央审计委员会第一次会议强调 发挥审计在推进党的自我革命中的独特作用 进一步推进新时代审计工作高质量发展［EB/OL］.（2023-05-23）［2023-10-23］. http://www.news.cn/politics/leaders/2023-05/23/c_1129640439.htm.

拓展阅读资料

谢霖（字霖甫，1885—1969），江苏常州人，中国第一位注册会计师、第一家会计师事务所的创办者、中国执业会计师制度的引进者和奠基人，是我国知名会计学者和会计教育家。

谢霖先生年少时曾东渡日本，1909年毕业于明治大学商科，获商学学士学位。学成归国后，因才华过人，深受当局重视，先后派任中国银行总司账、交通银行总会计、中央银行秘书长等职。

20世纪初，中国民族资本主义工商业快速发展起来。公司组建、资本筹集、会计制度和内部管理制度的设计以及经济纠纷的解决，都迫切需要公共会计师的服务，但当时的中国没有这种学有专长、以业主身份自行开业，独立、公正，为社会公众提供审计查账、会计咨询服务的公共会计师。所有涉及公共会计师意见的中外经济纠纷、涉讼案件，都要受在中国执业的外国公共会计师操纵。随着经济社会的发展，涉及会计事务纠纷受制于外国列强的不公正现象日益增多。谢霖深感“国人之含冤不白者，实不可胜计”，为了维护我国主权和民族利益，他在1918年6月上书北洋政府农商、财政两部，建议设立“中国会计师制度”。农商部作为当时主管全国工、农商业经济的部门，认为谢霖的申请“有利商民”，很快予以批准，同时还委托谢霖起草了《会计师暂行章程》10条，于同年9月公布施行。该章程规定：凡中国人民年满30岁以上、大学经济学科毕业主修会计的，或曾在资本50万元的银行或公司任主要会计人员5年以上的，经农商部批准，即给予会计师证书，准其开业，办理会计的组织、查核、整理、证明、鉴定、和解等事务。同时，北洋政府还向谢霖颁发了第一号会计师证书，以示嘉奖。

为贯彻执行会计师制度，谢霖和杨增询等人在北京、天津分别成立正则会计师事务所，并在《银行周报》上刊出广告，面向社会公众，执行公共会计师业务。谢霖成为中国有史以来第一位公共会计师，正则会计师事务所也成为中国办理公共会计师业务的第一家会计师事务所。随着业务的开展，“正则”分支机构遍及中国南北，业务范围遍布北京、天津、上海、南京、杭州、芜湖、南昌、长沙等20多个大中城市，执业会计师50余人，力量十分雄厚。各地分所接办了难度大的查账、设计业务，谢霖均亲往指导，获得了社会各界的高度信任和称誉。当时的“正则”与“立信”（潘序伦）、“正明”（徐永祚）和“公信”（奚玉书）齐名，在全国会计界享有很高的信誉，为1949年前中国“四大”会计师事务所。

此外，谢霖先生还秉承“父教育而母实业”（张謇）的宗旨，在担任各种职务的同时，十分重视会计教育。凡设有会计师事务所的地方，都办有正则会计补习学校，为国家培养了大批初、中级会计人才。为传播会计和经济管理知识，他撰写、出版了大量著作，包括《银行簿记学》《簿记学》《改良中式会计》《中国之会计师制度》《会计学》《成本会计》《审计学要义》等。

资料来源：佚名. 谢霖　中国CPA第一人 [J]. 中国总会计师，2008（11）：100-101.

【思考】

1. 谢霖先生在我国会计领域的重要贡献是什么？

2. 谢霖先生有哪些品质值得我们学习？

3. 一名民间审计人员必须具备怎样的条件和品质？

自测题

第1章判断题

第1章单项选择题

第1章多项选择题

第2章　注册会计师职业规范

【学习目标】

通过本章的学习，你要：

1. 了解我国注册会计师执业准则的建设历程；
2. 掌握中国注册会计师执业准则体系的基本框架及特点；
3. 掌握中国注册会计师鉴证业务基本准则的基本内容；
4. 掌握会计师事务所质量管理准则的基本内容；
5. 掌握中国注册会计师职业道德守则的基本内容。

2.1　注册会计师执业准则体系

2.1.1　注册会计师执业准则概述

注册会计师执业准则是指由注册会计师职业团体制定的、注册会计师在执行鉴证业务和非鉴证服务时所应遵守的技术行为规范。它既是衡量和评价注册会计师工作质量的权威性标准，又是判断注册会计师职责履行情况的一个法定依据。

视频4　注册会计师执业准则体系

注册会计师执业准则的作用主要体现在以下几个方面：

1. 有利于提高注册会计师的执业质量

执业准则作为一种技术行为规范和执业质量标准，全面涵盖了注册会计师的业务领域，还为会计师事务所进行质量管理提供了规范。执业准则的制定与实施，不仅对注册会计师执业应具备的业务素质和专业资格作出了明确的规定，为保障注册会计师的工作质量创造了条件，而且对注册会计师的工作程序和方法等作出了详细的规定，使注册会计师从事工作有了统一的规范和标准，有利于提高工作质量。

2. 有利于明确注册会计师的职业责任

首先，执业准则的制定与实施，有助于合理区分会计责任与审计责任，厘清客户管理层、治理层的责任和注册会计师的责任。其次，由于执业准则提出了注册会计师工作应达到的质量要求，并规定了注册会计师责任的最低要求，故衡量注册会计师的工作质量就有了一个客观的尺度，社会公众、责任方、所服务的客户、监管部门均可以此为标准客观评价注册会计师的职业责任履行情况。只要注册会计师严格按照执业准则的要求执行业务，就能最大限度地降低执业风险，实现预定的工作目标，完成其工作职责。另外，当注册会计师遭受不公正指责和控告时，也可以将执业准则作为划清责任界限、评判执业质量的重要依据，以维护注册会计师的合法权益。

3.有利于提高注册会计师的社会地位

执业准则与维护社会公众的利益和提高注册会计师职业的社会地位有直接的联系。注册会计师提供面向社会公众的专业技术服务，是否能满足社会的需求和取信于公众，关键在于其业务完成的质量。执业准则作为技术行为规范，是注册会计师职业团体依据社会公众的需求对注册会计师工作质量提出的要求，它的制定与实施有助于加强对注册会计师的管理，有助于维护和提升行业整体形象，从而有助于赢得社会公众的信赖，推动更加公平、健康、规范的市场经济秩序建设。

4.有利于促进注册会计师的知识和技能更新

执业准则是国际前沿理论与我国执业实践有机结合的成果，是对注册会计师执业经验的总结与提炼，其制定与实施将有效带动注册会计师执业质量和理论水平的提高。注册会计师不仅应当具备会计、审计专业知识，还要了解被审计单位所在行业情况，以及相关监管的法律法规、经营风险等知识。执业准则的颁布和实施有利于促进每个从业人员知识和技能的更新，从而提高整个注册会计师行业的专业水平。

2.1.2 中国注册会计师执业准则的建设历程

我国注册会计师行业自改革开放起恢复重建，40多年来从无到有，建立了一整套较为完善的执业准则体系。虽然我国注册会计师执业准则的建设起步较晚，但已基本实现了与国际审计准则的趋同，并在持续跟进行业最新技术与动态的基础上，不断对执业经验进行总结和升华。目前，我国注册会计师执业准则体系日臻成熟，并已从国际趋同阶段进入国际等效阶段。我们相信，随着国际交流合作的进一步深入，以及中国注册会计师行业的创新能力不断增强，未来我们将更加积极主动地参与国际会计事务，提升行业的国际影响力和竞争力，实现从国际体系的追随者向引领者的转变。

我国注册会计师执业准则的建设主要经历了三个阶段：

1.执业规则的制定阶段（1988—1993年）

为贯彻"对外开放、对内搞活"的经济发展方针，使我国注册会计师行业向规范化方向发展，使注册会计师在为"三资"企业提供验资、查账和清算等审计服务时有章可循，财政部和中国注册会计师协会于1988年至1993年相继制定发布了《注册会计师检查验证会计报表规则（试行）》等七项规则①。这些规则的出台，有力地促进了我国注册会计师行业向正规化、法治化和专业化发展。

2.准则体系的建立阶段（1994—2003年）

为了更好地规范注册会计师执业行为，提高注册会计师行业公信力，我国积极借鉴学

① 《注册会计师检查验证会计报表规则（试行）》《注册会计师验资规则（试行）》《注册会计师查帐验证计划规则（试行）》《注册会计师查帐验证工作底稿规则（试行）》《注册会计师查帐验证报告规则（试行）》《注册会计师管理建议书规则（试行）》《中国注册会计师职业道德守则（试行）》。

习国际先进经验。依据《注册会计师法》的规定，中国注册会计师协会经财政部批准同意后，自1994年5月开始起草独立审计准则，以构建规范、健全、具有中国特色的审计准则体系。从1995年至2003年，中国注册会计师协会分6批共制定发布了48项中国注册会计师独立审计准则，从而初步建立了我国注册会计师独立审计准则体系。这一体系的构建，标志着我国审计执业规范迈上了新台阶。

3.准则体系的完善阶段（2004年至今）

自2004年以来，为持续跟进国际审计准则的最新发展和满足注册会计师的执业需要，中国注册会计师协会将准则的制定工作重心转向完善准则体系和提高准则质量并重，在起草新准则的同时，对已颁布的准则进行有计划、有步骤的修订。随着国内、国际审计环境的变化和注册会计师业务的多元化拓展，财政部和中国注册会计师协会将前期建立的以审计业务为主要规范对象的“中国注册会计师独立审计准则体系”改进为“中国注册会计师执业准则体系”，将准则体系的覆盖范围扩展到审计业务以外的各类鉴证业务和相关服务业务。同时，为顺应经济全球化和执业准则国际趋同的大势，我国也实施了注册会计师执业准则国际趋同战略。2006年2月，中国注册会计师协会发布中国注册会计师执业准则48项，其中审计准则41项。2010年11月，中国注册会计师协会修订并获准发布了38项准则，同时废止了对应的35项准则，形成以全面风险导向审计为核心的执业准则51项，其中审计准则44项。2015年1月15日，国际审计与鉴证准则理事会（International Auditing and Assurance Standards Board，IAASB）发布了新制订和修订的系列审计准则。为了与国际审计准则持续接轨，提高审计报告的信息含量，2016年12月，我国注册会计师执业准则体系迎来第三次修订，经财政部批准，中国注册会计师协会共印发12项新准则，其中新增加的《中国注册会计师审计准则第1504号——在审计报告中沟通关键审计事项》大幅提高了审计报告的信息含量和沟通价值。2019年2月20日，中国注册会计师协会再次发布18项新准则，经财政部批准，于2019年7月1日正式开始施行。第四次准则体系修订对《中国注册会计师审计准则第1101号——注册会计师的总体目标和审计工作的基本要求》等准则内容进行了更新调整，进一步规范注册会计师的执业行为，提高执业质量，维护社会公众利益，从而促进社会主义市场经济的健康发展。为了回应社会各界对审计质量的关切，指导会计师事务所建立健全质量管理体系，提高会计师事务所质量管理能力，提升审计质量，防范审计风险，中国注册会计师协会对中国注册会计师执业准则进行了第五次修订和完善，修订了《会计师事务所质量管理准则第5101号——业务质量管理》等三项质量管理相关准则。这三项准则经财政部批准，于2020年11月19日正式发布，要求从事证券服务业务的会计师事务所于2023年1月1日起执行，不从事证券服务业务的会计师事务所于2024年1月1日起执行，并允许和鼓励提前执行。这批准则生效实施后，同时废止2019年印发的《质量控制准则第5101号——会计师事务所对执行财务报表审计和审阅、其他鉴证和相关服务业务实施的质量控制》和《中国注册会计师审计准则第1121号——历史财务信息审计的质量控制》。2021年12月9日，中国注册会计师协会修订《中国注册会计师审计准则第1601号——审计特殊目的财务报表的特殊考虑》《中国注册会计师审计准则第1603号——审计单一财务报表和财务报表特定要素的特殊考虑》《中国注册会计师审计准则第1604号——对简要财务报表出具报告的业务》等3项准则，于2022年1月1日起施行。2022年1月5日，中国注册会计师协会对《中国注册会计师鉴证业务基本准则》等11项准则进行了一致性修订。为了贯彻落实《关于进一步规范财务审计秩序促进注册会计师行业健康发展的意见》(国办发〔2021〕30号)中“持续提升审计质量”和“完善审计准则体系”的要求，规范和指导注册会计师开展实务工作，保持我国审计准则与国际准则的持续动态趋同，2022年12月22日，财政部发布了修订后的《中国注册会计师审计准则第1211号——重大错报风险的识别和评估》《中国注册会计师审计准则第1321号——会计估计和相关披露的审计》等两项审计准则，并对《中国注册会计师审计准则第1101号——注册会计师的总体目标和审计工作的基本要求》等23项准则进行了一致性修订。

2.1.3 中国注册会计师执业准则体系的基本框架

我国现行注册会计师执业准则体系由53项准则组成，分为中国注册会计师业务准则51项和会计师事务所质量管理准则2项，其中业务准则包括49项鉴证业务准则和2项相关服务准则。中国注册会计师执业准则体系的构成如图2-1所示。

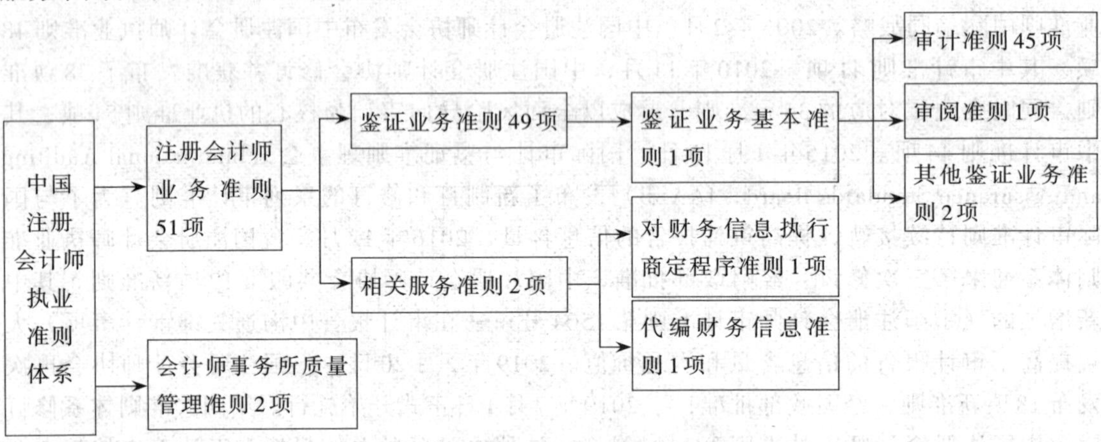

图2-1 中国注册会计师执业准则体系

2.1.4 中国注册会计师新执业准则体系的特点

中国注册会计师协会审计准则委员会自2004年成立起，历经十余载，对我国注册会计师执业准则体系进行了七次实质性修订。目前，我国注册会计师新执业准则体系已基本成型，它具有以下特点：

1.实现了与国际审计准则趋同

为了更好地融入全球经济体系，并配合“一带一路”倡议，注册会计师执业准则相继出台并不断修订，使我国企业的会计信息逐步被国内外众多使用者所理解和信赖。新执业准则体系不论是体系结构、项目构成，还是基本原则、核心程序，都与国际准则体系保持一致，而且对国际准则的修订、完善均迅速作出反应，体现了全面趋同、及时更新的特点。

2.完善了审计准则体系

随着我国改革开放的不断深入和社会主义市场经济的不断发展，注册会计师的业务范围越来越广泛，不再局限于传统的财务报表审计，已经扩展至财务报表审计以外的其他鉴证业务和相关服务业务。过去的执业准则主要是为规范审计业务而制定的，而现在许多会计师事务所（特别是大型会计师事务所）的非审计业务收入已经与审计业务收入持平甚至超出，新执业准则体系充分考虑我国注册会计师执业范围的扩大、业务类型的多元化等情况，在框架、名称、编号等方面均有所创新，同时各项准则又有类似的章节设置，结构清晰、表述统一、覆盖全面，为注册会计师行业日益增长的各类新型业务提供了指引。

3.体现了风险导向审计的理念和方法

进入21世纪以来，注册会计师面临的审计环境发生了很大的变化。复杂多变的市场环境、日新月异的科学技术、不断创新的经营模式、高速迭代的市场工具，在增大了企业面临的经营风险的同时，不可避免地给注册会计师带来了更高的审计风险。所有这些变化都迫切要求注册会计师创新审计理念和技术，提高防范风险的能力。

新执业准则体系突出了审计风险准则的核心地位，明确要求注册会计师在执行审计业务时，切实贯彻风险导向审计理念，以重大错报风险的识别、评估和应对为审计工作主线。一方面，加强对被审计单位内外部环境因素的了解，要求注册会计师将审计视角扩展到控制测试和实质性程序以外，通过了解被审计单位及其环境、适用的财务报告编制基础以及内部控制体系等，从财务报表层次和认定层次识别和评估重大错报风险；另一方面，在审计的所有阶段都要实施更加严格的风险评估程序，并将识别和评估的风险与实施的审计程序挂钩，做到有的放矢，避免审计工作的盲目性，提高审计效率和效果。风险导向审计的全面运用，将有效识别和评估重大错报风险，从而采取有效的应对措施，降低注册会计师的审计风险。

4.强化了会计师事务所的质量管理

新执业准则体系分别对会计师事务所质量管理和财务报表审计质量管理进行了规范，会计师事务所质量管理准则对会计师事务所的业务质量管理和项目质量复核作出了详细规定，对财务报表审计实施的质量管理准则明确了执行财务报表审计业务时需要开展的质量管理工作。这些准则在会计师事务所的风险评估程序、治理和领导层、相关职业道德要求、客户关系和具体业务的接受和保持、业务执行、资源、信息与沟通、监控和整改程序等方面均提供了重要指导。

5.强调了对舞弊及违反法律法规行为的考虑

新执业准则体系更加详细、系统地规范了注册会计师在财务报表审计中针对舞弊的审计工作，包括如何识别舞弊行为、评估舞弊导致的重大错报风险，以及如何应对这些重大错报风险，对于关联方、集团审计、会计估计（包括公允价值会计估计）等舞弊风险较高的领域均制定了对应的准则，以帮助注册会计师有效降低因管理层和治理层舞弊导致的审计风险。同时，《中国注册会计师审计准则第1141号——财务报表审计中与舞弊相关的责任》还进一步明确了注册会计师在财务报表审计中与舞弊相关的责任。

新执业准则体系还强调了注册会计师应对被审计单位违反法律法规行为时的考虑，增加了注册会计师根据法律法规或相关职业道德守则，确定是否对外报告审计中发现的违反法律法规行为的要求，具体包括评价被审计单位应对违反法律法规行为的恰当性、注册会计师确定是否应采取进一步措施、与其他注册会计师沟通、对相关事项形成审计工作底稿等。

6. 提升了审计报告的信息含量

为增强审计的决策相关性，并有效回应社会公众的关注，新执业准则体系在改进审计报告模式、增加审计报告要素、丰富审计报告内容等方面作出了重大改进。

审计报告是注册会计师与财务报表使用者沟通所审计事项的主要手段，对增强财务信息的可信性起着至关重要的作用。为弥合预期使用者的期望差距、改善传统审计报告信息含量不高的缺陷，中国注册会计师协会制定了《中国注册会计师审计准则第1504号——在审计报告中沟通关键审计事项》，要求在上市公司的审计报告中增设关键审计事项段落，披露审计工作的实施过程与审计重点、难点。新执业准则体系下的审计报告结论醒目、各方责任明确，并能提供个性化信息，提高了审计报告的沟通价值，增强了审计工作的透明度，提升了审计质量和效能，对降低资本市场不确定性和信息不对称风险、增进社会公众对注册会计师行业的信心、维护市场经济的稳定有序运行、保护社会公众利益发挥了积极作用。

2.2 中国注册会计师业务准则

注册会计师的业务范围包括鉴证业务和相关服务业务两大类。

鉴证业务是注册会计师的核心业务。中国注册会计师鉴证业务准则由鉴证业务基本准则统领，按照鉴证业务提供的保证程度和鉴证对象的不同，分为审计准则、审阅准则和其他鉴证业务准则。我国现行注册会计师执业准则体系包含49项鉴证业务准则。

随着注册会计师的业务愈发多元化，包括企业管理咨询服务、税务服务、商定程序、代编财务信息等传统服务业务，以及商业程序外包、全球人力资源和管理咨询服务、企业风险管理服务、精算保险服务、公司重整等新兴服务业务在内的相关服务业务，在会计师事务所的收入中所占比重也在持续增加。我国现行注册会计师执业准则体系还包含2项相关服务准则。

2.2.1 中国注册会计师鉴证业务基本准则

视频5 中国注册会计师鉴证业务基本准则

《中国注册会计师鉴证业务基本准则》是中国注册会计师鉴证业务准则的概念框架和总领，是制定《中国注册会计师审计准则》《中国注册会计师审阅准则》《中国注册会计师其他鉴证业务准则》的基本依据，也是注册会计师执行鉴证业务的基本要求和规范。该准则共九章六十条，主要阐述了鉴证业务的定义与目标、鉴证业务的要素以及业务承接等方面的内容。注册会计师在执行鉴证业务时应当遵守该准则，并根据业务类型同时遵守依据该准则制定的对应具体业务准则。

1. 鉴证业务的含义

鉴证业务是指注册会计师对鉴证对象信息提出结论，以增强除责任方之外的预期使用者对鉴证对象信息信任程度的业务。例如，在财务报表审计中，注册会计师通过对财务报表（鉴证对象信息）发表审计意见（提出结论），增强除被审计单位（责任方）之外的预期使用者对财务报表的信任程度。对于鉴证业务的含义，我们可以从以下几个方面加以理解：

（1）鉴证业务的主体必须是注册会计师，即已取得注册会计师证书并在会计师事务所执业的人员，有时也指其所在的会计师事务所。注册会计师应当独立于责任方和预期使用者。

（2）鉴证业务的客体是鉴证对象或鉴证对象信息，其中鉴证对象信息是指按照标准对鉴证对象进行评价和计量的结果。例如，在财务报表审计中，责任方按照会计准则和相关会计制度（标准）对其财务状况、经营成果和现金流量（鉴证对象）进行确认、计量和列报，形成财务报表（鉴证对象信息）。鉴证对象信息应当恰当反映既定标准运用于鉴证对象的情况，否则就可能存在错报，甚至是重大错报。

（3）鉴证业务的服务对象是预期使用者，即预期使用鉴证报告的组织或人员。注册会计师通过执行鉴证业务，有效满足预期使用者的信息需求。

（4）鉴证业务的目的是改善信息的质量或内涵，增强除责任方之外的预期使用者对鉴证对象或鉴证对象信息的信任程度。为了实现这一目的，注册会计师在执行鉴证业务时，应以适当保证、提高鉴证对象或鉴证对象信息的质量为工作目标，而不应涉及为如何利用信息提供建议。

（5）鉴证业务的最终产品是鉴证结论。在任何一项鉴证业务中，注册会计师都应对鉴证对象或鉴证对象信息提出结论，并且以书面形式报告给预期使用者。

目前，我国的鉴证业务主要包括财务报表审计业务、财务报表审阅业务和其他鉴证业务。各大会计师事务所在遵守准则、提高传统审计业务质量的同时，也积极开拓净资产审计、离任审计、破产审计、内控审计、涉税鉴证、高新技术企业认定审计、司法鉴定、捐赠审计、移民审计等新的鉴证业务。

2.鉴证业务的要素

根据《中国注册会计师鉴证业务基本准则》第一章第三条的规定，鉴证业务包括三方关系、鉴证对象、标准、证据和鉴证报告五个要素。

（1）三方关系。《中国注册会计师鉴证业务基本准则》第四章规定，任何一项鉴证业务必须包含三方关系人，分别为注册会计师、责任方和预期使用者。责任方与预期使用者可能是同一方，也可能不是。由于鉴证结论有利于提高鉴证对象信息的可信度，可能会对责任方有用，在这种情况下，责任方也会成为预期使用者之一，但不是唯一的预期使用者。如果某项业务不存在除责任方以外的其他预期使用者，那么该业务不构成一项鉴证业务。因此，是否存在三方关系人是判断某项业务是否属于鉴证业务的重要标准之一。

在鉴证业务中，三方关系人之间的关系表现为：注册会计师对由责任方负责的鉴证对象或鉴证对象信息提出结论，以增强除责任方之外的预期使用者对鉴证对象信息的信任程度。此外，鉴证业务还可能涉及委托人，但委托人不是单独存在的一方，它通常为预期使用者之一，也可能由责任方担任。

（2）鉴证对象。《中国注册会计师鉴证业务基本准则》第五章规定，鉴证对象是指鉴证对象信息所反映的内容。鉴证业务的多样性蕴含着鉴证对象和鉴证对象信息的多样性，其主要形式与对应关系见表2-1。

不同的鉴证对象具有不同特征，可能表现为定性或定量、客观或主观、历史或预测、时点或期间。这些特征将对注册会计师按照标准对鉴证对象进行评价或计量的准确性和证据的说服力产生影响。通常，如果鉴证对象表现为定量的、客观的、历史的或时点的特征，对其进行评价、计量的准确性相对较高，注册会计师获取证据的说服力相对较强，相应地，对鉴证对象信息提供的保证程度也较高。

表2-1 鉴证对象和鉴证对象信息的主要形式与对应关系

鉴证对象	鉴证对象信息
财务状况或业绩（如历史或预测的财务状况、经营成果和现金流量）	财务报表
非财务状况或业绩（如企业的运营情况）	可能是反映效率或效果的关键指标
某种系统或过程（如企业的内部控制或信息技术系统）	可能是关于其有效性的认定
某种行为（如遵守法律法规的情况）	可能是对法律法规遵守情况或执行效果的声明
物理特征（如设备的生产能力）	可能是有关鉴证对象物理特征的说明文件

鉴证对象适当与否是注册会计师能否将一项业务作为鉴证业务予以承接的前提。适当的鉴证对象应当同时具备以下条件：①可识别；②不同的组织或人员对鉴证对象按照既定标准进行评价或计量的结果合理一致；③注册会计师能够收集与鉴证对象有关的信息，获取充分、适当的证据，以支持其提出的适当鉴证结论。不适当的鉴证对象可能误导预期使用者或造成鉴证工作范围受到限制，注册会计师发现这种情况时，应结合影响的重大与否和广泛程度，考虑出具保留、否定或无法表示意见的报告，必要时还应考虑解除业务约定。

（3）标准。《中国注册会计师鉴证业务基本准则》第六章规定，标准作为鉴证业务中不可或缺的要素，是指用于评价或计量鉴证对象的基准，当涉及列报时，还包括列报的基准。责任方和注册会计师都需要利用标准来对鉴证对象进行衡量。标准可以是正式的规定，如法律法规的规定、编制财务报表所使用的会计准则和相关会计制度；也可以是某些非正式的规定，如单位内部制定的行为准则或确定的绩效水平。注册会计师在运用职业判断对鉴证对象作出合理一致的评价或计量时，需要有适当的标准。值得注意的是，注册会计师基于自身的预期、判断和个人经验对鉴证对象的评价和计量不构成适当的标准。

适当的标准应当具备以下特征：①相关性，相关的标准有助于得出结论，便于预期使用者作出决策；②完整性，完整的标准不应忽略业务环境中可能影响得出结论的相关因素，当涉及列报时，还包括列报的基准；③可靠性，可靠的标准能够使能力相近的注册会计师在相似的业务环境中，对鉴证对象作出合理一致的评价或计量；④中立性，中立的标准有助于得出无偏向的结论；⑤可理解性，可理解的标准有助于得出清晰、易于理解、不会产生重大歧义的结论。注册会计师应当考虑运用于具体业务的标准是否具备以上特征，以审慎的职业判断执行相应的工作，以评价该标准对此项业务的适用性。如果使用的标准不适当或不适用于具体业务，那么发表的鉴证结论也将毫无意义。

此外，为使预期使用者了解鉴证对象的评价或计量过程，标准还应当能够为预期使用者所获取，获取方式包括：①公开发布；②在陈述鉴证对象信息时以明确的方式表述；③在鉴证报告中以明确的方式表述；④常识理解，如计量时间的标准是小时或分钟等。

（4）证据。《中国注册会计师鉴证业务基本准则》第七章规定，证据是注册会计师提出鉴证结论的基础。注册会计师应当以职业怀疑态度计划和执行鉴证业务，获取有关鉴证对象信息是否不存在重大错报的充分、适当的证据。职业怀疑态度是指注册会计师以质疑的思维方式评价所获取证据的有效性，并对相互矛盾的证据，以及引起对文件记录或责任方提供的信息的可靠性产生怀疑的证据保持警觉。鉴证业务通常不涉及鉴定文件记录的真伪，注册会计师也不是鉴定文件记录真伪的专家，但应当考虑用作证据的信息的可靠性，包括考虑与信息生成和维护相关的控制的有效性。如果在执行业务过程中识别出的情况使其认为文件记录可能是伪造的或文件记录中的某些条款已发生变动，注册会计师应当作出进一步调查，包括直接向第三方询证，或考虑利用专家的工作，以评价文件记录的真伪。

注册会计师提出鉴证结论须建立在充分、适当的证据基础上，即证据应具备充分性和适当性。证据的充分性是对证据数量的衡量，主要与注册会计师确定的样本量有关。证据的适当性是对证据质量的衡量，包括对证据的相关性和可靠性两方面的考量。在评价证据的充分性和适当性以支持鉴证报告时，注册会计师应当运用职业判断，并保持职业怀疑态度。

（5）鉴证报告。《中国注册会计师鉴证业务基本准则》第八章规定，鉴证报告是注册会计师出具的含有鉴证结论的书面报告，该鉴证结论应说明注册会计师就鉴证对象信息获取的保证。鉴证业务类型不同，鉴证结论的表述形式也不同。

根据鉴证对象信息是否以责任方认定的形式为预期使用者所获取，鉴证结论有两种表述形式：①明确提及责任方认定，如“我们认为，责任方作出的‘根据×标准，内部控制在所有重大方面是有效的’这一认定是公允的”；②直接提及鉴证对象和标准，如“我们认为，根据×标准，内部控制在所有重大方面是有效的”。

在基于责任方认定的业务中，由于注册会计师是针对以责任方认定的形式存在的鉴证对象信息进行评价并出具报告，且该鉴证对象信息也可以责任方认定的形式为预期使用者所获取，所以在注册会计师的鉴证报告中，以上两种鉴证结论表述形式均可采用。

在直接报告业务中，由于注册会计师可能无法从责任方获取与鉴证对象信息相关的认定，或者即便可以获取这种认定，该认定也无法为预期使用者获取，预期使用者只能通过阅读鉴证报告获取鉴证对象信息。因此，注册会计师应当直接对鉴证对象进行评价并出具报告，鉴证结论只能采用上述第二种表述形式。

此外，根据鉴证业务的保证程度不同，注册会计师提出鉴证结论的方式也有两种：①积极方式，适用于合理保证的鉴证业务中，如“我们认为，根据×标准，内部控制在所有重大方面是有效的”；②消极方式，适用于有限保证的鉴证业务中，如“基于本报告所述的工作，我们没有注意到任何事项使我们相信，根据×标准，×系统在任何重大方面是无效的”或“基于本报告所述的工作，我们没有注意到任何事项使我们相信，责任方作出的‘根据×标准，×系统在所有重大方面是有效的’这一认定是不公允的”。

3.鉴证业务的类别

（1）按照所提供的保证程度不同，可将鉴证业务分为合理保证和有限保证两类。合理保证的保证水平要高于有限保证的保证水平。

合理保证鉴证业务的目标是注册会计师将鉴证业务风险降至该业务环境下可接受的低水平，以此作为以积极方式提出结论的基础。如在历史财务信息审计业务中，注册会计师要将审计风险降至该业务环境下可接受的低水平，对经过审计的历史财务信息提供高水平的保证

（合理保证），并通过在审计报告中对历史财务信息采用积极方式提出结论的方式体现。

有限保证鉴证业务的目标是注册会计师将鉴证业务风险降至该业务环境下可接受的水平，以此作为以消极方式提出结论的基础。如在历史财务信息审阅业务中，注册会计师要将审阅风险降至该业务环境下可接受的水平（高于历史财务信息审计中可接受的低水平），对审阅后的历史财务信息提供低于高水平的保证（有限保证），在审阅报告中对历史财务信息采用消极方式提出结论。

为了正确理解《中国注册会计师鉴证业务基本准则》中的保证概念，必须对绝对保证、合理保证和有限保证的保证程度进行区分。绝对保证是指注册会计师对鉴证对象信息整体不存在重大错报提供百分之百的保证；合理保证是指在财务报表审计中，注册会计师提供的一种高度但并非绝对的保证水平，当注册会计师获取充分、适当的审计证据将审计风险降至可接受的低水平时，就获取了合理保证；有限保证在证据收集程序的性质、时间、范围等方面受到有意识的限制，它提供的是一种适度水平的保证。三者提供的保证水平逐次降低。注册会计师提供的保证水平越高，鉴证业务风险越低。由于选择性测试方法的运用、内部控制的固有局限性、大多数证据仅为说服性而非结论性、获取和评价证据以及得出结论时涉及大量判断、某些情况下鉴证对象具有特殊性、成本效益原则等多因素的影响，注册会计师在提供鉴证业务时不可能提供绝对保证，鉴证业务风险也不可能降为零。例如，在财务报表审计中，由于审计存在固有限制，注册会计师据以得出结论和形成审计意见的大多数审计证据是说服性而非结论性的，因此，审计只能提供合理保证，不能提供绝对保证。

（2）按照鉴证对象信息和保证程度的不同，可将鉴证业务分为历史财务信息审计、审阅和其他鉴证业务。

历史财务信息审计是指鉴证对象信息为历史财务信息的鉴证业务，该业务要求提供合理保证。在历史财务信息审计业务中，注册会计师作为独立的第三方，运用专业知识、技能和经验对历史财务信息进行审计并以积极方式发表专业意见结论，旨在提高财务报表的可信赖程度。财务报表审计业务即为一种典型的历史财务信息审计业务。

历史财务信息审阅是指鉴证对象信息为历史财务信息的有限保证鉴证业务。在历史财务信息审阅业务中，注册会计师作为独立的第三方，运用专业知识、技能和经验对历史财务信息进行审阅并以消极方式发表专业意见结论，旨在提高财务报表的可信赖程度。财务报表审阅即为一种典型的历史财务信息审阅业务。

其他鉴证业务是指除历史财务信息审计和审阅以外的鉴证业务，如预测性财务信息审核、内部控制审核、风险管理鉴证、网域认证等。注册会计师根据鉴证业务的性质和业务约定的要求，提供有限保证或合理保证。

（3）按照鉴证对象信息是否以责任方认定的形式为预期使用者所获取，可将鉴证业务分为基于责任方认定的业务和直接报告业务。

在基于责任方认定的业务中，责任方对鉴证对象进行评价或计量，鉴证对象信息以责任方认定的形式为预期使用者获取。如在财务报表审计中，被审计单位管理层（责任方）对财务状况、经营成果和现金流量进行确认、计量和列报而形成的财务报表（鉴证对象信息）即为责任方认定，该财务报表可为预期使用者获取。

在直接报告业务中，注册会计师直接对鉴证对象进行评价或计量，或者从责任方获取对鉴证对象评价或计量的认定，而该认定无法为预期使用者获取，预期使用者只能通过阅读鉴证报告获取鉴证对象信息。如在内部控制鉴证业务中，注册会计师可能无法从管理层（责任方）获取其对内部控制有效性的评价报告（责任方认定），或虽然注册会计师能够获取该报告，但预期使用者无法获取该报告，注册会计师直接对内部控制的有效性（鉴证对象）进行评价并出具鉴证报告，预期使用者只能通过阅读该鉴证报告获得内部控制有效性的信息（鉴证对象信息）。

基于责任方认定的业务和直接报告业务的区别见表2-2。

表2-2 **基于责任方认定的业务和直接报告业务的区别**

区别	基于责任方认定的业务	直接报告业务
预期使用者获取鉴证对象信息的方式不同	预期使用者可以直接获取鉴证对象信息	预期使用者只能通过阅读鉴证报告获取有关的鉴证对象信息
注册会计师提出结论的对象不同	结论对象可能是责任方认定，也可能是鉴证对象	结论对象只能是鉴证对象本身
责任方的责任不同	责任方应当对鉴证对象信息负责，可能同时也要对鉴证对象负责	责任方仅需要对鉴证对象负责，无论注册会计师是否获取了责任方认定，鉴证报告中都不体现责任方的认定
鉴证报告的内容和格式不同	鉴证报告的引言段通常会提供责任方认定的相关信息，进而说明注册会计师所执行的鉴证程序并提出鉴证结论	鉴证报告中由注册会计师直接说明鉴证对象、执行的鉴证程序并提出鉴证结论

4.业务承接

（1）鉴证业务的承接条件。在接受委托前，注册会计师应当初步了解业务环境，包括对业务约定事项、鉴证对象特征、适用的标准、预期使用者的需求、责任方、可能对鉴证业务产生重大影响的其他事项等进行初步了解，只有在认为符合独立性和专业胜任能力等相关职业道德规范的要求并且拟承接的业务具备下列所有特征时，注册会计师才能将其作为鉴证业务予以承接：①鉴证对象适当；②使用的标准适当且预期使用者能够获取该标准；③注册会计师能够获取充分、适当的证据以支持其结论；④注册会计师的结论以书面报告形式表述，且表述形式与所提供的保证程度相适应；⑤该业务具有合理的目的。如果鉴证业务的工作范围受到重大限制，或者委托人试图将注册会计师的名字和鉴证对象不适当地联系在一起，则该项业务可能不具有合理的目的。

当拟承接的业务不具备上述鉴证业务的所有特征，不能将其作为鉴证业务予以承接时，注册会计师可以提请委托人将其作为非鉴证业务，以满足预期使用者的需要。

（2）鉴证业务的变更。对已承接的鉴证业务，如果没有合理理由，注册会计师不应将该项业务变更为非鉴证业务，或将合理保证的鉴证业务变更为有限保证的鉴证业务。若注册会计师不同意变更业务，委托人又不同意继续执行原鉴证业务，注册会计师应当考虑解除业务约定，并考虑是否有义务向有关方面说明解除业务约定的理由。

在实务中，委托人要求变更业务类型主要有以下三个原因：①业务环境变化影响到预期使用者的需求；②预期使用者对该项业务的性质存在误解；③业务范围存在限制。

上述情况①和②属于合理理由，注册会计师可以根据委托人的要求，考虑同意变更该项业务。但如果有迹象表明该变更要求与错误的、不完整的或者不能令人满意的信息有关，注册会计师不应当认为该变更是合理的。情况③不属于合理理由，注册会计师应当要求委托人或责任方消除这些限制，并考虑业务范围受限对鉴证结论的影响，而不应当变更业务类型或保证程度。

如果发生变更，注册会计师不应忽视变更前获取的证据。此外，注册会计师还需考虑变更业务对法律责任或业务约定条款的影响。如果变更业务引起业务约定条款的变更，注册会计师应当与委托人就新条款达成一致意见。

2.2.2 中国注册会计师审计准则

《中国注册会计师审计准则》是用以规范注册会计师执行财务报表审计业务的系列要求与规范。在开展审计业务时，注册会计师对所审计信息是否不存在重大错报提供合理保证，并以积极方式提出结论。审计准则共45项，主要包括六个方面的内容：一般原则与责任、风险评估与应对、审计证据、利用其他主体的工作、审计结论与报告、特殊领域审计（见表2-3）。审计准则规范了审计执业的目标、方法、过程、结论，是整个执业准则体系的核心。

表2-3 中国注册会计师审计准则体系

编号	名称
（一）一般原则与责任，共9项	
1101	注册会计师的总体目标和审计工作的基本要求
1111	就审计业务约定条款达成一致意见
1121	对财务报表审计实施的质量管理
1131	审计工作底稿
1141	财务报表审计中与舞弊相关的责任
1142	财务报表审计中对法律法规的考虑
1151	与治理层的沟通
1152	向治理层和管理层通报内部控制缺陷
1153	前任注册会计师和后任注册会计师的沟通
（二）风险评估与应对，共6项	
1201	计划审计工作
1211	重大错报风险的识别和评估
1221	计划和执行审计工作时的重要性
1231	针对评估的重大错报风险采取的应对措施
1241	对被审计单位使用服务机构的考虑
1251	评价审计过程中识别出的错报
（三）审计证据，共11项	
1301	审计证据
1311	对存货、诉讼和索赔、分部信息等特定项目获取审计证据的具体考虑
1312	函证

续表

编号	名称
1313	分析程序
1314	审计抽样
1321	会计估计和相关披露的审计
1323	关联方
1324	持续经营
1331	首次审计业务涉及的期初余额
1332	期后事项
1341	书面声明
（四）利用其他主体的工作，共3项	
1401	对集团财务报表审计的特殊考虑
1411	利用内部审计人员的工作
1421	利用专家的工作
（五）审计结论与报告，共6项	
1501	对财务报表形成审计意见和出具审计报告
1502	在审计报告中发表非无保留意见
1503	在审计报告中增加强调事项段和其他事项段
1504	在审计报告中沟通关键审计事项
1511	比较信息：对应数据和比较财务报表
1521	注册会计师对其他信息的责任
（六）特殊领域审计，共10项	
1601	审计特殊目的财务报表的特殊考虑
1602	验资
1603	审计单一财务报表和财务报表特定要素的特殊考虑
1604	对简要财务报表出具报告的业务
1611	商业银行财务报表审计
1612	银行间函证程序
1613	与银行监管机构的关系
1631	财务报表审计中对环境事项的考虑
1632	衍生金融工具的审计
1633	电子商务对财务报表审计的影响

2.2.3 中国注册会计师审阅准则和其他鉴证业务准则

《中国注册会计师审阅准则》用以规范注册会计师执行历史财务信息审阅业务。在开展审阅业务时，注册会计师对所审阅信息是否不存在重大错报提供有限保证，并以消极方式提出结论。目前，我国注册会计师执业准则体系中只有一项审阅准则，即《中国注册会计师审阅准则第2101号——财务报表审阅》。该准则共七章三十一条，分别对审阅业务的范围和保证程度、业务约定书、审阅计划、审阅程序和审阅证据、审阅结论和报告等作出了规定。

《中国注册会计师其他鉴证业务准则》用以规范注册会计师执行除历史财务信息审计或审阅以外的其他鉴证业务，如信息技术系统鉴证、预测性财务信息审核等。目前，我国注册会计师执业准则体系中的其他鉴证业务准则有两项：《中国注册会计师其他鉴证业务准则第3101号——历史财务信息审计或审阅以外的鉴证业务》共十章七十七条，对其他鉴证业务的承接与保持、计划与执行、利用专家的工作、获取证据、考虑期后事项、形成记录、编制报告和其他报告责任作出了规定；《中国注册会计师其他鉴证业务准则第3111号——预测性财务信息的审核》共九章三十条，对预测性财务信息审核业务的保证程度、接受业务委托、了解被审核单位情况、涵盖期间、审核程序、列报和审核报告等给出了指引。注册会计师在执行其他鉴证业务时，需根据该鉴证业务的性质和业务约定的要求，提供有限保证或合理保证。

2.2.4 中国注册会计师相关服务准则

注册会计师提供的相关服务包括管理咨询、税务咨询、代编财务信息、商定程序等。在提供这些相关服务时，注册会计师不提供任何程度的保证。目前，我国注册会计师执业准则体系中已颁布实施的相关服务准则共两项，分别是《中国注册会计师相关服务准则第4101号——对财务信息执行商定程序》和《中国注册会计师相关服务准则第4111号——代编财务信息》。这两项准则从业务约定书、计划、程序、记录和报告等方面对注册会计师执行商定程序和代编财务信息提供规范和指导。

对财务信息执行商定程序，是注册会计师对特定财务数据、单一财务报表或整套财务报表等财务信息执行与特定主体商定的具有审计性质的程序，并就执行的商定程序及其结果出具报告。需要注意的是，该报告并不提出鉴证结论，报告使用者需自行对注册会计师执行的商定程序及其结果作出评价，并根据注册会计师的工作得出自己的结论。

代编财务信息业务的目标是注册会计师运用会计而非审计的专业知识和技能，代客户编制一套完整或非完整的财务报表，或代为收集、分类和汇总其他财务信息。注册会计师执行代编财务信息业务使用的程序并不旨在也不能对财务信息提出任何鉴证结论。

视频6 会计师事务所质量管理准则

2.3 会计师事务所质量管理准则

为了回应社会各界对审计质量的关切，顺应经济社会及信息技术发展对会计师事务所管理提出的新要求、新挑战，提高质量管理能力，解决会计师事务所质量管理中的突出问题，财政部于2020年11月19日批准发布了两项会计师事务所质量管理准则，即《会计师事务所质量管理准则第5101号——业务质量管理》（以下简称业务质量管理准则）和《会计师事务所质量管理准则第5102号——项目质量复核》（以下简称项目质量复核准则）。业务质量管理准则用以规范会计师事务所设计、实施和运行有关财务报表审计业务、财务报表审阅业务、其他鉴证业务以及相关服务业务的质量管理体系，适用于执行财务报表审计、财务报表审阅、其他鉴证和相关服务业务的所有会计师事务所。该准则共四章一百零六条，明确了会计师事务所在遵守本准则时应实现的目标，以及为实现目标而提出的具体要求。该准则还为会计师事务所建立健全质量管理领导层框架提供了参考示例，有助于指引会计师事务所更有效地执行准则要求，提高质量管理水平。项目质量复核准则用以规范项目质量复核人员的委派和资质要求，以及项目质量复核人员在实施和记录项目质量复核方面的责任，适用于需要实施项目质量复核的所有项目，共四章三十三条。

2.3.1 质量管理体系的目标和总体要求

持续高质量地执行业务是维护市场经济秩序和公众利益、实现注册会计师行业健康可持续发展的必然要求，也是会计师事务所赖以生存发展和树立市场信誉的基础。设计、实施和运行质量管理体系可以使会计师事务所能够持续高质量地执行业务。

1.目标

质量管理体系是会计师事务所为了实现质量目标而设计、实施和运行的系统。针对所执行的财务报表审计业务、财务报表审阅业务、其他鉴证业务和相关服务业务，会计师事务所设计、实施和运行质量管理体系的目标是为下列两个方面提供合理保证：

（1）会计师事务所及其人员按照适用的法律法规和职业准则的规定履行职责，并根据这些规定执行业务。

（2）会计师事务所和项目合伙人出具适合具体情况的报告。

2.总体要求

为实现上述目标，根据业务质量管理准则，会计师事务所设计、实施和运行质量管理体系应满足以下总体要求：

（1）统一设计、实施和运行。会计师事务所应当在全所范围内设计、实施和运行统一的质量管理体系，建立并严格执行一体化的管理机制，实现人事、财务、业务、技术标准和信息管理五方面的统一管理，对于合并的分所（或分部）也不应当例外。

（2）采用风险导向思路设计、实施和运行。会计师事务所在设计、实施和运行质量管理体系时，应当采用风险导向的思路和方法，包括采取以下步骤：

①设定质量目标。质量目标，是指会计师事务所在其质量管理体系的各组成要素方面期望达到的结果。会计师事务所应当设定明确的质量目标，且该目标应由质量管理体系各组成要素相关的目标所构成。

②识别和评估质量风险。会计师事务所应当了解可能对质量目标的实现产生不利影响的情形，综合考量会计师事务所经营特征和复杂程度、业务流程和业务模式、管理风格和资源、业务类型和报告类型、业务对象性质等因素，识别可能产生的不利影响，并有效评估不利影响的程度。

③设计和采取应对措施以应对质量风险。针对识别出的质量风险，会计师事务所应当设计和实施应对措施，并根据相关质量风险的评估结果及得出该评估结果的理由确定应对措施的性质、时间安排和范围。

（3）根据会计师事务所及其业务的性质和具体情况设计、实施和运行。会计师事务所在设计、实施和运行质量管理体系时，应当充分考虑到本事务所以及所执行业务的性质和具体情况。会计师事务所的规模、组织机构、业务类型和风险等因素可能对会计师事务所质量管理体系的设计产生影响，特别是在复杂程度和规范程度方面的影响。例如，为上市实体执行财务报表审计的大型会计师事务所，相对于只执行财务报表审阅或代编财务信息业务的小型会计师事务所，显然需要更加复杂和规范的质量管理体系和支持性工作记录。因此，会计师事务所设计、实施和运行质量管理体系应当做到“量身定制”，而不能“照搬照抄”。

（4）对已设计、实施和运行的质量管理体系不断优化和完善。质量管理体系应当不断完善和优化，而不是一成不变。会计师事务所应当根据本事务所及其业务在性质和具体情况方面的变化，对质量管理体系的设计、实施和运行进行动态调整。当会计师事务所或其业务的性质和具体情况发生变化时，应当制定政策和程序，以及时识别该变化，并在需要时调整或设定额外的质量目标，适时评估额外的质量风险或对之前评估的质量风险进行调整，并设计、补充或调整应对措施。

2.3.2 质量管理体系的组成要素

根据业务质量管理准则的规定，会计师事务所的质量管理体系应当包括八个组成要素，分别是：会计师事务所的风险评估程序；治理和领导层；相关职业道德要求；客户关系和具体业务的接受与保持；业务执行；资源；信息与沟通；监控和整改程序。这八个质量管理体系组成要素之间应当有效衔接、互相支撑、协同运行，以保障会计师事务所积极有效地实施质量管理。

1. 会计师事务所的风险评估程序

会计师事务所应当采用风险导向的思路，合理设计并有效实施风险评估程序，以设定质量目标、识别和评估质量风险以及设计和采取应对措施应对质量风险。在识别和评估质量风险时，会计师事务所应当了解可能对实现质量目标产生不利影响的情况，包括了解会计师事务所的性质和具体情况，以及了解会计师事务所业务的性质和具体情况两部分。针对事务所的性质及情况，应具体了解：①会计师事务所的复杂程度和经营特征；②会计师事务所在战略和运营方面的决策与行动、业务流程与模式；③领导层的特征和管理风格；④会计师事务所的资源情况；⑤法律法规、职业准则的规定；⑥会计师事务所的运营环境；⑦会计师事务所所在网络向其成员组织统一提出的要求或统一提供的服务性质和范围（如适用）。针对业务的性质及情况，则应具体了解：①所执行业务的类型和出具报告的类型；②业务执行对象的实体类型（如是否属于上市实体）。通过对上述方面的了解与考虑，识别可能对质量目标的实现产生哪些方面的不利影响，并评估其影响程度。根据评估结果及得出评估结果的理由，设计并采取应对措施。此外，在风险评估过程中，如果事务所或其业务的性质和具体情况发生了变化，会计师事务所可能需要设定额外的质量目标、评估额外的质量风险以及设计和采取额外的应对措施，也可能需要调整已评估的质量风险或已采取的应对措施。

2. 治理和领导层

会计师事务所的治理和领导层应当为质量管理体系的设计、实施和运行提供良好的支持性环境。会计师事务所在质量管理体系中应设定三种角色，以保障质量管理体系能够恰当地设计、实施和运行，包括设定对本事务所质量管理体系承担最终责任的主要负责人（如首席合伙人、主任会计师或同等职位人员），指定对质量管理体系的运行承担责任的专门合伙人或类似职位的人员以及指定对质量管理体系特定方面的运行承担责任的专门合伙人或类似职位的人员，如质量管理主管合伙人、职业道德主管合伙人、各业务条线的主管合伙人、监控和整改主管合伙人等。为了确保各合伙人能够按照要求，切实履行其质量管理方面的责任，会计师事务所应当加强对合伙人晋升、培训、考核、分配、转入、退出的管理，对合伙人晋升建立和实施质量一票否决制度，并综合考虑合伙人的执业质量、管理能力、经营业绩、社会声誉等指标，在全所范围内统一进行合伙人考核和收益分配。

由于会计师事务所的内部文化决定了其质量管理环境，影响着质量管理体系的设计、实施和运行，因此，会计师事务所领导层成员应当以身作则、率先垂范，在全所范围内形成质量至上文化、树立质量意识，强调职业价值观、职业道德和职业态度的重要性，向会计师事务所人员传递质量至上的执业理念，培育以质量为导向的内部文化。

会计师事务所的领导层应当清楚地认识到，其所有的战略策略和经营行动应当坚持质量优先，不能以牺牲质量为代价。不仅在组织结构以及对相关人员角色、职责、权限的分配上要恰当，要能满足质量管理体系设计、实施和运行的需要，而且在资源的取得和分配上要能够保障其履行对业务质量的承诺，只有这样才能不断提高执业水平，从而高质量地服务于公众利益。

3. 相关职业道德要求

会计师事务所应当制定政策和程序，使会计师事务所及其人员和受职业道德要求约束的其他组织及人员（包括网络事务所的人员、服务提供商等）充分了解与其相关的职业道德要求，并严格按这些要求履职。会计师事务所制定的这些政策和程序应当要求：

（1）识别、评价和应对可能对职业道德要求带来不利影响的情形；

（2）识别、沟通、评价和报告任何违反相关职业道德要求的情况，并及时适当应对；

（3）至少每年一次向所有需要保持独立性的人员获取其已遵守独立性要求的书面确认。

针对公众利益实体审计业务，会计师事务所应当在全所范围内统一建立并完善关键审计合伙人（包括项目合伙人、项目质量复核人员和受轮换要求约束的其他人员）轮换机制，并对轮换执行情况进行实时监控，建立关键审计合伙人服务年限清单以管理相关信息，每年对轮换情况实施复核，确保做到实质性轮换，避免轮换制度流于形式。同时，会计师事务所还应当完善利益分配机制，保证全所的人力资源和客户资源实现一体化统筹管理，并定期评价利益分配机制的设计和执行情况，以避免某合伙人或项目组的利益与特定客户长期直接挂钩而损害其独立性。

4. 客户关系和具体业务的接受与保持

会计师事务所应当设定针对客户关系和具体业务接受与保持的质量目标，充分考虑业务的性质和具体情况以及客户的诚信和道德观、价值观，考量会计师事务所是否具备按照法律法规和职业准则执行业务的能力，在财务和运营上对优先事项（如收费水平、市场份额增长压力、特定行业和新业务的拓展等）的安排是否会带来不利影响，以综合判断是否接受或保持某项客户关系和具体业务。

针对客户关系和具体业务的接受与保持，会计师事务所应当树立风险意识，确保对拟承接项目的风险评估真实、到位，并在全所范围内统一决策。决策时，会计师事务所需要充分考虑相关职业道德要求、管理层和治理层的诚信状况、业务风险以及是否具备执行业务必要的时间和资源，审慎作出判断。对于被认定为高风险的业务，会计师事务所应设计实施专门的质量管理程序，比如加强与前任注册会计师的沟通、与相关监管机构沟通、访谈拟承接的客户以了解有关情况、加强内部质量复核等，并经质量管理主管合伙人或其授权的人员审批后才能予以接受或保持。另外，对于从其他会计师事务所转入人员带来的客户，会计师事务所应当严格执行业务承接环节的相关程序，审慎承接新客户。

如果在接受或保持某客户关系或具体业务后获知某项信息，而该信息若在接受业务前获知，可能导致会计师事务所拒绝该项业务，会计师事务所应当针对这种情况制定保持具体业务和客户关系的政策和程序。这些政策和程序应当考虑适用于这种情况的职业责任和法律责任（包括是否要求会计师事务所向委托人报告或在某些情况下向监管机构报告），以及解除业务约定或同时解除业务约定和客户关系的可能性。

5.业务执行

（1）针对业务执行，会计师事务所应当设定如下六项质量目标：

①项目组了解并履行其与所执行业务相关的责任，其中项目合伙人应充分、适当地参与项目全过程，承担项目管理职责，并对项目质量负总体责任；

②基于项目性质和具体情况，向项目组分配合适的资源，对项目组进行恰当的指导、监督，对已执行的工作进行恰当的复核，由经验较为丰富的项目组成员对经验缺乏成员的工作进行指导、监督和复核；

③项目组恰当运用职业判断并保持职业怀疑；

④对困难或有争议的事项进行咨询，并按照达成的一致意见执行；

⑤项目组内部、项目组与项目质量复核人员之间、项目组与会计师事务所内负责执行质量管理体系相关活动的人员之间存在的意见分歧，能够得到关注并予以解决；

⑥业务工作底稿能够在业务报告日之后及时得到整理，并妥善保存和维护。

（2）为完成以上业务执行相关的质量目标要求，会计师事务所应当制定政策和程序，以合理保证按照职业准则和适用的法律法规执行业务，并通过使用书面或电子手册、软件工具、标准化工作底稿等方式，保持业务执行质量的一致性。这些政策和程序应当包括：

①项目合伙人的委派。会计师事务所在全所范围内统一委派具有足够专业胜任能力、时间，并且无不良执业诚信记录的项目合伙人执行业务。其中，对人员专业胜任能力的评价应当包括下列方面：第一，是否充分了解相关法律法规和监管要求；第二，是否能够熟练掌握和运用相关职业准则的规定；第三，是否充分了解客户所在行业的业务特点、发展趋势、重大风险，以及该行业对信息技术的运用情况等。会计师事务所应当按照质量管理体系的要求对上述委派进行复核。

②指导和监督。为了使项目组的所有成员了解拟执行业务的目标，会计师事务所应当按照准则的规定，要求项目合伙人负责组织对业务执行实施指导和监督。项目合伙人应当

通过适当的团队工作和培训，使项目组的所有成员尤其是经验较少的项目组成员清楚地了解所分派工作的目标及所应承担的责任。项目合伙人应当对项目组成员的工作进度、素质、专业胜任能力等进行持续的监督检查，以保持业务执行质量的一致性。

③咨询。为了提高业务质量，改善对职业判断的应用，形成良好的咨询氛围，会计师事务所应当建立政策和程序以合理保证：就疑难问题或争议事项进行适当咨询；能够获取充分的资源进行适当咨询；咨询的性质和范围以及咨询形成的结论得以记录，并经过咨询者和被咨询者的认可；咨询形成的结论得到执行。

④意见分歧。在业务执行过程中，项目组内部、项目组与被咨询者之间以及项目合伙人与项目质量复核人员之间可能会在被审计单位会计处理恰当性，审计方案是否能够获得充分、适当的审计证据等方面存在意见分歧。为此，会计师事务所应当制定政策和程序，以处理和解决这些分歧问题，明确要求项目合伙人和项目质量复核人员复核并评价项目组是否已就疑难问题或涉及意见分歧的事项进行适当咨询，以及咨询得出的结论是否得到执行，确保在业务工作底稿中适当记录意见分歧的解决过程和结论。只有当意见分歧得到解决后，会计师事务所才能签署并出具业务报告。

⑤业务报告出具与签发。会计师事务所应当制定与出具和签发业务报告相关的政策及程序，报告出具前应经项目合伙人、项目质量复核人员（如有）复核，确保其内容、格式符合职业准则的规定。同时，应加强对报告签发过程的控制，确保报告由项目合伙人及其他适当的人员签署，并委派专门人员负责对报告的签章进行严格管理。

⑥投诉和指控的应对。会计师事务所应当制定政策和程序，以接收、调查、解决由于未能按照适用的法律法规、职业准则的要求执行业务，或由于未能遵守会计师事务所制定的政策和程序，而引发的投诉和指控。

⑦复核责任。为保证业务质量，会计师事务所应当制定与内部复核和项目质量复核相关的政策、程序，以规范复核的主体、层级、范围、具体要求及记录要求等。

A.内部复核。每个审计项目组均需要在出具审计报告前完成内部复核工作。内部复核通常是由经验较多的人员复核经验较少的人员执行的工作。会计师事务所在确定复核人员时，一般应考虑其是否拥有适当的经验、胜任能力和责任感。复核人员在复核项目组成员已执行的工作时，应当考虑：第一，工作是否已按照职业准则和适用的法律法规的规定执行；第二，重大事项是否已提请进一步考虑；第三，相关事项是否已进行适当咨询，由此形成的结论是否得到记录和执行；第四，是否需要修改已执行工作的性质、时间和范围；第五，已执行的工作是否支持形成的结论，并得以适当记录；第六，获取的证据是否充分、适当以支持报告；第七，业务程序的目标是否实现。项目合伙人应当在审计过程中适当时点对涉及重大事项、重要判断、与项目合伙人职责有关的其他事项的工作底稿进行复核。

B.项目质量复核。项目质量复核是指在报告日或报告日之前，项目质量复核人员对项目组作出的重大判断和在编制报告时形成的结论进行客观评价的过程。会计师事务所应当规定项目质量复核相关的政策和程序，并对三类业务实施项目质量复核：一是上市实体财务报表审计业务；二是法律法规要求实施项目质量复核的审计业务或其他业务；三是为应对质量风险，会计师事务所认为有必要实施项目质量复核的审计业务或其他业务。

项目质量复核准则就项目质量复核工作的人员和具体实施进行了规定。

第一，人员委派和资质要求。会计师事务所应在全所范围内统一委派项目质量复核人员，并将具体委派职责分配给所内具有胜任能力及权威性的人员。被委派的项目质量复核人员必须是项目组成员以外的具有足够胜任能力和适当权威的合伙人、类似职位的其他人员、外部人员等，他们应具备履行职责所需要的技术资格、必要的经验和权限，能够遵守相关职业道德要求和任职资质要求，并在实施项目质量复核时保持独立、客观、公正。当项目质量复核人员客观实施复核的能力可能受到损害，或不再符合任职资质要求时，会计师事务所应当采取适当的措施识别此类情况并及时替换该人员。

会计师事务所应当尽量避免在同一年度内两个项目之间交叉实施项目质量复核，即由负责甲项目的项目合伙人A对乙项目实施项目质量复核，同时由负责乙项目的项目合伙人B对甲项目实施项目质量复核。对于由前任项目合伙人担任项目现行质量复核人员的情形，会计师事务所应当规定一段冷却期，在冷却期结束前，前任项目合伙人不得担任该项目的项目质量复核人员。针对公众利益实体审计和审阅业务的冷却期，应遵从《中国注册会计师职业道德守则（2020）》的有关规定；而对于其他业务和其他情形，会计师事务所自行规定的冷却期不应少于两年。

第二，项目质量复核的实施。为了确保项目质量复核的效果，会计师事务所应明确规定项目质量复核的性质、时间安排和范围，并对项目质量复核作出记录要求。项目质量复核人员应在适当时点实施复核程序，为客观评价项目组作出的重大判断和据此得出的结论奠定基础。

项目质量复核工作应包括：阅读就项目和客户的性质与具体情况进行沟通获取的信息，了解就监控和整改程序进行沟通获取的信息，特别是可能与项目组的重大判断或影响该重大判断的领域识别出的缺陷进行的沟通信息；就重大事项和重大判断与项目合伙人及其他成员进行讨论；复核选取的与项目组作出重大判断和得出的结论相关的业务工作底稿，并评价重大判断的依据、工作底稿能否支持结论以及结论的恰当性；评价是否已就疑难问题、争议事项、意见分歧进行适当咨询，并评价咨询结论的恰当性；在财务报表审计中，需评价项目合伙人对独立性要求的遵守情况、对审计全过程的参与程度，以及重大判断和结论是否适合项目的性质和具体情况；复核财务报表或其他业务对象信息，评价在编制报告时得出的结论，并考虑拟出具报告的恰当性；在审计业务中，还需对关键审计事项的描述恰当性进行评价。

项目质量复核必须在报告日或报告日之前完成。当有关项目质量复核的政策所要求的程序均已得到实施并不存在异议或怀疑时，项目质量复核人员应当签字确认，并通知项目合伙人项目质量复核已完成。如果项目质量复核人员对项目组作出的重大判断有怀疑，或认为得出的结论不恰当，应当及时告知项目合伙人并与之沟通解决。如果怀疑不能得到满意的解决，应当视为项目质量复核无法完成。会计师事务所和项目合伙人只有在项目质量复核完成的前提下才能签署业务报告。

6.资源

会计师事务所应当制定政策和程序，及时且适当地获取、开发、利用、维护和分配人力、技术、知识等资源，以支持质量管理体系的设计、实施和运行。

（1）招聘、培养和留住具有必要素质和专业胜任能力并遵守职业道德规范的人员，以使会计师事务所能够持续高质量地执行业务。会计师事务所人员则应充分重视质量，持续培养和保持履职所需的胜任能力。会计师事务所通过及时的业绩评价、薪酬调整、晋升和其他奖惩措施，对这些人员进行问责或认可。

（2）项目组的人员配置是否合理直接影响业务质量的好坏。会计师事务所应当为每项业务分派具有适当胜任能力的项目合伙人和其他项目组成员，并保证其有充足的时间持续高质量地执行业务。

（3）会计师事务所应投入足够资源打造一支专业性强、经验丰富、运作规范的质量管理体系团队，以维持质量管理体系的日常运行。同时，还需分派具有适当胜任能力的人员执行质量管理体系内的各项活动，并保证其有充足的时间执行这些活动。另外，应设计相关的应对措施，以在缺乏充分、适当的人员时及时从外部获取必要的人力资源支持。

（4）建立和运行完善的工时管理系统，随时监控人力资源配置情况，确保相关人员投入足够的时间执行业务，并为业绩评价提供依据。

（5）配备具备相应专业胜任能力、时间和权威性的技术支持人员，建立与专业技术支持相关的政策和程序，确保相关业务能够获得必要的专业技术和知识资源支持。

（6）建立和完善与业务操作规程、业务软件等有关的指引，使职业准则的要求在实质上执行到位，确保执业人员恰当记录判断过程、程序执行情况及得出的结论。

7.信息与沟通

会计师事务所应当建立和运行可靠有效的信息系统，以识别、获取、处理和维护来自内部或外部的相关的、可靠的信息，为质量管理体系提供支持。同时，会计师事务所的组织文化应当认同和强化会计师事务所人员与会计师事务所、会计师事务所人员彼此间交换信息的责任，在会计师事务所内部及各项目组之间，会计师事务所与网络或服务提供商之间，会计师事务所与法律法规、职业准则规定的外部各方之间，形成传递信息、有效沟通的机制。

为达成上述质量目标，会计师事务所应当制定与下列方面相关的政策和程序：

（1）在执行上市实体财务报表审计业务时，应当与治理层沟通质量管理体系是如何为持续高质量地执行业务提供支撑的；

（2）在何种情况下向外部各方沟通与质量管理体系相关的信息是适当的；

（3）进行外部沟通时应沟通哪些信息，以及沟通的性质、时间安排、范围和适当形式。

8.监控和整改程序

为了评价会计师事务所遵守职业准则和法律法规的情况，评价质量管理体系设计是否适当、运行是否有效，以便会计师事务所和项目合伙人能够根据具体情况出具恰当的业务报告，会计师事务所应建立全所范围内统一的监控和整改程序，并开展实质性监控，从而为质量管理体系的设计、实施和运行提供相关、可靠、及时的信息，采取适当的行动识别、应对和及时整改质量管理体系的缺陷。

（1）监控活动。会计师事务所应当设计和实施定期和持续的监控活动，为识别质量管理体系的缺陷奠定基础。在确定监控活动的性质、时间安排和范围时，会计师事务所应当考虑：①相关质量风险的评估结果及理由；②应对措施的设计；③会计师事务所风险评估程序以及监控和整改程序的设计；④质量管理体系发生的变化；⑤以前实施监控活动的结果，包括为应对以前识别出的缺陷所采取的整改措施是否有效；⑥其他相关信息，包括投诉或指控、从外部检查和服务提供商处获取的信息等。

为确保质量管理体系能够有效运行，会计师事务所还应当周期性地选取已完成的项目进行检查。每个周期内，会计师事务所应对每个项目合伙人至少选择一项已完成的项目进行检查。对承接上市实体审计业务的每个项目合伙人，检查周期最长不得超过3年。

负责执行监控活动的人员应具备有效执行监控活动所必需的胜任能力、时间以及权威性和客观性，禁止项目组成员或项目质量复核人员参与对该项目的任何检查。

（2）识别和评价缺陷。会计师事务所应当运用职业判断评价监控活动发现的情况，以确定质量管理体系是否存在缺陷，包括监控和整改程序中的缺陷。在作出判断时，会计师事务所可能需要从相关质量目标的设定，质量风险的识别和评估，应对措施的设计和实施或质量管理体系的其他方面的设计、实施和运行等方面予以考虑。对于识别出的质量管理体系缺陷，会计师事务所应当调查缺陷的根本原因，评价缺陷单独或累积起来对质量管理体系影响程度，以确定这些缺陷的严重性和广泛性。

（3）整改措施。针对所识别出的缺陷，会计师事务所应当根据调查结果，设计和采取整改措施，并根据缺陷的性质和影响，对相关人员进行问责，且问责结果应与考核、晋升和薪酬挂钩。对存在重大缺陷的项目合伙人，会计师事务所应当对其是否具备足够的职业道德水平和专业胜任能力作出评价。

负责监控和整改程序运行的人员应当注意将已执行的监控活动、识别出的缺陷以及针对识别出的缺陷所采取的整改措施等事项及时地与对质量管理体系承担最终责任的人员（即主要负责人）和对质量管理体系的运行承担责任的人员进行沟通，并就监控的实施情况，与项目组以及在质量管理体系中承担相关责任的其他人员沟通，以便其能够根据其职责迅速采取恰当行动。

会计师事务所还应当就监控的实施情况，发现的缺陷，评价、补救和改进措施，问责等形成监控报告。对存在缺陷的质量管理体系，会计师事务所应当及时地予以修订完善。

2.4 注册会计师职业道德守则

2.4.1 注册会计师职业道德守则概述

职业道德是某一职业组织以公约、守则等形式公布的，其会员自愿接受的职业行为标准。注册会计师的职业道德是指注册会计师的职业品德、职业纪律、执业能力及职业责任的总称。

中国注册会计师协会自1988年成立以来，一直非常重视注册会计师职业道德规范建设，于1992年发布了《中国注册会计师职业道德守则（试行）》。经财政部批准，中国注册会计师协会又分别于1996年12月26日和2002年6月25日发布了《中国注册会计师职业道德基本准则》和《中国注册会计师职业道德规范指导意见》。为了加强注册会计师行业的诚信建设，规范注册会计师职业道德行为，提高注册会计师职业道德水准，维护注册会计师职业形象，保护社会公众利益，中国注册会计师协会于2009年10月发布了《中国注册会计师职业道德守则》和《中国注册会计师协会非执业会员职业道德守则》，并于2010

年7月1日起实施。为增进注册会计师对职业道德守则的理解和运用，中国注册会计师协会于2014年11月发布了《中国注册会计师职业道德守则问题解答》，针对实务中遇到的问题和行业监管实践，就职业道德守则的恰当理解、概念框架的准确应用和实务困境的化解等给出了具体指导。2020年1月，中国注册会计师协会对《中国注册会计师职业道德守则》和《中国注册会计师协会非执业会员职业道德守则》进行了全面修订，并于2020年12月17日发布了《中国注册会计师职业道德守则（2020）》和《中国注册会计师协会非执业会员职业道德守则（2020）》，自2021年7月1日起施行。这两个守则充分吸收借鉴了国际职业道德守则的最新成果，保持了与国际职业道德守则的持续动态趋同，以期顺应经济社会发展对注册会计师诚信和职业道德水平提出的更高要求。本节将对《中国注册会计师职业道德守则（2020）》的主要内容进行介绍。

《中国注册会计师职业道德守则（2020）》包括五部分：《中国注册会计师职业道德守则第1号——职业道德基本原则》、《中国注册会计师职业道德守则第2号——职业道德概念框架》、《中国注册会计师职业道德守则第3号——提供专业服务的具体要求》、《中国注册会计师职业道德守则第4号——审计和审阅业务对独立性的要求》和《中国注册会计师职业道德守则第5号——其他鉴证业务对独立性的要求》。

2.4.2 职业道德基本原则

《中国注册会计师职业道德守则第1号——职业道德基本原则》包括总则、职业道德基本原则、职业道德基本原则与职业怀疑、违反职业道德守则共四章三十四条，主要规范了注册会计师应当遵循的六个职业道德基本原则：诚信、客观公正、独立性、专业胜任能力和勤勉尽责、保密、良好职业行为。

视频7 职业道德基本原则

1. 诚信原则

正所谓“人无信不立，业无信不兴”。诚信是注册会计师行业立足之本、发展之基。诚信原则在注册会计师职业道德基本原则中居于首要地位，注册会计师应当在所有的职业活动中保持正直、诚实守信。当注册会计师认为业务报告、申报资料或其他信息含有严重虚假、误导性、缺乏充分依据的陈述，或存在遗漏或含糊其词的信息时，不得与这些有问题的信息发生关联。如果注册会计师意识到其已经与上述有问题的信息发生关联，应当采取进一步调查取证、提出审计调整建议等措施消除与该信息的牵连。针对上述情形，如果注册会计师按照职业准则的规定出具了恰当的业务报告，那么不应被视为违反诚信原则。

2. 客观公正原则

客观公正原则要求注册会计师应当公正处事、实事求是，不得由于偏见、利益冲突或他人的不当影响而损害自己的职业判断。

注册会计师在许多领域提供专业服务，在服务客户的同时，也要履行相应的社会责任，维护公众利益。因此，注册会计师在不同情况下均应表现出其客观性和公正性，保持中立的职业态度，客观公正地提供服务。如果某一情形或关系可能导致职业判断产生偏差，或可能对职业判断产生不当影响，注册会计师不得从事与之相关的专业活动。

3. 独立性原则

独立性是注册会计师执行鉴证业务的灵魂。独立性原则要求注册会计师在执行所有鉴证业务时，应当保持实质上的独立性和形式上的独立性，不得因任何利害关系影响其客观性。实质上的独立性是一种内心状态，要求注册会计师在提出结论时不受有损于职业判断的因素影响，能够诚实公正行事，并保持客观和职业怀疑态度；形式上的独立性是一种外在表现，使得一个理性且掌握充分信息的第三方，在权衡所有相关事实和情况后，认为会计师事务所或审计项目团队成员没有损害诚信原则、客观公正原则或职业怀疑。为保持鉴证业务的独立性，会计师事务所应当在业务承接时从整体和具体业务两个层面设计、采取有效的措施。

4.专业胜任能力和勤勉尽责原则

本原则要求注册会计师持续获取和保持应有的专业知识技能水平，在执业过程中做到勤勉尽责，确保能为客户提供高水平、高质量的专业服务，同时维护社会公众的利益。

（1）专业胜任能力。注册会计师在提供专业服务时，应当获取并保持专业胜任能力，以适应当前实务、法律和技术的高速发展，确保客户能够得到合格的服务。专业胜任能力要求注册会计师不仅具有专业知识、技能或经验，而且能够经济、有效地完成客户的委托。在运用专业知识和技能提供服务时，合理地运用职业判断也是专业胜任能力原则对注册会计师提出的要求。如果注册会计师本身缺乏足够的知识、技能和经验却提供了专业服务，这种行为则构成欺诈。

专业胜任能力可分为获取和保持两个独立阶段。专业胜任能力的获取需要高水平的普通教育，以及与专业相关学科的专门教育、培训和考试，一般还要求有一段时间的工作经验；而专业胜任能力的保持则需要注册会计师持续地了解和掌握相关的专业技术和业务的发展变化。会计师事务所应当制定相应的政策和程序，以监督和评价本所注册会计师是否通过教育、培训和执业实践等方式，获取和保持了足够的专业胜任能力。

（2）勤勉尽责。注册会计师在执业过程中应当严格遵守职业准则的要求并保持应有的职业怀疑，认真、全面、及时地完成工作任务。同时，注册会计师还应当采取措施，以确保在其授权下工作的人员得到适当的培训和督导。在提供专业服务时，注册会计师可以在特定领域利用专家协助其工作，如律师、工程师、地质专家等。在利用专家寻求技术建议时，注册会计师应当对专家遵守职业道德的情况进行监督和指导，包括：要求这些人员阅读适当的道德规范；要求这些人员对道德规范的理解提供书面确认；在出现潜在冲突时提供咨询。值得注意的是，勤勉尽责并不能保证发现所有的错弊，因此在适当的时候，注册会计师应当使客户或专业服务的其他使用者了解专业服务的固有局限，以避免发生不必要的法律纠纷。

5.保密原则

（1）保密义务。注册会计师若想高效、优质地从事职业活动，有赖于信息提供者与注册会计师建立信任，这一信任建立的基础就是注册会计师能够对对方所提供的信息保守秘密，以使对方免除信息被第三方获知的风险。职业道德基本原则中要求，注册会计师在职业活动中不得未经客户授权或者在非法律法规、职业准则规定的情形下向第三方披露所获知的涉密信息，更不得利用所获知的涉密信息为自己或他人谋取利益，在职业关系结束后也不得利用或披露因该职业关系所获知的涉密信息。除了对主动泄密的禁止之外，保密原则还要求注册会计师随时警惕社会交往过程中无意泄密的可能性，特别是与之关系密切的商业伙伴以及近亲属。

注册会计师需要保守的涉密信息包括会计师事务所内部的涉密信息、涉及国家安全的涉密信息，现任或预期客户和工作单位向其披露的涉密信息，以及以前职业活动中获知的涉密信息。对于这些涉密信息，注册会计师不仅应当强调在会计师事务所内部或雇佣单位内部保密的必要性，而且应当采取有效措施，以确保下级员工及提供建议和帮助的人员也能严格遵守保密要求。

（2）保密义务的豁免。根据《中国注册会计师职业道德守则（2020）》的规定，在以下三种情况下，保密原则是可以豁免的：①法律法规要求披露，例如为法律诉讼或仲裁准备文件、提供证据，或者向有关监管机构报告所发现的违法违规行为；②法律法规允许披露，并且取得客户的授权，如前后任注册会计师的沟通；③注册会计师有义务和权利披露，并且法律法规未予禁止，具体包括接受注册会计师协会或监管机构的质量检查，答复其询问和调查；在法律诉讼仲裁程序中维护自身的合法权益；法律法规、职业准则规定和职业道德要求的其他情形。

在决定披露涉密信息时，注册会计师应当考虑下列因素：①如果客户同意披露，其他相关方的利益是否会受到损害；②客户同意披露的信息是否为法律法规所禁止；③如果可行，注册会计师是否已了解和证实了所有相关信息。当涉及未经证实的信息或结论，或不完整的信息时，如果进行披露，注册会计师应当运用职业判断决定披露的类型；④预期的沟通方式和沟通对象是否恰当，尤其应当确信沟通对象为适当的信息接受者；⑤披露涉密信息后注册会计师可能承担的法律责任。

6.良好职业行为

注册会计师应当爱岗敬业，遵守相关法律法规，避免发生任何可能损害职业声誉的行为。注册会计师应随时注意自身的职业形象，时刻保持高度的职业道德遵从度，不得在明知的情况下，从事任何可能违反职业道德基本原则的业务、职务或活动。尤其是在向社会公众传递信息以及推介自身和工作时，注册会计师应当做到客观、真实、得体，不得损害职业形象，包括不得对所能提供的服务、拥有的资质以及获得的经验进行夸大宣传，也不得对他人的工作进行贬低或毫无根据的比较。

2.4.3　职业道德概念框架

为了指导注册会计师遵循职业道德基本原则，认真地履行维护公众利益的职责，《中国注册会计师职业道德守则第2号——职业道德概念框架》共制定了二章三十六条，构建了解决职业道德问题的思路框架和操作方法，帮助注册会计师在充分考虑职业道德问题产生的背景后，运用职业判断，识别对职业道德基本原则的威胁（不利影响），对已识别出的威胁评价其严重程度，必要时采取防范措施以消除不利影响或将其影响降至可接受水平（如图2-2所示）。

视频8　职业道德概念框架

1.识别评价不利影响

了解相关事实和情况是正确运用概念框架的前提。在了解过程中，注册会计师应充分运用职业判断，了解可能损害职业道德基本原则的职业活动、利益和关系，并通盘考虑以下事项，以形成客观恰当的判断结论：①是否有理由担心注册会计师已知的事实和情况可能遗漏了某些相关信息；②已知的事实和情况是否与注册会计师的预期不符；③注册会计师的专长和经验是否足以得出结论；④是否需要向具有相关专长或经验的人员咨询；⑤所了解到的这些信息是否能够为得出结论提供合理的依据；⑥注册会计师自身的先入之见或偏见是否可能影响其职业判断；⑦从现有可获得的信息中是否还可能得出其他合理的结论。

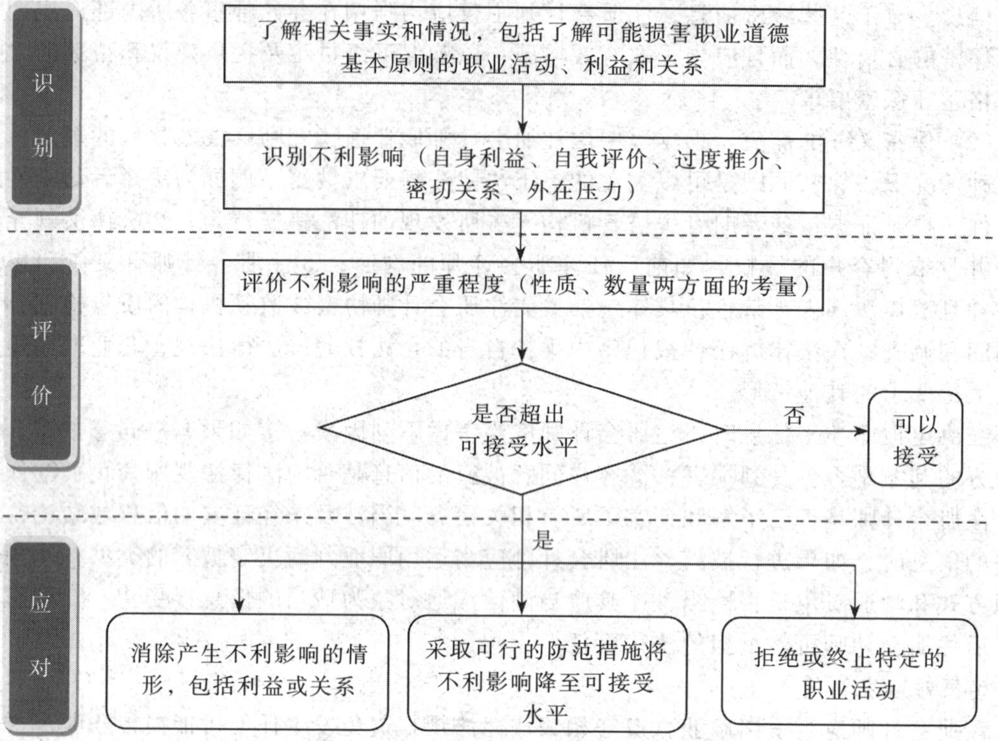

图2-2 注册会计师职业道德概念框架

注册会计师对职业道德基本原则的遵循可能受到多种因素的不利影响，这些不利影响的性质、种类、成因和严重程度因注册会计师提供服务的类型不同而各异。实务中，可能对职业道德基本原则产生不利影响的因素主要包括自身利益、自我评价、过度推介、密切关系和外在压力五种，即注册会计师在遵守职业道德基本原则时可能存在五类威胁。

（1）自身利益威胁。自身的经济利益或其他利益会对注册会计师的职业判断或行为产生不利影响，会计师事务所和鉴证业务项目组成员应当考虑这种自身利益对遵循职业道德基本原则的损害。可能产生自身利益威胁的情形包括：①注册会计师在客户中拥有直接经济利益；②会计师事务所的收入过分依赖某一客户；③注册会计师以较低的报价获得新业务，而该报价过低，可能导致注册会计师难以按照适用的职业准则要求执行业务；④注册会计师与客户存在密切的商业关系；⑤注册会计师能够接触到涉密信息，而该涉密信息可能被用于牟取个人私利；⑥注册会计师在评价其所在会计师事务所以往提供的专业服务时，发现了重大错误。

（2）自我评价威胁。如果注册会计师（或其所在会计师事务所或雇佣单位的其他人员）将依赖以前判断或服务的结果作为当前服务的组成部分，且其可能作出不恰当评价，从而影响对当前业务的判断时，将产生自我评价威胁。例如，会计师事务所在向客户提供财务系统的设计或操作服务后，又对系统的运行有效性出具鉴证报告；或者会计师事务所为客户编制原始数据，这些原始数据构成鉴证业务的对象时，将可能因自我评价威胁而对职业道德基本原则产生不利影响。

（3）过度推介威胁。在执业过程中，如果会计师事务所推介审计客户的产品、股份或其他利益，或者在客户与第三方发生诉讼或纠纷时，注册会计师担任该客户的辩护人，再比如注册会计师站在客户的立场上影响某项法律法规的制定，会导致注册会计师过度倾向于客户或雇佣单位的某种立场或意见，以致其客观性受到损害，将对其遵循职业道德基本原则产生过度推介威胁。

（4）密切关系威胁。如果会计师事务所和注册会计师与客户或雇佣单位因存在长期、亲密的关系，而过于倾向他们的利益或认可其工作，将可能对客观公正等职业道德基本原则产生密切关系威胁。该种不利影响对鉴证业务的独立性将带来直接而严重的影响，例如，审计项目组成员与审计客户的董事或高级管理人员存在直系或近亲属关系；鉴证客户的董事或管理层，或所处职位能够对业务对象产生重大影响的员工最近曾是会计师事务所的项目合伙人；审计项目的合伙人或成员长年服务于某审计客户等。除以上情形外，注册会计师应当保持应有的职业谨慎，考虑其他可能存在的对职业道德基本原则产生威胁的密切关系。

（5）外在压力威胁。如果会计师事务所和注册会计师受到实际的压力或感受到压力（包括实施不当影响的意图）而无法客观行事，将产生外在压力威胁而对职业道德基本原则带来不利影响。在实际工作中，以下情形可能会产生这种威胁：①注册会计师因坚持不同意见或判断而受到客户解除业务关系或会计师事务所解雇的威胁；②由于客户对所讨论的事项更具有专长，注册会计师面临服从该客户判断的压力；③注册会计师被要求同意客户某项不恰当的处理以作为晋升的条件；④注册会计师接受了重要礼品，并被客户威胁将公开其收受礼品的事情。

2.评价不利影响的严重程度

当注册会计师知悉（或合理预期其知悉）存在上述可能违反职业道德基本原则的情形或关系时，首先应当从数量和性质两方面评价对遵循职业道德基本原则的威胁是否重大，判断该不利影响的严重程度是否属于可接受的水平[①]限度内。在评价严重程度时，还需充分考虑多项不利影响的合并影响，并同时考量所涉及的专业服务的性质和范围。

为合理评估威胁对职业道德的不利影响的程度和范围，注册会计师应当深入了解客户及会计师事务所本身的经营情况，并制定相应的政策和程序以帮助正确识别和评估。一方面，不同的客户性质、环境和所要求的服务可能导致不同的不利影响严重程度。例如，向上市公司客户提供年度财务报表审计服务的同时，也提供管理咨询等非鉴证服务，可能会对客观公正原则产生更高程度的不利影响。又如，拥有完善公司治理结构的客户将有助于注册会计师遵循职业道德基本原则，此类客户一般识别出的不利影响较少、产生的威胁较轻微。另一方面，注册会计师对不利影响严重程度的评价也可能受到会计师事务所工作环境和经营环境的影响。例如，有良好的氛围，建立并执行健全、有效的质量管理制度的会计师事务所，其注册会计师通常面临的对职业道德的挑战和威胁会更少。又如，收入结构越合理、越分散的会计师事务所，其职业道德遵守情况会越好。

在完成对职业道德不利影响的初步识别和评价后，注册会计师还应在整个业务执行过

① 可接受的水平，是指注册会计师针对识别出的不利影响实施理性且掌握充分信息的第三方测试之后，很可能得出其行为并未违反职业道德基本原则的结论时，该不利影响的严重程度所处的水平。

程中保持职业谨慎，时刻关注是否出现可能影响识别和评价结论的新信息或事实和情况变化。当这种情况出现时，注册会计师应及时重新评价并更新应对方案。

3.采取措施应对不利影响

根据识别和评价的结果，对超出可接受水平的不利影响，注册会计师应采取合适措施进行应对。如果不利影响不重大且能实施合理的防范措施，那么注册会计师应当采取必要的防范措施消除产生不利影响的情形或将其降至可接受水平，以确保遵循职业道德基本原则。如果某些不利影响是重大的，产生不利影响的情形不能消除，且合理的防范措施不可行或无法实施，以至于不能将不利影响降至可接受水平，会计师事务所和注册会计师应当终止业务约定或拒绝接受业务委托。

注册会计师及会计师事务所可以考虑采取法律法规、监管机构规定的防范措施，同时应当在工作中从会计师事务所层面和具体业务层面积极防范，以有效应对影响职业道德的不利影响。采取的防范措施可能是单项的，也可能是组合或一系列的。采取何种类型、何种方式的防范措施将随需要应对的导致不利影响的情形不同而各异。注册会计师与会计师事务所应当在了解、识别对职业道德基本原则造成不利影响的情形并评价其严重程度后，运用职业判断和经验合理应对，将不利影响消除或降至可接受水平。

较常用的防范措施有：①向已承接的项目分配更多业务资源和时间，同时委派有足够胜任能力的人员，以应对因自身利益产生的不利影响；②由具备必要知识和技能、经验与权威的项目组外人员进行复核，或在必要时提供咨询建议，以应对因自我评价产生的不利影响；③向鉴证客户同时提供非鉴证服务时，指派不同的项目组分开执行业务，可建立一定的"信息墙"，并确保两个项目组分别向各自的业务主管报告工作，以降低因自我评价、过度推介或密切关系产生的不利影响；④对于业务执行中的部分敏感工作，委托其他会计师事务所执行，或由其他会计师事务所重新执行，以应对因自身利益、自我评价、过度推介、密切关系或外在压力产生的不利影响；⑤由不同项目组分别应对具有保密性质的事项，以应对因自身利益产生的不利影响。

针对已采取的或拟采取的措施是否能够有效消除不利影响或将其降至可接受水平，注册会计师应当形成总体结论。形成结论时，需要复核所作出的重大判断或得出的结论以及实施理性且掌握充分信息的第三方测试。

2.4.4 提供专业服务的具体要求

《中国注册会计师职业道德守则第3号——提供专业服务的具体要求》主要用于规范注册会计师的职业活动，帮助其解决在提供专业服务的过程中可能遇到的除独立性以外的某些具体职业道德问题，针对在这些情形下如何运用职业道德概念框架解决职业道德问题作出具体规定。

在为客户提供专业服务的过程中，可能存在许多对职业道德基本原则产生不利影响的情形，注册会计师应当对此保持警觉，有效运用职业道德概念框架及该守则的规定予以解决。注册会计师不得在明知的情况下从事任何有损于诚信原则、客观公正原则以及职业声誉的业务或活动。

1.利益冲突

当针对某一特定事项，注册会计师自身的利益与为此提供服务的客户利益之间存在冲突，或者注册会计师同时为存在利益冲突的两个或多个客户提供与该事项相关的专业服务时，注册会计师将面对利益冲突带来的对客观公正等职业道德基本原则的不利影响。例如，注册会计师及会计师事务所为A客户提供竞争战略咨询服务，但同时与A客户的主要竞争对手B开设合营企业；X、Y两家公司是收购Z公司的竞争对手，注册会计师同时为X、Y两家公司提供建议，且该建议可能涉及双方相互竞争的立场。

注册会计师应当在接受或保持客户关系、承接具体业务或发生经济联系之前，就采取合理的措施并实施有效的冲突识别流程，以了解涉及的各方之间的利益和关系及所提供的服务对各利益相关方的影响。在业务执行过程中，注册会计师还需持续关注所提供服务的利益关系是否发生变化，并对这些变化可能导致的潜在利益冲突保持警惕。

对于利益冲突产生的不利影响，注册会计师应当评价其重要程度，并在必要时采取防范措施消除不利影响或将其降至可接受水平。一般来说，注册会计师提供的专业服务与产生利益冲突的事项之间关系越直接，不利影响的严重程度越有可能超出可接受水平。为了消除或降低利益冲突产生的不利影响，注册会计师可以根据可能产生冲突的具体情形采取下列防范措施：

(1) 当为存在利益冲突的双方或多方提供专业服务时，注册会计师应当设计并实施有效的保密措施，以防止未经授权而披露涉密信息，如独立工作空间、限制访问权限、签署保密协议、培训沟通、隔离涉密信息等。

(2) 委派不同的项目组分别提供不同的服务，并强调遵守保密原则。

(3) 由未参与提供服务或不受利益冲突影响的适当人员定期复核，评估关键判断和结论是否适当。

在应对利益冲突的不利影响时，注册会计师应当运用职业判断，并结合冲突的性质、情形、受影响各方、严重程度及发生冲突的可能性，判断是否有必要进行适当的披露并获得同意。披露和同意可能有如下不同形式：

(1) 一般性披露：以业务约定书标准条款等方式告知客户，在某一特定行业领域，注册会计师不会仅向一家客户提供专业服务。

(2) 具体披露：向特定利益冲突涉及的客户披露详情，必要时也应披露拟采取的防范措施和所涉风险，以获得客户的明确同意。例如，当会计师事务所的商业利益或活动可能与客户存在直接利益冲突时，注册会计师应当告知客户这一情况，并获得客户同意以在此情况下承接并执行该客户的相关业务。再如，当注册会计师为存在利益冲突或直接竞争关系的两个或多个客户服务时，注册会计师应当告知所有已知相关方这一情况，并获得所有相关方同意，方可在此情况下承接并执行业务。

若注册会计师有充分证据表明客户早已知悉利益冲突且未提出异议，则可以合理推测客户已经作出同意的暗示。如果注册会计师认为应获得明确同意而客户拒绝，应当拒绝承接或解除存在冲突的业务，或者自行处置相关利益以消除不利影响或将其降至可接受水平。

2.专业服务委托

(1) 客户和业务的承接与保持。在接受某一新客户关系或新业务前，注册会计师应当确定对该客户或业务的承接是否会对职业道德基本原则产生不利影响。这种不利影响可能源于客户或其所有者、管理层或其从事的活动存在某些问题或可疑事项，如客户涉嫌非法活动（如洗钱）、缺乏诚信、存在不道德行为（如商业贿赂）以及存在可疑的财务报告等。由于这些问题可能对职业道德的诚信、良好职业行为等原则带来不利影响，注册会计师应当了解客户及其所有者、治理层、管理层、职能部门人员品格及客户业务性质，必要时获取客户对改进公司治理或内部控制的承诺，结合自身相关经验和对相关行业的了解，评价这种不利影响的重要程度，随后采取防范措施（如分派具有胜任能力的项目组成员、利用专家等）以消除不利影响或将其降至可接受水平。

在承接完成后，注册会计师应持续关注是否存在若在承接前知悉将可能导致拒绝承接的情况，一旦有类似情形出现，将可能因自身利益而对诚信等职业道德基本原则造成不利影响。注册会计师应当及时识别并评价该类不利影响和潜在影响，采取适当措施进行应对。

在连续业务中，注册会计师及会计师事务所应定期评价该业务是否仍旧符合承接标准，对继续保持该业务是否会给职业道德带来不利影响得出总体判断。

（2）专业服务委托的变更。当注册会计师应邀或考虑以投标的方式接替其他注册会计师提供专业服务，或考虑执行其他注册会计师的补充工作时，应当确定是否存在不能承接该项业务的理由，从而避免对遵循职业道德基本原则产生不利影响。如果注册会计师不了解所有相关事实就承接业务，可能因信息缺乏或不完整对专业胜任能力和勤勉尽责等原则产生不利影响。在这种情况下，注册会计师应当评价不利影响的重要程度，根据业务性质，可能需要与现任或前任注册会计师直接沟通，以证实该项变更相关的事实和情况，据以确定承接该项业务是否适当。当然，为获得保密豁免，在与现任或前任注册会计师沟通前，拟接任注册会计师通常需要征得客户同意（最好是书面同意）。

当客户变更专业服务委托时，注册会计师可在必要时采取以下防范措施，以在承接业务时消除该变更对职业道德带来的不利影响或将其降至可接受水平：①当进行业务投标时，应当在投标书中明确表明承接业务前与现任或前任注册会计师沟通的要求，以了解是否存在任何不应接受委托的理由；②要求现任或前任注册会计师提供各种可能影响业务承接决策的相关事实或情况；③从其他来源（如第三方调查或对客户高级管理人员、治理层的背景调查）获取必要的信息。

3.第二意见

如果某公司或实体不是注册会计师的现有客户，而该公司或实体要求注册会计师对现任注册会计师在运用会计、审计或其他准则处理有关交易事项的情形提供第二意见，可能因自身利益或其他原因而对遵守职业道德基本原则产生不利影响。例如，若第二意见不是基于前任或现任注册会计师可获得的相同事实，或不是基于充分的证据，将可能对专业胜任能力和勤勉尽责原则产生不利影响。该不利影响存在与否及重要程度取决于该公司或实体提出该项要求的具体情况及其他可获得的、与发表第二意见有关的所有事实及假设。

因此，如果被要求提供第二意见，注册会计师应当识别和评价不利影响及其严重程度，并采取防范措施进行应对。可采用的防范措施有：征得客户同意与前任或现任注册会计师进行有效沟通；在与客户的沟通函件中阐述注册会计师发表专业意见的局限性；向前任或现任注册会计师提供第二意见的复印件。如果客户拒绝注册会计师与前任或现任注册会计师沟通，则应当充分考虑该事项的影响，运用职业判断决定是否可以提供该第二意见。

4.收费

（1）收费水平。会计师事务所的收费应当客观反映为客户提供专业服务的价值。在专业服务的谈判中，注册会计师可以以其认为适当的收费报价；业务承接时，收费依据、标准、结算方式与结算时间应在业务约定书中予以明确。在确定收费标准时，会计师事务所应当考虑该专业服务所需的知识和技能、所需人员的水平和经验、提供服务所需的时间和需承担的责任。管理良好的会计师事务所，其收费水平通常以每一专业人员适当的小时收费标准或日收费标准为基础计算。需要注意的是，如果报价太低，会使注册会计师面临较大的时间和预算压力，可能导致其不能按照适用的准则执行业务，将对专业胜任能力和勤勉尽责原则产生不利影响。注册会计师应当依据客户是否了解业务约定中收费的基础以及注册会计师在此报价范围内所能提供的服务等因素评价不利影响的重要程度，同时还应考虑收费水平是否已由监管部门作出了相应规定。识别和评价因收费水平导致的不利影响后，注册会计师应在必要时采取调整收费水平、调整业务范围、进行适当复核等防范措施进行应对。

（2）或有收费。或有收费是一种特殊的计费方式，在这种方式下，收费与否或收费多少取决于所执行工作的结果或特殊目的达成状态。或有收费可能对职业道德基本原则的遵循产生威胁，该威胁存在与否及重要程度取决于下列因素：业务的性质；可能的收费区间；收费的基础；是否由独立第三方复核业务处理的结果；收费水平是否已由监管部门等作出规定；所执行的工作和收费计算基础的披露；会计师事务所的质量管理体系。

除非法律法规允许，注册会计师不得以或有收费方式提供鉴证服务，否则鉴证业务的独立性将受到极为严重的不利影响，以至于没有防范措施可以将该不利影响消除或降至可接受水平。而针对非鉴证业务，尽管考虑服务业务的性质，有的业务可以采用或有收费的形式，但注册会计师仍要关注因自身利益对客观公正原则产生的不利影响，合理评价或有收费产生不利影响的严重程度，并在必要时采取防范措施消除不利影响或将其降至可接受水平。例如，与客户以书面方式预先约定报酬的基础、由客观的非项目组成员复核注册会计师所执行的工作等。

（3）介绍费或佣金。注册会计师接受或支付与客户相关的介绍费或佣金，将对客观公正、专业胜任能力和勤勉尽责原则产生不利影响。例如，A注册会计师不提供客户所要求的服务，而将该客户介绍给B注册会计师或专家，并向B收取介绍费；X注册会计师向客户销售Y公司的财务软件，并从Y公司收取佣金。此类不利影响非常严重，导致没有防范措施能够消除或使之降至可接受水平，故注册会计师不得收取与客户相关的介绍费或佣金，也不得向客户或其他方支付业务介绍费。

5.利益诱惑（包括礼品和款待）

利益诱惑是指一切可以用来影响他人行为的物质、事件或行为，其范围广泛，有可能具有不当影响的意图，也可能并无此意图但事实上起到了影响他人的作用。利益诱惑的形式多种多样，包括但不限于：礼品或款待、娱乐活动、捐助（政治性或慈善性）、提供工作和商业机会、给予特殊待遇或优先权、意图建立友好关系等。如果注册会计师提供或接受利益诱惑，将可能因自身利益、密切关系或外在压力等因素，对诚信、客观公正、良好职业行为、独立性等职业道德基本原则产生不利影响。利益诱惑有的微小，有的严重；有的明显，有的隐晦。注册会计师应当保持职业谨慎，充分运用职业道德概念框架识别、评价和应对。

例如，注册会计师在向客户提供审计服务时，受到客户和其实际控制人的盛情款待，将可能因自身利益产生不利影响；会计师事务所业务合伙人经常邀请或受邀与客户或潜在客户去现场观看体育赛事，将可能因密切关系产生不利影响；注册会计师收受了客户馈赠的礼品，由于该礼品价值不菲，这一情况一旦被公开会被认为是不适当的，此时将可能因外在压力产生不利影响。

在识别和评价利益诱惑带来的不利影响时，注册会计师需要先确定该利益诱惑是否可能存在不当意图。当进行此职业判断时，注册会计师需要考虑下列因素：①利益诱惑的性质、频率、价值和累积影响；②提供利益诱惑的时间；③是否符合惯例或习俗（如在节日或婚礼上赠送价值不高的礼品，其不利影响较小）；④利益诱惑是否与专业服务有关（如接受与商务会议有关的午餐）；⑤利益诱惑是针对个别人还是广泛的群体；⑥与利益诱惑有关的人员所担任的角色和职位；⑦注册会计师是否知悉或有理由相信接受该利益诱惑可能违反客户的政策和程序；⑧透明度；⑨是否由接受方要求或索取；⑩利益诱惑提供方以前的行为或声誉。

根据评价结果，如果某项利益诱惑被注册会计师或理性第三人认为存在不当影响他人的意图，或者将导致某人以不道德的方式行事，注册会计师不应提供、接受或授意这些利益诱惑，否则将可能导致注册会计师直接违反诚信原则。当注册会计师知悉上述利益诱惑时，应及时告知会计师事务所的高级管理层或客户治理层，或者考虑修改或终止客户关系。

即使某项利益诱惑被注册会计师判定为无不当影响行为意图，提供或接受该利益诱惑仍将可能对职业道德基本原则的遵守带来不利影响，注册会计师应当识别和评价该利益诱惑，并适当应对：①当性质和金额上都明显微不足道时，注册会计师可以认为此不利影响处于可接受水平，不予特别应对。②采取防范措施将不利影响降至可接受水平。例如，就提供或接受利益诱惑的事情，与会计师事务所或客户的高级管理层保持信息对称；在会计师事务所道德合规性监控等日志中进行登记；由适当人员进行复核；在接受利益诱惑之后将其捐赠给慈善机构，并向会计师事务所高级管理层成员或利益诱惑的提供人员适当披露；支付所接受利益诱惑的价值；将收到的利益诱惑尽快返还等。③采取防范措施消除不利影响，如拒绝该利益诱惑，将服务提供的责任移交给其他未受不利影响的人员。

注册会计师除了需防范自身接受或提供利益诱惑带来的道德风险外，还需对主要近亲属[①]和其他近亲属[②]是否接受或提供利益诱惑保持警惕。当注册会计师知悉其近亲属有提供或接受利益诱惑的行为时，若该利益诱惑可能存在不当意图，应建议该近亲属拒绝；若该近亲属仍接受或提供，将对注册会计师职业道德带来不利影响；即使该利益诱惑可能不存在不当意图，也可能对职业道德的遵循带来风险，注册会计师应按照职业道德概念框架，有效评价和应对。例如，注册会计师为某客户提供估值服务，该估值可能影响某大型集团公司对该客户的收购价格，该客户向注册会计师的妻子提供特设的就职机会，所开出的薪资条件也明显高于类似职位，这种情形就可能表明存在不当影响意图。对于该利益诱惑，注册会计师应建议其妻子拒绝该职位，否则将可能因自身利益带来较高的职业道德

① 主要近亲属：指配偶、父母或子女。
② 其他近亲属：指兄弟姐妹、祖父母、外祖父母、孙子女、外孙子女。

风险。

6.保管客户资产

除非法律法规允许或要求，注册会计师应当拒绝承担保管客户资金或其他资产的责任。保管客户资产可能对职业道德基本原则的遵循产生不利影响，主要会对客观公正、良好职业行为等基本原则产生不利影响。

如果根据法律法规的规定并符合相关条件，注册会计师接受保管客户资金或其他资产的委托，则应注意做到：将受托管理的资产与注册会计师个人或会计师事务所的资产分开保管；严格按照预定用途使用这些资产；随时准备向相关人员报告资产及由其产生的任何收入、红利或利得；遵守所有与保管资产和履行报告义务相关的法律法规。

注册会计师还应当注意与受托管理资产相关联的对职业道德基本原则带来的其他不利影响，如该资产来源于洗钱等非法活动。在实施有关客户关系和具体业务接受与保持的政策和程序，以确定是否提供该类服务时，注册会计师应当对资产的来源作适当调查，并考虑其应履行的法律义务，或考虑征询法律意见。

7.应对违反法律法规行为

在执业过程中，注册会计师可能会遇到客户存在违法违规的行为，也可能注意到客户有违法违规的嫌疑。此时，注册会计师应遵守诚信和良好职业行为的基本原则，提醒客户管理层或治理层对该行为进行纠正，以实现减轻违法违规行为后果、阻止尚未发生的违法违规行为、维护社会公众利益的目的。

客户可能违反的法律法规可能涉及：①舞弊、腐败和贿赂；②洗钱、国家安全和犯罪收益；③证券市场和交易；④银行业务、其他金融产品和服务；⑤信息安全；⑥税务和社会保险；⑦环境保护；⑧公共健康与公共安全。违法违规将对财务报表产生重大影响（如罚款、诉讼或其他后果），还可能造成实质性损害，从而引发更为广泛的公众利益后果。无论客户是否属于公众利益实体①，注册会计师均应对违法违规行为保持高度关注，在了解并遵守相关规定的基础上，考虑该行为的性质和损害，首先在会计师事务所内沟通该行为，必要时向专业人士咨询，随后及时采取行动，与客户适当层级的管理层和治理层沟通，并根据客户的应对决定进一步行动方案，以及是否应向适当的主管机关报告该事项。若因为注册会计师对违法违规行为的应对而导致被客户限制进一步行动，注册会计师应在法律法规允许的前提下解除业务约定。

2.4.5　执行审计、审阅和其他鉴证业务的独立性要求

独立性是鉴证业务的灵魂。《中国注册会计师职业道德守则第4号——审计和审阅业务对独立性的要求》和《中国注册会计师职业道德守则第5号——其他鉴证业务对独立性的要求》专门用于规范注册会计师从事鉴证业务时与独立性相关的职业道德要求。

1.基本要求

注册会计师在执行审计、审阅和其他鉴证业务时，应当保持实质上的独立性和形式上的独立性，运用职业道德概念框架，以合理、谨慎的职业判断识别各种对独立性产生不利

① 公众利益实体包括所有上市公司和下列实体：（1）法律法规界定的公众利益实体；（2）根据法律法规的规定，在审计时需要遵守与上市公司审计相同独立性要求的实体。如果某些其他实体拥有数量众多且分布广泛的利益相关者，如证券公司、保险公司等，注册会计师应当考虑是否将其作为公众利益实体对待。

影响的事项与情形，并对已识别不利影响的严重程度进行评价，必要时采取防范措施消除不利影响或将其降至可接受水平；当不利影响无法以有效防范措施消除或将其降至可接受水平时，注册会计师应拒绝接受鉴证业务委托或解除鉴证业务约定。

注册会计师应当在业务期间内独立于鉴证客户，业务期间自开始执行鉴证业务之日起至出具鉴证报告之日止。另外，在鉴证对象信息所涵盖的期间，注册会计师也应保持独立。如果在涵盖期间内或之后，但在执行业务期间之前，会计师事务所已经为鉴证客户提供了与鉴证业务不相容的非鉴证业务，会计师事务所应当充分评估该非鉴证业务对鉴证业务应当具有的独立性所带来的不利影响程度，在合理应对后方可承接鉴证业务。

若注册会计师或会计师事务所认为已发生了违反独立性原则的情形，应采取以下措施：①终止、暂停或消除引发违规的利益或关系，并处理违规后果；②考虑是否存在适用于该违规行为的法律法规，如果存在，遵守该法律法规的规定，并考虑向相关监管机构报告该违规行为；③按照会计师事务所的政策和程序，立即就该行为与项目合伙人、负责独立性相关政策和程序的人员、其他相关人员和需要采取适当行动的人员沟通；④评价违规行为的严重程度及对会计师事务所的客观公正和出具鉴证报告能力的影响；⑤根据违规行为的严重程度，确定是否终止该鉴证业务，或者是否能够采取适当行动以满意地处理违规后果，并尽快与业务委托方或治理层沟通。

上述违反独立性的行为将可能因自身利益、过度推介、密切关系、自我评价、外在压力中一个或多个威胁因素而对独立性产生不利影响，其严重程度和对注册会计师客观出具鉴证报告能力的影响取决于违规行为的性质、持续时间、以前年度的相关违规次数和性质、项目组是否知悉具体情况、违规人员所担任的职责及是否需要遵守独立性要求、违规带来的金额影响等多方面。会计师事务所应当评价严重程度并采取必要的措施，包括：将相关人员调离；由其他人员额外复核或重新执行该工作；建议客户委托其他会计师事务所复核或重新执行；由其他会计师事务所对违规可能影响的非鉴证服务结果进行评价或重新执行。

2.对独立性产生或可能产生不利影响的特定关系和情形以及相应的防范措施

在鉴证业务的承接、执行过程中，注册会计师可能遇到各种对独立性产生或可能产生不利影响的特定情形和关系，主要包括经济利益、贷款担保、商业关系、私人关系、雇佣关系、同时提供非鉴证服务、收费等。为帮助注册会计师及会计师事务所有效识别、评价和应对执业过程中遇到的独立性问题，《中国注册会计师职业道德守则第4号——审计和审阅业务对独立性的要求》和《中国注册会计师职业道德守则第5号——其他鉴证业务对独立性的要求》详细规定了各种常见的独立性问题情形、处理对策及防范措施，我们选取较重要的部分进行介绍。

（1）经济利益。经济利益是指从某一实体的股票、债券及其他证券，或贷款及其他债务工具中获取的利益，包括取得这种利益及与其直接相关的衍生工具的权利和义务。如果注册会计师在鉴证客户中拥有经济利益，可能因自身利益导致不利影响。这种不利影响存在与否及重要程度取决于三个因素：拥有经济利益人员的角色、经济利益是直接的还是间接的[①]、经济利益的重要性[②]。常见的经济利益问题、对应的威胁因素及应对措

① 当受益人通过投资工具拥有经济利益时，若受益人能够控制投资工具或具有影响投资决策的能力，应界定为直接经济利益；若不能控制投资工具或不具有影响投资决策的能力，则界定为间接经济利益。

② 在确定经济利益对某人的重要程度时，需要将该个人及其主要近亲属的净资产合并考虑。

施见表2-4。[①]

表2-4　　经济利益对独立性的不利影响情形及应对措施

产生不利影响的情形	威胁因素	应对措施
会计师事务所、鉴证项目组成员或其主要近亲属在鉴证客户中拥有直接经济利益或重大间接经济利益	自身利益	没有任何防范措施可以将这种不利影响降至可接受水平，故不应在客户中拥有直接经济利益或重大间接经济利益
事务所或上述人员在某实体拥有经济利益，而该实体可以控制鉴证客户，且客户又对该实体重要	自身利益	没有任何防范措施可以将这种不利影响降至可接受水平，故不应在该实体中拥有直接经济利益或重大间接经济利益
事务所或上述人员与鉴证客户同时在某实体拥有共同经济利益，且该利益重大，或客户能对该实体施加重大影响	自身利益	在成为鉴证项目组成员之前，拥有此类经济利益的人员及其主要近亲属应当处置全部经济利益，或处置足够数量使剩余经济利益不再重大，否则不得在该实体拥有经济利益
事务所或上述人员作为受托管理人在鉴证客户中拥有直接经济利益或重大间接经济利益	自身利益	除非这些人员均非该受托财产的受益人，且该经济利益不重大又不能对鉴证客户施加重大影响，同时上述人员对涉及鉴证客户经济利益的投资决策没有重大影响，否则不应拥有该经济利益
事务所或上述人员与鉴证客户的董事/高管/控制人同时在某实体拥有共同经济利益	自身利益、密切关系、外在压力	注册会计师应当评价不利影响的严重程度，并在必要时采取以下防范措施：①将拥有该经济利益的项目组成员调离；②由组外适当人员复核该成员已执行的工作
由于馈赠、企业合并、继承等原因导致事务所或上述人员无意从鉴证客户处获得直接经济利益或重大间接经济利益	自身利益	应当立即或在合理期限内处置全部直接经济利益和足够数量的间接经济利益，以使剩余经济利益不再重大；处置完成前，会计师事务所应当在必要时采取防范措施消除不利影响
项目组成员的其他近亲属和其他相关人员[①]在鉴证客户中拥有直接经济利益或重大间接经济利益	自身利益	考虑项目组成员与这些近亲属和相关人员的关系、经济利益的性质和重要程度，评价影响的重要程度，采取如下措施：尽快处置全部直接经济利益和足够数量的间接经济利益以使剩余利益不再重大、将该项目成员调离项目组、由其他注册会计师复核该成员所执行的工作、不允许该成员参与重大决策

值得注意的是，由于审计业务保证程度高，故其独立性要求也更高。在执行审计业务

① 其他相关人员包括会计师事务所的合伙人、专业人员或主要近亲属，以及与鉴证业务项目组成员存在密切私人关系的人员。

时，除会计师事务所、审计项目组成员及其近亲属需遵循上述要求外，与执行审计业务的项目合伙人同处一个分部的其他合伙人、为审计客户提供非审计服务的其他合伙人、管理人员亦不得在审计客户中拥有直接经济利益或重大间接经济利益，上述人员的主要近亲属如无特殊情况[①]也需受到独立性要求约束。

（2）家庭和私人关系。如果鉴证项目组成员与客户的董事、管理层或特定员工之间存在家庭和私人关系，可能因自身利益、密切关系或外在压力等因素产生不利影响。对独立性的不利影响存在与否、严重与否取决于该成员在鉴证项目组内的职责、其家庭成员或相关人员在客户中的角色以及关系的密切程度等，注册会计师应当根据具体情况进行对独立性不利影响的评估，并采取必要的防范措施。家庭和私人关系对独立性的不利影响情形及防范措施见表2-5。

表2-5　　家庭和私人关系对独立性的不利影响情形及防范措施

情形	防范措施
项目组成员的主要近亲属担任客户的董事或高级管理人员，或是所处职位可以对鉴证对象信息施加重大影响，或其曾在业务期间或鉴证对象信息所涵盖期间内处于上述职位	对独立性产生十分严重的不利影响，导致没有防范措施可以消除该不利影响或将其降至可接受水平。因此，拥有此类家庭或私人关系的会计师事务所人员不得成为鉴证业务项目组成员
项目组成员的主要近亲属所处职位能够对鉴证对象施加重大影响	①将该成员调离鉴证业务项目组以消除不利影响；②合理安排该成员的职责，使其工作不涉及其主要近亲属的职责范围，以将不利影响降至可接受水平
项目组成员的其他近亲属担任客户的董事、高级管理人员或特定员工	必要时采取将该成员调离鉴证项目组或合理安排鉴证项目组成员的职责，使该成员不处理其他近亲属、关系密切员工职责范围内的事项等防范措施，以消除不利影响或将其降至可接受水平
项目组成员与客户的董事、高级管理人员或特定员工存在密切关系	
会计师事务所中鉴证项目组以外的合伙人或员工与客户的董事、高级管理人员或特定员工之间存在家庭或私人关系	知悉者有责任按照事务所的政策、程序进行咨询。事务所则应根据密切关系的性质、与项目组之间的相互影响、该合伙人或员工的职位以及该人员在客户中的职位等因素评价不利影响的重要程度，防范措施包括：合理安排该合伙人或员工的职责，以降低其对项目组可能造成的任何影响；由项目组之外的其他适当人员复核已执行的相关鉴证工作

（3）与鉴证客户长期存在业务关系。会计师事务所多年委派同一名职员（项目合伙人或员工）执行某一客户的鉴证业务，可能因为长期业务关系等密切关系而产生不利影响，还可能因担心丧失长期交往的客户和与客户高层的密切私人关系等自身利益而产生不利影响。会计师事务所应当根据以下因素评价这种不利影响的重要程度：①该职员成为鉴证项目组成员的时间长短；②该职员在项目组中的角色及对鉴证结果的影响力；③该职员与客

① 这里的特殊情况是指：如果同时满足下列条件，则该主要近亲属可以在审计客户中拥有直接经济利益或重大间接经济利益：第一，该主要近亲属作为审计客户的员工有权（如通过退休金或股票期权计划）取得该经济利益，并且会计师事务所在必要时能够应对因该经济利益产生的不利影响；第二，当该主要近亲属拥有或取得处置该经济利益的权利，或者在股票期权中有权行使期权时，能够尽快处置或放弃该经济利益。

户关系的总体时间长度；④会计师事务所高层人员进行的指导、监督、复核的程度；⑤该职员与客户高层关系的密切程度、互动频率与性质；⑥客户的管理团队或组织结构是否发生变动；⑦鉴证对象或鉴证对象信息的性质和复杂程度，以及是否发生变化。事务所可采取轮换、改变人员职权分配、由组外人员复核或者定期进行内部或外部独立的质量复核等防范措施以消除不利影响或将其降至可接受水平。

如果审计客户是公众利益实体，会计师事务所应指定专岗专人负责跟踪和监控连续审计服务年限，制定政策和程序识别因长期业务关系而可能对独立性带来的不利影响，综合评价服务时长、核心成员是否变化、会计师事务所或合伙人对该业务的依赖程度、业务的复杂程度与风险、会计师事务所质量管理体系和分配机制设计与执行效果等因素。如果会计师事务所为某一公众利益实体审计客户连续提供了10年或以上审计服务，在会计师事务所层面应当采取如下防范措施：①将审计项目组成员轮换的范围扩大至团队核心成员；②实施项目质量复核，并定期实施独立的第二内部质量复核或外部复核；③指定专人专岗定期评价轮换情况和效果并形成书面结论；④与被审计单位治理层沟通会计师事务所长期承接的事实、可能产生的不利影响，以及所采取的防范措施等内容。

一般情况下，针对公众利益实体审计客户审计业务关键审计合伙人①的任职累计时间不应超过5年，除非监管机构已就特定情况下关键审计合伙人的轮换作出豁免。在某些特殊情况下，会计师事务所由于无法预见和控制的情形，不能按时轮换关键审计合伙人（比如，计划接任的合伙人突发重病导致无法按照要求进行轮换），而关键审计合伙人的连续性对审计质量又特别重要，会计师事务所应当获得客户治理层的同意，并且对独立性产生的不利影响能够通过采取防范措施予以消除或降至可接受水平。在此前提下，若法律法规也允许，该关键审计合伙人的任期可以再延长一年时间。

如果在审计客户成为公众利益实体之前，某合伙人作为关键审计合伙人已服务3年或不足3年，则还可继续服务的年限为5年减去已服务年限；已服务了4年或以上的，在取得客户治理层同意后，最多还可继续服务2年。如果审计客户是首次公开发行证券，关键审计合伙人在其上市后连续提供审计服务的期限不得超过2个会计年度。

需要注意的是，任期需要累计计算，除非间隔期达到要求，否则不得清零重计。例如，某注册会计师担任某上市公司审计客户的项目合伙人3年，之后被调离该项目组2年，则该注册会计师最多只能继续担任该审计项目的关键审计合伙人的任职时长为2年（即规定的5年时限减去目前已累计的3年），且此后该注册会计师还须遵守有关冷却期的规定。

审计业务关键审计合伙人在遵守轮换要求而结束任期后，还应遵守冷却期规定。其中，项目合伙人或签字注册会计师累计任职达5年，冷却期为连续5年；项目质量复核人累计任职达5年，冷却期为连续3年；其他关键合伙人累计任职达5年，冷却期为连续2年。某人相继担任多项关键职务的，若担任项目合伙人累计达到3年或以上，冷却期为连续5年；若担任项目质量复核人累计达到3年或以上，冷却期为连续3年；若未达到上述两条标准，则冷却期为连续2年。在冷却期内，该人员不应再次成为项目组成员或担任该

① 关键审计合伙人：指项目合伙人、项目质量复核人员以及审计项目组中负责对财务报表审计所涉及的重大事项作出关键决策或判断的其他审计合伙人，其他审计合伙人还可能包括负责审计重要子公司或分支机构的项目合伙人。

客户的关键审计合伙人，不应为该项审计业务实施项目质量管理，也不应向项目组或客户提供技术或行业具体问题、交易或事项的咨询。除此之外，该人员还不得负责领导、协调会计师事务所向客户提供的专业服务，不得监督会计师事务所与客户的关系，不得与客户高层进行重大或频繁的互动，更不得以各种方式影响审计业务的结果。

（4）收费。会计师事务所的收费结构、收费水平、收费方式和费用实收比例等均可能因自身利益、过度推介、外在压力而对职业道德基本原则产生不利影响。对于鉴证业务收费，除了需考虑一般规定外，还需特别注意以下三方面可能对独立性带来的威胁：

①收费结构。若从某一鉴证客户收取的全部费用占会计师事务所或某一合伙人收费总额比重过大，会计师事务所或该合伙人可能出于对该客户的依赖性以及对可能失去该客户的担心而威胁到独立性。此时，会计师事务所应当评价该事项因自身利益或外在压力带来的不利影响程度，并适当采取防范措施，如扩大客户群以降低对单一客户的依赖性、实施外部质量复核、对关键审计判断引入第三方咨询等，以将不利影响消除或将其降至可接受水平。

对于公众利益实体审计，如果会计师事务所连续两年或以上从某一此类客户及其关联实体[①]所收取的费用占比超过全部费用的15%，会计师事务所应当从第二年起每年向客户治理层持续披露这一事实，与之讨论并连续采取以下防范措施以将不利影响有效降至可接受水平：在第二年度财务报表审计意见发表前，由其他会计师事务所的注册会计师或行业监管机构执行相当于项目质量复核的复核（即“意见前复核”）；在第二年度审计意见发表后，且在第三年度审计意见发表前，由其他会计师事务所或行业监管机构执行相当于项目质量复核的复核（即“意见后复核”）；如果收费比例明显超过15%，采用意见后复核可能无法将不利影响降至可接受水平，会计师事务所应进行意见前复核。

②逾期收费。会计师事务所有时会遇到客户拖欠费用的情形。一般情况下，会计师事务所会要求鉴证客户在鉴证报告出具前付清上年费用，如果客户长期未支付应付的鉴证费用，尤其是在出具鉴证报告之前上年大部分费用仍未支付，或报告出具后客户仍未支付，将会因自身利益而对独立性产生不利影响。为此，会计师事务所应当评价不利影响存在与否及重要程度，必要时采取以下防范措施：收取部分逾期款项、由未参与鉴证业务的人员提供建议或复核等。此外，如果逾期费用金额较高、逾期期限较长，会计师事务所还应当考虑是否应将逾期收费视同向客户贷款、是否仍应继续接受委托。

③或有收费。对鉴证业务以直接或间接形式的或有收费方式收取费用，将因自身利益产生重大的不利影响，而且没有防范措施能消除或降低此不利影响，故会计师事务所不应作出这种收费安排。

对于非鉴证业务，采用或有收费同样会对独立性等带来不利影响。针对为审计客户提供非鉴证服务采取其他形式的或有收费安排，会计师事务所应当充分考量收费区间、披露情况、服务性质、对鉴证对象信息的影响等因素，以合理评估不利影响的严重程度，并在必要时采取组外复核、预先就收费基础与客户达成书面协议等防范措施，消除不利影响或

① 关联实体，是指与客户存在下列任一关系的实体：（1）能够对客户施加直接或间接控制的实体，且客户对该实体重要；（2）在客户内拥有直接经济利益的实体，且该实体对客户具有重大影响，在客户内的利益对该实体重要；（3）受到客户直接或间接控制的实体；（4）客户（或受到客户直接或间接控制的实体）拥有直接经济利益的实体，且对该实体能够施加重大影响，在实体内的经济利益对客户重要；（5）与客户同处于共同控制下的实体，且该实体和客户对其控制方都很重要。

将其降至可接受水平。需要注意的是，某些情形下的或有收费将对独立性带来严重不利影响且没有防范措施能够消除或降至可接受水平，所以会计师事务所不应做如此收费安排，包括：①非鉴证服务的结果及收费取决于与鉴证对象信息有重大影响的相关判断；②非鉴证业务的或有收费由发表鉴证意见的会计师事务所收取，该收费对该会计师事务所是重大的或预期是重大的；③非鉴证服务的或有收费主要由参与鉴证工作重要组成部分的某一网络事务所取得，且影响或预期影响重大。

（5）雇佣关系。

①与鉴证客户发生雇佣关系。如果鉴证项目组的前任成员或会计师事务所的前任合伙人加入或拟加入鉴证客户，担任客户的董事、高管或特定员工（即所处职位可以对会计记录或财务报表的编制施加重大影响的员工），将可能因自身利益、密切关系、外在压力等对独立性原则带来不利影响。与鉴证客户发生雇佣关系对独立性的不利影响情形和防范措施见表2-6。

表2-6　与鉴证客户发生雇佣关系对独立性的不利影响情形和防范措施

情形	防范措施
原鉴证项目组成员或原合伙人担任鉴证客户的董事、高级管理人员或特定员工，会计师事务所与该类人员仍保持重要交往	将产生非常严重的不利影响，导致没有防范措施能够消除或降至可接受水平，除非同时满足下列条件：①该人员无权从会计师事务所获取报酬或福利（除非是按预先确定的固定金额支付）；②任何应付该人员的金额都对会计师事务所不重要；③该人员未继续参与，并在外界看来未参与会计师事务所的经营活动或专业活动
原鉴证项目组成员或原合伙人担任某实体的董事、高级管理人员或特定员工，该实体随后成为会计师事务所的鉴证客户	①修改鉴证业务计划；②分派经验更加丰富的人员；③由鉴证项目组以外的注册会计师复核该前任成员已执行的工作
鉴证项目组某成员知道自己未来将要或可能加入鉴证客户	①将该成员调离项目组；②由适当人员复核该成员在鉴证业务中作出的重大判断
关键审计合伙人加入属于公众利益实体的审计客户，担任董事、高级管理人员或特定员工	该合伙人不再担任关键审计合伙人后，该实体发布的已审计财务报表涵盖期间超过12个月；且该合伙人不是该财务报表的审计项目组成员。 除非由于企业合并的原因，且同时满足下列条件时，才可不视为独立性受到损害：①当该合伙人接受职务时并未预料到会发生合并；②其在会计师事务所中应得的报酬或福利都已全额支付（除非报酬或福利是按照预先确定的固定金额支付的，且未付金额对会计师事务所不重要）；③其未继续参与，且在外界看来未参与会计师事务所的活动；④已就其在审计客户中的职位与治理层讨论
会计师事务所前任高级合伙人（或管理合伙人，或同等职位的人员）加入公众利益实体的审计客户，担任董事、高级管理人员或特定员工	该高级合伙人不再担任高级合伙人（或管理合伙人，或同等职位人员）已超过12个月

②最近曾任鉴证客户的董事、高级管理人员或特定员工。如果鉴证项目组成员近期曾经是鉴证客户的董事、高级管理人员或特定员工，可能因自身利益、自我评价或密切关系对独立性产生不利影响。如果该鉴证业务是审计业务，且期间为审计报告涵盖期间，则会计师事务所不应安排该人员作为审计项目组成员；否则，将对独立性产生重大不利影响，以至于没有任何防范措施可以消除这种不利影响或将其降至可接受水平。如果该业务并非审计业务，或者虽为审计业务但在审计报告涵盖期间以前，依旧可能因自身利益、自我评价或密切关系产生不利影响，上述不利影响存在与否及严重程度取决于该人员在客户中曾担任的职务、离开客户的时间长短以及其在项目组中的角色。会计师事务所应当评价这种不利影响，必要时采取对该人员担任项目组成员时所执行的工作进行复核等防范措施将不利影响降至可接受水平。

例如，A公司年度财务报告审计项目组成员小汪今年8月加入会计师事务所，此前一直在A公司担任总账会计。由于小汪在被审计财务报告涵盖期间曾经编制A公司会计记录，可能因自我评价、密切关系等产生不利影响。会计师事务所不应安排小汪参加A公司的本年度财务报告审计。

③兼任鉴证客户的董事或高级管理人员。如果会计师事务所的合伙人或员工兼任鉴证客户的董事、高级管理人员（如总经理、财务总监、独立董事、董事会秘书等），将因自我评价和自身利益产生重大的不利影响，没有任何防范措施可以消除不利影响或将其降至可接受水平。会计师事务所应当制定相应的政策和程序，监控会计师事务所合伙人和员工的兼职情况，要求其不得兼任鉴证客户的董事和高管职位。但是，若合伙人或员工在法律法规或行业惯例明确允许的前提下兼任客户的公司秘书，且其仅承担日常行政事务性工作而不承担管理层责任（要求所有相关决策均由客户管理层作出），会计师事务所则应当判断该兼任行为是否有损于独立性原则，评价不利影响的重要程度，并在必要时采取防范措施消除不利影响或将其降至可接受水平。

④临时借调员工。当审计客户向会计师事务所借调员工时，会计师事务所一般不予同意，除非该借调仅为短期借调，且所借调的员工不为审计客户提供不相容的非鉴证服务，也不承担审计客户的管理层职责。会计师事务所应当评价临时借调员工因自我评价、密切关系、过度推介等产生的不利影响及重要程度，并在必要时采取防范措施消除不利影响或将其降至可接受水平。可采取的防范措施主要包括：对借调员工的工作进行额外复核；合理安排审计项目组成员的职责，使借调员工不对其在借调期间所执行的工作进行审计；不安排借调员工成为审计项目组成员。如果因为该借调行为而导致会计师事务所高度认同客户的观点和利益，将对独立性带来十分严重的不利影响，则通常没有可以采取的有效防范措施。

（6）为鉴证客户提供非鉴证服务。会计师事务所向鉴证客户提供非鉴证服务，可能对独立性产生不利影响，包括因自我评价、自身利益和过度推介等产生的不利影响。

①一般规定。在承接向鉴证客户提供的非鉴证服务业务之前，会计师事务所应当考虑该非鉴证业务的性质、范围、目的、法律和监管环境，了解客户是否属于公众利益实体、其对重大判断事项的参与度、管理层和员工在该非鉴证服务方面的专长水平，并判断鉴证业务对该非鉴证业务的依赖程度、非鉴证业务结果对鉴证对象的影响程度，以评价不利影响是否存在、是否严重，并实施进一步应对。

会计师事务所不得承担鉴证客户的管理层职责。如果会计师事务所行使鉴证客户的管理层职责，将对其独立性产生重大不利影响，以致没有防范措施可以将其降至可接受水平。因此，会计师事务所应当确保属于管理层职责范围内的所有决策均由客户管理层自身作出。管理层职责涉及对实体的领导和指挥，包括针对人力、财务、技术、有形或无形资源的取得、配置和控制作出重大决策。例如，制定政策和战略方针，指导员工的行动并对该行动负责，进行交易授权，确定会计师事务所或其他第三方提出的建议哪些应当实施，负责按照适用的会计准则和相关会计制度的规定编制财务报表，负责设计、实施和维护内部控制等，代表管理层向治理层报告，负责招聘或解聘工作，控制或管理银行账户和对外投资。而向鉴证客户提供意见建议、协助管理层履职、执行日常行政事务性或不重要的工作，通常不被认为是承担管理层职责。例如，执行一项已由管理层授权的非重要交易；对提交法定纳税申报表的日期进行监控和告知审计客户这些日期；向管理层提供意见和建议以协助管理层履行职责。

如果会计师事务所需要自己参与编制鉴证对象信息又要提供鉴证，或者提供涉及鉴证对象信息的非鉴证服务，将可能因自我评价对独立性产生不利影响。例如，会计师事务所设计并编制了某公司预测性财务信息，随后对该信息进行审计；会计师事务所为某公司收购的重要资产提供评估服务，服务结果又成为鉴证对象信息的一部分。

②具体规定。《中国注册会计师职业道德守则第4号——审计和审阅业务对独立性的要求》中，列举了10种会计师事务所经常承接的非鉴证业务可能对独立性带来的影响（见表2-7）。会计师事务所可能向同一鉴证客户提供多种非鉴证服务，此时应当考虑其综合影响。另外，对于守则未覆盖的其他非鉴证业务，注册会计师应当运用职业道德概念框架予以应对。

表2-7　**为鉴证客户提供非鉴证服务的独立性要求业务类型**

	一般规定	具体规定	防范措施
会计和记账服务，包括编制会计记录、财务报表和附注，记录交易，工资服务等	按适用的会计准则和相关会计制度的规定编制财务报表是管理层职责。如果会计师事务所仅提供日常性、机械性的会计和记账服务，不承担客户的管理层职责，通常不会对独立性产生不利影响	如果会计师事务所向审计客户提供会计和记账服务，随后又对财务报表进行审计，将会因自我评价产生不利影响	①由审计项目组以外的专业人员提供此类服务；②由未参与提供此类服务的适当复核人员复核已执行的审计工作或已提供的此类服务
		在审计中，会计师事务所与客户管理层就会计准则和会计政策的运用、财务报表披露的要求、内部控制有效性、资产和负债确认计量的适当性、提出审计调整的建议等事项进行沟通，或者应客户要求在某些特定方面[1]提供咨询，只要不承担客户管理层职责，通常对独立性不会产生不利影响	

[1] 此类特定方面包括：①解决账户调节问题；②为监管目的分析和积累信息；③为将按照某种会计准则和相关会计制度的规定编制的财务报表转换为按照另一种会计准则和相关会计制度的规定编制的财务报表提供咨询；④协助其了解相关会计准则、原则和解释，分享领先的行业最佳实践等。

续表

	一般规定	具体规定	防范措施
行政事务性服务，如文字处理、编制表格供客户审批、按其指示提交表格、跟踪并告知法定报备日期	向审计客户提供日常性、机械性的行政事务性服务，通常不需要职业判断，也不承担管理层职责，故不会对独立性产生不利影响		无须采取防范措施
评估服务，包括对未来发展提出相关假设，运用适当的方法和技术进行资产、负债的定价或企业整体的价值评估	向审计客户提供评估服务可能因自我评价、过度推介产生不利影响，会计师事务所应当评价重要程度，在必要时采取防范措施	在审计客户不属于公众利益实体的情况下，如果评估服务对会计师事务所将发表意见的财务报表具有重大影响，且评估涉及高度的主观性，会计师事务所应当拒绝提供评估服务，或解除审计业务约定	①由未参与评估服务的专业人士复核已执行的审计或评估工作；②作出安排，使提供评估服务的人员不参与审计业务
		如果审计客户属于公众利益实体，且评估服务单独或累积对事务所将发表意见的财务报表具有重大影响，则不应向该客户提供该评估服务	
税务服务，包括编制纳税申报表、作为会计分录的基础计算税额、税务筹划、税务咨询、帮助解决税务纠纷、评估中的税务事项等	会计师事务所向审计客户提供税务服务，可能会因自我评价和过度推介产生不利影响。该不利影响存在与否及其重要程度主要取决于：面对税务争议问题时税务机关的处理方式及会计师事务所扮演的角色、相关税制的复杂程度以及应用时进行判断的程度、业务的具体特征、客户员工的税务专业水平	编制纳税申报表通常对独立性不产生威胁，除非会计师事务所对该表承担管理层责任	无须采取防范措施
		基于编制会计分录目的为客户计算当期所得税或递延所得税，由于该分录随后由会计师事务所审计，将因自我评价产生不利影响	客户不属于公众利益实体时，进行有效防范：①由审计项目组以外的专业人员提供此服务；②由不参与此服务的适当人员复核 客户属于公众利益实体时：若当期所得税或递延所得税重大，会计师事务所不得帮其计算；若不重大，防范措施与上相同
		税务筹划或其他税务咨询服务所提建议如果影响财务报表中反映的事项，就可能因自我评价或过度推介产生不利影响	①由审计项目组以外的专业人士提供该服务；②由未参与该税务服务的专业人士复核审计工作或税务筹划与咨询业务；③获得税务机关的预先批准或建议 如果税务建议的有效性取决于某项会计处理或报表列报，而审计项目组对其适当性存疑，且税务建议的结果将对财务报表产生重大影响，那么事务所不得为该审计客户提供税务筹划或咨询服务

续表

	一般规定	具体规定	防范措施
税务服务，包括编制纳税申报表、作为会计分录的基础计算税额、税务筹划、税务咨询、帮助解决税务纠纷、评估中的税务事项等	会计师事务所向审计客户提供税务服务，可能会因自我评价和过度推介产生不利影响。该不利影响存在与否及其重要程度主要取决于：面对税务争议问题时税务机关的处理方式及会计师事务所扮演的角色、相关税制的复杂程度以及应用时进行判断的程度、业务的具体特征、客户员工的税务专业水平	如果税务评估服务结果对财务报表没有直接或重大间接影响，或已经过外部审查，通常不对独立性带来不利影响。若没有外部审查，且影响重大，则应进行防范	①由审计项目组以外的专业人士提供该服务；②由未参与该税务服务的专业人士复核审计工作或税务评估业务；③获得税务机关的预先批准或建议
		协助客户解决税务纠纷的，若税务机关通知客户已拒绝其主张，且已提起诉讼，将因过度推介和自我评价产生不利影响。 若会计师事务所人员可能要在涉税纠纷案件中为客户充当辩护人，或所涉金额对被审财务报表重大，则会计师事务所不应提供此服务	①由审计项目组以外的专业人士提供该服务；②由未参与该项税务服务的税务专业人士复核审计项目组的工作或提供的服务
内部审计服务，包括对内部审计策略、职能、流程、方法、工具系统、管理制度以及内部审计活动提供咨询服务	会计师事务所人员在向审计客户提供内部审计服务时不得承担管理层职责①	针对属于公众利益实体的审计客户，会计师事务所不应提供与内部会计控制、财务系统或财务报表相关的内部审计服务	会计师事务所应对相关财务报表金额的重要性、认定的错报风险以及内部审计服务的可信赖程度等予以评价，并在必要时采取由组外专业人士提供该内审服务的措施，以消除不利影响或将其降至可接受水平
IT系统服务，包括硬件或软件系统的设计或实施	向审计客户提供信息技术系统服务可能因自我评价对独立性产生不利影响	如果该IT系统用以积累原始数据、形成财务报告内部控制的组成部分，或生成影响会计记录或者财务报表的信息，则将会因自我评价对独立性产生不利影响	
		如果会计师事务所人员不承担管理层职责，且提供的IT系统服务与财务报告内部控制无关，并不生成构成会计记录或财务报表重要组成部分的信息，会计师事务所仅对他人或客户自行设计并运行的会计或财务信息软件或系统进行实施、评价和建议，则一般不对独立性产生不利影响	
		对于属于公众利益实体的审计客户，会计师事务所不得向其提供构成财务报告内部控制重要组成部分或生成的信息对会计记录或财务报表影响重大的有关IT系统的设计或实施服务，否则将因自我评价产生非常重大的不利影响而导致无法防范	

① 涉及承担管理层职责的内部审计服务主要包括：①制定内部审计政策或内部审计活动的战略方针；②指导该客户内部审计员工的工作并对其负责；③决定应执行来源于内部审计活动的哪些建议；④代表管理层向治理层报告内部审计活动的结果；⑤执行构成内部控制组成部分的程序，如复核并批准员工数据访问权限的变更；⑥负责设计、执行、监督和维护内部控制；⑦实施企业内部控制评价工作，包括对内部控制的设计与运行情况的全面评估；⑧提供内部审计外包服务。

续表

	一般规定	具体规定	防范措施
诉讼支持服务，如担任证人、计算法律纠纷引起的其他应收应付款项金额和预计损失、协助文件管理和检索等	当会计师事务所提供的诉讼支持服务涉及估算影响财务报表的损失或其他金额时，将可能因自我评价、过度推介等对独立性产生不利影响。在这种情况下，会计师事务所应当遵守评估服务的规定，评价重要程度，在必要时采取防范措施		①由未参与诉讼支持的其他专业人士复核已执行的审计或诉讼支持工作；②作出安排，使提供诉讼支持服务的人员不参与审计业务
法律服务，包括为客户担任常年法律顾问、辩护人或提供法律咨询[1]等	事务所向审计客户提供法律服务，可能因自我评价和过度推介对独立性产生不利影响，应评价影响的重要程度，必要时采取防范措施	会计师事务所的合伙人或员工不得担任审计客户的首席法律顾问。会计师事务所以审计客户辩护人的角色代表审计客户解决纠纷或法律诉讼，如果所涉金额对财务报表影响重大，则可能产生重大的不利影响，以致没有任何防范措施可以将其降至可接受水平	①由审计项目组以外的专业人士提供该服务；②由未参与该法律服务的专业人士复核审计项目组的工作或提供的服务
招聘服务，包括制定职位说明和招聘流程、寻找或筛选候选人、协商雇佣条款	为审计客户提供人员招聘服务可能因自身利益、密切关系或外在压力对独立性产生不利影响。会计师事务所应当评价不利影响重要程度，并在必要时采取防范措施	当向审计客户提供审核、面试多名候选人资格并提供咨询服务时，若未承担管理层职责，则对独立性没有损害。在向审计客户提供招聘服务时，会计师事务所不得代表客户与应聘者进行谈判。会计师事务所不得向审计客户提供董事、高管或特定人员的寻觅、筛选与背景调查服务	由审计项目组以外的专业人士提供该服务
公司财务服务，包括协助审计客户制定公司战略、为审计客户确定可能的并购目标、对资产处置等提供建议、协助融资、提供资本结构和财务筹划等建议	会计师事务所提供此类服务可能因自我评价或过度推介对独立性产生不利影响。会计师事务所应当评价影响的重要程度，并在必要时采取防范措施	如果财务建议的有效性取决于某一特殊会计处理方法或财务报表列报方法，并且审计项目组对有关的会计处理或列报的适当性存有合理的疑问，同时该建议的结果会对财务报表产生重大影响，在这种情况下，将因自我评价产生重大的不利影响，以致没有任何防范措施可以消除或将其降至可接受水平。另外，会计师事务所不应为审计客户提供推荐、交易或承销其股票等服务	①由审计项目组以外的专业人士提供该服务；②由未参与公司财务服务的专业人士复核审计项目组的工作或提供的服务

① 法律咨询服务，如合同支持、具体交易支持、合并收购、重组、尽职调查等法律服务，以及为客户内部法律部门提供帮助等。

(7) 其他独立性要求。

①薪酬和业绩评价政策。关键审计合伙人和鉴证项目组成员的薪酬或业绩评价不应与其向审计客户推销的非鉴证服务直接挂钩，否则将会因自身利益对独立性产生不利影响。如果评估认为该不利影响超出可接受水平，事务所应当修改相应的薪酬计划或业绩评价体系，或者采取将该成员调离审计项目组、由项目组之外其他注册会计师复核该审计项目组成员所执行的工作等防范措施来有效应对，以达到消除不利影响或将其降至可接受水平的目的。

②礼品和款待。如果会计师事务所或鉴证项目组成员接受礼品或款待，可能将会因自身利益、外在压力和密切关系产生不利影响。事务所或鉴证项目成员若接受客户的礼品，将产生严重的不利影响，以至于没有防范措施可以将其降至可接受水平。对于客户提供的款待，注册会计师及事务所应充分考虑款待的性质、金额、意图，对于超出业务正常往来或具有不当意图的款待，事务所及注册会计师应当拒绝。

③诉讼或诉讼威胁。如果会计师事务所或鉴证项目组成员与鉴证客户间发生或可能发生诉讼，将会影响管理层提供所有信息的意愿，从而因自身利益和外在压力对独立性产生不利影响。会计师事务所应当根据诉讼的重要程度及与前期鉴证业务的相关性来评价不利影响的重要程度，并在必要时将诉讼涉及的项目组成员调离，或者由其他专业人士复核所执行的工作。如果上述防范措施仍不能将不利影响降至可接受水平，会计师事务所应当拒绝接受该业务委托或解除业务约定。

④贷款和担保。如果会计师事务所、鉴证业务项目组成员或其主要近亲属未按照正常的程序、条款和条件从银行或类似机构鉴证客户处取得贷款或担保（包括按揭贷款、银行或信用卡透支、汽车贷款等），将因自身利益产生非常严重的不利影响，以至于没有任何防范措施可以消除或将其降至可接受水平，因此，会计师事务所、鉴证业务项目组成员或其近亲属不应接受该项非正常贷款或担保。即使会计师事务所从银行或类似金融机构等鉴证客户处按照正常条件取得贷款或担保，但如果其金额或性质是重要的，则仍可能会带来对独立性的不利影响。会计师事务所可以采取由网络①中未参与鉴证业务且未接受该贷款或担保相关利益的会计师事务所复核所执行的工作等防范措施，将因自身利益产生的不利影响消除或降至可接受水平。

会计师事务所、鉴证业务项目组成员或其主要近亲属不得从非银行或类似金融机构的鉴证客户处取得贷款或获得贷款担保。

如果会计师事务所、鉴证项目组成员或其主要近亲属向鉴证客户提供贷款或担保，将因自身利益产生非常严重的不利影响，导致没有防范措施能够将其降低至可接受的水平。

会计师事务所、鉴证业务项目组成员或其主要近亲属如果按正常商业条件在银行、经纪人或类似机构的鉴证客户处开立存款账户或经纪账户，这种情形一般不会对独立性原则带来不利影响。

⑤商业关系。当会计师事务所、鉴证项目组成员或其主要近亲属与鉴证客户或其管理层之间存在密切的商业关系时，可能因自身利益或外在压力对独立性产生不利影响。这种商业关系通常包括：在与客户（包括其控股股东、董事、管理层等）合营的企业中拥有经

① 网络，是指由多个实体组成的、以合作为目的，旨在共享收益、共担成本，或共享同一所有权、控制或管理，或共享同一质量管理政策和程序，或共享同一业务战略，或使用同一品牌，或共享重要的专业资源的组织结构。

济利益；将会计师事务所的一种或多种产品和服务与客户的产品和服务以双方名义捆绑销售；会计师事务所或客户销售、推广对方的产品和服务等。对会计师事务所、鉴证项目组成员而言，不得拥有此类商业关系。如果事务所存在此类商业关系，应及时终止；如果鉴证项目组成员涉及此类商业关系，应将其调离；若鉴证项目组成员主要近亲属拥有此类商业关系，则应评价不利影响的程度并采取有效的防范措施。

如果会计师事务所、鉴证项目组成员或其主要近亲属在某股东人数有限的实体中拥有利益，而鉴证客户或其董事、管理层也在该实体拥有利益，除非这种商业关系不重要或经济利益不重大、未使少数投资者控制该实体，否则该商业关系会对独立性产生严重的不利影响，应及时处置该利益，使相关人员不得拥有涉及在该实体拥有经济利益的商业关系。

会计师事务所、鉴证项目组成员或其主要近亲属如果正常、公平地从鉴证客户处购买商品或服务，通常不会对独立性产生不利影响。但是，如果交易性质特殊或金额较大，则可能因自身利益产生不利影响。此时，会计师事务所应当评价不利影响的重要程度，并在必要时采取放弃交易、减少交易规模、将该成员调离项目组等防范措施以消除不利影响或将其降至可接受水平。

本章小结

注册会计师职业规范主要包括注册会计师执业准则和注册会计师职业道德守则。

注册会计师执业准则是会计师事务所和注册会计师在执业过程中必须遵循的技术行为规范，是衡量执业质量的权威性标准。中国注册会计师执业准则体系包括鉴证业务准则、相关服务准则和会计师事务所质量管理准则等内容。鉴证业务准则由《中国注册会计师鉴证业务基本准则》统领，按照鉴证业务提供的保证程度和鉴证对象的不同，分为《中国注册会计师审计准则》《中国注册会计师审阅准则》《中国注册会计师其他鉴证业务准则》。

《中国注册会计师鉴证业务基本准则》是鉴证业务准则的概念框架，旨在规范注册会计师执行鉴证业务的基本要求，明确鉴证业务的目标和要素，确定审计准则、审阅准则、其他鉴证业务准则适用的鉴证业务类型。鉴证业务包括三方关系、鉴证对象、标准、证据和鉴证报告五个要素。鉴证业务按照保证程度不同，可分为合理保证的鉴证业务和有限保证的鉴证业务；按照鉴证对象信息和保证程度的不同，可分为历史财务信息审计、审阅和其他鉴证业务；按照鉴证对象信息是否以责任方认定的形式为预期使用者所获取，可分为基于责任方认定的业务和直接报告业务。

《会计师事务所质量管理准则》旨在规范会计师事务所的质量管理体系的设计、实施和运行，明确会计师事务所及其人员的质量管理责任。会计师事务所的质量管理体系应当包括八个组成要素：会计师事务所的风险评估程序；治理和领导层；相关职业道德要求；客户关系和具体业务的接受与保持；业务执行；资源；信息与沟通；监控和整改程序。

注册会计师的职业道德是注册会计师的职业品德、职业纪律、执业能力及职业责任的总称。《中国注册会计师职业道德守则（2020）》要求注册会计师应当在向客户或雇佣单位提供专业服务时，按照维护社会公众利益的方式行事，恪守诚信、客观公正、保密的原则，持续获取和保持专业胜任能力，勤勉尽责，避免发生任何有损于职业形象和声誉的行为。独立性是鉴证业务的灵魂，注册会计师在从事鉴证业务时还应遵守与独立性相关的职业道德要求。独立性包括实质上的独立性和形式上的独立性。注册会计师在执行审计、审阅和其他鉴证业务时，应运用职业道德概念框架识别具体情形和关系对独立性可能产生的不利影响，并对已识别不利影响的重要程度进行评价，必要时采取防范措施消除不利影响或将其降至可接受水平。

思政园地

提升行业人才胜任能力 强化现代化建设人才支撑

2022年12月26日，中国注册会计师协会（以下简称中注协）修订印发《中国注册会计师行业人才胜任能力指南》（以下简称《指南》（2022年）），拓展并明确了中国注册会计师行业人才梯队的范围，优化了行业人才胜任能力体系和知识体系建设标准及评估标准，以指导未来一段时间行业全生命周期人才培养工作，适应我国经济社会发展对行业人才胜任能力提出的新要求。

修订出台《指南》（2022年）是注册会计师行业全面贯彻落实习近平总书记关于做好新时代人才工作的重要思想，以及加强新时代注册会计师行业人才工作的具体行动。党的十八大以来，习近平总书记始终把抓好人才工作摆在治国理政的重要位置，多次对人才工作作出重要指示批示。2021年9月召开的中央人才工作会议上，习近平总书记强调要坚持党管人才，坚持面向世界科技前沿、面向经济主战场、面向国家重大需求、面向人民生命健康，深入实施新时代人才强国战略，全方位培养、引进、用好人才，加快建设世界重要人才中心和创新高地，为加强行业人才建设提供了根本遵循。党的二十大报告专设一章强调人才工作的重要性，要求"强化现代化建设人才支撑"，"深入实施人才强国战略"。为此，中国注册会计师协会修订出台《指南》（2022年），是贯彻落实习近平总书记关于做好新时代人才工作的重要思想和党中央国务院重大决策部署，全面落实财政部党组关于行业人才建设的具体要求，抓实抓牢行业人才工作的具体举措，有利于指导行业人才能力建设的方向，为加强行业人才建设、提升审计质量提供制度保障。

修订出台《指南》（2022年）是注册会计师行业人才工作面向我国当前经济社会发展新要求的积极回应。当前我国已转向高质量发展阶段，我国经济总量稳居世界第二，经济增速名列前茅。我国经济高质量发展对行业人才提出了新要求，比如，双循环发展、高水平对外开放和"一带一路"倡议的深入开展，要求行业人才具有国际化视野和全球化思维；数字化、双碳时代等经济高质量发展需求要求人才素质向专业化和价值链高端延伸；注册制推行和新证券法贯彻实施，资本市场的开放发展对行业人才服务质量、诚信度和服务范围提出了更高要求。对于上述新领域、新要求，《指南》（2007年）均未涉及，已不能满足经济社会发展对行业人才能力提出的新要求，需要结合当前新形势更新修订。为此，修订出台《指南》（2022年），有利于行业加快培养、储备适应经济社会发展需要的专门人才，为国家建设提供更高质量专业服务奠定人才基础。

修订出台《指南》（2022年）是注册会计师行业人才工作立足国情、保持动态国际趋同作出的现实选择。当前，行业明确了"十四五"时期"由注重规模和速度的外延式扩张向注重质量和效益的内涵式发展转型"的总目标，但我国行业人才工作客观上还不能完全满足行业高质量发展的需要，行业人才质量与经济发展需求不匹配，迫切需要行业人才持续提升专业胜任能力。2019年，IFAC发布了新修订的《职业会计师国际教育准则1-8号》（《IES1-8》），英国、新加坡、美国、澳大利亚、中国香港等国家和地区的会计职业组织参照IFAC发布的《IES1-8》也分别提出了本地区职业会计师专业能力标准，这些国际或境外会计职业组织教育准则的最新变化，为完善我国注册会计师行业人才的胜任能力提供了重要借鉴，需要我们紧跟国际职业能力发展新动向，持续趋同，确保我国注册会计师行业保持后续发展优势。为此，修订出台《指南》（2022年），有利于指导我国教育培训机构和会计师事务所立足国情、对标国际加强行业人才培养，为推动行业做强做大、走出去提供持续人才动力。

资料来源：中国注册会计师协会.中注协负责人就修订印发《中国注册会计师行业人才胜任能力指南》答记者问［EB/OL］.（2022-12-26）［2023-11-12］. https://www.cicpa.org.cn/xxfb/news/202212/t20221226_63889.html.

拓展阅读资料

2001年年末，美国最大的天然气和能源批发交易商、名列《财富》杂志“美国500强”第七名、资产规模达498亿美元的安然公司因30亿美元到期债务无法偿还正式宣告破产，创下了美国历史上最大宗的公司破产案。安然公司的破产绝不是突发事件，事实上这是长期以虚假手段高估资产、高估利润、隐瞒负债的必然结果。自1997年以来，安然公司利用其设立的特殊目的实体——关联企业，一方面进行大量的表外融资，以提高信用等级；另一方面虚构交易规模，编造会计利润。2001年11月，安然公司在向美国证券交易管理委员会提交的重新编制的1997年至2001年第二季度的财务报告中，公开承认该期间曾高估利润5.9亿美元，隐瞒负债6.3亿美元。

在“安然事件”中，作为原“五大”会计师事务所之一的安达信会计师事务所（以下简称安达信）扮演了极不光彩的角色，导致其从全球知名的会计师事务所之列滑落到几乎关门大吉的地步。

据美国相关政府部门的调查和新闻媒体的披露，安然公司的首席财务主管、首席会计主管和发展部副经理等多位高层管理人员曾是安达信的雇员。安达信在为安然公司提供审计鉴证服务的同时，还提供收入不菲的咨询服务。仅2000年度，安达信对安然公司的收费就高达5 200万美元，其中50%以上来自咨询服务。根据有关证据，安达信在为安然公司出具2000年度审计报告之前，已觉察到安然公司存在重大会计问题，但未及时纠正。在安然公司宣告破产的前后几个月内，安达信主任会计师大卫·邓肯（David Duncan）连同“安然事件”相关人员一起丢弃或销毁了相当数量的与安然公司有关的审计档案。

【思考】

1.请讨论对于一名注册会计师来说，职业道德和职业能力哪个更重要。

2.请分析安达信在“安然事件”中业务质量管理和职业道德方面存在的问题。

自测题

第2章判断题　　第2章单项选择题　　第2章多项选择题

第3章　注册会计师的职业责任和法律责任

【学习目标】

通过本章的学习，你要：

1. 明确注册会计师应承担的职业责任；
2. 了解注册会计师法律责任的成因、种类和相关法律规定；
3. 掌握违约、审计过失、审计欺诈的含义及区别；
4. 掌握注册会计师民事侵权责任的认定依据。

3.1　注册会计师的职业责任

视频9　注册会计师的职业责任

注册会计师的职业责任是指注册会计师在执行业务时所应承担的职责。作为注册会计师职业道德的重要内容之一，职业责任不仅关系到注册会计师的职业形象和声誉，还直接影响注册会计师法律责任的认定。

对注册会计师职业责任的研究主要涉及两方面内容：对谁负责和对什么负责，即责任对象和职责范围。关于责任对象，自20世纪60年代后期以来，由于整个审计环境的变化，社会公众的需求和大量的法庭案例判决使得注册会计师的职责对象有了迅速扩展。根据职业界各种技术和道德准则的规定，注册会计师的责任对象主要包括客户、同行及其他利用财务报表和鉴证报告的第三者。关于职责范围，主要是讨论注册会计师在执业过程中应负什么责任。随着社会需求和法律环境的变化以及注册会计师职业的发展，注册会计师的职业责任范围也在不断扩展。

根据我国现行审计准则的规定，在财务报表审计业务中，注册会计师主要承担对财务报表审计的职业责任。同时，注册会计师在审计中还可能负有与舞弊相关的责任，以及关注违反法律法规行为的责任。

3.1.1　注册会计师对财务报表审计的责任

按照《中国注册会计师审计准则第1101号——注册会计师的总体目标和审计工作的基本要求》的规定，对财务报表是否在所有重大方面按照财务报告编制基础编制并实现公允反映发表审计意见是注册会计师的责任。注册会计师应当遵守职业道德规范，按照审计准则的规定计划和实施审计工作，获取充分、适当的审计证据，并据以得出合理的审计结论，发表恰当的审计意见，然后通过签署审计报告确认其责任。

注册会计师有效执行财务报表审计工作、承担职业责任的前提，是被审计单位管理层、治理层认可并理解其应当承担下列责任：

（1）按照适用的财务报告编制基础编制财务报表，并使其实现公允反映（如适用）；

（2）设计、执行和维护必要的内部控制，以使财务报表不存在由于舞弊或错误导致的重大错报；

（3）向注册会计师提供必要的工作条件，包括允许注册会计师接触与编制财务报表相关的所有信息（如记录、文件和其他事项），向注册会计师提供审计所需的其他信息，允许注册会计师在获取审计证据时不受限制地接触其认为必要的内部人员和其他相关人员。

现代公司治理结构通常要求治理层对管理层编制财务报表的过程实施有效的监督。在治理层的监督下，被审计单位管理层有责任按照适用的财务报告编制基础编制财务报表，并使其实现公允反映。适用的财务报告编制基础通常是指法律法规要求采用的财务报告编制基础，有时也指就被审计单位性质和财务报表目标而言采用的可接受的财务报告编制基础。适用的财务报告编制基础包括旨在满足广大财务报表使用者共同财务信息需求的通用目的编制基础和旨在满足财务报表特定使用者对财务信息需求的特定目的编制基础。例如，公认会计准则属于通用目的财务报告编制基础，而计税基础则属于特定目的财务报告编制基础。被审计单位治理层和管理层对编制财务报表的责任具体包括：根据相关法律法规的规定，确定并应用适用的财务报告编制基础；选择和运用恰当的会计政策；根据企业的具体情况，作出合理的会计估计。一般来说，管理层还应当设计、实施和维护与财务报表编制相关的内部控制，以保证财务报表不存在由于舞弊或错误而导致的重大错报。

需要强调的是，注册会计师的审计只能合理保证财务报表不存在重大错报，其对财务报表的审计不能减轻被审计单位管理层和治理层的责任。

3.1.2 财务报表审计中与舞弊相关的责任

《中国注册会计师审计准则第1141号——财务报表审计中与舞弊相关的责任》规范了注册会计师在财务报表审计中与舞弊相关的责任。财务报表的错报可能由于舞弊或错误所致。错误是指财务报表中存在的无意错报或漏报，主要包括：原始记录和会计数据的计算、抄写错误；对事实的疏忽和误解；对会计政策的误用。舞弊是指被审计单位管理层、治理层、员工或第三方使用欺骗手段获取不当或非法利益的故意行为。在财务报表审计中，注册会计师需要关注两类可能导致财务报表发生重大错报的舞弊：编制虚假财务报告和侵占资产。

被审计单位治理层和管理层对防止或发现舞弊负有主要责任。治理层有责任监督管理层建立健全内部控制，并监督管理层是否存在凌驾于控制之上或对财务报告过程施加不当影响等情形。在治理层的监督下，管理层应建立良好的内部环境，维护有关控制政策和程序，有效防范和遏制舞弊行为，以合理保证财务报告的可靠性、经营的效率和效果以及对法律法规的遵守。

在财务报表审计中，注册会计师有责任按照审计准则的规定实施审计工作，并获取财务报表是否在整体上不存在由于舞弊或错误导致重大错报的合理保证。由于舞弊是故意为之，可能涉及舞弊者的精心策划、蓄意隐瞒和虚假陈述，其带来的错报隐蔽性要远大于无意的错误，所以注册会计师应当在整个审计过程中保持职业怀疑态度，按审计准则的要求，充分考虑审计风险，考虑管理层凌驾于控制之上的可能性，并认识到对发现错误有效的审计程序未必对发现舞弊有效，通过实施恰当的审计程序，合理保证能够发现导致财务报表重大错报的错误和舞弊。审计项目组内部应对易于发生舞弊导致重大错报的方式和领域展开重点讨论，设计专门程序识别和评估由于舞弊导致的重大错报风险并进行合理应对。如果由于舞弊或舞弊嫌疑导致出现错报的情形比较严重，以至于注册会计师可能无法继续执行审计业务，注册会计师应当考虑并与适当层级的管理层、治理层讨论解除业务约定。由于审计的固有限制，即使按照审计准则的规定恰当地计划和实施审计工作，注册会计师也不能对财务报表整体不存在重大错报提供绝对保证。

3.1.3 注册会计师关注违反法律法规行为的责任

违反法律法规行为是指被审计单位、治理层、管理层，或为被审计单位工作的其他人，有意或无意地违反除适用的财务报告编制基础以外的现行法律法规的行为。被审计单位的违法行为可能导致处罚、诉讼、赔偿等后果，从而可能对财务报表产生重大影响。

保证经营活动符合法律法规的规定、防止和发现违反法律法规行为是被审计单位管理层的责任。按照有关法律法规的规定，管理层有责任通过建立健全和有效实施内部控制，确保其遵守适用于被审计单位的所有法律法规，治理层应对此实施监督。

防止被审计单位发生违法行为不是注册会计师的责任，注册会计师执行财务报表审计的目的并不是专门发现违反法律法规行为，而是对财务报表发表审计意见。由于许多法律法规主要与经营相关而不影响财务报表，且不能被与财务报告相关的信息系统所获取，而违法行为通常涉及被审计单位的故意隐瞒，其行为是否构成违法并不以注册会计师的判断为准，而只能由法院或其他监管机构最终判定，由于上述固有局限，社会公众不应期望所有违法行为经过注册会计师审计都会被发现。

被审计单位需要遵守的法律法规因行业、业务类型、经营活动等不同而有较大差异，某些法律法规的规定对财务报表中的金额和披露有直接影响，如税收、社保、企业年金等法律法规；而有些法律法规不会对财务报表产生直接影响，但遵守这些法律法规对被审计单位的持续经营能力至关重要，违反则可能带来大额罚款等重大影响，如经营许可条件、监管规定或环境保护要求等。

《中国注册会计师审计准则第1142号——财务报表审计中对法律法规的考虑》规定，注册会计师需在审计过程中保持职业怀疑，并恰当应对在审计过程中识别出的或怀疑存在的违反法律法规行为。但针对上文提及的两类法律法规，注册会计师的责任有所区别。针对直接影响财务报表的法律法规，注册会计师的责任是就被审计单位遵守这些规定获取充分、适当的审计证据；针对其他法律法规，注册会计师的责任仅限于实施特定的审计程序，以有助于识别可能对财务报表产生重大影响的违法行为。

在设计和实施审计程序以及评价和报告审计结果时，注册会计师应当充分关注被审计单位违反法律法规行为可能对财务报表产生的重大影响。如果有迹象表明，被审计单位可能存在违反法律法规行为，注册会计师应当了解该行为的性质及发生的环境，并获取其他适当信息，以评价其对财务报表可能产生的影响。如果被审计单位确实存在或被怀疑存在违反法律法规行为，注册会计师应当与管理层、治理层进行及时的专项沟通，并要求被审计单位对其违法行为在财务报表中予以恰当披露。如果被审计单位没有在财务报表中恰当反映，注册会计师应当根据其影响财务报表的严重程度，出具保留或否定意见的审计报告。如果注册会计师无法获取充分、适当的审计证据，以评价被审计单位是否发生对财务报表有重大影响的违法行为，注册会计师可根据审计范围的受限程度，出具保留或无法表示意见的审计报告。如果被审计单位存在违反法律法规行为，且没有采取必要的补救措施，注册会计师应当考虑解除业务约定。同时，注册会计师还应确定根据法律法规或职业道德要求，是否需要就该违法行为向适当机构作出报告。

3.2 注册会计师的法律责任

视频10 注册会计师的法律责任

注册会计师的法律责任是指注册会计师在执业过程中未能履行合同条款，或者未能保持应有的谨慎，或者故意出具不真实报告，导致报告的使用者遭受损失，依照有关法律法规，注册会计师或会计师事务所应承担的责任。

在注册会计师审计的发展过程中，注册会计师的法律责任一直是审计界和法律界关注的热点问题。近20多年来，国内外财务造假案件频频发生，而注册会计师被卷入法律诉讼的案件亦日益增多，如国外的“安然”“世通”、国内的“银广厦”“金亚科技”“康美药业”等。这些大案、要案的发生，使得注册会计师的法律责任问题引起了社会的极大关注。随着注册会计师职业社会地位的提高，注册会计师所应担负的法律责任也在日趋强化，注册会计师对第三方的责任及法律责任的内涵亦得到了扩展。

3.2.1 公共期望与期望差距

纵观注册会计师审计中的审计诉讼案件，我们发现，注册会计师法律责任的判断取决于两个标准：一是注册会计师行业内部制定的或委托人与会计师事务所在业务约定书中约定的专业标准，这些标准是判断注册会计师法律责任的法定标准；二是公众对注册会计师的期望标准，这本应该成为注册会计师整个行业的努力方向，然而在已有的一些判例中却被作为注册会计师承担法律责任的依据。如果我们以专业标准为界线，还可以将注册会计师承担的法律责任分为两种：一种是注册会计师不遵循审计准则的规定或业务约定书的要求执行审计业务，违背专业标准所承担的法律责任，这是注册会计师自身的原因；另一种是公众对注册会计师的期望标准与专业标准之间存在差距，注册会计师的行为符合审计准则的规定，却不符合公众的期望而承担的责任，这部分责任源于期望差距。

1.公众期望

注册会计师职业的产生和发展是以与被审计单位有各种利益关系的第三方的期望和期望变动为轴心的。如果注册会计师不承担满足社会公众期望的职责，那么该职业也就不能存在。因此，注册会计师应当充分认识到社会公众的利益需求是注册会计师职业存在的基础，以满足社会公众的期望作为唯一的和最高的目标，以积极的职业姿态，最大限度、及时地满足这些期望，提供符合社会公众需要的高质量服务。

全美反舞弊财务报告委员会（Treadway Commission）1987年在其报告中指出，财务报表是报告主体管理层的首要和最重要的职责，但是注册会计师在财务报表审计过程中发挥重要作用。财务报表的使用者希望审计人员通过专业技能，增加其完整性、独立性和可靠性，还希望审计人员能检查并发现财务报表中故意或因过失而造成的重大错误，从而避免发布误导性财务报表。在以满足财务报表使用者的期望为目标的财务报表审计业务中，审计人员负有两个基本职责：一是通过获取和评价审计证据，以证实财务报表中信息的完整性、真实性和准确性；二是判断财务报表中的披露和估价是否与公认会计原则相一致。

一般来说，社会公众从自身信息需求的角度出发，对注册会计师提供的鉴证信息抱有很高的期望，这些期望可能是合理的、现实的，也可能不是。比如，一方面，公众希望注册会计师充当信息风险减少者的角色；另一方面，随着公众对被审计单位控制权的弱化及因此而引起的风险增加，他们开始寄希望于注册会计师成为完全的风险分摊者，并将自己的风险转嫁于注册会计师身上。在现实中，注册会计师两个角色兼而有之，很不协调。比如，注册会计师对揭示被审计单位较好盈利前景的财务报表出具否定意见，并说明公司业绩其实不尽如人意，这导致该公司股价下跌，投资者受损。如果投资者寄希望于注册会计师成为完全的风险分担者，就会使注册会计师讲真话反而受到惩罚，不能达到激励相容的要求。所以，并不是公众对注册会计师要求越高，对自己就越有利。让注册会计师承担过度的责任，很可能导致注册会计师无所适从，甚至连最起码的审计责任都无法保质保量地完成。因此，公众应该恰当地理解注册会计师的责任，或者说，应对注册会计师应该承担的法律责任形成合理的期望。

2.审计期望差距

（1）审计期望差距的含义及构成要素。财务报表中涉及大量的会计估计、会计判断，同时叠加审计程序和技术、审计人员素质、审计固有限制以及审计委托人所能承担的审计费用等主客观因素的影响，导致注册会计师无法完全保证财务报表没有重大错报。审计的局限性已为审计人员所熟知，但是财务报表的大多数使用者没有认识到这一点。此外，一些财务报表使用者还存在某些错误认识，如认为只要企业发生经营失败，就会产生审计失败。因此，由于认知偏差，公众可能会对注册会计师的执业质量得出低于实际水平的看法。在这种情况下，社会公众对审计的期望往往超过职业界对自身执业水平和业绩的要求，审计期望差距就产生了。

1998年，加拿大特许会计师协会下设的麦克唐纳委员会提出了有关审计期望差距及其构成要素的研究报告。该报告认为，审计期望差距是指公众对审计的需求与公众对目前审计执业的认识之间的差距。它可以分为四个部分：可能的准则与现在的准则之间的差距；现在的准则与现在的执业之间的差距；公众对审计的期望与可能的准则之间的差距；现在的执业与公众对执业认识之间的差距。其中，前两个差距被认为是合理的期望差距，可以通过执业改进缩小；后两个差距被认为是不合理的期望差距，要进一步进行沟通。

（2）审计期望差距形成的原因。审计期望差距作为一种普遍存在的现象，是不可能完全消除的，但是注册会计师有责任采取措施将这种差距缩小到合理的范围之内。为缩小审计期望差距，首先必须明确其形成的原因。

①可能的准则与现在的准则之间的差距。专业标准的制定是为了规范审计实务。由于自身因素和客观条件限制，目前这一目标并没有完成，这主要表现在：第一，从迄今为止

的准则颁布情况来看，现有职业规则尚未能对审计实务作出全面规范。第二，就已颁布的审计准则来看，其中亦有不足之处。如形式上的独立性靠具有较强操作性的条款作出了限定，而对正直、诚实、不偏不倚地对待有关利益各方的实质上的独立性未作出具体规定。第三，随着业务的迅速开展，社会公众对各种非鉴证服务的质量也有很高的期望，要求通过业务技术准则使其质量得到保证。

综上所述，按可能达到的专业标准提供的信息与按当前专业标准提供的信息之间差距的存在，主要源于规范审计实务的专业标准存在缺陷。

②现在的准则与现在的执业之间的差距。专业标准对实务的规范仅提供指导性意见，其应用水平取决于执业者素质和能力的高低。当前的审计实务不能完全达到专业标准要求的水平，主要原因有：审计方法存在缺陷；审计人员业务素质欠佳；审计人员职业道德水平不高。

综上所述，按当前的专业标准所提供的信息与审计实务提供的信息之间的差距的存在，主要源于审计方法的缺陷和审计人员职业道德与技能的欠缺。

③公众对审计的期望与可能的准则之间的差距。该差距是指审计的公众期望与可能达到的专业标准提供的审计信息之间的差距。专业标准的制定要建立在全面掌握公众信息需求的基础上，但是，公众的需求是广泛的、不断变化的，而审计所能提供的信息是有限的。因此，要满足不断变化的公众需求，注册会计师需要不断提高审计能力，制定新的专业标准。但这又是一个过程，需要一段时间，甚至需要基础上、理论上的突破才能实现，所以公众对审计的期望与可能达到的专业标准提供的审计信息之间的差距的存在是不可避免的。

现阶段，这种差距存在的主要原因有：第一，传统审计研究方法有缺陷，缺乏对公众需求的广泛调查，研究前提往往是人为的推测和假设，企业所得出的结论与公众的实际信息需求存在差距。第二，经济环境的复杂化，使会计信息滞后于经济活动，会计语言表达经济业务也具有局限性，如对衍生金融工具的确认和计量问题至今尚未完全解决。作为对会计信息进行鉴证的审计，难免在某些方面滞后于时代的发展和变化。第三，随着信息技术的发展，信息取得的成本下降，非财务信息日益显示出对决策的重要性，而传统的财务报表审计只局限于对财务信息进行鉴证，要提供决策相关性更高的服务，必须在理论上有重大突破。第四，信息使用者的决策着眼于未来，希望审计能对有关风险、不确定性、机会方面的信息进行鉴证（如预测性财务信息审核），及时告知企业难以持续经营的情况，而审计作为一个早期预警系统，不可能对经营失败作出百分之百准确的预测。第五，公众期望通过审计能毫无遗漏地发现被审计单位存在的舞弊行为，但由于被审计单位内部控制和审计技术方法的局限性，以及现代舞弊手段的高技术化和高隐蔽性，不可能通过审计揭示全部舞弊行为，只能在适当范围内提供合理保证。

综上所述，审计的公众期望与可能达到的专业标准提供的审计信息之间差距的存在，既源于审计理论研究的局限性，也源于公众不切实际的期望。

④现在的执业与公众对执业认识之间的差距。审计人员只要是按专业标准执行审计业务，出具审计报告，审计信息的质量就有一定的保证。然而，社会公众可能因为自身知识、理解力不足或者对审计性质存在误解等原因对审计工作存在错误看法，认为审计报告不可靠或与决策不相关，甚至认为审计只是走形式。社会公众对注册会计师审计的财务报

表不信任，产生了审计实务提供信息的实际质量与公众对审计信息质量的看法之间的差距。

3.2.2　注册会计师法律责任的成因

从大量的审计诉讼案件来看，导致注册会计师面临法律责任的原因主要有法律环境的变化、被审计单位的原因以及注册会计师的行为三个方面。

1.法律环境的变化

（1）对注册会计师的法律诉讼大量增加。近年来，企业经营失败或者因管理层舞弊造成破产倒闭的事件剧增，投资者和债权人蒙受重大损失，他们指控注册会计师未能及时揭示或报告这些问题，并要求其赔偿有关的损失。迫于社会压力，许多国家的法院判决逐渐倾向于增加注册会计师在这些方面的法律责任。

（2）扩大注册会计师对第三方的责任。早期的司法制度倾向于限制注册会计师对第三方的法律责任范围，但20世纪70年代末以来，不少法官已放弃上述判例原则，转而规定注册会计师对已知的第三方使用者或财务报表的特定用途必须承担法律责任。

（3）扩充注册会计师法律责任的内涵。注册会计师传统法律责任的含义仅限于财务报表符合公认会计原则的公允性，但各方面使用者和利益集团不断要求注册会计师对委托单位的会计记录差错、管理舞弊、经营破产可能性及违反有关法律法规行为都承担检查和报告责任，从而促使许多会计职业团体在20世纪80年代后期修订有关审计准则，要求注册会计师在进行财务报表审计时，必须设计和实施必要的审计程序，为发现错误与舞弊提供合理的保证，并充分考虑违法行为对财务报表审计的影响，从而在实质上扩充了注册会计师法律责任的内涵。

2.被审计单位的原因

（1）被审计单位的错误、舞弊和违反法律法规行为。注册会计师如果未能发现和揭露被审计单位存在某些严重错误和舞弊，可能会给财务报表的使用者造成损失，注册会计师可能会因此受到指控。但是由于审计的固有限制，不能苛求注册会计师发现和揭露财务报表中所有的错误与舞弊。注册会计师对于未能查出的错误与舞弊是否承担责任，关键在于注册会计师本身是否存在过错。在审计过程中，注册会计师还应当充分关注被审计单位违反法律法规行为可能对财务报表产生的重大影响。当认为可能存在违反法律法规行为时，注册会计师应当考虑向监管机构报告，必要时征询法律意见。

（2）被审计单位的经营失败。所谓经营失败，是指企业由于经济或经营条件的变化，如经济衰退、不当的管理决策或出现意料之外的行业竞争等，而无法满足投资者的预期。经营失败的极端情况是申请破产。而审计失败则是指注册会计师由于没有遵守审计准则的要求而发表了错误的审计意见。社会公众往往将审计失败与经营失败相混淆。当某一公司破产或无力偿还债务而导致投资者和债权人遭受损失时，社会公众往往指责这正是注册会计师审计失败的后果，其主要原因在于：一是社会公众缺乏对注册会计师责任的了解；二是“深口袋”理论的盛行，即社会日益赞同受害的一方向有能力提供赔偿的一方提起诉讼，而不论错在哪一方；三是法院在判案时出于平衡公众利益的需要，往往倾向于保护投资者和债权人的利益。

3.注册会计师的行为

注册会计师的行为性质和后果往往是认定其是否需要承担法律责任的直接依据。在法律实务中，对注册会计师法律责任的认定取决于其是否存在故意或非故意的过错行为，是否造成损害后果，损害后果是否与注册会计师的行为具有因果关系，以及违法行为人是否具有法定责任能力。目前，导致注册会计师承担法律责任主要是因为其存在以下三种行为：

（1）违约。违约是指合同的一方或几方未能达到合同条款的要求。注册会计师与客户之间是一种委托关系，该民事关系通过业务约定书得以确定。当注册会计师在执业过程中没有履行合同中的约定条款而给他人造成损失时，应当负担违约责任。比如，会计师事务所违反了与被审计单位订立的保密协议、注册会计师无理由拖延使报告未能按约定时间提交等。

（2）过失。过失是指在一定条件下缺少应有的合理谨慎，使能预见到而未预见到行为可能造成的损害，或已预见到却因过于自信能够避免而未避免所造成损害的情形。注册会计师的过失包括疏忽和懈怠，或二者兼而有之。注册会计师在执业中未恪尽职守、未勤勉尽责或未保持应有的职业怀疑和职业谨慎态度而给他人造成损害时，应承担过失责任。过失通常按程度不同分为普通过失和重大过失两种。没有保持职业应有的合理谨慎通常视为普通过失，而连起码的职业谨慎都不保持则视为重大过失。对注册会计师而言，普通过失是指没有完全遵循执业准则的要求执行审计业务，而重大过失是指根本没有遵循执业准则或没有按执业准则的基本要求执行审计业务。例如，注册会计师未就特定审计项目取得必要和充分的审计证据就出具审计报告，可看作普通过失；而注册会计师在执行审计业务过程中没有按照审计准则的要求进行，审计过程中敷衍了事，可看作重大过失。

（3）欺诈。欺诈又称舞弊，是以欺骗或坑害他人为目的的一种故意的错误行为。对于注册会计师而言，欺诈就是为了达到欺骗他人的目的，明知委托单位的财务报表有重大错报，却仍故意加以虚伪失实的陈述，出具不恰当意见的审计报告。要确定注册会计师是否存在欺诈，证明其存在不良动机并故意实施错误行为是关键。但在某些时候，注册会计师执业过程中虽无故意欺诈或欺骗动机，但存在极端或异常的过失，在法律实务中也可能判定注册会计师“推定欺诈”。

注册会计师法律责任的轻重在很大程度上取决于法庭获取的对其行为性质的判断。因主观故意难以取证，法律法规也缺少明确条文以确定注册会计师错误行为的过失程度，因此实务界对普通过失与重大过失、推定欺诈与欺诈的界定仍比较模糊。

3.2.3 注册会计师法律责任的种类

注册会计师因违约、过失或欺诈给被审计单位或其他利害关系人造成损失的，按照有关法律和规定，可能会承担行政责任、民事责任或刑事责任。

1.行政责任

注册会计师由于行政违法而应承担一定的行政责任。行政责任分为行政处罚和行政处分两种。对注册会计师个人来说，行政违法以行政处罚为主。行政处罚包括警告、暂停执业、吊销注册会计师证书；对会计师事务所而言，行政处罚包括警告、没收违法所得、没收非法财物、罚款、暂停执业、撤销等。

2.民事责任

注册会计师由于违约或侵权等民事违法行为而应承担一定的民事责任。会计师事务所和注册会计师承担的民事责任主要有赔偿受害人损失、支付违约金等。

3.刑事责任

注册会计师由于违反国家的法律法规，情节严重，构成刑事犯罪行为而应承担一定的刑事责任。刑事处罚包括主刑和附加刑，注册会计师违法情节严重构成刑事犯罪时，将主要面临管制、拘役、有期徒刑等主刑处罚，以及罚金、剥夺政治权利、没收财产等附加刑处罚。

上述三种责任可单处，也可并处。通常因违约和过失可能使注册会计师负行政责任和民事责任，如存在欺诈还可能使注册会计师承担刑事责任。

由于法律责任因责任类型不同而具有不同的构成要件（见表3-1），因此，对注册会计师的法律责任进行认定时，需从其构成要件及程度进行判断。

表3-1 注册会计师各类法律责任的构成要件

种类	过错行为	损害后果	因果关系
行政责任	√		
民事责任	√	√	√
刑事责任	√	√	√

在执业过程中，注册会计师存在过错行为，将可能受到财政部、证监会等行业监管部门的行政处罚。如果注册会计师在审计业务中存在违约、过失或欺诈行为，将可能使财务报表预期使用者受到误导并作出错误决策，从而蒙受程度不同的经济损失。在这种情况下，注册会计师可能面临民事侵权责任的追究。在认定注册会计师民事侵权责任时，需要考虑其不当执业或过错行为是否导致了损害后果以及行为与损害后果之间是否具有因果关系。如果注册会计师有过错行为，但并未给财务报表使用者带来实际损害，注册会计师则不需承担赔偿责任。如果在提供审计服务过程中存在欺诈或者推定欺诈行为，注册会计师可能不仅会受到行政处罚和承担民事赔偿责任，还可能面临刑事责任的追究。在认定注册会计师的刑事责任时，同样需要考虑是否存在过错行为、过错行为是否导致损害后果以及损害后果与过错行为之间是否存在因果关系。

3.3 中国注册会计师法律责任的相关法律规定

随着社会主义市场经济体制在我国的建立和发展，注册会计师在社会经济生活中的地位越来越重要，发挥的作用越来越大。注册会计师如果工作失误或有欺诈行为，将给委托人或依赖审定财务报表的第三者造成重大损失，情况严重的甚至可能导致经济秩序紊乱。因此，强化注册会计师的责任意识和法律责任，以保证其职业道德和执业质量，意义就显得愈加重大。近年来，我国颁布的不少法律法规中都有专门规定会计师事务所和注册会计师法律责任的条款，主要包括《注册会计师法》、《中华人民共和国公司法》（以下简称

《公司法》)、《中华人民共和国证券法》(以下简称《证券法》)及《中华人民共和国刑法》(以下简称《刑法》)等。此外，为了正确审理涉及会计师事务所在审计业务中民事侵权赔偿责任案件，维护社会公众利益和相关当事人的合法权益，根据《中华人民共和国民法典》、《注册会计师法》、《公司法》和《证券法》等法律，结合审判实践，最高人民法院相继出台了一系列相关司法解释。

3.3.1 注册会计师行政责任和刑事责任相关法律规定

1.《注册会计师法》的规定

《注册会计师法》第三十九条规定，会计师事务所违反本法第二十条、第二十一条规定的，由省级以上人民政府财政部门给予警告，没收违法所得，可以并处违法所得一倍以上五倍以下的罚款；情节严重的，并可以由省级以上人民政府财政部门暂停其经营业务或者予以撤销。注册会计师违反本法第二十条、第二十一条规定的，由省级以上人民政府财政部门给予警告；情节严重的，可以由省级以上人民政府财政部门暂停其执行业务或者吊销注册会计师证书。会计师事务所、注册会计师违反本法第二十条、第二十一条的规定，故意出具虚假的审计报告、验资报告，构成犯罪的，依法追究刑事责任。

2.《证券法》的规定

《证券法》第一百八十八条规定，证券服务机构及其从业人员违反本法第四十二条的规定买卖证券的，责令依法处理非法持有的证券，没收违法所得，并处以买卖证券等值以下的罚款。

《证券法》第一百九十三条规定，违反本法第五十六条第二款的规定，在证券交易活动中作出虚假陈述或者信息误导的，责令改正，处以二十万元以上二百万元以下的罚款；属于国家工作人员的，还应当依法给予处分。

《证券法》第二百一十三条规定，证券服务机构违反本法第一百六十三条的规定，未勤勉尽责，所制作、出具的文件有虚假记载、误导性陈述或者重大遗漏的，责令改正，没收业务收入，并处以业务收入一倍以上十倍以下的罚款，没有业务收入或者业务收入不足五十万元的，处以五十万元以上五百万元以下的罚款；情节严重的，并处暂停或者禁止从事证券服务业务。对直接负责的主管人员和其他直接责任人员给予警告，并处以二十万元以上二百万元以下的罚款。

《证券法》第二百一十四条规定，发行人、证券登记结算机构、证券公司、证券服务机构未按照规定保存有关文件和资料的，责令改正，给予警告，并处以十万元以上一百万元以下的罚款；泄露、隐匿、伪造、篡改或者毁损有关文件和资料的，给予警告，并处以二十万元以上二百万元以下的罚款；情节严重的，处以五十万元以上五百万元以下的罚款，并处暂停、撤销相关业务许可或者禁止从事相关业务。对直接负责的主管人员和其他直接责任人员给予警告，并处以十万元以上一百万元以下的罚款。

《证券法》第二百一十九条规定，违反本法规定，构成犯罪的，依法追究刑事责任。

3.《公司法》的规定

《公司法》第二百零七条规定，承担资产评估、验资或者验证的机构提供虚假材料的，由公司登记机关没收违法所得，处以违法所得一倍以上五倍以下的罚款，并可以由有关主管部门依法责令该机构停业、吊销直接责任人员的资格证书，吊销营业执照。承担资产评估、验资或者验证的机构因过失提供有重大遗漏的报告的，由公司登记机关责令改正，情节较重的，处以所得收入一倍以上五倍以下的罚款，并可以由有关主管部门依法责令该机构停业、吊销直接责任人员的资格证书，吊销营业执照。

《公司法》第二百一十五条规定，违反本法规定，构成犯罪的，依法追究刑事责任。

4.《刑法》的规定

《刑法》第二百二十九条规定，承担资产评估、验资、验证、会计、审计、法律服务、保荐、安全评价、环境影响评价、环境监测等职责的中介组织的人员故意提供虚假证明文件，情节严重的，处五年以下有期徒刑或者拘役，并处罚金。

有下列情形之一的，处五年以上十年以下有期徒刑，并处罚金：(1) 提供与证券发行相关的虚假的资产评估、会计、审计、法律服务、保荐等证明文件，情节特别严重的；(2) 提供与重大资产交易相关的虚假的资产评估、会计、审计等证明文件，情节特别严重的；(3) 在涉及公共安全的重大工程、项目中提供虚假的安全评价、环境影响评价等证明文件，致使公共财产、国家和人民利益遭受特别重大损失的。

有前款行为，同时索取他人财物或者非法收受他人财物构成犯罪的，依照处罚较重的规定定罪处罚。

第一款规定的人员，严重不负责任，出具的证明文件有重大失实，造成严重后果的，处三年以下有期徒刑或者拘役，并处或者单处罚金。

3.3.2 注册会计师民事责任相关法律规定

1.《注册会计师法》的规定

2014年8月31日修订的《注册会计师法》在第六章法律责任中规定了注册会计师的行政责任、刑事责任和民事责任。其中第四十二条规定，会计师事务所违反本法规定，给委托人、其他利害关系人造成损失的，应当依法承担赔偿责任。

2.《证券法》的规定

2019年12月28日修订的《证券法》第一百六十三条规定，证券服务机构为证券的发行、上市、交易等证券业务活动制作、出具审计报告及其他鉴证报告、资产评估报告、财务顾问报告、资信评级报告或者法律意见书等文件，应当勤勉尽责，对所依据的文件资料内容的真实性、准确性、完整性进行核查和验证。其制作、出具的文件有虚假记载、误导性陈述或者重大遗漏，给他人造成损失的，应当与委托人承担连带赔偿责任，但是能够证明自己没有过错的除外。

3.《公司法》的规定

2018年10月26日修订的《公司法》第二百零七条规定，承担资产评估、验资或者验证的机构因其出具的评估结果、验资或者验证证明不实，给公司债权人造成损失的，除能够证明自己没有过错的外，在其评估或者证明不实的金额范围内承担赔偿责任。

3.3.3 最高人民法院的相关司法解释

2007年6月11日，最高人民法院发布了《关于审理涉及会计师事务所在审计业务活动中民事侵权赔偿案件的若干规定》(以下简称《司法解释》)。它是在梳理最高人民法院以往五个相关司法解释的基础上，经过充分讨论和反复论证，对审判实践中出现的新情况、新问题作出符合法律精神并切合实际的规定，对注册会计师行业持续健康发展具有里程碑意义。

1.《司法解释》的特点

《司法解释》根据法律法规的精神，立足于既保护投资者的合法权益，又要为注册会计师行业提供健康的发展空间，在以下方面作出规定：

（1）明确侵权责任产生的根本原因；

（2）明确利害关系人的范围；

（3）承认中国注册会计师执业准则的法律地位；

（4）统一适用过错推定原则和举证责任倒置分配模式；

（5）明确此类诉讼的条件和诉讼主体列置等程序规定；

（6）明确区分会计师事务所承担补充责任和连带责任的具体情形；

（7）强调过失比例责任和责任顺位；

（8）认定会计师事务所过错责任的具体指引；

（9）完善不承担责任和减轻责任的事由；

（10）强调审判程序的重要性。

其中，维护公众投资者和相对人等利害关系人利益的保障措施主要包括：找出侵权责任产生的原因，不仅包括验资业务，而且包括《注册会计师法》第十四条规定的会计报表，企业合并、分立以及清算中的审计业务；明确利害关系人的范围；统一过错推定原则和举证责任倒置分配模式，以减轻利害关系人的举证负担；规定会计师事务所承担连带责任的情形，即故意情形以及会计师事务所和分支机构关系等方面。

另外，保障注册会计师行业发展的措施包括：承认中国注册会计师执业准则的法律地位，为《司法解释》的相关规定奠定基础；明确此类诉讼的条件和诉讼主体列置等程序规定，防止滥诉；认定过错责任的具体操作规则即过错认定指引，以便准确认定会计师事务所的民事责任；完善不承担责任和减轻责任的事由，实现损失的公平分担。

2.《司法解释》的相关规定

（1）关于利害关系人、执业准则和不实报告的规定。《司法解释》第二条规定，因合理信赖或者使用会计师事务所出具的不实报告，与被审计单位进行交易或者从事与被审计单位的股票、债券等有关的交易活动而遭受损失的自然人、法人或者其他组织，应认定为《注册会计师法》规定的利害关系人。会计师事务所违反法律法规、中国注册会计师协会依法拟订并经国务院财政部门批准后施行的执业准则和规则以及诚信公允的原则，出具的具有虚假记载、误导性陈述或者重大遗漏的审计报告，应认定为不实报告。

（2）关于诉讼当事人列置的规定。《司法解释》第三条规定，利害关系人未对被审计单位提起诉讼而直接对会计师事务所提起诉讼的，人民法院应当告知其对会计师事务所和被审计单位一并提起诉讼；利害关系人拒不起诉被审计单位的，人民法院应当通知被审计单位作为共同被告参加诉讼。利害关系人对会计师事务所的分支机构提起诉讼的，人民法院可以将该会计师事务所列为共同被告参加诉讼。利害关系人提出被审计单位的出资人虚假出资或者出资不实、抽逃出资，且事后未补足的，人民法院可以将该出资人列为第三人参加诉讼。

（3）关于归责原则和举证分配的规定。《司法解释》第四条规定，会计师事务所因在审计业务活动中对外出具不实报告给利害关系人造成损失的，应当承担侵权赔偿责任，但其能够证明自己没有过错的除外。会计师事务所在证明自己没有过错时，可以向人民法院提交与该案件相关的执业准则、规则以及审计工作底稿等。

会计师事务所侵权民事责任的归责原则和举证责任分配原则问题，是《司法解释》中的两个关键问题。其中，归责原则主要解决会计师事务所的过错认定问题，举证责任分配原则主要解决会计师事务所的过错和不实报告与损害之间的因果关系是否存在的证明问题。

(4) 关于会计师事务所与被审计单位的连带责任的规定。《司法解释》第五条规定，注册会计师在审计业务活动中存在下列情形之一，出具不实报告并给利害关系人造成损失的，应当认定会计师事务所与被审计单位承担连带赔偿责任：①与被审计单位恶意串通；②明知被审计单位对重要事项的财务会计处理与国家有关规定相抵触，而不予指明；③明知被审计单位的财务会计处理会直接损害利害关系人的利益，而予以隐瞒或者作不实报告；④明知被审计单位的财务会计处理会导致利害关系人产生重大误解，而不予指明；⑤明知被审计单位会计报表的重要事项有不实内容，而不予指明；⑥被审计单位示意其作不实报告，而不予拒绝。对被审计单位有前款第②至⑤项所列行为，注册会计师按照执业准则、规则应当知道的，人民法院应认定其明知。

(5) 关于过失责任和过失指引的规定。《司法解释》第六条规定，会计师事务所在审计业务活动中因过失出具不实报告，并给利害关系人造成损失的，人民法院应当根据其过失大小确定其赔偿责任。

注册会计师在审计过程中未保持必要的职业谨慎，存在下列情形之一，并导致报告不实的，人民法院应当认定会计师事务所存在过失：①违反《注册会计师法》第二十条第(二)、(三)项的规定；②负责审计的注册会计师以低于行业一般成员应具备的专业水准执业；③制订的审计计划存在明显疏漏；④未依据执业准则、规则执行必要的审计程序；⑤在发现可能存在错误和舞弊迹象时，未能追加必要的审计程序予以证实或者排除；⑥未能合理地运用执业准则和规则所要求的重要性原则；⑦未根据审计的要求采用必要的调查方法获取充分的审计证据；⑧明知对总体结论有重大影响的特定审计对象缺少判断能力，未能寻求专家意见而直接形成审计结论；⑨错误判断和评价审计证据；⑩其他违反执业准则、规则确定的工作程序的行为。

(6) 关于抗辩事由的规定。《司法解释》第七条规定，会计师事务所能够证明存在以下情形之一的，不承担民事赔偿责任：①已经遵守执业准则、规则确定的工作程序并保持必要的职业谨慎，但仍未能发现被审计的会计资料错误；②审计业务所必须依赖的金融机构等单位提供虚假或者不实的证明文件，会计师事务所在保持必要的职业谨慎下仍未能发现其虚假或者不实；③已对被审计单位的舞弊迹象提出警告并在审计业务报告中予以指明；④已经遵照验资程序进行审核并出具报告，但被验资单位在注册登记后抽逃资金；⑤为登记时未出资或者未足额出资的出资人出具不实报告，但出资人在登记后已补足出资。

《司法解释》在会计师事务所侵权责任认定方面采取过错推定原则和举证责任倒置分配模式，意味着会计师事务所并非在任何时候都承担责任。会计师事务所在提出抗辩并能够证明事由成立的情况下，可以不承担民事赔偿责任。

（7）关于减责事由的规定。《司法解释》第八条规定，利害关系人明知会计师事务所出具的报告为不实报告而仍然使用的，人民法院应当酌情减轻会计师事务所的赔偿责任。

（8）关于无效的免责条款的规定。《司法解释》第九条规定，会计师事务所在报告中注明“本报告仅供年检使用”“本报告仅供工商登记使用”等类似内容的，不能作为其免责的事由。

（9）关于赔偿顺位和最高限额的规定。《司法解释》第十条规定，人民法院确定会计师事务所承担与其过失程度相应的赔偿责任时，应按照下列情形处理：①应先由被审计单位赔偿利害关系人的损失。被审计单位的出资人虚假出资、不实出资或者抽逃出资，事后未补足，且依法强制执行被审计单位财产后仍不足以赔偿损失的，出资人应在虚假出资、不实出资或者抽逃出资数额范围内向利害关系人承担补充赔偿责任。②对被审计单位、出资人的财产依法强制执行后仍不足以赔偿损失的，由会计师事务所在其不实审计金额范围内承担相应的赔偿责任。③会计师事务所对一个或者多个利害关系人承担的赔偿责任应以不实审计金额为限。

（10）关于会计师事务所与分所的连带责任的规定。《司法解释》第十一条规定，会计师事务所与其分支机构作为共同被告的，会计师事务所对其分支机构的责任部分承担连带赔偿责任。

（11）关于禁止擅自追加被执行人的规定。《司法解释》第十二条规定，本《司法解释》所涉会计师事务所侵权赔偿纠纷未经审判，人民法院不得将会计师事务所追加为被执行人。

除《司法解释》外，最高人民法院还相继出台了与注册会计师及会计师事务所相关的其他司法解释和说明。针对注册会计师验资业务所涉及的赔偿责任确定问题，最高人民法院先后下达了三项司法解释和一项解释说明，即法函〔1996〕56号《关于会计师事务所为企业出具虚假验资证明如何处理的复函》、法释〔1997〕10号《关于验资单位对多个案件债权人损失应如何承担责任的批复》、法释〔1998〕13号《关于会计师事务所为企业出具虚假验资证明应如何承担责任问题的批复》、《对最高人民法院〈关于会计师事务所为企业出具虚假验资证明应如何承担责任问题的批复〉的解释说明》。2022年1月22日，为正确审理证券市场因虚假陈述引发的民事赔偿案件，规范证券市场民事行为，保护投资人的合法权益，最高人民法院修订施行了《关于审理证券市场因虚假陈述引发的民事赔偿案件的若干规定》，其中明确了会计师事务所出具的文件存在虚假陈述的，法院应当按照法律法规、参考执业规范，结合查验工作底稿等证据，综合判定事务所是否存在过错。会计师事务所能够证明如下情形之一的，应当认定其没有过错：①已按照执业准则严格执行并保持了必要的职业谨慎，仍未发现被审计的会计资料存在错误；②审计业务必须依赖的金融机构、发行人的供应商或客户等单位提供不实资料，事务所保持了必要的职业谨慎仍未发现；③已对发行人的舞弊迹象提出警告并在审计报告中发表了审慎意见；④能够证明没有过错的其他情形。

3.4 法律风险的应对

注册会计师的职业特点决定了这是一个容易遭受法律诉讼的行业，遭受损失的受害人想通过起诉注册会计师，尽可能得到赔偿。法律诉讼一直是困扰西方国家会计师职业界的一大难题，会计师职业界每年不得不为此付出大量精力，支付巨额的赔偿金和购买高昂的执业保险。在我国，注册会计师制度的恢复与重建已经有40多年的历史，注册会计师地位不断提高，政府部门和社会公众对注册会计师的作用和责任也越来越了解。与此同时，涉及注册会计师的诉讼案件也日益增加，有些重大案件甚至震惊了整个行业乃至全社会。因此，如何应对法律风险、避免法律诉讼已成为我国注册会计师行业极为关注的问题。

3.4.1 注册会计师行业的应对措施

1.加强行业监管

注册会计师行业监管对于维护、协调、平衡公众利益和行业利益都是至关重要的。只有在维护好公众利益的基础上，注册会计师才能实现行业利益，体现自身社会价值。行业监管不仅指政府部门、独立监管部门的行政监管和独立监管，还包括行业协会对行业自身的自律性监管。

2.严格审计程序

审计实践已经证明，只有严格按照正确、合理的审计程序进行审计，才能降低审计风险，防范法律诉讼。高标准的审计程序是保护注册会计师的利器，要求注册会计师执行严格的审计程序是保护行业利益的根本所在。

3.反击恶意诉讼

蒙受损失的受害人由于想得到注册会计师的赔偿，即使在很多情况下明知自己的诉讼请求缺乏事实和法律依据，仍会将注册会计师告上法庭，要求其赔偿，有时甚至会进行侵害对方合法权益的不正当的恶意诉讼。对此，注册会计师行业应当加强与司法系统的沟通交流，在立法层面和司法程序上对恶意诉讼作出限定，建立防范恶意诉讼的有效司法机制。在面临恶意诉讼时，注册会计师应当聘请律师，保护自身的合法权益。

4.缩小审计期望差距

如果不采取措施缩小审计期望差距，会计师职业界将面临越来越多的诉讼和批评。从行业角度来看，应当在广泛调查社会公众的信息需求和变化的基础上增强与公众的沟通，同时加强审计理论研究，不断修订完善执业准则，通过提升审计质量和提高审计独立性来缩小由不恰当的行为导致的审计期望差距，尽可能满足公众需求、降低审计风险。使用清楚地表达审计责任的审计报告也可以增进公众对审计工作的了解。

3.4.2 会计师事务所和注册会计师的应对措施

1.严格遵守职业道德和专业标准的要求

社会公众不能苛求注册会计师对于财务报表中的所有错报事项都承担法律责任，注册会计师是否承担法律责任，关键在于注册会计师是否有过错行为，而判别注册会计师是否有过错的关键在于注册会计师是否遵守了专业标准或合约的要求。因此，具有良好的职业道德，严格遵守专业标准的要求执业，对于避免法律诉讼或在提起的诉讼中保护注册会计师相当重要。

2.加强会计师事务所质量管理体系建设

会计师事务所不同于一般公司、企业，质量管理是会计师事务所各项管理工作的重中之重。如果一个会计师事务所质量管理不严，很可能因为一个人或一个部门的原因导致整个会计师事务所遭受重大损失。因此，会计师事务所应当加强质量管理体系建设，设计和实施科学、严谨的质量管理政策和程序，把质量管理责任落实到每一个人、每一个部门和每一项业务，并督促注册会计师严格按照专业标准的要求执业，保证整个会计师事务所的业务质量。

3.签订业务约定书

按照规定，会计师事务所在承办业务时，应与委托人（或者责任方）签订业务约定书。业务约定书具有合同性质，具有法律效力，它是确定会计师事务所和委托人（或者责任方）双方责任的重要文件。会计师事务所无论承办何种业务，都应与委托人（或者责任方）签订业务约定书，这样才能在发生法律诉讼时将一切口舌争辩减少到最低限度。

4.审慎选择客户

会计师事务所在选择客户时一定要审慎。第一，要考虑客户是否具有诚实正直的品格。如果客户没有正直的品格，就有较高的可能蒙骗注册会计师，使注册会计师落入其圈套。会计师事务所在接受业务委托之前，一定要采取必要的措施对客户的历史情况有所了解，评价客户的诚信和价值观，弄清委托业务的真正目的。尤其是在执行特殊目的审计业务时，更应如此。第二，对陷入财务和法律困境的客户要特别注意。绝大部分涉及注册会计师的审计诉讼案都集中在宣告破产的被审计单位。周转不灵或面临破产的公司，其股东或债权人总想为他们的损失寻找替罪羊，注册会计师及会计师事务所应审慎考虑是否承接此类客户的业务。

5.提取风险基金或购买责任保险

在西方国家，购买责任保险是会计师事务所一项非常重要的保护措施。虽然保险不能免除可能面临的法律诉讼，但是能防止或减少诉讼失败时会计师事务所发生的财务损失。《注册会计师法》也规定会计师事务所应当建立职业风险基金，办理职业保险。

6.聘请律师

会计师事务所应尽可能聘请熟悉相关法律法规及注册会计师法律责任的律师。在执业过程中，如果遇到重大法律问题，注册会计师应与本所的律师或外聘律师详细讨论所有潜在的风险，并认真考虑律师的建议。一旦发生法律诉讼，应请有经验的律师参加。

本章小结

注册会计师应承担的社会责任主要包括职业责任和法律责任。

注册会计师的职业责任是指注册会计师在执行业务时所应履行的职责。根据我国现行审计准则的规定，注册会计师主要负有对财务报表审计的职业责任，在审计中还可能负有与舞弊相关的责任，并需考虑相关法律法规的影响。

注册会计师的法律责任是指注册会计师在执业过程中未能履行合同条款，或者未能保持应有的谨慎，或者故意出具不真实报告，导致报告使用者遭受损失，依照有关法律法规，注册会计师或会计师事务所应承担的责任。导致注册会计师面临法律责任的原因来自法律环境的变化，被审计单位的错弊及违法行为和经营失败的发生，注册会计师出现违约、过失和欺诈行为等多方面。当注册会计师存在违约、过失或欺诈行为时，按照有关法律法规，注册会计师及其所在会计师事务所可能需要承担包括行政责任、民事责任和刑事责任在内的法律责任。如果以专业标准为界线，还可以将注册会计师承担的法律责任分为两种：一是注册会计师不遵循审计准则的规定或业务约定书的要求执行审计业务，违背专业标准所承担的法律责任；二是社会公众对注册会计师的期望标准与专业标准之间存在差距，注册会计师的行为符合审计准则的规定，却不符合公众的期望而承担的责任。审计期望差距的产生源于社会公众对审计的期望往往超过职业界对自身执业水平和业绩的要求。无论是注册会计师行业还是会计师事务所和注册会计师，都应该采取措施缩小审计期望差距，应对可能存在的法律风险。

思政园地

强化行业自律监管，促进行业健康发展

2021年12月30日，中国注册会计师协会发布修订后的《中国注册会计师协会会员执业违规行为惩戒办法》、《中国注册会计师协会惩戒委员会工作规则》、《中国注册会计师协会申诉委员会工作规则》、《中国注册会计师协会执业质量检查人员管理办法》和《上市公司年报审计监管工作规程》等5项行业监管工作制度。

中注协有关负责人指出，本次制度修订主要有以下三点考虑：

一是落实党中央国务院决策部署的具体举措。党中央国务院高度重视注册会计师行业健康发展，《关于进一步规范财务审计秩序促进注册会计师行业健康发展的意见》（以下简称“国办发30号文”）明确要求“强化行业自律，支持注册会计师协会依法履职，充分发挥协会作用”，对中注协发挥行业自律监管作用提出了明确要求。本次修订将国办发30号文的精神落到实处，进一步突出监管重点，加大责任追究力度，加强行业自律管理。

二是回应公众期待保障行业健康发展的客观要求。近年来，财务造假案件频发，引起了社会公众对行业履行“看门人”职责的普遍关注，公众期待行业从严监管。目前中注协已经建立了较为规范的惩戒处理机制，发挥了行业惩戒作用，但还存在流程较长、效率不高等问题。本次修订研究吸收了国内外监管机构的经验和做法，完善审议制度，改进表决方式，提高监管执行效率，强化监管，敢于亮剑，为行业健康发展保驾护航。

三是切合行业监管实践、加强监督管理的现实需要。目前中注协建立了检查、惩戒、约谈等监管手段，发挥了行业自律的作用，但抓早抓小、防微杜渐的作用还有待加强，本次修订充分借鉴了纪检监察“四种形态”的科学理论，丰富和完善行业自律监管手段，形成与惩戒措施和移送制度配套的自律监管手段体系，提升自律监管能力，建立加强行业自律的长效机制。

本次修订中涉及会员惩戒的《中国注册会计师协会会员执业违规行为惩戒办法》、《中国注册会计师协会惩戒委员会工作规则》和《中国注册会计师协会申诉委员会工作规则》3项制度，在强化自律监管、加大追责力度、完善惩戒和申诉的程序和决定机制、改进惩戒和申诉委员会作出决定的方式、优化委员组成等方面作出了重要修订。《中国注册会计师协会执业质量检查人员管理办法》主要从检查人员的来源要求、检查人员的培训要求、检查人员的考核和日常管理要求进行了修订。《上市公司年报审计监管工作规程》主要修订的内容则包括增加监管手段、加大监管力度以及拓展监管功能，例如：丰富监管约谈方式，新增书面约谈和电话约谈，同时新增质询程序；新增对上市公司年报审计机构变更报备不及时事务所的约束手段、在执业质量检查中利用年报审计监管工作成果等规定；新增向行业发布专业指导和风险提示意见等。

资料来源：中国注册会计师协会.中注协有关负责人就修订印发《中国注册会计师协会会员执业违规行为惩戒办法》等5项行业监管制度答记者问［EB/OL］.（2021-12-31）［2023-11-13］. https：//www.cicpa.org.cn/xxfb/news/202112/t20211231_63316.html.

拓展阅读资料

2018年12月29日，中国证监会对涉及华泽钴镍案件的瑞华会计师事务所（以下简称瑞华所）及其注册会计师下达了行政处罚决定书。部分内容摘录如下：

经查明，当事人存在以下违法事实：

瑞华所为成都华泽钴镍材料股份有限公司（以下简称华泽钴镍）2013年、2014年年度报告的审计机构，对上述两个年度报告均出具了标准无保留的审计意见，并收取华泽钴镍年度报告审计服务费用130万元。其中，华泽钴镍2013年度财务报表审计报告由王晓江、刘少锋签字，华泽钴镍2014年度财务报表审计报告由张富平、王晓江签字。

一、华泽钴镍2013年、2014年年度报告存在虚假记载

为掩盖关联方长期占用资金的事实，华泽钴镍搜集票据复印件，将无效票据入账充当还款。华泽钴镍2013年应收票据的期末余额为1 325 270 000元，其中1 319 170 000元为无效票据。2014年应收票据的期末余额为1 363 931 170元，其中1 361 531 170元为无效票据。

二、瑞华所在对华泽钴镍2013年度、2014年度财务报表审计过程中未勤勉尽责，出具了存在虚假记载的审计报告

（一）未能实施有效程序对公司舞弊风险进行识别，未直接与公司治理层沟通关于治理层了解公司是否存在舞弊及治理层如何监督管理层对舞弊风险的识别和应对过程等

……（略）

（二）未对应收票据余额在审计基准日前后激增又剧减的重大异常情况保持必要的职业怀疑，未能及时识别财务报告的重大错报风险

……（略）

（三）未对询证函回函的异常情况保持应有的关注

……（略）

（四）瑞华所实施的审计程序不足以获取充分适当的审计证据

……（略）

听证会上，当事人及其代理人主要提出以下申辩意见：

第一，华泽钴镍年报虚假记载的原因是华泽钴镍故意实施的舞弊行为导致应收票据期末余额错误，并非瑞华所未勤勉尽责导致审计报告存在虚假记载，不应由瑞华所承担责任。

第二，“未能实施有效程序对公司舞弊风险进行识别，未直接与公司治理层沟通关于

治理层了解公司是否存在舞弊及治理层如何监督管理层对舞弊风险的识别和应对过程等”认定不符合事实，多次与华泽钴镍法定代表人、实际控制人王某进行了访谈。

第三，认定瑞华所未勤勉尽责不符合事实，缺乏准则依据。(1) 应收票据余额先“激增”后“剧减”有合理解释，并非重大异常。(2) 审计时执行的“函证、盘点、检查期后支付以及检查当期发生情况”等程序已经达到“恰当”标准，足以获取充分适当的审计证据。(3) 在已经决定对应收票据实施全面的实质性测试程序的前提下，再去做穿行测试和控制测试没有必要。

第四，事先告知书引用的多条准则，特别是关于应当保持职业怀疑态度的要求，皆为原则性条款，没有强制性具体规则依据。

第五，2013年年报审计已超过处罚追责时效。

……（略）

根据当事人违法行为的事实、性质、情节与社会危害程度，依据《证券法》第二百二十三条的规定，我会决定：

一、没收瑞华所业务收入130万元，并处以390万元的罚款；

二、对王晓江、刘少锋、张富平给予警告，并分别处以10万元的罚款。

资料来源：中国证监会. 中国证监会行政处罚决定书（瑞华会计师事务所、王晓江、刘少锋、张富平）[EB/OL].（2018-12-29）[2023-11-13]. http://www.csrc.gov.cn/csrc/c101928/c1042506/content.shtml.

【思考】

1. 瑞华所在听证会上所提的申辩意见是否成立？请说明理由。

2. 请讨论瑞华所被处罚的原因以及改善措施。

自测题

第3章判断题

第3章单项选择题

第3章多项选择题

第二模块

基本原理

第4章　审计目标、审计证据与审计工作底稿

【学习目标】

通过本章的学习，你要：

1. 了解并掌握我国财务报表审计总体目标；
2. 理解并掌握被审计单位管理层对财务报表的认定及相应的具体审计目标；
3. 了解审计证据的种类和特性以及获取程序；
4. 理解并掌握函证和分析程序的具体用途及要求；
5. 掌握审计工作底稿的编制、归档和保管要求。

4.1　审计目标

审计目标是在一定历史条件下，人们通过审计实践活动所期望达到的境地或最终结果。审计目标的确立会受一定环境因素（如公众期望、社会经济环境、法律环境、审计技术方法等）的影响，并随着环境因素的变化而不断变化。在注册会计师审计发展早期，注册会计师接受企业主的委托，对被审计单位管理层经营管理责任的履行情况进行详细审查，审计目标主要是查错防弊，保护资产安全完整。20世纪30年代至60年代，由于公司股权逐步分散，财务报表使用者也从企业主扩大到外部投资者、中小股东、债权人等，社会公众对审计产生了不同的需求，加之审计环境因素变化，使得注册会计师“查错防弊”的防护性审计目标逐渐被“确定财务报表是否公允表达”的鉴证性审计目标所取代。20世纪60年代至今，验证被审计单位一定时期的财务报表是否真实公允表达，已经成为世界各国注册会计师审计的主要目标，审计职业界也对舞弊责任采取了更加积极的态度，以应对频发的财务欺诈舞弊带来的压力。另外，为满足企业逐渐增强的内部经营管理和决策需要，审计目的也从验证财务报表的公允性扩展到内部控制、经营效益、管理效率等更多方面。

审计目标是审计理论的基石，不仅体现了审计的基本职能，还界定了注册会计师的责任范围，是审计工作的出发点和落脚点。审计目标包括审计总体目标和具体审计目标两个层次。审计总体目标反映了审计环境对注册会计师审计的总体要求，具体审计目标是审计总体目标的具体化，并受到审计总体目标的制约。

视频11 财务报表审计的总体目标

4.1.1 我国财务报表审计的总体目标

根据《中国注册会计师审计准则第1101号——注册会计师的总体目标和审计工作的基本要求》的规定，在执行财务报表审计时，注册会计师的总体目标是：

（1）对财务报表整体是否不存在由于舞弊或错误导致的重大错报获取合理保证，使得注册会计师能够对财务报表是否在所有重大方面按照适用的财务报告编制基础编制发表审计意见；

（2）按照审计准则的规定，根据审计结果对财务报表出具审计报告，并与管理层和治理层沟通。

审计总体目标直接影响注册会计师计划和实施审计程序的性质、时间和范围，它界定了注册会计师在财务报表审计中的责任范围，即对财务报表发表审计意见并出具审计报告。审计总体目标要求注册会计师通过执行审计工作，对财务报表是否在所有重大方面按照适用的财务报告编制基础编制并实现公允反映发表审计意见。简单地说，也就是对财务报表的合法性和公允性发表意见。其中，合法性是指财务报表是否在所有重大方面按照适用的财务报告编制基础的规定编制；公允性是指财务报表是否公允反映被审计单位的财务状况、经营成果和现金流量。在评价财务报表合法性时，注册会计师主要考虑：被审计单位选用的会计政策是否符合适用的财务报告编制基础，并适用于该单位的具体情况；被审计单位的管理层作出的会计估计是否合理；所审的财务报表反映的信息是否具有相关性、可靠性、可比性和可理解性；所审的财务报表是否已做充分披露等。在评价公允性时，注册会计师应当考虑：被审计单位管理层调整后的财务报表是否与审计人员对被审计单位及其环境的了解一致；所审的财务报表的列报、结构和内容是否合理；所审的财务报表是否真实反映了交易和事项的经济实质。

注册会计师运用专业知识、技能和经验对财务报表进行审计并发表审计意见，旨在提高财务报表的可信赖程度，从而使财务报表使用者根据财务报表和审计意见对被审计单位未来生存能力或管理层经营效率、效果作出某种判断。由于审计存在固有限制，注册会计师据以得出结论和形成审计意见的大多数审计证据是说服性而非结论性的，因此，审计只能对财务报表整体不存在重大错报提供合理保证，不能提供绝对保证，也不能对被审计单位未来生存能力或管理层经营效率和效果提供保证。合理保证是一种高水平保证，当注册会计师获取充分、适当的审计证据将审计风险降至可接受低水平时，就获取了合理保证。在任何情况下，如果不能获取合理保证，并且在审计报告中发表保留意见也不足以实现向财务报表预期使用者报告的目的，注册会计师应当按照审计准则的规定出具无法表示意见的审计报告，或者在法律法规允许的情况下终止审计业务或解除业务约定。注册会计师应当按照审计准则的规定，对财务报表整体是否不存在由于舞弊或错误导致的重大错报获取合理保证，作为发表审计意见的基础。

另外，按照审计准则和相关法律法规的规定，注册会计师还可能就审计中出现的事项负有与管理层、治理层和其他财务报表使用者进行沟通和向其报告的责任。

4.1.2　财务报表审计的具体审计目标

视频12　财务报表审计的具体审计目标

具体审计目标是财务报表审计总体目标的具体化。注册会计师为了实现审计总体目标，在计划、实施整个审计工作时，需要明确各个审计项目的具体审计目标。由于财务报表是由被审计单位管理层关于各类交易、账户余额和披露的认定所构成的，因此，注册会计师应当在明确财务报表审计总体目标的基础上，以管理层关于各类交易或事项、账户余额及相关披露的认定为基础，确定认定层次的具体审计目标，获取充分、适当的审计证据，判断管理层认定与标准是否相符。也就是说，具体审计目标就是确定被审计单位管理层对其编制的财务报表的各项认定是否恰当。

1.管理层的认定

管理层的认定是指管理层对财务报表组成要素的确认、计量、列报（包括披露）作出的一系列明确或隐含的意思表达。如被审计单位期末“固定资产”账户余额列示100万元，那么管理层对该账户余额的认定主要包括：①所列示的固定资产是真实存在的；②固定资产的金额100万元恰当且准确，与固定资产相关的折旧、减值均已恰当计量并记录；③全部固定资产都已经包括在内；④所列示的固定资产属于被审计单位所有；⑤与固定资产相关的列报披露均是恰当的。前两种认定是明确的表述，后三种则是隐含的表述。当被审计单位管理层声明财务报表已按适用的编制基础编制，且在所有重大方面公允表达时，即表明管理层对报表各要素作出了认定。

被审计单位管理层关于各类交易或事项、账户余额及相关披露的认定见表4-1。

表4-1　**管理层的认定**

认定的类型		认定的性质
关于各类交易、事项及相关披露的认定	发生	记录或披露的交易和事项已发生，且与被审计单位有关
	完整性	所有应当记录的交易和事项均已记录，所有应当包括在财务报表中的相关披露均已包括
	准确性	与交易和事项有关的金额及其他数据已恰当记录，相关披露已得到恰当计量和描述
	截止	交易和事项已记录于正确的会计期间
	分类	交易和事项已记录于恰当的账户
	列报	交易和事项已被恰当地汇总或分解且表述清楚，相关披露在适当的财务报告编制基础下是相关的、可理解的
关于期末账户余额及相关披露的认定	存在	记录的资产、负债和所有者权益是存在的
	完整性	所有应当记录的资产、负债和所有者权益均已记录，所有应当包括在财务报表中的相关披露均已包括
	权利和义务	记录的资产由被审计单位拥有或控制，记录的负债是被审计单位应当履行的偿还义务
	准确性、计价和分摊	资产、负债和所有者权益以恰当的金额包括在财务报表中，与之相关的计价或分摊调整已恰当记录，相关披露已得到恰当计量和描述
	分类	资产、负债和所有者权益已记录于恰当的账户
	列报	资产、负债和所有者权益已被恰当地汇总或分解且表述清楚，相关披露在适用的财务报告编制基础下是相关的、可理解的

2.具体审计目标

管理层对财务报表的认定是确定具体审计目标和制定审计程序的基础。注册会计师将管理层的各项认定运用于各类交易或事项、期末账户余额及列报披露，就形成了相应的具体审计目标；然后有针对性地设计和实施审计程序，以获取充分、适当的审计证据，从而实现具体审计目标。

（1）关于各类交易、事项及相关披露的审计目标。

①由发生认定推导出的审计目标是确认已记录的交易是真实的。如在销售明细账中记录了本没有发生的销售交易，属于高估的情形，违反了发生认定。

②由完整性认定推导出的审计目标是确认已发生的交易确实已经记录。如在销售明细账中漏记了一笔已经发生的销售交易，属于低估的情形，没有完整反映所有的销售交易，则违反了完整性认定。

③由准确性认定推导出的审计目标是确认已记录的交易是按正确金额反映的。如在销售交易中，开具销售发票时使用了错误的销售价格，会导致销售明细账中金额记录错误，违反了准确性认定。

④由截止认定推导出的审计目标是确认接近资产负债表日的交易记录于恰当的期间。如果将本期销售收入推迟到下期记录，则销售收入归属的会计期间不正确，违反了截止认定。

⑤由分类认定推导出的审计目标是确认被审计单位记录的交易经过适当分类。如将处置固定资产的收入作为主营业务收入，则违反了分类认定。

⑥由列报认定推导出的审计目标是确认交易和事项在报表列报时汇总或分解恰当、准确、清晰，披露内容具有相关性和可理解性。如在财务报表附注中对关联方关系及其交易的信息披露不清晰，则违反该目标。

（2）关于期末账户余额及相关披露的审计目标。

①由存在认定推导的审计目标是确认记录的金额确实存在。如明细账中所记录的固定资产实际并不存在，则违反了存在认定。

②由完整性认定推导的审计目标是确认已存在的金额均已记录。如明细账中所记录的固定资产没有包括被审计单位所有的固定资产，则违反了完整性认定。

③由权利和义务认定推导的审计目标是确认资产属于被审计单位所有，负债属于被审计单位的偿还义务。如将经营性租入的固定资产作为被审计单位的固定资产来反映，则违反了权利认定；将不属于被审计单位的应付账款计入账内，则违反了义务认定。

④由准确性、计价和分摊认定推导的审计目标是确认资产、负债和所有者权益以恰当的金额包括在财务报表中，与之相关的计价或分摊调整已恰当记录。如应收账款未计提或未按照恰当的会计政策、会计估计准确计提，则违反了准确性、计价和分摊认定。

⑤由分类认定推导的审计目标是确认资产、负债和所有者权益所记录的账户，无论是明细账还是总账均是恰当的。如把用于赚取租金收益而持有的建筑物作为固定资产予以入账，则违反了分类认定。

⑥由列报认定推导的审计目标是确认资产、负债和所有者权益在报表列报时汇总或分解恰当、准确、清晰，披露内容具有相关性和可理解性。如一年内到期的长期借款在财务报表中未被列入流动负债，在财务报表附注中对存货成本核算方法未进行清晰、恰当的说

明，都违反该认定。

4.1.3 审计目标的实现过程

审计过程实质上就是一系列审计目标的实现过程。在接受业务委托后，注册会计师应该根据审计目标计划和实施审计工作。审计目标的实现过程可以分为三大阶段：

视频13 审计目标的实现过程

1.计划审计工作

计划审计工作是整个审计工作的起点。对于任何一项审计业务，注册会计师在执行具体审计程序之前，都必须根据具体情况制订科学、合理的计划，使审计业务以有效的方式得到执行。科学、合理的审计计划有利于注册会计师按时保质完成审计工作，实现审计目标。一般来说，计划审计工作主要包括：在本期审计业务开始时开展初步业务活动；制定总体审计策略；制订具体审计计划等。计划审计工作是一个持续、不断修正的过程，应贯穿于整个审计过程的始终。

2.执行审计工作

在科学、有效的审计计划指导下，注册会计师应具体实施风险导向审计工作，通过实施风险评估程序，识别、评估财务报表层次重大错报风险以及各类交易、账户余额和披露的认定层次重大错报风险，随后通过控制测试和实质性程序等风险应对程序获取充分、适当的审计证据。

（1）风险评估程序。所谓风险评估程序，是指注册会计师为识别、评估财务报表层次和认定层次的重大错报风险，而设计和实施的审计程序。审计准则规定，注册会计师应当实施风险评估程序，以了解被审计单位及其环境、适用的财务报告编制基础以及内部控制体系，为重大错报风险的识别、评估以及应对提供依据。实施风险评估程序的主要工作包括：了解被审计单位及其环境、适用的财务报告编制基础以及内部控制体系；识别和评估财务报表层次重大错报风险和认定层次重大错报风险等。

（2）风险应对程序。注册会计师在识别和评估两个层次的重大错报风险之后，应当运用适当的职业判断，针对所评估的财务报表层次重大错报风险确定总体应对措施，并就认定层次重大错报风险设计和实施进一步审计程序。进一步审计程序包括控制测试和实质性程序。控制测试是指对被审计单位内部控制有效性进行的测试。实质性程序是指注册会计师针对评估的重大错报风险实施的直接用以发现认定层次重大错报的审计程序，包括对各类交易、账户余额和披露的细节测试和实质性分析程序。

3.终结审计工作

注册会计师在完成财务报表所有业务循环的进一步审计程序后，还应当按照有关审计准则的规定做好审计完成阶段的工作，复核所获取的各种证据，运用专业判断形成适当的审计意见，并最终完成审计报告的编制。本阶段主要工作有：审计期初余额、比较数据、期后事项和或有事项；考虑持续经营问题对财务报表的影响；获取管理层声明；汇总审计差异，并提请被审计单位调整或披露；复核审计工作底稿和财务报表；与管理层和治理层沟通；评价审计证据，形成审计意见；编制审计报告等。

4.2 审计证据

4.2.1 审计证据概述

视频14 审计证据概述

1.审计证据的含义

审计目标的实现离不开审计证据的收集和评价。注册会计师形成任何审计结论和意见都必须以充分、适当的证据作为基础。审计证据是指注册会计师为了得出审计结论、形成审计意见而使用的所有信息，包括财务报表依据的会计记录中含有的信息和从其他来源获取的信息。

财务报表依据的会计记录一般包括对初始会计分录的记录及各类支持性记录，如支票、电子资金转账记录、发票、合同、总账、明细账、记账凭证和未在记账凭证中反映的对财务报表的其他调整，以及支持成本分配、计算、调节和披露的手工计算表和电子数据表等。

会计记录中含有的信息本身并不足以提供充分的审计证据作为对财务报表发表审计意见的基础，注册会计师还应当获取用作审计证据的其他信息。这主要包括：注册会计师获取的除会计记录以外的信息，如被审计单位会议记录、内部控制手册、行业数据等；通过询问、观察和检查等审计程序获取的信息，如通过监盘存货获取存货存在性的证据等；自身编制或获取的可以通过合理推断得出结论的信息，如注册会计师编制的主营业务收入总体合理性分析表等。

财务报表依据的会计记录中包含的信息和其他信息共同构成了审计证据，只有将两者结合在一起，才能为注册会计师发表审计意见提供合理基础。

审计证据在审计工作中具有重要意义。充分、适当的审计证据是审计结论正确的最有力的证明，也是衡量审计工作质量的重要标志之一。注册会计师应当按照《中国注册会计师审计准则第1301号——审计证据》的要求，做好审计证据的获取、整理、分析和评价工作。审计证据既包括支持和佐证管理层认定的信息，也包括与这些认定相矛盾的信息。在某些情况下，信息的缺乏本身也构成审计证据，如：管理层拒绝提供注册会计师要求的书面声明，该必要信息的缺失也将直接影响审计结论。

2.审计证据的种类

为了便于对审计证据进行整理、分析和评价，注册会计师应当对所收集的审计证据进行适当的分类。审计证据可以按表现形式、来源进行分类，审计证据不同的外在形式、取得方式和获取途径，将对证明力的强弱产生影响。

（1）按审计证据的表现形式分类（见表4-2）。

（2）按审计证据的来源分类（见表4-3）。

3.审计证据的特征

充分性和适当性是审计证据的两个重要特征，两者缺一不可，只有充分且适当的审计证据才具有证明力。注册会计师在审计过程中应保持职业怀疑，合理运用职业判断，持续评估审计证据的充分性和适当性，以便为得出恰当的审计结论提供坚实有力的依据。

表4-2 审计证据分类（按表现形式分类）

类别	具体解释
实物证据	实物证据是指通过实地观察或有形资产检查所取得的，用以确定某些实物资产是否确实存在的证据。一般来说，实物证据仅能证明实物资产存在与否，对于其价值和所有权还需其他审计证据予以证明。例如，对于存货，通过实地监盘来确定其是否真实存在来获取实物证据
书面证据	书面证据是注册会计师所取得的各种以书面文件为表现形式的审计证据。书面证据也称基本证据，是审计证据的主要组成部分。例如，与审计工作相关的各种会计凭证和账簿记录等会计资料就是书面证据
口头证据	口头证据是指注册会计师从被审计单位内部员工或其他有关人员那里得到口头答复所形成的一类证据。通常，口头证据的证明力较弱，其本身不足以证明事实的真相，需要其他审计证据予以佐证。例如，注册会计师向有关人员询问被审计单位内部控制的执行情况，所得到的口头答复就是口头证据
环境证据	环境证据是指对被审计单位产生影响的各种环境事实。一般来说，环境证据不属于基本证据，但它可以帮助注册会计师了解被审计单位及其环境，提供进一步寻找审计证据的线索。例如，相关行业运营状况、被审计单位的管理条件和管理水平、人员素质的高低等都属于环境证据

表4-3 审计证据分类（按来源分类）

类别	具体解释
内部证据	内部证据是指由被审计单位内部机构或人员编制和提供的证据。内部证据分为两种：一是在被审计单位内部流转的内部证据，如收料单；二是由被审计单位产生，但在被审计单位外部流转，并获得其他单位或个人认可的内部证据，如销货发票。一般来说，后者较前者更为可靠
外部证据	外部证据是指由被审计单位以外的机构或个人编制和处理的证据。外部证据按照提交方式不同可分为两种：一是由被审计单位以外的机构或人员编制，并且由其直接交给审计人员的证据，如应收账款的函证回函；二是由被审计单位以外的机构或人员编制，但为被审计单位持有并提交给审计人员的证据，如银行对账单。通常而言，前者比后者更为可靠
亲历证据	亲历证据是指由注册会计师亲自动手编制的各种计算表、分析表或亲自观察所获取的证据。例如，注册会计师亲自监盘得到的实物证据；通过现场观察取得的环境证据；通过分析计算得到的证据；重新计算产品成本所形成的审计证据等

（1）充分性。审计证据的充分性是对审计证据数量的衡量，是指审计证据的数量足以支持注册会计师形成审计意见。抽样审计技术的运用，使审计证据的充分性与注册会计师确定的样本量多少有关。但是，审计证据并不是越多越好，注册会计师所需要的审计证据的数量越多，审计成本越高，审计效率反而越低。注册会计师应当在保证审计质量的同时，把所需要的审计证据的数量降到最低限度。但是，为了保证形成的审计结论是恰当的，注册会计师不应将获取审计证据的成本高低和难易程度作为减少不可替代的审计程序的理由。

注册会计师在判断审计证据是否充分时，主要考虑以下两个因素：

①重大错报风险。财务报表的重大错报风险越高，注册会计师需要获取的审计证据越多。具体来说，在可接受审计风险水平一定的情况下，重大错报风险越高，注册会计师应实施的审计程序越多，应获取的审计证据数量越多，以将审计风险控制在可接受的低水平范围内。例如，在审计营业收入时，如果认为虚增收入的风险较高，注册会计师就需要针对收入的发生认定获取更多的相关证据。

②审计证据的质量。审计证据的质量越高，注册会计师所需审计证据的数量越少。需要注意的是，如果审计证据的质量存在重大缺陷，则注册会计师获取再多的审计证据都无法弥补其质量的缺陷。例如，在审计存货存在认定时，如果该公司针对存货的内部管理比较完善且内部控制运行有效，则针对存货存在认定所需收集的审计证据将显著少于内部控制薄弱的公司。

（2）适当性。审计证据的适当性是对审计证据质量的衡量，亦即审计证据在支持审计意见所依据的结论方面具有相关性和可靠性，只有相关且可靠的审计证据才是高质量的。

①相关性，是指用作审计证据的信息与审计程序的目的和所考虑的认定之间的逻辑联系。注册会计师只能利用与审计目标相关的审计证据来证实被审计单位所认定的事项。例如，注册会计师在证实被审计单位的存货是否存在时，可通过对存货监盘来获取实物证据，但此实物证据并不能证实存货的所有权。用作审计证据的信息的相关性可能受测试方向的影响，例如，对于营业收入进行从会计凭证记录到账簿的检查程序与收入的完整性认定相关，而从会计账簿到凭证记录的逆向核验则通常与收入的发生认定相关。

在评价审计证据的相关性时，注册会计师应当考虑：特定的审计程序只为某些认定提供相关的审计证据，而与其他认定无关；针对同一项认定，可以从不同来源获取审计证据或获取不同性质的审计证据；只与特定认定相关的审计证据并不能替代与其他认定相关的审计证据。例如，审计应收账款时执行函证程序，只能证明应收账款是否存在、金额是否准确，而不能证明应收账款的坏账概率；为验证应收账款的存在认定，除了函证程序外，还可以配合使用检查相关文件记录、检查期后收款等其他审计程序；函证程序所获得的审计证据并不能替代针对应收账款完整性认定而获取的其他证据。

②可靠性，是指审计证据的可信程度。注册会计师应当考虑获取审计证据的具体环境，结合证据的来源和性质对审计证据的可靠性作出判断。

注册会计师一般考虑下列事项和原则，以判断审计证据的可靠程度：第一，审计证据的来源。通常，从外部独立来源获取的审计证据比从内部或其他来源获取的审计证据更可靠。从外部独立来源获取的审计证据由完全独立于被审计单位以外的机构或人士编制并提供，未经被审计单位有关人员之手，减少了伪造、更改凭证或业务记录的可能性，其可靠程度最高。第二，内部控制的有效性。内部控制有效时内部生成的审计证据比内部控制薄弱时内部生成的审计证据更可靠。如果被审计单位内部控制很健全且在日常管理中得到一贯执行，则会计记录的可信度将增加。如果被审计单位的内部控制薄弱，被审计单位内部凭证记录的可靠性就会降低。第三，注册会计师的介入程度。通常，注册会计师直接获取的审计证据比间接获取或推论得出的审计证据更可靠。间接获取的审计证据有被涂改及伪造的可能性，其可信度会降低。而推论得出的审计证据的主观性较强，可信度也将受到影响。第四，审计证据的表现形式。一般来说，书面证据比口头证据更可靠，原件比复印、传真、拍摄、数字化等方式转化成电子形式的文件更可靠。第五，不同审计证据之间的印证程度。与某项认定相关的不同审计证据（包括获取来源不同和性质不同的多项审计证据）能够相互印证，则这些审计证据具有更强的说服力，通常比单一的审计证据能够提供更高的保证程度。如果从不同来源获取的审计证据所得出的结论不一致，则表明某项或某些审计证据可能不可靠，注册会计师应当修改或追加必要的审计程序以解决证据的不一致问题，并考虑存在的情形对审计其他方面的影响。

4.2.2 获取审计证据的审计程序

审计程序是指注册会计师收集审计证据，并据以形成审计结论和审计意见的各种专门方法和程序。审计过程主要包括：①风险评估，即通过了解被审计单位及其环境、适用的财务报告编制基础以及内部控制体系，以评估财务报表层次和认定层次的重大错报风险；②控制测试，即测试内部控制在防止、发现并纠正认定层次中重大错报方面的运行有效性，此测试在审计准则要求或注册会计师认为必要时才执行；③实质性程序，即针对所有重大的各类交易、账户余额、列报或披露实施的细节测试和实质性分析程序。在上述审计过程中，注册会计师可根据需要，单独或综合运用以下具体审计程序以获取充分、适当的审计证据：

视频15 审计证据的获取程序

1.检查记录或文件

检查记录或文件是指注册会计师对被审计单位内部或外部生成的，以纸质、电子或其他介质形式存在的记录或文件进行审查。检查记录或文件是一种广泛应用于审计全过程的审计程序，它可以实现对财务报表所包含或应当包含的信息进行验证的目的。检查记录或文件可提供可靠程度不同的审计证据，审计证据的可靠性取决于记录或文件的来源和性质。一般来说，外部记录或文件比内部记录或文件更可靠，由专家复核过的记录或文件比没有复核的记录或文件更可靠，内控有效时生成的记录或文件比内控薄弱时的记录或文件更可靠。

2.检查有形资产

检查有形资产是指注册会计师对资产实物进行审查。检查有形资产程序主要适用于库存现金、存货、固定资产、在建工程等有形资产项目，因其属于亲历性的直接证据，对认定有形资产的数量、规格来说，是一种十分可靠、有效的手段，还对评价资产状况以对验证资产的后续计量发挥一定作用，在实务中是一种很重要的审计程序。例如，《中国注册会计师审计准则第1311号——对存货、诉讼和索赔、分部信息等特定项目获取审计证据的具体考虑》中规定，一般情况下，注册会计师应当在存货盘点现场实施监盘（监盘即为一种检查有形资产的具体应用）。需要注意的是，检查有形资产虽然可为所检查的有形资产的存在性提供可靠的审计证据，但不一定能够为权利和义务提供可靠的审计证据，对计价认定所提供的证据也并不充分，还需要设计和实施其他审计程序。

3.观察

观察是指注册会计师查看相关人员正在从事的活动或执行的程序。观察程序获得的是亲历证据，包括对被审计单位外部环境、内部环境进行观察，也包括对被审计单位的人员行为进行观察，该审计程序在风险评估、风险应对环节均可实施。例如，可以对客户的生产经营环境进行观察，也可以对客户的管理人员执行的控制活动进行观察。但观察提供的审计证据仅限于观察发生的时点，不能对一贯的情况得出理想的证明。另外，若相关人员已知被观察，其从事活动或执行程序可能与日常的做法不同，从而会影响注册会计师对真实情况的了解。因此，观察程序具有局限性，注册会计师有必要获取其他类型的佐证证据。

4.询问

询问是指注册会计师以书面或口头方式，向被审计单位内部或外部的知情人员获取财务信息和非财务信息，并对答复进行评价的过程。询问是一种在风险评估、风险应对环节皆应用广泛的审计程序。知情人员对询问的答复可能为注册会计师提供尚未获悉的信息或佐证证据，也可能提供与已获悉的信息存在重大差异的信息，注册会计师可以根据询问的结果考虑设计、修改或追加审计程序。询问本身不足以测试内部控制运行的有效性，也不足以发现认定层次存在的重大错报，注册会计师还应实施其他审计程序获取充分、适当的审计证据。

5.函证

（1）函证的含义。函证是指注册会计师为了获取影响财务报表或相关列报披露认定的项目信息，通过直接从第三方获取对有关信息和现存状况的书面答复或书面声明，获取和评价审计证据的过程。通过函证获取的证据属于纯外部证据，可靠性较高，因此审计实务中函证是受到注册会计师高度重视并经常被使用的审计方法。例如，在对银行存款或借款、往来款项以及其他资产或交易情况等进行审计时均可实施函证程序。函证的主要目的是验证账户余额及其相关信息的真实性、正确性。《中国注册会计师审计准则第1312号——函证》对函证的定义、目标、要求均作出了具体规定。

（2）函证的分类。函证可分为积极式函证和消极式函证两类。积极式函证是指要求被询证者直接向注册会计师回复，表明是否同意询证函所列示的信息，或填列所要求的信息的一种询证方式。消极式函证则是指要求被询证者只有在不同意询证函所列示的信息时才直接向注册会计师回复的一种询证方式。积极式函证与消极式函证的区别见表4-4。

表4-4　积极式函证与消极式函证的区别

	积极式函证	消极式函证
要求	要求被询证者在所有情况下必须回函	要求被询证者仅在不同意询证函列示的信息时回函
证明力	高	低于积极式函证
局限	若提前填列好信息，只需被询证者验证确认，可能出现被询证者未对所列示信息加以验证并随意确认的情况；若需被询证者收到询证函后自行填列信息，又可能导致回函率降低	未收到回函时判断为被询证者对询证函列示信息无异议，可能出现被询证者未验证而直接不回复，而函证信息其实有差异的情况
未回函原因	被询证者不存在；被询证者没有收到询证函；被询证者没有理会询证函	被询证者不存在；被询证者没有收到询证函；被询证者没有理会询证函；被询证者同意函证所列示的信息
适用条件	所有情况	同时满足：重大错报风险评估为低水平，并已就与认定相关的控制运行的有效性获取了充分、适当的审计证据；总体由大量小额、同质的账户余额、交易或事项构成；预期不符事项的发生率很低；没有迹象表明接收询证函的人员或机构不认真对待函证

（3）函证程序的实施。根据审计准则的规定，注册会计师应当对银行存款（包括零余额账户和在本期内注销的账户）、借款及与金融机构往来的其他重要信息实施函证程序，除非有充分证据表明某一银行存款、借款及与金融机构往来的其他重要信息对财务报表不重要且与之相关的重大错报风险很低。注册会计师还应当对应收账款实施函证程序，除非有充分证据表明应收账款对财务报表不重要，或函证很可能无效。如果认为函证很可能无效，注册会计师应当实施替代审计程序，获取相关、可靠的审计证据。对其他往来款项（如应收票据、其他应收款、应付账款、预收账款、预付账款等）和其他内容（如交易性金融资产，由其他单位代为保管、加工和销售的存货，保证，抵押或质押，或有事项，重大或异常的交易等），注册会计师也可以实施函证程序获取审计证据。

实施函证程序时，注册会计师应当恰当地设计询证函，并对整个函证过程保持控制，包括选择适当的被询证者，明确并核对询证函中的相关信息，确定恰当的函证方式，并在加盖被审计单位公章之后亲自寄发询证函和收取回函。对于未及时收到积极式询证函回函，注册会计师应予以跟进，必要时考虑是否再次向被询证者寄发询证函。

寄发询证函的全过程虽然由注册会计师控制，但函证仍需取得被审计单位的配合。如果被审计单位管理层不允许寄发询证函，注册会计师应当询问原因，并就原因的正当性及合理性收集审计证据，同时注意评价对相关的重大错报风险、舞弊风险、其他审计程序的影响，并实施替代程序以获取相关、可靠的审计证据。若注册会计师认为管理层不允许函证的原因不合理，或实施替代程序无法获取相关、可靠的审计证据，注册会计师应当及时与治理层进行沟通，并考虑对审计工作和审计意见的影响。

（4）实施函证程序的结果。在积极式函证未回函的情况下，注册会计师应当实施替代程序以获取相关、可靠的审计证据。如果认为取得相应回函是必要程序，则替代程序不能提供所需要的审计证据，此时应确定其对审计工作和审计意见的影响。

如果存在对回函可靠性的疑虑因素，注册会计师应当进一步获取审计证据以消除这些疑虑。如果注册会计师仍认为回函不可靠，则应评价其对重大错报风险和其他审计程序的性质、时间安排和范围的影响。如果回函表明存在不符事项，注册会计师应当调查不符事项，以确定是否存在错报。

6.重新计算

重新计算是指注册会计师以人工方式或使用计算机辅助审计技术，对记录或文件中的数据计算准确性进行核对。如重新计算销售总额，对会计资料中项目的重新横向加总和纵向加总。在财务报表审计的实质性程序环节，重新计算是注册会计师频繁运用的审计程序。

7.重新执行

重新执行是指注册会计师以人工方式或使用计算机辅助审计技术，重新独立执行作为被审计单位内部控制组成部分的程序或控制。如注册会计师重新编制银行存款余额调节表，并与被审计单位编制的银行存款余额调节表进行比较。重新执行程序仅用于控制测试。

8.分析程序

（1）分析程序的含义。分析程序是指注册会计师通过研究不同财务数据之间以及财务数据与非财务数据之间的内在关系，对财务信息作出评价的过程。分析程序还包括调查识别出的、与其他相关信息不一致或与预期数据严重偏离的波动和关系。

（2）分析程序的方法。分析程序常用的有比较分析法、比率分析法和趋势分析法。

①比较分析法，是通过将某财务报表项目与其既定标准相比较来获取审计证据的方法。它包括本期实际数与计划数的比较、本期实际数与同业标准的比较、实际数与注册会计师计算结果的比较等。

②比率分析法，是通过对财务报表中的某一项目与和它相关的另一项目相比所得的值进行分析，以获取审计证据的方法。当财务报表项目之间的关系稳定并可直接预测时，比率分析法最为适用。比率分析法所涉及的内容包括获利能力比率、偿债能力比率、成长能力比率及周转能力比率。

③趋势分析法，是通过对连续若干期某一财务报表项目的变动金额及其百分比的计算，分析该项目的增减变动方向和幅度，以获取审计证据的方法。当被审计单位处于稳定经营环境中时，趋势分析法最适用。经营环境越稳定，数据关系的可预测性越强，进行多个会计期间的数据比较越适用。

在审计实务中，注册会计师实施分析程序除了可以使用上述分析方法外，还可使用合理性测试法和回归分析法。合理性测试法是通过对被审计单位内部彼此相关联的项目或导致某种变化的各种变量进行研究分析，以测试被审计单位某个项目的金额是否处于合理性水平的方法。例如，审计人员对制造企业的营业收入进行分析时，可以考虑产品销售量与被审计单位可供销售产品数量的关系，并考虑被审计单位生产能力的利用情况等因素，将营业收入与运费、电费、水费、办公经费、销售人员工资等联系起来作配比分析。回归分析法则是在掌握大量观察数据的基础上，利用数理统计方法建立因变量与自变量之间的回归关系函数表达式，进而确定一个或几个变量（自变量）的变化对另一个特定变量（因变量）的影响程度。审计人员使用这种方法能够准确地估计预期值和判断严重偏离的波动，从而提高分析结果的可靠性。

（3）分析程序的运用。按照审计准则的要求，注册会计师在实施风险评估时、在审计结束对财务报表进行总体复核时，必须运用分析程序；而在实施实质性程序时，可选择性运用分析程序。

①用作风险评估程序。《中国注册会计师审计准则第1211号——重大错报风险的识别和评估》规定，注册会计师在实施风险评估程序时，应当运用分析程序，其目的是通过了解被审计单位及其环境，评估财务报表层次和认定层次的重大错报风险。例如，在比较本期与上期坏账准备计提比例时，若发现该比例下降，而应收账款周转率也下降，则表明坏账准备可能被低估。

②可以用作实质性程序。《中国注册会计师审计准则第1313号——分析程序》和《中国注册会计师审计准则第1231号——针对评估的重大错报风险采取的应对措施》中均规定可将分析程序作为实质性程序使用。实质性分析程序通常更适用于在一段时期内存在预期关系的大量交易。当使用分析程序比细节测试能更有效地将认定层次的检查风险降至可接受的水平时，分析程序可以单独或结合其他细节测试用作实质性程序，收集充分、适当的审计证据。实质性分析程序的运用不仅可以降低审计风险，还可以减少细节测试的工作量，节约审计成本，提高审计工作的效率和效果。

③在临近审计结束时用于对财务报表进行总体复核。《中国注册会计师审计准则第

1313号——分析程序》规定，在临近审计结束时，注册会计师应当设计和运用分析程序，佐证在审计财务报表各个组成部分或各个要素过程中形成的结论，确定财务报表整体是否与其对被审计单位的了解一致，在已收集的审计证据的基础上，对财务报表整体的合理性作出评价。如果实施分析程序的结果提示所审财务报表仍然有存在重大错报风险而未被发现的可能性，注册会计师应当考虑是否有必要追加审计程序，以便为发表审计意见提供合理基础。

审计程序的性质和时间可能受会计数据和其他相关信息的生成和储存方式的影响，注册会计师应当提请被审计单位保存某些信息以供查阅，或在可获得该信息的期间执行审计程序。某些会计数据和其他信息只能以电子形式存在，或只能在某一时点或某一期间得到，注册会计师应当考虑这些特点对审计程序的性质和时间的影响。当信息以电子形式存在时，注册会计师可以通过使用计算机辅助审计技术实施某些审计程序。

4.3 审计工作底稿

4.3.1 审计工作底稿的意义

根据《中国注册会计师审计准则第1131号——审计工作底稿》的要求，注册会计师在执行审计业务时应当编制和复核审计工作底稿，以防止审计工作的疏忽和遗漏，确保审计质量。此外，还有15项审计准则对注册会计师在特定情况下就相关事项编制审计工作底稿提出了具体要求。

视频16 审计工作底稿

审计工作底稿，是指注册会计师对制订的审计计划、实施的审计程序、获取的相关审计证据，以及得出的审计结论作出的记录，包括总体审计策略、具体审计计划、问题备忘录、各种分析表、函证回函、管理层声明书、业务约定书、会议与沟通记录、核对表、有关重大事件的往来信件（包括电邮）以及对被审计单位文件记录的摘要或复印件等。审计工作底稿不包括已被取代的审计工作底稿的草稿或财务报表的草稿、对不全面或初步思考的记录、存在印刷错误或其他错误而作废的文件以及重复的文件记录等。审计工作底稿可以以纸质、电子或其他介质形式存在。

审计工作底稿的设计、填制和复核直接影响审计质量的高低，注册会计师必须正确认识编制审计工作底稿的意义，不能把审计工作底稿的编制看作一项可有可无的工作。注册会计师应当及时地编制审计工作底稿，以实现下列目的：（1）提供充分、适当的记录，作为出具审计报告的基础；（2）提供证据，证明注册会计师已按照审计准则和相关法律法规的规定计划和执行了审计工作；（3）帮助项目组计划和执行审计工作；（4）帮助负责督导的项目组成员履行指导、监督与复核的责任；（5）为项目组说明其执行审计工作的情况提供便利；（6）保留对未来审计工作持续产生重大影响事项的记录；（7）便于会计师事务所实施项目质量复核、其他类型的项目复核以及质量管理体系中的监控活动；（8）便于监管机构和中国注册会计师协会根据相关法律法规或其他相关要求，对会计师事务所实施执业质量检查。

4.3.2 审计工作底稿的编制要求和基本内容

1.确定审计工作底稿的格式和内容时应考虑的因素

在审计实务中，许多审计工作底稿都是预先设计好模板的，在执行审计业务时及时记录，必要时可根据实际情况对模板进行一定的调整。在确定审计工作底稿的格式和内容时，注册会计师应当考虑下列因素：

（1）实施审计程序的性质。一般来说，审计程序不同，获取的审计证据也就不同，因此注册会计师可能编制不同的审计工作底稿。

（2）已识别的重大错报风险。识别和评估的重大错报风险水平不同，注册会计师实施的审计程序和获取的审计证据也不尽相同。

（3）在执行审计工作和评价审计结果时需要作出判断的程度。审计程序的选择和实施及审计结果的评价通常需要不同程度的职业判断，在作出职业判断时所考虑的因素可能使注册会计师形成关于工作底稿内容、范围的不同记录。

（4）已获取审计证据的重要程度。注册会计师通过执行多个审计程序可能获取质量不一的审计证据，这时就需要注册会计师区分不同的审计证据进行有选择的记录。

（5）已识别的例外事项的性质和范围。发现例外事项通常涉及进一步追加审计程序，根据追加程序的实施结果不同，有可能进一步识别出错报，故编制的审计工作底稿在内容、范围方面可能均有所不同。

（6）当从已执行审计工作或获取审计证据的记录中不易确定结论或结论基础时，记录结论或结论基础的必要性。当涉及复杂和特殊事项时，仅记录审计工作和审计证据并不能使其他有经验的注册会计师得出审计结论，也不能使专业人士清楚地了解所得出的重大结论及所作出的重大判断。为了达到工作底稿的编制要求，注册会计师可能会调整工作底稿的内容和格式，增加进一步说明得出结论的依据等内容。

（7）使用的审计方法和工具。采用计算机辅助审计技术和采用人工方式实施的具体审计方法、抽样方案均有所不同，由此导致工作底稿的格式、内容也有所区别。

2.审计工作底稿的编制要求

注册会计师应当及时编制审计工作底稿，并使得未曾接触该项审计工作的有经验的专业人士能够通过审计工作底稿清楚地了解以下信息：①实施审计程序的性质、时间和范围；②实施审计程序的结果和获取的审计证据；③审计中遇到的重大事项和得出的结论，以及在得出结论时作出的重大职业判断。

会计师事务所编制审计工作底稿的文字应当使用中文，若执行涉外业务，则可以同时使用某种外国文字。另外，若是少数民族自治地区可以同时使用少数民族文字，或者属于中国境内的中外合作会计师事务所、国际会计公司成员所也可以同时使用某种外国文字。

3.审计工作底稿的格式和基本内容

在审计实务中，由于审计的内容和要求不同，审计工作底稿的格式和基本内容可能有很大的差异。一般来说，财务报表审计中，审计工作底稿应包括下列全部或部分要素：

（1）被审计单位名称，即财务报表的编制单位，可写简称。若财务报表编制单位为某一集团的下属公司，则应同时写明下属公司名称。

（2）审计项目名称，即某一财务报表项目名称或某一审计程序及实施对象的名称。

(3) 审计项目时点或期间，如某一资产负债表项目的报告时点或某一利润表项目的报告期间。

(4) 审计过程记录，即注册会计师的审计轨迹与专业判断的记录，主要记载注册会计师所实施的审计程序的性质、时间和范围等内容。注册会计师应当记录特定项目或事项的识别特征、重大事项等重要内容，将审计实施过程，即审计目标的达成过程完整、清晰地记录下来。

首先，注册会计师应当记录特定项目或事项的识别特征。识别特征是指被测试的项目或事项表现出的征象或标志。识别特征因审计程序的性质和所测试的项目或事项不同而不同。对某一个具体项目或事项而言，其识别特征通常具有唯一性，这就使其他人员可以根据该识别特征在总体中识别该项目或事项并重新执行该测试。例如，在对销售发票实施检查时，注册会计师可将发票编号作为识别特征予以记录。

其次，注册会计师应记录重大事项。重大事项包括引起特别风险的事项、实施审计程序的结果、导致注册会计师难以实施必要审计程序的情形、导致出具非无保留意见审计报告的事项。注册会计师应当编制审计工作底稿，详细记录审计过程中与管理层、治理层和其他人员对重大事项的讨论，包括所讨论的重大事项的性质以及讨论的时间、地点和参加人员。如果识别出的信息与针对某重大事项得出的最终结论不一致，注册会计师还应当记录如何处理该不一致的情况。

(5) 审计结论。在审计工作底稿中记录审计结论时需注意，结论的形成必须建立在所实施的审计程序以及所获取的审计证据基础上。

(6) 审计标识及其说明。为了便于检查和利用审计工作底稿，注册会计师在编制时可使用各种审计标识，但应说明其含义，并保持前后期一致。例如，T代表与原始凭证核对一致，C代表已发函询证。

(7) 索引号及编号。索引号是注册会计师为了便于审计工作底稿分类、检索和引用，对某一审计事项的审计工作底稿以固定的标记和编码加以表示所产生的一种特定符号。它可以使分散的活页式审计工作底稿构成有机联系的审计档案。在同一索引号下不同的审计工作底稿应按顺序编号。相互引用时，则需要在对应审计工作底稿中注明交叉索引。

(8) 编制者姓名及编制日期。签名可用简签，但应以适当的方式说明。

(9) 复核者姓名及复核日期。若多级复核，每级复核人员均应签名并签署日期。

(10) 其他应说明事项。

4.3.3　审计工作底稿的归档与保管

审计工作结束后，注册会计师应及时对审计过程中所形成的审计工作底稿进行分类、整理、汇集和筛选，并归档、保管。

1. 审计工作底稿的归档

按照《中国注册会计师审计准则第1131号——审计工作底稿》的规定，注册会计师应当在审计报告日后60天内将审计工作底稿归整为最终审计档案，并完成归整最终审计档案过程中的事务性工作。如果注册会计师未能完成审计业务，审计工作底稿的归档期限为审计业务中止后的60天内。如果针对客户的同一财务信息执行不同的委托业务，出具两个或多个不同的报告，会计师事务所应当将其视为不同的业务，分别将其审计工作底稿归档、保管。

审计工作底稿归档是一项事务性工作，不涉及实施新的审计程序或得出新的结论。如果在归档期间对审计工作底稿作出的变动属于事务性的，注册会计师可以作出变动，主要包括：（1）删除或废弃被取代的审计工作底稿；（2）对审计工作底稿进行分类、整理和交叉索引；（3）对审计档案归整工作的完成核对表签字认可；（4）记录在审计报告日前获取的、与审计项目组相关成员进行讨论并取得一致意见的审计证据。

在完成最终审计档案的归档工作后，注册会计师不应在规定的保存期限届满前删除或废弃任何性质的审计工作底稿。如果注册会计师发现有必要修改现有审计工作底稿或增加新的审计工作底稿，无论修改或增加的性质如何，注册会计师均应当记录理由、修改或增加审计工作底稿的时间和人员、对修改或增加审计工作底稿进行复核的时间和人员。

2.审计工作底稿的保管

会计师事务所应当妥善地保管已归档的审计工作底稿。自审计报告日起，审计工作底稿的保管期限为至少10年。如果注册会计师未能完成审计业务，会计师事务所应当自审计业务中止日起，对审计工作底稿至少保存10年。对于超出保存期限的审计档案，会计师事务所可对其进行销毁，并做好销毁记录。

本章小结

审计目标包括审计总体目标和具体审计目标。我国财务报表审计总体目标是注册会计师通过执行审计工作，对财务报表整体是否不存在由于舞弊或错误导致的重大错报获取合理保证，使得注册会计师能够发表审计意见；根据审计发现对财务报表出具审计报告，并与管理层或治理层沟通。具体审计目标与管理层的认定密切相关，主要包括与各类交易、事项及相关披露有关的审计目标、与期末账户余额及相关披露有关的审计目标两个方面。

审计证据是注册会计师形成审计结论和意见的基础。为了便于对审计证据进行收集、整理、分析和评价，注册会计师应当对审计证据进行分类。审计证据按照表现形式分为实物证据、书面证据、口头证据和环境证据；按照获取来源分为内部证据、外部证据和亲历证据。审计证据必须具有充分性和适当性，注册会计师才能据以形成审计结论。在审计实务中，注册会计师可采用检查记录或文件、检查有形资产、观察、询问、函证、重新计算、重新执行和分析程序等获取审计证据。

为了防止审计工作出现疏忽和遗漏，确保审计质量，注册会计师在执行审计业务时应当编制和复核审计工作底稿。在审计报告日后60天内，注册会计师应对审计业务中形成的审计工作底稿进行归档，并自审计报告日起妥善保存至少10年。

思政园地

加强财会监督，严肃财经纪律，维护财经秩序

为贯彻落实习近平总书记关于财会监督重要论述精神和党中央、国务院关于加强财会监督工作决策部署，2023年2月9日，中共中央办公厅、国务院办公厅印发了《关于进一步加强财会监督工作的意见》（以下简称《意见》）。《意见》以习近平新时代中国特色社会主义思想为指导，深入贯彻党的二十大精神，完整、准确、全面贯彻新发展理念，坚持以完善党和国家监督体系为出发点，以推进国家治理体系和治理能力现代化为根本目标，

注重把握财会监督工作的时代要求、职能定位、重点任务，突出政治属性，对新时代财会监督体系、工作机制等方面进行科学谋划和统筹设计，推动新时代财会监督工作高质量发展。《意见》对进一步健全党和国家监督体系、推进国家治理体系和治理能力现代化，对进一步推进全面从严治党、维护中央政令畅通，对进一步健全财政职能、加强财政管理、严肃财经纪律、维护财经秩序等方面都具有重要意义。

《意见》从明确财会监督的内涵和工作要求、构建财会监督体系、健全工作机制等方面，搭建起财会监督的“四梁八柱”。《意见》共五部分。第一部分是总体要求，提出新时代财会监督工作的指导思想、工作要求和主要目标。第二部分是健全财会监督体系。第三部分是完善财会监督工作机制。第四部分明确了新时期财会监督的三大重点领域。第五部分提出了相关保障措施。

《意见》坚持目标导向和问题导向，立足于财会监督在党和国家监督体系中的重要作用，针对财经领域存在的突出问题，要求切实加大监督力度，为确保中央决策部署贯彻落实、严肃财经纪律、维护财经秩序提供坚强保障。新时期财会监督的重点任务有以下三个方面：一是保障党中央、国务院重大决策部署贯彻落实。聚焦深化供给侧结构性改革，做好稳增长、稳就业、稳物价工作等重大部署，严肃查处财经领域违反中央宏观决策和治理调控要求、影响经济社会健康稳定发展的违纪违规行为，确保党中央政令畅通。二是强化财经纪律刚性约束。加强对财经领域公权力行使的制约和监督，聚焦党政机关过紧日子、加强基层“三保”工作等方面存在的突出问题，强化通报问责和处理处罚，使纪律真正成为带电的“高压线”。三是严厉打击财务会计违法违规行为。从严从重查处影响恶劣的财务舞弊、会计造假案件，强化对相关责任人的追责问责。加强对国有企业、上市公司、金融企业等的财务、会计行为的监督，强化对会计信息质量的监督，进一步加大对会计师事务所、资产评估机构等中介机构执业质量的监督力度。

资料来源：财政部.财政部负责人就《关于进一步加强财会监督工作的意见》答记者问［EB/OL］.［2023-02-15］.http://www.mof.gov.cn/zhengwuxinxi/caizhengxinwen/202302/t20230215_3866833.htm.

拓展阅读资料

素有中国节能板材第一品牌的河南天丰节能板材科技股份有限公司（以下简称天丰节能）在中国证监会2013年对在审IPO公司的专项检查中，被发现存在财务舞弊行为，从而成为“IPO核查第一案”。天丰节能主要通过虚增虚列、隐瞒关联交易、伪造银行对账单等多种手段来美化财务报表指标，以期达到成功上市的目的。其具体舞弊手段包括：

1.虚构客户和销售业务

中国证监会的调查结果显示，天丰节能虚增收入的方式主要包括：（1）伪造虚拟客户74家，虚增收入5 832万元。（2）虚构与6个自然人客户的业务往来，通过暗箱操作，虚增收入484万元。（3）虚构与恒耀工程公司等14家企业法人的业务往来，虚增收入1 879万元。

2.虚增利润和虚列付款

相关资料显示，天丰节能还采取了虚增利润、虚列应付账款以及其他应付款等手段进行财务造假，2010—2012年共虚增利润3 439万元；与供应商串通，通过虚构合同、虚构付款凭证，从而虚列付款高达2 944万元，其中涉案的供应商包括天发节能建材等13家企业。

3.虚增固定资产和在建工程

天丰节能为实现上市目的而粉饰报表，虚增了大量固定资产和在建工程。其采用的手段主要包括：（1）虚构固定资产采购。通过这种手段，2011年虚增固定资产与在建工程合计约960万元，2012年虚增固定资产与在建工程合计1 622万元，往来方主要包括中国台湾后东机械公司和意大利OMS公司。（2）贷款利息支出资本化计入在建工程。通过这种手段，2011年虚增固定资产与在建工程合计72万元，2012年虚增固定资产与在建工程合计139万元，贷款银行为国家开发银行河南省分行。

4.伪造银行对账单

天丰节能采用了伪造银行对账单的方式以达到掩盖其财务造假行为的目的，具体表现为：（1）基本户银行存款余额不符，2011年年底，天丰节能在中国建设银行新乡某支行尾号为3102账户的余额为3 038万元，但是银行的对账单显示银行账户的余额为38万元。除此之外，天丰节能还对其他账户的对账单进行了伪造。（2）银行账户上的销售款并不存在，在天丰节能的财务报表上，有一笔7 000多万元的销售收入回款记录在新乡某信用社账户上，但是实际上这笔回款根本就不存在。

5.关联交易披露不完整

在审查天丰节能涉及的关联交易时，稽查人员通过关联交易账本发现：2010—2012年，天丰节能采用三种隐瞒关联交易的手段进行造假。（1）关联方拆借大额资金未入账，天丰节能与关联公司互相拆借资金，但是没有在财务账簿中记录，这些关联方包括天丰投资等公司。通过这种手段，天丰节能三年合计隐藏金额5.44亿元。（2）将关联交易改变为非关联交易，天丰节能首先与无关联的第三方签署买卖合同，之后第三方再与天丰节能有关联的另一方签署商品交易合同，通过这种手段三年合计隐藏金额2 978万元。（3）直接把关联交易资金篡改为非关联交易资金，三年合计隐藏金额362万元。

资料来源：林翰东. 注册会计师IPO审计失败问题探讨——以利安达对天丰节能IPO审计为例［D］. 南昌：江西财经大学，2017.

【思考】

1.根据上述资料，请分析天丰节能2010—2012年的财务报表中，哪些管理层认定可能存在重大错报？对应的具体审计目标是什么？

2.为实现上述具体审计目标，可采取哪些具体审计程序以获取充分、适当的审计证据？

自测题

第4章判断题　　第4章单项选择题　　第4章多项选择题

第5章　审计计划、审计重要性与审计风险

【学习目标】

通过本章的学习，你要：

1. 了解注册会计师开展初步业务活动的目的和内容，以及审计业务约定书的基本内容；

2. 掌握总体审计策略和具体审计计划的内容及制定；

3. 理解并掌握审计重要性的概念；

4. 掌握审计重要性的确定与运用；

5. 了解审计风险及其构成要素，以及审计风险模型。

5.1　计划审计工作

《中国注册会计师审计准则第1201号——计划审计工作》规定，注册会计师开展计划审计工作，使审计业务以有效的方式得到执行。作为整个审计工作的起点，计划审计工作的质量高低直接影响审计工作的效率和效果。对于任何一项审计业务，为了确保审计目标的实现，会计师事务所和注册会计师应当按照审计准则的规定，谨慎考虑是否承接新的业务或保持原有客户的业务，并对拟进行的审计工作进行科学、合理的计划和安排。

充分合理地计划审计工作不仅有助于注册会计师恰当地组织和管理审计业务，适当关注重要的审计领域，及时发现和解决潜在的问题，从而使审计业务得以高效执行，还有助于会计师事务所选择和分派具备相当专业素养和胜任能力的项目组成员以应对预期的风险，并对其工作进行指导、监督和复核。在适用的情况下，计划审计工作还有助于协调项目组注册会计师和专家的工作。

计划审计工作是一个持续的过程，注册会计师通常在前一期审计工作结束后即开始本期的审计计划工作，直到本期审计工作结束为止。计划审计工作包括针对审计业务制定总体审计策略和具体审计计划，其性质和范围会因审计业务情况的变化、被审计单位的规模和复杂程度、项目组关键成员以前从被审计单位获得的经验的不同而不同。

5.1.1 初步业务活动

注册会计师在本期审计业务开始时需要开展初步业务活动，以识别和评价可能对计划和执行审计工作产生负面影响的事项或情况。

视频17 初步业务活动

1.开展初步业务活动的内容和目的

根据《中国注册会计师审计准则第1201号——计划审计工作》的规定，会计师事务所和注册会计师应当在本期审计业务开始时开展下列初步业务活动：（1）针对保持客户关系和具体审计业务实施相应的质量管理程序；（2）评价遵守相关职业道德要求（包括独立性要求）的情况；（3）就审计业务约定条款与被审计单位达成一致意见。

会计师事务所在决定是否接受与保持客户关系和具体业务时，应当获取充分、适当的信息，并根据这些信息作出恰当判断。首先，会计师事务所应了解业务的性质和具体情况，评价客户的诚信和道德价值观，包括其管理层和治理层（如适用）。其次，会计师事务所还要对其是否具备按照职业准则和适用的法律法规的规定执行业务的能力作出恰当的判断，包括是否具备执行业务所需的资源，是否能够获取执行业务所需的信息或可以接触到提供此类信息的人员。在进行接受与保持客户关系和具体业务决策时，会计师事务所还必须确保对财务和运营方面的优先考虑不会导致作出不恰当的判断。此外，如果会计师事务所在接受与保持某一客户关系和具体业务后获知了新信息，而这些信息如果能够在接受与保持客户关系和具体业务之前获知，可能导致会计师事务所拒绝接受与保持客户关系和具体业务，对于这一情况，会计师事务所应当在承接业务时考虑是否能够恰当地应对。

注册会计师开展初步业务活动有助于其在计划审计工作时达到下列目的：（1）保持执行业务所需的独立性和能力；（2）确定不存在因管理层诚信问题而可能影响注册会计师保持该项业务意愿的事项；（3）确定与被审计单位之间不存在对业务约定条款的误解。

2.审计业务约定书

《中国注册会计师审计准则第1111号——就审计业务约定条款达成一致意见》规定，会计师事务所只有通过实施下列工作，就执行审计工作的基础达成一致意见时，才能承接或保持审计业务：（1）确定审计的前提条件存在；（2）确认注册会计师和管理层已就审计业务约定条款达成一致理解。

审计的前提条件是管理层在编制财务报表时对适当的财务报告编制基础的采用，以及管理层对执行审计工作的前提的认同。为了确定审计的前提条件是否存在，注册会计师应当确定管理层编制财务报表采用的财务报告编制基础是否适当，并就管理层认可并理解其责任与之达成一致意见。否则，除非法律法规另有要求，注册会计师不应承接拟议的审计业务。此外，如果管理层或治理层在拟议的审计业务约定条款中对审计工作的范围施加限制，以致注册会计师认为这种限制将导致其无法对财务报表发表意见，除非法律法规要求，注册会计师也不应将该项受到限制的业务作为审计业务予以承接。

当会计师事务所认为客户所委托的业务可以接受时，注册会计师应当就审计业务约定条款与管理层或治理层（如适用）达成一致意见，并与客户签订审计业务约定书，以避免双方对审计业务的理解产生分歧。

（1）审计业务约定书的概念及作用。审计业务约定书是指会计师事务所与被审计单位签订的，用以记录和确认审计业务的委托与受托关系、审计目标和范围、双方的责任以及报告的格式等事项的书面协议。审计业务约定书是具有法律效力的经济合同，一经双方签字或盖章认可，即对各方产生法定约束力，如一方违背，应承担相应的法律责任。

签订审计业务约定书不仅可以明确各方的权利和义务，促使各方遵守约定事项并加强合作，保护签约各方的正当利益，还可增进会计师事务所与被审计单位之间的相互了解，尤其是使被审计单位了解注册会计师的审计责任及需要管理层或治理层提供的协助与合作。此外，审计业务约定书也可作为被审计单位评价审计业务完成情况，或会计师事务所检查被审计单位约定义务履行情况的依据。一旦出现法律诉讼，审计业务约定书是确定签约各方权利义务的重要证据。

（2）审计业务约定书的内容。审计业务约定书的具体内容可能因不同的委托事项而有所不同，但一般应包括以下基本内容：

①财务报表审计的目标，即委托人委托会计师事务所的目的或用意，如是年度财务报表审计还是验资。

②管理层对财务报表的责任。审计业务约定书中应明确指出，按照适用的会计准则和相关会计制度编制财务报表是管理层的责任。

③注册会计师对财务报表审计的责任。

④管理层编制财务报表所适用的财务报告编制基础。

⑤审计工作的范围。审计业务约定书应当详细说明执行该审计业务的审计范围，包括所审财务报表的名称及所反映的日期或期间，适用的法律法规、审计准则，以及注册会计师协会发布的职业道德守则和其他公告等。

⑥计划和执行审计工作的安排，包括出具审计报告的时间要求和审计项目组的构成等。

⑦拟出具的审计报告的预期格式和内容，以及对在特定情况下出具的审计报告可能不同于预期形式和内容的说明。还应提及在审计报告中沟通关键审计事项的要求，以及对审计结果的其他沟通形式。

⑧对审计局限性的说明，即说明由于测试的性质和审计的其他固有限制，以及内部控制的固有限制性，不可避免地存在某些重大错报可能仍然未被发现的风险。

⑨管理层为注册会计师提供必要的工作条件和协助，能够及时向注册会计师提供财务报表草稿和其他各类信息，同意告知注册会计师在审计报告日至财务报表报出日之间注意到的可能影响财务报表的事实。

⑩预期注册会计师将不受限制地接触任何与财务报表编制有关的记录、文件和审计所需要的其他信息。

⑪预期管理层将提供书面声明以对其作出的与审计有关的声明予以书面确认。

⑫注册会计师对执业过程中获知的信息保密。

⑬审计收费，包括收费的计算基础和收费安排。

⑭违约责任及解决争议的方法。

⑮签约双方法定代表人或其授权代表签字盖章，以及签约双方加盖公章。

审计业务约定书的核心内容是管理层与注册会计师的责任和义务。在上述基本内容中，②、④、⑨、⑩、⑪可以视为管理层在财务报表审计过程中所承担的责任和义务；

③、⑤、⑥、⑦、⑧、⑫可以视为注册会计师在财务报表审计过程中所承担的责任和义务。

对于连续审计业务，会计师事务所和注册会计师可以不需要每期都致送新的审计业务约定书，但若有下列因素出现，可能导致注册会计师修改审计业务约定条款或提醒被审计单位注意现有的业务约定条款：有迹象表明被审计单位误解审计目标和范围、需要修改约定条款或增加特别条款、被审计单位高级管理人员近期发生变动、被审计单位所有权发生重大变动、被审计单位业务的性质或规模发生重大变化、法律法规的规定发生变化、编制财务报表采用的财务报告编制基础发生变更、其他报告要求发生变化。

在完成审计业务之前，如果被审计单位或委托人提出变更业务类型，将审计业务变更为其他保证程度较低的业务，注册会计师应当根据具体情况确定被审计单位的变更理由是否合理，并考虑是否对审计业务约定条款作出修改。通常情况下，由于环境变化导致对审计服务的需求产生影响，或对原来要求的审计业务性质存在误解可以认为是合理理由。如果有迹象表明被审计单位变更业务的理由是与错误的、不完整的或不能令人满意的信息有关，则该变更理由不能认为是合理的。在缺乏合理理由的情况下，注册会计师不应同意变更审计业务。如果注册会计师不同意变更审计业务，而管理层又不允许继续执行原审计业务，注册会计师应当在适用的法律法规允许的情况下，解除审计业务约定，并确定是否有约定义务或其他义务向其他方（如治理层、所有者或监管机构）报告该事项。

5.1.2 审计计划

审计计划是注册会计师为了实现预期的审计目标，在具体执行审计程序之前所编制的总体战略方针和详细方案。审计计划包括总体审计策略和具体审计计划两部分。项目合伙人和项目组其他关键成员应当参与制订审计计划，充分利用其经验和见解，提高计划审计工作的效率和效果。

视频18 审计计划

1.总体审计策略

总体审计策略用以确定审计工作的范围、时间安排和方向，以及指导制订具体审计计划。在制定总体审计策略时，注册会计师应当：

（1）确定审计业务的特征，包括适用的财务报告编制基础、特定行业的报告要求以及被审计单位组成部分的分布等，以界定审计范围。

（2）明确审计业务的报告目标，以计划审计的时间安排和所需沟通的性质，包括提交审计报告的时间要求、预期与管理层和治理层沟通的重要日期等。

（3）考虑影响审计业务的重要因素，以确定项目组工作方向，包括确定适当的重要性水平，初步识别可能存在较高的重大错报风险的领域，初步识别重要组成部分、重要的交易、账户余额和披露及相关认定，评价是否需要针对内部控制的有效性获取审计证据，识别被审计单位、所处行业、财务报告要求及其他相关方面最近发生的重大变化等。

（4）考虑初步业务活动的结果，并在适用时考虑项目合伙人为被审计单位执行其他业务时获得的经验是否与审计业务相关。

（5）确定执行业务所需资源的性质、时间和范围。注册会计师应当在总体审计策略中清楚地说明下列内容：①向具体审计领域调配的资源，包括向高风险领域分派有适当经验的项目组成员，就复杂的问题利用专家工作等；②向具体审计领域分配资源的数量，例如安排到重要存货存放地观察存货盘点的项目组成员的数量、对其他注册会计师工作的复核范围、对高风险领域安排的审计时间预算等；③何时调配这些资源，包括是在期中审计阶段还是在关键的截止日期调配资源等；④如何管理、指导、监督这些资源的利用，包括预期何时召开项目组预备会和总结会，预期项目负责人和经理如何进行复核，是否需要实施项目质量复核等。

总体审计策略的格式和内容可参考附录5-1。注册会计师应当根据实施风险评估程序的结果，对总体审计策略的内容予以调整。注册会计师应当针对总体审计策略所识别的不同事项制订具体审计计划，并通过有效利用审计资源实现审计目标。

附录5-1　**总体审计策略范例**

被审计单位：××股份有限公司	索引号：
项目：总体审计策略	财务报表截止日/期间：　　年度
编制：	复核：
日期：	日期：

一、审计范围

报告要求	
适用的财务报告编制基础	企业会计准则
适用的审计准则	中国注册会计师审计准则
与财务报告相关的行业特别规定	
由组成部分注册会计师审计的组成部分的范围	
需要阅读的含有已审计财务报表文件中的其他信息	
制定审计策略需考虑的其他事项	

二、审计时间安排

（一）报告时间要求

审计工作	时　间
提交审计报告草稿	
签署正式审计报告	
公布已审计报表和审计报告	

（二）执行审计工作的时间安排

审计工作	时间
1.期中审计：	
（1）制定总体审计策略	
（2）制订具体审计计划	
（3）了解被审计单位，进行风险评估	
⋮	
2.期末审计：	
（1）存货监盘	
（2）应收账款函证	
⋮	

（三）沟通的时间安排

所需沟通	时间
与管理层及治理层的会议	
项目组会议（包括预备会和总结会）	
与专家或有关人士的沟通	
与其他注册会计师沟通	
与前任注册会计师沟通	

三、影响审计业务的重要因素

（一）重要性

重要性	索引号
财务报表整体重要性	
特定类别的交易、账户余额或披露的一个或多个重要性水平（如适用）	
实际执行的重要性	
明显微小错报的临界值	

（二）可能存在较高重大错报风险的领域

可能存在较高重大错报风险的领域	索引号

（三）识别重要组成部分（记录所审计的集团内重要的组成部分）

重要组成部分名称	索引号

（四）识别重要的交易、账户余额和披露及相关认定

重要的交易、账户余额和披露及相关认定	索引号

四、人员安排

（一）项目组主要成员

项目组主要成员的职位、姓名及主要职责如下：

[分配职责时，可以根据被审计单位的不同情况，按会计报表项目划分或按交易类别划分]

职 位	姓 名	主要职责

（二）项目质量复核人员（如适用）

姓名	职级	主要职责

五、对专家或其他第三方工作的利用（如适用）

[如项目组计划利用专家或有关人士的工作，需记录其工作的范围和涉及的主要会计科目等。另外，项目组还应按照相关审计准则的要求对专家或有关人士的能力、客观性及工作等进行考虑及评估]

（一）对专家工作的利用

主要报表项目	专家名称	主要职责及工作范围	利用专家工作的原因	索引号

（二）对内部审计工作的利用

主要报表项目	拟利用的内部审计工作	索引号

（三）对组成部分注册会计师工作的利用

组成部分注册会计师名称	利用其工作的范围及程度	索引号

（四）对被审计单位使用服务机构的考虑

主要报表项目	服务机构名称	服务机构提供的相关服务及注册会计师出具的审计报告意见及日期	索引号

六、其他事项

2.具体审计计划

具体审计计划是依据总体审计策略制订的，为获取充分、适当的审计证据将审计风险降至可接受的低水平，对项目组成员拟实施的审计程序的性质、时间安排和范围等所作的详细规划和说明。具体审计计划的内容包括：

（1）计划对项目组成员实施指导、监督并复核其工作的性质、时间安排和范围。

（2）为了识别和评估重大错报风险，注册会计师计划实施的风险评估程序的性质、时间安排和范围。

（3）针对评估的认定层次重大错报风险，注册会计师计划实施的进一步审计程序的性质、时间安排和范围。进一步审计程序包括控制测试和实质性程序。通常，注册会计师在计划进一步审计程序时，首先需要决定进一步审计程序的总体方案是采用实质性方案（仅实施实质性程序）还是综合性方案（实施控制测试和实质性程序），然后确定拟实施的具体审计程序的性质、时间安排和范围。

（4）根据审计准则的规定，计划应当实施的其他审计程序。其他审计程序可以包括上述进一步审计程序的计划中没有涵盖的、根据其他审计准则的要求注册会计师应当执行的既定程序。例如，阅读含有已审计财务报表的文件中的其他信息、与被审计单位律师直接沟通等。

3.总体审计策略和具体审计计划之间的关系

总体审计策略是具体审计计划的指导，具体审计计划是总体审计策略的延伸。制定总体审计策略的过程通常在制订具体审计计划之前，但是二者并不是孤立、不连续的过程，而是内在紧密联系的。一方面，注册会计师应当针对总体审计策略中所识别的不同事项，制订具体审计计划，并通过有效利用审计资源实现审计目标；另一方面，注册会计师应当根据实施风险评估程序的结果，对总体审计策略予以调整。在实务中，注册会计师可将制定总体审计策略和具体审计计划互相结合，以提高计划审计工作的效率和效果。

4.审计过程中对计划的更新和修改

计划审计工作并非审计业务的一个孤立阶段，而是一个持续的、不断修正的过程，贯穿整个审计业务的始终。由于未预期事项、条件的变化或在实施审计程序时获取的审计证据等，注册会计师应在审计过程中对总体审计策略和具体审计计划作出必要的更新和修改。

5.与治理层和管理层的沟通

注册会计师应当按照《中国注册会计师审计准则第1151号——与治理层的沟通》的有关规定，就计划的审计范围和时间安排的总体情况与治理层进行清晰的沟通。沟通的内容包括审计的时间安排和总体策略、审计工作中受到的限制及治理层和管理层对审计工作的额外要求等。在某些被审计单位中，治理层可能包括管理层。

当就总体审计策略和具体审计计划中的内容与治理层、管理层进行沟通时，注册会计师应当保持职业谨慎，以防止具体审计程序被管理层或治理层所预见而损害审计工作的有效性。虽然注册会计师可以就总体审计策略和具体审计计划的某些内容与治理层和管理层沟通，但是制定总体审计策略和具体审计计划仍然是注册会计师的责任。

5.2 审计重要性

5.2.1 重要性的含义

根据审计准则的规定，在计划和执行审计工作中，注册会计师需要恰当地运用重要性概念去评价识别出的错报对审计的影响，以及未更正错报对财务报表和审计意见的影响。对于重要性概念，《中国注册会计师审计准则第1101号——注册会计师的总体目标和审计工作的基本要求》规定，如果合理预期某一错报（包括漏报）单独或连同其他错报可能影响财务报表使用者依据财务报表作出的经济决策，则该项错报通常被认为是重大的。重要性取决于在具体环境下对错报金额或性质的判断，或同时受到两者的影响，并受到注册会计师对于财务报表使用者对财务信息需求的了解的影响。由此，我们将财务报表审计中的重要性理解为：特定环境下财务报表中合理预期错报影响财务报表使用者决策或判断的“临界点”。如果财务报表中存在的合理预期错报超过这一“临界点”，就会影响财务报表使用者作出正确的决策或判断，那么我们认为该错报是重要的。为了正确理解和运用重要性概念，需要注意以下几点：

视频19 审计重要性

（1）重要性概念中的错报（包含漏报），是指某一财务报表项目表述的金额、分类、列报或披露，与按照适用的财务报告编制基础应当表述的金额、分类、列报或披露之间存在的差异。这种合理预期的错报包括注册会计师在计划和执行审计工作中已识别的错报和推断误差。

（2）重要性的判断是在考虑使用者整体对通用财务信息需求的基础上作出的。由于不同使用者对财务信息的需求存在很大差异，因此不考虑错报对个别使用者可能产生的影响。被审计单位编制财务报表的目的是向财务报表使用者提供决策或判断所需的财务信息，而注册会计师通过对财务报表实施审计，可以增强或削弱财务报表的可信程度，以保护财务报表使用者的利益。因此，判断一项错报重要与否，应视其对财务报表使用者依据财务报表作出经济决策的影响程度而定。也就是说，注册会计师应站在财务报表使用者的角度去判断重要性水平。如果财务报表中的某项错报单独或汇总足以改变或影响财务报表使用者的相关决策，则该项错报就是重要的，否则就是不重要的。

（3）重要性的确定离不开特定的环境。被审计单位所处的环境不同，财务报表使用者的信息需求不同，注册会计师确定的重要性也不同。某一金额的错报对某被审计单位的财务报表来说是重要的，而对另一个被审计单位的财务报表来说可能是不重要的。

（4）对重要性的评估需要运用职业判断。影响重要性的因素很多，不同的企业重要性不同，同一企业不同时期的重要性也不同。即使对同一企业同一时期的财务报表，不同的注册会计师所确定的重要性也可能不同。注册会计师对重要性的确定受到注册会计师对财务报表使用者对财务信息需求的认识的影响。因此，注册会计师应当根据被审计单位所处的环境，综合考虑财务报表使用者的财务信息需求，运用职业判断，合理地确定重要性水平。

（5）重要性受到错报金额大小或性质的影响，或受到两者共同作用的影响。一般而言，金额大的错报比金额小的错报更重要。在有些情况下，某些金额的错报从数量上看并不重要，但从性质上考虑，则可能是重要的。对于某些财务报表披露的错报，若难以从金额上判断其是否重要，应从性质上考虑其是否重要。

5.2.2 重要性的确定

在确定重要性时，注册会计师应当从数量和性质两方面来考虑。

1.定量考虑重要性

在财务报表审计中，注册会计师需要确定并在审计工作底稿中记录三类重要性：财务报表整体的重要性；特定类别的交易、账户余额或披露的重要性水平（如适用）；实际执行的重要性。通常，注册会计师应当根据所在会计师事务所的惯例以及自己的经验，运用职业判断确定审计重要性。

（1）财务报表整体的重要性。对重要性的初步确定在计划审计工作阶段。由于财务报表审计的最终目标是注册会计师通过执行审计工作对财务报表发表审计意见，因此，注册会计师在制定总体审计策略时，应当合理地运用职业判断确定财务报表整体的重要性。注册会计师通常先选择一个恰当的基准，再选用适当的百分比乘以该基准，从而得出财务报表整体的重要性，即：

财务报表整体的重要性=判断基准×经验百分比

注册会计师对基准的选择有赖于其对被审计单位的性质和环境的了解。在选择基准时，注册会计师需要考虑的因素包括：①财务报表要素（如资产、负债、所有者权益、收入和费用）；②是否存在特定会计主体的财务报表使用者特别关注的项目（如为了评价财务业绩，财务报表使用者可能更关注利润、收入或净资产）；③被审计单位的性质、所处的生命周期阶段以及所处行业和经济环境；④被审计单位的所有权结构和融资方式（例如，如果被审计单位仅通过债务而非权益进行融资，财务报表使用者可能更关注资产及资产的索偿权，而非被审计单位的收益）；⑤基准的相对波动性。

适当的基准取决于被审计单位的具体情况。目前在实务中，常用作财务报表整体重要性计算基准的财务数据有总资产、净资产、营业收入、费用总额、毛利、税前利润等。以营利为目的的实体通常以经常性业务的税前利润作为基准。如果本年度税前利润因情况变化而意外增加或减少，可按照近几年经常性业务的平均税前利润确定财务报表整体的重要性。如果经常性业务的税前利润近年来均不稳定，注册会计师可选用其他基准，如毛利或营业收入。在确定恰当的基准后，注册会计师应当运用职业判断合理选择百分比，据以确定财务报表整体的重要性。百分比的选择与所选定的基准有关，如以税前利润为基准时所采用的百分比通常高于以营业收入为基准时所采用的百分比，在实务中，注册会计师对于以营利为目的的企业可能采用经常性业务税前利润的5%，而对于非营利组织则可能采用费用总额或总收入的1%。

值得注意的是，目前对于百分比的确定，审计准则并未作出规定，也无法作出规定，以上比例只是一些经验值。在执行审计业务时，注册会计师可根据具体情况，运用职业判断，对上述百分比作出适当的调整。

（2）特定类别的交易、账户余额或披露的重要性水平。在审计过程中，被审计单位可能存在一个或多个交易、账户余额或披露，其发生的错报金额虽然低于财务报表整体的重要性，但合理预期可能影响财务报表使用者依据财务报表作出的经济决策，根据被审计单位的这一特定情况，注册会计师还应当确定适用于这些交易、账户余额或披露的一个或多个重要性水平，即特定类别的交易、账户余额或披露的重要性水平。

下列因素可能表明被审计单位存在一个或多个特定类别的交易、账户余额或披露：①法律法规或适用的财务报告编制基础是否影响财务报表使用者对特定项目（如关联交易、管理层和治理层的薪酬，以及对具有较高估计不确定性的公允价值会计估计的敏感性分析）计量或披露的预期；②与被审计单位所处行业相关的关键性披露（如制药企业的研究与开发成本）；③财务报表使用者是否特别关注财务报表中单独披露的业务的特定方面（如关于分部或重大企业合并的披露）。

（3）实际执行的重要性。在财务报表审计中，注册会计师如果仅针对发现单项重大错报而计划审计工作，将可能忽略单项非重大错报汇总数以及可能存在的未发现错报对财务报表或交易、账户余额或披露的重大影响。为了将未更正和未发现错报的汇总数超过财务报表整体的重要性或特定类别的交易、账户余额或披露的重要性水平的可能性降至适当的低水平，注册会计师还应当确定实际执行的重要性，以评估重大错报风险并确定进一步审计程序的性质、时间安排和范围。实际执行的重要性是指注册会计师所确定的低于财务报表整体重要性或特定类别的交易、账户余额和披露重要性水平的一个或多个金额。

注册会计师在确定实际执行的重要性时，需要合理运用职业判断，并考虑下列因素的影响：①对被审计单位的了解（这些了解在实施风险评估程序的过程中得到更新）；②前期审计工作中识别出的错报的性质和范围；③根据前期识别出的错报对本期错报作出的预期。在实务中，注册会计师通常以财务报表整体重要性的50%~75%确定为实际执行的重要性。如果属于首次接受委托的审计项目，以前年度审计调整多，项目总体风险高（如处于高风险行业、管理层面临较高的市场竞争和业绩考核压力），内部控制预期失效，注册会计师可能考虑采用较低百分比（如50%）确定实际执行的重要性。反之，则可考虑采用较高百分比（如75%）予以确定。

2.定性考虑重要性

前文提到，一般而言，金额大的错报比金额小的错报更重要，但在有些情况下，金额不重要的错报从性质上看可能是重要的，尤其是对于某些财务报表披露的错报，不能仅从数量上判断其是否重要，而应从性质上考虑其重要性，即以是否影响财务报表使用者决策为判断标准。注册会计师在判断错报的性质是否重要时，应考虑以下因素：

（1）错报对遵守法律法规要求的影响程度。一般情况下，违反法律法规的错报比同等数额的无意错报更具重要性。

（2）错报对遵守债务契约或其他合同要求的影响程度。

（3）错报掩盖收益或其他趋势变化的程度（尤其是在联系宏观经济背景和行业状况进行考虑时）。

（4）错报对评价被审计单位财务状况、经营成果或现金流量的有关比率的影响程度。

（5）错报对财务报表中列报的分部信息的影响程度，如错报事项对分部或被审计单位其他经营部分的重要程度，而这些分部或经营部分对被审计单位的经营或盈利有重大影响。

（6）错报对增加管理层报酬的影响程度。例如，管理层通过错报来达到有关奖金或其他激励政策规定的要求，从而增加其报酬。

（7）错报是否与涉及特定方的项目相关。例如，与被审计单位发生交易的外部单位是否与被审计单位管理层的成员有关联。

（8）错报对与已审计财务报表一同披露的其他信息的影响程度，该影响程度能被合理预期将对财务报表使用者作出经济决策产生影响。

5.2.3 重要性的运用

1.审计计划阶段对重要性的初步判断和运用

在计划审计工作时，注册会计师应当运用职业判断对重要性作出初步判断，以确定拟实施的审计程序的性质、时间和范围。注册会计师在确定计划的重要性时，应当考虑以下主要因素：

（1）被审计单位的基本情况，包括被审计单位及其环境、被审计单位适用的财务报告编制基础以及被审计单位的内部控制体系等，这些因素都将影响注册会计师对重要性的判断。

（2）审计的目标，包括特定报告要求。信息使用者的要求等因素影响注册会计师对重要性的确定。例如，在对特定财务报表项目进行审计的业务中，重要性可能需要以该项目的金额而不是财务报表的一些汇总性财务数据为基础加以确定。

（3）财务报表各项目的性质及相互关系。财务报表使用者对不同的财务报表项目的关心程度不同。一般而言，如果认为流动性较高的项目出现较小金额的错报就会影响财务报表使用者的决策，注册会计师应当对此从严确定重要性。由于财务报表各项目之间是相互联系的，注册会计师在确定重要性时，需要考虑这种相互联系。

（4）财务报表项目的金额及波动幅度。财务报表项目的金额及波动幅度可能使财务报表使用者作出不同的反应，注册会计师在确定重要性时，应当深入研究这些项目的金额及波动幅度。

总之，只要是影响预期财务报表使用者决策的因素，都可能对重要性水平产生影响。注册会计师应当在审计计划阶段充分考虑这些因素，采用合理的方法，初步确定重要性，并据以计划进一步审计程序的性质、时间和范围，将审计风险降至可接受的低水平。

在计划审计工作时，注册会计师可以根据审计实际执行的重要性确定需要对哪些类型的交易、账户余额和披露实施进一步审计程序，如通常注册会计师会选取金额超过实际执行的重要性的财务报表项目实施进一步审计程序。此外，在确定进一步审计程序的性质、时间安排和范围时，注册会计师也会运用实际执行的重要性。例如，实质性分析程序时已记录金额和预期值之间的可接受差异额以及细节测试中进行审计抽样时可容忍错报的确定均可等于或低于实际执行的重要性。

2.审计执行阶段对计划的重要性的修改

在一项审计业务中，计划的重要性只是反映了审计计划阶段注册会计师对重要性作出的初步判断，它不是一成不变的。随着审计过程的推进，在审计执行阶段，如果具体环境发生了变化，注册会计师获取了新的信息，或者通过实施进一步审计程序，对被审计单位及其经营的了解发生了变化，注册会计师应当及时地评价审计计划阶段确定的财务报表整体的重要性以及特定类别的交易、账户余额或披露的重要性水平是否仍然合理，并根据具体情况修正计划的重要性，进而修改进一步审计程序的性质、时间安排和范围。在确定审计程序后，如果注册会计师决定接受更低的重要性水平，审计风险将增加。注册会计师应当选用下列方法将审计风险降至可接受的低水平：（1）如有可能，扩大控制测试范围或实施追加的控制测试；（2）修改计划实施的实质性程序的性质、时间安排和范围。

3.审计终结阶段重要性的运用

在审计终结阶段，注册会计师在评价审计结果时需运用重要性。此时所确定的重要性与之前所评估的重要性可能存在一定的差异。如果审计终结阶段确定的重要性大大低于之前所确定的重要性，那么注册会计师应考虑已实施的审计程序是否充分。因为重要性的降低会导致审计风险的增加，也就意味着需要执行更多的审计程序，收集更多的审计证据。在审计终结阶段，运用重要性对审计结果进行评价时，需要考虑是否有必要修改重要性水平，然后再运用修正后的重要性水平与未更正错报进行比较，评价审计结果。

（1）累积识别出的错报。在运用重要性评价审计结果前，注册会计师应当累积审计过程中识别出的错报，除非错报明显微小。明显微小的错报，从其规模、性质或发生的环境来看，无论单独还是汇总起来，均不会对财务报表产生重大影响。对于错报是否明显微小，注册会计师需要确定明显微小错报的临界值作为衡量标准。实务中，明显微小错报的临界值可能被确定为财务报表整体重要性的3%~5%，也可能在此基础上降低或提高一点，但通常不超过财务报表整体重要性的10%。

注册会计师在终结阶段，需要累积的错报包括已经识别的具体错报和推断误差。

①已经识别的具体错报，是指注册会计师在审计过程中发现的能够准确计量的错报，包括下列两类：一是对事实的错报。这类错报产生于被审计单位收集和处理数据的错误、对事实的忽略或误解，或故意舞弊行为。例如，注册会计师在实施细节测试时发现，最近购入存货的实际价值为16 000元，但账面记录的金额为9 000元，存货和应付账款分别被低估了7 000元，这里被低估的7 000元就是已识别的对事实的具体错报。二是涉及主观决策的错报。这类错报包括管理层和注册会计师对会计估计值的判断差异以及管理层和注册会计师对选择与运用会计政策的判断差异两种情况。

②推断误差，也称可能误差，是指注册会计师对不能明确、具体地识别的其他错报的最佳估计数。推断误差通常是指通过测试样本估计出的总体的错报减去在测试中发现的已经识别的具体错报。例如，注册会计师运用审计抽样技术，通过样本测试发现了10万元错报，据此推断出总体错报金额为50万元，那么这50万元的推断总体错报中包括10万元的已识别错报和40万元的推断误差。

如果审计过程中识别出的错报的性质以及错报发生的环境表明可能存在其他错报，且可能存在的其他错报与累积的错报合计起来可能是重大的，或者累积的错报合计数接近确定的重要性，注册会计师还应当确定是否需要修改总体审计策略和具体审计计划。

（2）沟通和更正错报。除非法律法规禁止，注册会计师应当及时将审计过程中累积的所有错报与适当层级的管理层进行沟通，并要求管理层更正这些错报。如果管理层按照要求更正了已发现的错报，注册会计师应当实施追加的审计程序，以确定错报是否仍然存在。如果管理层拒绝更正沟通的部分或全部错报，注册会计师应当了解管理层不更正错报的理由，并在评价财务报表整体是否不存在重大错报时考虑该理由。

（3）评价未更正错报的影响。出具审计报告之前，注册会计师应当运用重要性概念，从错报的金额、性质及其发生的特定环境等方面确定未更正的错报单独或汇总起来是否重大，并评价其对财务报表和审计意见的影响。下面仅从金额大小来评价未更正错报对审计意见的影响。未更正错报汇总数与财务报表整体重要性相比，可能出现以下三种情况：

①未更正错报的汇总数大大低于财务报表整体重要性。如果是这样，则说明错报对财

务报表的影响不重大，注册会计师可以发表无保留意见的审计报告。

②未更正错报的汇总数超过财务报表整体重要性。如果是这样，则说明错报对财务报表的影响可能是重大的，注册会计师应当考虑通过扩大审计程序的范围或要求管理层更正错报降低审计风险。在任何情况下，注册会计师都应当要求管理层就已识别的错报进行更正。如果管理层拒绝更正，并且扩大审计程序范围的结果不能使注册会计师认为未更正错报的汇总数不重大，注册会计师应当考虑出具非无保留意见的审计报告。

③未更正错报的汇总数接近财务报表整体重要性。如果是这样，注册会计师应当考虑该汇总数连同尚未发现的错报是否可能超过财务报表整体重要性，并考虑通过实施追加审计程序或要求管理层更正错报降低审计风险。

5.3 审计风险

5.3.1 审计风险的概念及特征

视频20 审计风险

审计风险是最能代表现代审计发展方向和趋势的概念，它是风险导向审计模式运用的基础。风险导向审计建立在审计风险识别、评估和应对的基础上，注册会计师通过对被审计单位进行全面的风险评估，设计和实施进一步审计程序，以将审计风险降低到可接受的低水平。审计风险对审计理论和实务的发展具有重要的意义。

1.审计风险的概念

审计风险是指当财务报表存在重大错报时，注册会计师发表不恰当审计意见的可能性。根据《中国注册会计师审计准则第1101号——注册会计师的总体目标和审计工作的基本要求》中对审计风险的定义，审计风险并不包含财务报表不存在重大错报，而注册会计师错误地发表了财务报表存在重大错报的审计意见的风险，因为通常这种情况很少发生。

由于审计存在的固有限制，注册会计师即使按照审计准则的要求恰当地计划和实施了审计工作，也不可能将审计风险降至零，因此注册会计师只能对财务报表是否不存在重大错报获取合理保证，而非绝对保证。审计风险的这种客观存在性一旦在审计结果中发生作用，其危害可能性转变为现实，此时可能将导致依赖审计结果作出各种判断的人作出错误决策或判断，从而蒙受一定的经济损失。需要注意的是，审计风险是一个与审计过程相关的技术术语，并不是指注册会计师执行审计业务的法律后果，并不代表因诉讼、负面宣传或其他与审计相关事项而导致损失的可能性。

2.审计风险的基本特征

（1）审计风险的客观性。审计职业的特点决定了审计风险难以避免，是客观存在的。导致审计风险的因素是多方面的，包括现代审计抽样技术的运用、内部控制的固有限制性、审计中获取的审计证据大多是说服性而非结论性的等。由于这些因素在审计执业过程中是必然存在的，因此审计风险也具有必然性。审计风险是客观存在于审计过程中的，是不以人的意志为转移的，注册会计师只能降低审计风险及其导致的损失，而不可能完全消除它。

（2）审计风险的潜在性。审计风险的潜在性主要表现在两个方面：一是审计风险发生的概率是无法通过计算得到的。在实际工作中，注册会计师只能依据职业判断来估计审计风险的大小，但估计存在的审计风险可能不存在，没有估计的审计风险可能恰恰存在，而这些只能在审计工作结束之后才能表现出来。二是审计风险产生的后果是潜在的。审计风险作为一种可能性，其存在不一定导致不良后果。因此，审计风险是潜在的，注册会计师对法律责任的承担也是潜在的。一旦审计风险转变为客观事实并导致损失时，注册会计师可能需要承担相应的法律责任。

（3）审计风险的普遍性。审计风险的形成是十分复杂的，在审计过程的每一个环节都有可能存在审计风险。例如，选择被审计单位，有接受客户的风险；编制审计计划，有计划风险；收集审计证据，有取证风险；编写审计报告，有报告风险等。任何一个环节的微小因素都会增加最终的审计风险，因此，审计风险具有普遍性。

（4）审计风险的可控性。审计风险无法被完全消除，并不意味着无法将其控制在可接受的低水平。以下措施通常能够降低注册会计师最终将承受的审计风险：制订科学合理的审计计划并在执行审计过程中适时调整、有效识别和评估重大错报风险并采取针对性的风险应对措施、提高自身素质和业务水平以提升职业判断的准确性、改善审计技术方法提高抽样的效果效率、严格执行准则规范审计过程中各操作程序等。

3. 可接受审计风险水平的确定

对于任何审计事项，注册会计师应首先确定期望的审计风险水平，并通过审计程序的实施将实际的审计风险控制在可接受的水平范围内。可接受审计风险水平的确定取决于注册会计师的主观意识和主观行为。如果注册会计师有95%的把握查出财务报表中的重大错报，那么可接受审计风险水平就是5%。确定可接受审计风险水平时，注册会计师需要考虑外部使用者对财务报表的依赖程度、存在法律诉讼的可能性以及败诉受到的制裁的严厉程度、被审计单位管理层的品行等因素。

（1）外部使用者对财务报表的依赖程度。如果外部使用者对财务报表的依赖程度很高，一旦发生审计失败将造成严重的社会危害，在这种情况下，注册会计师就有必要确定一个较低的可接受审计风险水平，以保证收集更充分、更可靠的审计证据，支持形成适当审计意见。客户的规模越大，所有权越分散，负债率越高，外部使用者对财务报表的依赖程度越高。

（2）存在法律诉讼的可能性以及败诉受到的制裁的严厉程度。如果发生审计失误，注册会计师将面临法律诉讼，甚至受到严厉的制裁，在这种情况下，注册会计师会尽可能将可接受审计风险控制在较低的水平。

（3）被审计单位管理层的品行。被审计单位管理层如缺乏正直的品行，则该单位财务报告中将可能存在更多、更严重的由于错误或舞弊导致的重大错报，注册会计师也将面临更高的审计风险。即使接受这类客户的委托，在制订审计计划时，也应确定较低的可接受审计风险水平，以最大限度保证最终出具的审计报告的恰当性。

5.3.2 审计风险模型

1.审计风险的组成要素

审计风险取决于重大错报风险和检查风险。

（1）重大错报风险。重大错报风险是指财务报表在审计前存在重大错报的可能性。重大错报风险可能存在于财务报表层次以及各类交易、账户余额或披露的认定层次。因此，在设计审计程序以确定财务报表整体是否存在重大错报时，注册会计师应当从财务报表层次和各类交易、账户余额或披露的认定层次考虑重大错报风险。

①财务报表层次的重大错报风险。财务报表层次的重大错报风险与财务报表整体存在广泛联系，可能影响多项认定。此类风险通常与被审计单位的内部环境有关，如管理层缺乏诚信、治理层形同虚设而不能对管理层进行有效监督等。此类风险难以被界定于某类交易、账户余额或披露的具体认定，但是它可能会加大某项或某几项认定的重大错报风险，与舞弊风险有着密切的关系。

②认定层次的重大错报风险。注册会计师还应当评估各类交易、账户余额或披露的认定层次重大错报风险，以便确定认定层次上拟实施的进一步审计程序的性质、时间安排和范围。认定层次的重大错报风险由固有风险和控制风险组成。

固有风险，是指在不考虑控制的情况下，某类交易、账户余额或披露的某一认定易于发生错报的可能性。固有风险的高低与事项或情况的复杂性、主观性、不确定性以及变化有着密切的关系，同时还会受到管理层偏向和其他舞弊风险因素的影响。例如，需要进行复杂会计计量或涉及管理层重大判断的项目固有风险相对较高；涉及重大计量不确定性的会计估计固有风险较高；非常规业务比常规业务固有风险高；技术进步可能导致某项产品陈旧，进而导致存货易于发生高估错报的固有风险。

控制风险，是指内部控制未能及时防止或发现并纠正某类交易、账户余额或披露的某一认定发生错报的可能性。一般而言，内部控制的设计和运行的有效性以及本身的固有局限性等对控制风险都有影响。例如，对高价值的、易转移的存货缺乏实物安全控制，可能导致存货的存在认定出错等。

（2）检查风险。当被审计单位经济业务中存在的重大错弊绕过了被审计单位的内部控制制度并进入财务报表时，注册会计师就有责任采用必要的审计方法和程序来发现它，并要求被审计单位将其从财务报表中剔除，以合理地保证所审财务报表的合法性和公允性。然而，在整个审计过程中，注册会计师的任何一个审计程序或者职业判断的失误都有可能导致其无法发现这些重大错弊。我们把某一错报单独或连同其他错报可能是重大的，在将审计风险降至可接受的低水平时，注册会计师实施的程序没有发现这种错报的风险称为“检查风险”。检查风险是独立存在于审计过程的一种风险，它与注册会计师的工作直接相关，是唯一能够通过注册会计师的主观努力而加以控制的风险。检查风险的高低取决于审计程序设计的合理性和执行的有效性。例如，人员委派、审计计划的制订、审计程序的设计实施、审计证据的取得评价等都会影响检查风险。需要特别注意的是，由于注册会计师通常并不对所有的交易、账户余额和披露进行检查，也可能选择了不恰当的审计程序、审计程序执行不当，或者错误理解了审计结论，因此，检查风险不可能降为零。注册会计师应当合理设计审计程序的性质、时间和范围，并有效执行审计程序，以控制检查风险。

2. 审计风险模型的建立

审计风险模型是指用于反映审计风险的组成要素及其之间相互关系的表达式。现代风险导向模式下，审计风险模型可用以下公式表示：

审计风险=重大错报风险×检查风险

审计风险是审计风险各组成要素共同作用的结果，同时这些要素又相互独立，它们之间是一种乘积关系。在既定的审计风险水平下，可接受的检查风险水平与认定层次的重大错报风险的评估结果呈反向关系，即：评估的认定层次重大错报风险越高，可接受的检查风险水平越低；评估的认定层次重大错报风险越低，可接受的检查风险水平越高。

在实务中，注册会计师对审计风险水平可用比率定量表示，也可用“高”“中”“低”等文字进行定性表达。

3. 审计风险模型的运用

在风险导向审计模式下，审计风险模型主要运用于审计的计划阶段和终结阶段。在审计计划阶段，注册会计师可以运用审计风险模型确定可接受的检查风险水平，并根据可接受的检查风险水平高低确定认定层次拟实施的进一步审计程序的性质、时间安排和范围。例如，针对某项认定，注册会计师确定的审计风险水平为5%；通过对被审计单位的初步了解，注册会计师将该认定的重大错报风险初步评估为25%；根据审计风险模型，在对该认定的审计中，注册会计师可接受的检查风险为20%。如果该检查风险处于较低水平，则意味着注册会计师对该认定需要执行更多的审计程序，收集更多的审计证据。在审计终结阶段，审计风险模型可用来评价实际的检查风险是否低于可接受的检查风险水平。如果实际的风险水平低于可接受的风险水平，说明审计过程中所获取的审计证据是充分、适当的，可据此得出审计结论；反之，则应重新评价可接受的审计风险以及认定层次重大错报风险的估计水平是否适当，判断审计证据是否充分、适当，并考虑是否追加审计程序或收集更多的审计证据，将检查风险降低到可接受水平。

本章小结

计划审计工作是整个审计工作的起点。注册会计师在审计计划阶段应首先开展初步业务活动，对客户关系和具体业务的承接与保持作出决策。会计师事务所在与被审计单位签订审计业务约定书之后，应当针对审计业务制定总体审计策略和具体审计计划，以确定审计工作的范围、时间安排和方向，以及拟实施的具体审计程序的性质、时间安排和范围。

在整个审计工作中，注册会计师必须合理评估和运用重要性和审计风险。

财务报表审计中的重要性是特定环境下财务报表中合理预期错报影响财务报表使用者决策或判断的“临界点”。如果合理预期某一项错报单独或连同其他错报可能影响财务报表使用者依据财务报表作出的经济决策，则该项错报是重大的。根据审计准则的规定，注册会计师在执行财务报表审计业务时，应当对重要性进行适当的评估，以确定审计风险以及审计程序的性质、时间安排和范围。注册会计师应当从金额和性质两方面来确定重要性，包括财务报表整体的重要性，特定类别的交易、账户余额和披露的重要性以及实际执行的重要性。注册会计师在审计计划阶段对重要性作出初步判断；在审计执行阶段，要根据具体环境的变化或新信息的获取对计划的重要性进行修正；在审计终结阶段，注册会计师还要运用重要性评价审计结果。

审计风险是指当财务报表存在重大错报时，注册会计师发表不恰当审计意见的可能性。审计风险取决于重大错报风险和检查风险。重大错报风险与被审计单位有关，是财务报表在审计前存在重大错报的可能性，包括财务报表层次和认定层次。认定层次的重大错报风险可进一步细分为固有风险和控制风险。检查风险是注册会计师可以通过合理设计和有效执行审计程序予以控制的风险。审计风险及其组成要素之间的关系可用审计风险模型“审计风险=重大错报风险×检查风险”来表示。在既定的审计风险水平下，可接受的检查风险水平与认定层次的重大错报风险的评估结果呈反向关系。在审计计划阶段，注册会计师运用审计风险模型计算出可接受的检查风险水平，并根据可接受的检查风险水平确定认定层次拟实施的进一步审计程序的性质、时间安排和范围。在审计终结阶段，注册会计师需要评价实际的检查风险是否低于可接受的检查风险水平，从而判断所获取的审计证据是否是充分、适当的，能否据此得出审计结论。

思政园地

坚持质量导向、风险导向和问题导向，扎实做好年报审计工作

为维护公众利益，提升上市公司年报审计质量，2022年12月29日，中国注册会计师协会发布了《关于做好上市公司2022年年报审计工作的通知》(以下简称《通知》)。

《通知》对上市公司2022年年报审计工作提出了总体要求。《通知》要求，2022年上市公司年报审计工作要坚持以习近平新时代中国特色社会主义思想为指导，全面贯彻党的二十大、二十届一中全会和中央经济工作会议精神，扎实推进《关于进一步规范财务审计秩序促进注册会计师行业健康发展的意见》(国办发〔2021〕30号)各项任务的贯彻实施，紧抓质量提升主线，守住诚信操守底线，筑牢法律法规红线，坚守独立、客观公正的职业立场，坚持质量导向、风险导向和问题导向，扎实做好年报审计工作，切实履行事务所“看门人”职责，有效发挥注册会计师审计鉴证作用。

注册会计师在执行2022年上市公司年报审计工作过程中，要贯彻落实《财政部关于加大审计重点领域关注力度 控制审计风险 进一步有效识别财务舞弊的通知》有关要求，针对货币资金、存货、在建工程和购置资产、资产减值、收入、境外业务、企业合并、商誉、金融工具、滥用会计政策和会计估计、关联方关系及交易等11个近年来财务舞弊易发高发领域，加大关注力度，强化审计程序，做好有效应对。事务所要不断健全质量管理体系，着力推进建立一体化管理机制，提高事务所质量管理能力，提升审计质量，防范审计风险。注册会计师要严格执行审计准则，把审计程序执行到位，加强对风险评估程序、控制测试、函证、监盘、截止测试、检查等常规审计程序的执行，避免出现仅简单勾画程序表格、应对措施与风险评估结果脱节、程序与目标不一致、程序执行不到位、业务工作底稿记录不完整等问题；同时，在审计过程中保持职业怀疑，提高应对财务舞弊的执业能力。

资料来源：中国注册会计师协会. 中国注册会计师协会关于做好上市公司2022年年报审计工作的通知［EB/OL］.（2022-12-29）［2023-11-14］. https://www.cicpa.org.cn/xxfb/tzgg/202212/t20221229_63892.html.

拓展阅读资料

佳电股份有限公司（以下简称佳电股份）原名为阿城继电器股份有限公司（以下简称阿继电器），成立于1993年，1999年在深圳证券交易所上市，在大中型、特种电机的研发和制造领域处于行业领先和主导地位。2011年，阿继电器经资产重组后，更名为佳电股份。随后，佳电股份与原股东签订了与业绩承诺相关的书面协议，按照该协议的要求，佳电股份必须保证实际净利润维持在一定的水平，2011—2014年度分别不低于人民币1.68亿元、1.90亿元、2.24亿元和2.51亿元。该协议的业绩要求给佳电股份带来了一定的压力。佳电股份2012年度财务报表数据显示，实际净利润为1.91亿元，刚达到该协议的要求。之后，整个行业受到冲击，佳电股份的业绩每况愈下。2010—2013年，佳电股份多次收到深圳证券交易所以及黑龙江证监局的处罚、关注及要求整改的函件。

大华会计师事务所（以下简称大华所）2013—2015年连续三年为佳电股份提供审计服务，而且在佳电股份上市之前，二者也曾有过一段时间的合作关系。2012年年底，佳电股份上市后，为了将这种合作关系延续下去，大华所与对方管理层沟通后，很快进行了佳电股份2012年年报审计业务承接。这也是大华所在佳电股份上市后首次承担其财务报表审计业务。双方经过协商，基本确定了2012年度审计工作的时间安排、审计费用等事宜。经过大华所内部讨论与考量后，指派注册会计师张某担任项目合伙人，确定审计费用为50万元，之后双方签订了书面的审计业务约定书。由于时间紧、项目多、人力不足，大华所与佳电股份建立合作关系之后，立即随机抽调了审计人员并招录了部分新人组建项目团队。2013年度、2014年度，大华所询问佳电股份负责人本年度是否继续合作，得到答复后继续承接了佳电股份财务报表审计业务，仍指派张某担任项目合伙人。佳电股份成为大华所的重要客户。

在2013年度的审计计划阶段，审计人员主要通过获取公司章程、股东会议事规则、会议记录等反映经营状况的资料对佳电股份进行初步了解。然后，通过对总经理、财务主管等相关人员的口头询问对佳电股份的生产经营、日常运作情况进行了解。在询问中，佳电股份的相关人员都反映该公司运作正常。审计人员通过翻阅资料、口头询问的方式认为对佳电股份所处环境、运营情况及风险已经足够了解，因此在前期了解的基础上确定了重要性水平，并以此展开了后续工作。在2014年度的审计工作中，大华所一如既往地安排了上一年负责该项目的人员继续承接该项目，在了解和评估被审计单位情况时，项目组成员参考了以往的审计工作执行情况，直接照搬了2013年度的审计工作底稿。

项目组到达审计现场后，审计人员先通过佳电股份的相关人员获取了有关该公司财务状况的资料，将资料进行复制和复印后归还财务人员。项目经理和现场负责人按照级别和经验编制了实质性程序审计工作底稿的科目分工表，由组内不同成员负责不同的科目。审计人员通过对文件资料的翻阅和实物资料的检查，陆续开展审计工作。对于佳电股份自行开发的成本核算系统，审计人员的判断是建立在简单查看的基础上的，重点关注了运行以及硬件状况，但没有过多注意系统的其他情况，最终得出系统硬件无问题、财务软件运行正常的结论。之后，审计人员展开了实质性程序，对相关数据进一步分析，发现该公司营业成本结转数据异常，销售费用、存货跌价准备计提存在增幅较大、波动异常的情况。审计人员对疑问和异常事项向佳电股份负责人进行了问询，获取了该公司针对部分科目提供的说明，并实施了询问程序予以确认。在完成所有审计程序，并在审计工作底稿中予以记录后，得出结论：在佳电股份的财务报表中未发现明显的错误陈述。

连续三年，大华所在完成所有工作后，认为已完成的审计工作无误，已获取的审计证据充足，能够支撑得出的审计结论，因此，对于佳电股份的财务报表均发表了标准无保留意见审计报告。事后，中国证监会行政处罚决定书（〔2018〕70号）认定，在对佳电股份2013—2015年度的财务报表审计中，大华所出具的审计报告与事实不符，因此作出如下处罚：没收三年业务收入150万元，并处以450万元的罚款；同时，对责任人张某、高某、谭某给予警告，分别处以罚款。

资料来源：饶欣. 大华会计师事务所审计质量控制探究——以对佳电股份审计为例［D］. 南昌：江西财经大学，2020.

【思考】

1. 请根据上述资料分析大华所在业务承接和审计程序设计及实施中存在的不足。

2. 假设你是佳电股份年报审计项目合伙人，针对其2012年年报审计业务，你将制定何种总体审计策略？

自测题

第5章判断题

第5章单项选择题

第5章多项选择题

第6章　风险评估与风险应对

【学习目标】

通过本章的学习，你要：

1.理解并掌握现代风险导向审计模式的理念；

2.了解风险评估和风险应对的总体要求；

3.熟练掌握重大错报风险的识别和评估；

4.掌握针对评估的财务报表层次和认定层次的重大错报风险所采取的应对措施；

5.了解控制测试和实质性程序的性质、时间安排和范围。

6.1　风险导向审计模式

审计模式，是指为了实现预期的审计目标，审计人员所采取的审计策略、方式和方法的统称，是审计目标、范围和方法等要素的有机结合。①随着社会经济发展和需求的变化，审计模式也在不断地变革和创新。在审计的历史长河中，审计模式经历了三个发展阶段：账项基础审计模式阶段、制度基础审计模式阶段和风险导向审计模式阶段。

在审计发展的初期，审计人员主要采用账项基础审计模式来完成审计工作，其工作的重心是对账目进行详细审查，目标是查找账目是否存在错弊，以确定会计信息的真实可靠性。采用这种审计模式费时费力，并且无法揭示会计信息失真的根本原因，因此，随着企业经营规模不断扩大、业务内容日益复杂，审计人员为了提高审计工作的效率和效果，提出了制度基础审计模式。在该审计模式下，审计人员在实施实质性程序之前，需要先对被审计单位的内部控制制度进行了解和评价，以确定内部控制的薄弱环节，然后在此基础上有针对性地确定实质性程序的性质、时间安排和范围。制度基础审计模式在20世纪40年代之后在审计实务中被广泛采用。然而，由于审计环境日益复杂，审计风险不断加剧，审计风险的产生不仅与内部控制有关，还会受其他因素的影响，因此，审计人员如果仅在对被审计单位的内部控制进行评价的基础上设计和实施审计程序，已不足以防范和降低审计风险，可能导致审计失败。20世纪60年代之后，风险导向审计模式逐渐取代制度基础审计模式，成为现代审计模式的主流。

① 余海宗，袁洋．审计模式演进及发展的路径分析［J］．财会通讯（学术版），2007（9）：18-21.

风险导向审计模式经历了传统风险导向审计模式和现代风险导向审计模式两个阶段。早期的风险导向审计基于传统的审计风险模型，即“审计风险=固有风险×控制风险×检查风险”，通过对财务报表固有风险和控制风险的评估来确定实质性程序的性质、时间和范围。然而，在这一审计模式下，审计工作中虽增加了风险定量评估的内容，审计人员可以在风险定量分析的基础上进行审计风险控制，但其工作重心仍是财务报表项目以及相关交易、账户余额认定本身的风险及相关会计系统的有效性，仍以业务层面的控制测试和风险评估为基础实施实质性程序。这种审计模式在运用过程中，忽略了企业财务报表不仅受其本身性质和内部控制的影响，还会受其所处的行业环境、国家法律监管政策、企业经营目标和战略以及相关经营风险的影响。如果在审计实务中，审计人员对于风险的评估不考虑内部控制之外的因素，将无法有效地识别由于舞弊和错误导致的财务报表重大错报，从而可能出现审计失败。要有效防范审计风险，避免审计失败，审计人员就必须改变传统的审计理念，改进审计模式。21世纪初，传统的风险导向审计模式开始转向现代风险导向审计模式，并建立起现代审计风险模型，即“审计风险=重大错报风险×检查风险”。现代风险导向审计模式要求审计人员从审计风险的来源入手，通过对被审计单位所处的内外部环境进行深入了解，识别和评估财务报表重大错报风险，并在此基础上确定实质性程序的实施范围、时间安排和性质。

那么，现代风险导向审计模式在审计实务中是否能够有效地提高审计效果和效率呢？2000年7月，国际审计与鉴证准则委员会（International Auditing and Assurance Standards Board，IAASB）联合美国审计准则委员会成立了“风险分析联合项目组”。该项目组对现代风险导向审计模式进行了相关研究，研究结论对该审计模式的运用效果进行了充分肯定。2002年年底，国际审计与鉴证准则委员会及美国审计准则委员会对相关的审计准则进行了修改，并从2004年起推行现代风险导向审计模式。为了适应国际准则的这一变化，我国也从2004年开始修订已有的审计准则，采用现代风险导向审计模式。2006年12月，中国注册会计师协会正式颁布注册会计师执业准则，于2007年开始实施。在现阶段，现代风险导向审计模式在我国审计实务中被广泛采用。

6.2 风险评估

6.2.1 总体要求

2022年12月22日，财政部发布修订后的《中国注册会计师审计准则第1211号——重大错报风险的识别和评估》。根据该项准则的规定，注册会计师应当通过了解被审计单位及其环境、适用的财务报告编制基础以及内部控制体系，识别和评估财务报表层次和认定层次重大错报风险，从而为设计和实施应对措施提供依据。这一规定充分体现了现代风险导向审计的理念，注册会计师开展审计工作的基本思路为：首先在了解被审计单位及其环境、适用的财务报告编制基础以及内部控制体系的基础上对重大错报风险进行识别，然后对所识别的重大错报发生的可能性和重要性进行评估，最后根据评估的结果设计和实施审计程序进行重大错报风险应对，从而最终将审计风险控制在可接受的低水平。在现代风险导向审计模式下，风险的识别和评估是注册会计师进行风险控制的起点，而进行风险的识别和评估必须以对被审计单位及其环境、适用的财务报告编制基础以及内部控制体系的了解为基础。了解被审计单位及其环境、适用的财务报告编制基础和被审计单位的内部控制体系是一个动态和不断修正地收集、更新与分析信息的过程，应贯穿于整个审计过程的始终。注册会计师在整个审计过程中需要连续、动态地进行相关信息的收集、更新与分析，并运用职业判断确定了解的程度是否足以识别和评估财务报表层次和认定层次重大错报风险。无论重大错报风险是舞弊导致的还是错误导致的，注册会计师都要进行识别和评估，从而为设计和实施应对措施提供依据。

6.2.2 风险评估程序

风险评估程序是指注册会计师为识别、评估财务报表层次和认定层次的重大错报风险，而设计和实施的审计程序。注册会计师应当依据被审计单位的性质和具体情况（如被审计单位的政策和程序、流程和体系的正规化程度）设计和实施风险评估程序，以获取审计证据，为重大错报风险的识别、评估以及应对提供依据。注册会计师在设计和实施风险评估程序时，不应当偏向于获取佐证性的审计证据，也不应当排斥相矛盾的审计证据。不带偏向性地设计和实施风险评估程序，有利于从被审计单位内部和外部多个来源获取审计证据，但并非要求注册会计师穷尽一切办法来进行搜索，以识别审计证据的所有可能来源。

视频21 风险评估程序

根据审计准则的规定，注册会计师设计和实施的风险评估程序应当包括：询问管理层和被审计单位内部其他合适人员，包括内部审计人员；分析程序；观察和检查。

1.询问管理层和被审计单位内部其他合适人员，包括内部审计人员

通过询问，注册会计师可以了解被审计单位及其环境、适用的财务报告编制基础以及内部控制体系，从而为识别和评估重大错报风险以及设计进一步审计程序提供依据。一般情况下，注册会计师可以询问管理层和负责财务报告的人员，以获取大部分信息。这些信息包括：经营目标或战略的变化、市场竞争状况、主要客户和供应商的情况以及对相关法律法规的遵守等；最近的财务状况、经营成果和现金流量；近期发生的可能影响财务报告的交易和事项，或目前发生的重大会计处理问题，如重大的并购事宜等；被审计单位发生的所有权结构、组织结构的变化，以及内部控制的变化等重要变化。

除了询问管理层和负责财务报告的人员以外，注册会计师还可以根据判断考虑是否直接询问治理层，参与生成、处理或记录复杂或异常交易的员工，内部法律顾问，销售人员，风险管理职能部门人员以及信息技术人员等被审计单位的内部其他合适人员，或询问不同层级的员工，以获取对识别重大错报风险有用的某些信息。

（1）询问治理层，可能有助于注册会计师了解治理层对管理层编制财务报表的监督程度；

（2）询问参与生成、处理或记录复杂或异常交易的员工，可能有助于注册会计师评价被审计单位选择和运用某项会计政策的恰当性；

（3）询问内部法律顾问，可能有助于注册会计师了解被审计单位的诉讼、遵守法律法规情况、影响被审计单位的舞弊或舞弊嫌疑、产品保证、售后责任、与业务合作伙伴的安排（如合营企业）和合同条款的含义等有关信息；

（4）询问销售人员，可能有助于注册会计师了解被审计单位营销策略的变化、销售趋势或与客户的合同安排；

（5）询问风险管理职能部门人员，可能有助于注册会计师了解可能影响财务报告的运营和监管风险；

（6）询问信息技术人员，可能有助于注册会计师了解系统变更、系统或控制失效情况，或与信息技术相关的其他风险；

（7）询问合适的内部审计人员（如有），可能有助于注册会计师了解被审计单位及其环境和内部控制体系。

除了询问被审计单位内部人员以外，注册会计师还可以考虑通过询问被审计单位的外部法律顾问、相关监管机构或利用的评估专家等获取相关信息以识别重大错报风险。

2.分析程序

注册会计师还可以使用分析程序识别和评估被审计单位是否存在重大错报风险。注册会计师通过研究不同财务数据之间以及财务数据与非财务数据之间的内在关系，对财务信息作出评价，识别出不一致的情形、异常的交易或事项，以及可能对审计产生影响的金额、比率和趋势。所识别出的异常或未预期到的关系可以帮助注册会计师识别重大错报风险，特别是舞弊导致的重大错报风险。

注册会计师在将分析程序用作风险评估程序时，可以同时使用财务信息和非财务信息，如分析销售收入与卖场的面积或已出售商品数量之间的关系，或使用高度汇总的数据。因此，实施分析程序的结果可能大体上初步显示发生重大错报的可能性。例如，在对业务模式、流程和信息系统较不复杂的被审计单位进行审计时，注册会计师可以对相关信息进行简单的比较，如中期账户余额或月度账户余额与以前期间的余额相比发生的变化，以发现潜在的较高风险领域。

3.观察和检查

注册会计师还可以实施观察和检查程序，以支持、佐证或反驳对管理层和其他相关人员的询问结果，并提供有关被审计单位及其环境的信息。注册会计师所实施的观察和检查程序包括：（1）观察被审计单位的经营活动，如生产活动和内部控制活动；（2）检查被审计单位的文件、记录和内部控制手册，如公司章程、经营计划和策略、签订的合同或协议、业务流程操作指引和内部控制手册等；（3）阅读由被审计单位管理层和治理层编制的报告，如季度和中期财务报告、董事会会议纪要、内部管理报告以及其他讨论、分析材料或报告等；（4）实地察看被审计单位的生产经营场所和厂房设备；（5）观察管理层或治理层的行为和行动，如审计委员会的会议；（6）阅读从外部来源获取的信息，如贸易与经济方面的期刊，分析师、银行或评级机构的报告，法规或金融出版物，或其他与被审计单位财务业绩相关的外部文件。此外，为了解被审计单位的业务流程以及相关内部控制，注册会计师还可以执行穿行测试，即通过追踪某笔或某几笔交易在财务报告信息系统中的处理过程，从而确定相关业务流程是否与之前通过其他程序所获得的信息一致，并判断相关内部控制是否得到执行。

注册会计师除了采用上述风险评估程序从被审计单位内部或外部获取信息以外，还可以从其他来源获取有助于识别和评估重大错报风险的相关信息。例如，在业务承接阶段针对客户关系和审计业务的接受与保持所实施的审计程序，项目合伙人在为被审计单位执行的其他业务时，或者以前服务被审计单位的经验以及以前审计时所实施的审计程序，均可帮助注册会计师了解被审计单位的性质和经营风险以及自以前期间可能发生的变化，管理层和治理层的诚信、道德和价值观，被审计单位所适用的财务报告编制基础及其具体运用，为其确定风险评估程序的性质和范围以及识别和评估重大错报风险提供相关信息。

在审计实务中，注册会计师在了解被审计单位及其环境、适用的财务报告编制基础，以及被审计单位的内部控制体系的过程中需要实施所有风险评估程序，但无须在了解每个方面时都实施所有的风险评估程序。

6.2.3　了解被审计单位及其环境、适用的财务报告编制基础和内部控制体系

注册会计师应当实施风险评估程序，以了解被审计单位及其环境、适用的财务报告编制基础和内部控制体系三个方面。其中，对被审计单位及其环境和适用的财务报告编制基础的了解，有助于注册会计师识别被审计单位在按照适用的财务报告编制基础编制财务报表时，固有风险因素怎样影响各项认定易于发生错报的可能性以及影响的程度。这些信息不仅为注册会计师识别和评估重大错报风险提供了重要依据，还有助于注册会计师计划审计工作以及在审计过程中的某些关键环节（如识别和评估舞弊风险、识别对财务报表产生重大影响的违反法律法规的行为、确定重要性、评价会计政策的适当性和财务报表披露的充分性等）运用职业判断和保持职业怀疑。

视频22　了解被审计单位及其环境、适用的财务报告编制基础和内部控制体系

注册会计师在实施风险评估程序时，应当根据被审计单位的性质和具体情况（如规模大小、业务复杂程度、系统和业务流程的性质、文件记录的性质和形式等）以及以前服务被审计单位的经验运用职业判断确定了解的性质和范围。通常，注册会计师需要了解的深度预期将低于管理层在管理被审计单位过程中的了解深度。

1. 了解被审计单位及其环境

（1）了解被审计单位的组织结构、所有权和治理结构、业务模式

①组织结构。组织结构是被审计单位为实现目标而计划、执行、控制及评价其活动的框架。复杂的组织结构，如被审计单位在多个地区拥有子公司、部门或其他组成部分，将可能导致某些特定的重大错报风险。通过了解被审计单位的组织结构，有助于注册会计师评价被审计单位对商誉、合营企业、投资或特殊目的实体的会计处理是否恰当，以及财务报表是否已对这些事项作出充分披露。

②所有权结构，即股权结构，作为产权安排的基础，它决定了被审计单位产权的具体分配方式和分配比例，以及所有者行使各种相关权利的方式。注册会计师对所有权结构的了解，包括了解被审计单位的性质、股东的构成、控股母公司的情况以及所有者与其他人员或实体的关系。通过了解，有助于注册会计师识别被审计单位存在的关联方关系，并评价关联方交易处理的恰当性和披露的充分性。在了解所有权结构时，注册会计师还应注意被审计单位的所有者、治理层、管理层之间的分离情况。例如，在较不复杂的被审计单位，所有者可能同时参与企业的管理，因此，所有者、治理层、管理层之间较少分离或没有分离。在某些上市实体，所有者、治理层、管理层三者之间可能存在明确的分离。

③治理结构。治理结构是用以协调所有者（股东）与其他利益相关者关系的一种机制，是现代企业制度的核心内容。良好的治理结构可以促进被审计单位加强内部控制以及

对经营活动和财务运作进行有效监督，从而降低财务报表发生重大错报的风险。注册会计师了解被审计单位的治理结构，可能有助于注册会计师了解被审计单位监督内部控制体系的能力以及内部控制体系可能存在的缺陷。对治理结构的了解，包括治理层人员是否参与对被审计单位的管理；董事会中的非执行人员（如有）是否与负责执行的管理层相分离；治理层人员是否在被审计单位法律上的组织结构下的组成部分中任职，例如担任董事；治理层是否下设专门机构，例如审计委员会，以及该专门机构的责任；治理层监督财务报告的责任，包括批准财务报表。

④业务模式（包括该业务模式利用信息技术的程度）。业务模式是被审计单位为利益相关者创造、保持和获取财务或更广泛方面的价值的方式，其内容包括组织结构、经营或活动范围、业务线（包括竞争对手和客户）、流程、增长机会、全球化、监管要求和技术等方面。被审计单位的管理层或治理层通常会根据经营所面临的内外部环境制定恰当的目标和战略，并为实现目标和战略而采用合理的业务模式。如果被审计单位制定了不恰当的目标和战略，或者某些重要事项或情况对被审计单位实现目标和实施战略的能力产生了不利影响，将可能导致被审计单位产生经营风险。多数经营风险最终都会产生财务后果，从而可能对财务报表重大错报风险产生直接影响。因此，注册会计师了解被审计单位的目标、战略和业务模式，有助于其从战略层面了解被审计单位，并了解被审计单位承担和面临的经营风险，以识别和评估重大错报风险。值得注意的是，经营风险比财务报表重大错报风险范围更广，并且包括重大错报风险。注册会计师没有责任了解或识别所有的经营风险，因为并非所有的经营风险都会导致重大错报风险。因此，注册会计师无须了解被审计单位业务模式的所有方面。

注册会计师在了解可能导致财务报表重大错报风险的业务模式、目标、战略及相关经营风险时，可以考虑的事项包括：行业发展及其可能导致的被审计单位不具备足以应对行业变化的人力资源和业务专长等风险；开发新产品或提供新服务及其可能导致的被审计单位产品责任增加等风险；业务扩张及其可能导致的被审计单位对市场需求的估计不准确等风险；新颁布的会计政策及其可能导致的被审计单位未完全执行或执行不当等风险；监管要求及其可能导致被审计单位法律责任增加的风险；本期及未来的融资条件及其可能导致的被审计单位由于无法满足融资条件而失去融资机会等风险；信息技术的运用及其可能导致的被审计单位新信息技术系统与业务流程难以融合，从而影响经营和财务报告等风险；实施战略的影响及其可能导致被审计单位由此产生的需要运用新的会计政策的影响。

此外，注册会计师对被审计单位业务模式的了解，还包括可能需要考虑了解被审计单位的经营活动、投资活动和筹资活动。

了解经营活动有助于注册会计师识别预期在财务报表中反映的主要交易类别、重要账户余额和列报。对经营活动的了解包括：收入来源、产品或服务以及市场的性质；业务的开展情况；联盟、合营与外包情况；地区分布与行业细分；生产设施、仓库和办公室的地理位置，存货存放地点和数量；关键客户和重要供应商；劳动用工安排；研究与开发活动及其支出；关联方交易。

了解投资活动有助于注册会计师识别被审计单位因经营策略和方向上的重大变化而可能导致的重大错报风险。对投资活动的了解包括：计划实施或近期已实施的并购活动与资产处置情况；证券与贷款的投资和处置；资本性投资活动；对未纳入合并范围的实体的投资，包括非控制合伙企业、合营企业和非控制特殊目的实体。

了解筹资活动有助于注册会计师评估被审计单位在融资方面的压力，并进一步考虑被审计单位在可预见未来的持续经营能力。如果被审计单位面临较大的融资压力，持续经营能力减弱，将可能导致重大错报风险。对筹资活动的了解包括：主要子公司和联营企业（无论是否处于合并范围内）的所有权结构；债务结构和相关条款，包括表外融资及租赁安排；实际受益方和关联方；衍生金融工具的运用。

（2）了解被审计单位的行业形势、法律环境、监管环境和其他外部因素

①行业形势。注册会计师了解行业形势有助于其识别与被审计单位所处行业有关的重大错报风险。注册会计师对被审计单位所处行业形势的了解主要包括所处行业的市场供求与价格竞争、生产经营的季节性和周期性、与产品相关的生产技术、能源供应与成本。

②法律环境与监管环境。由于某些法律法规或政府监管要求可能涉及被审计单位生产经营活动的开展、法律责任和义务的承担、行业惯例和核算要求的遵循，因此，注册会计师应当了解被审计单位所处的法律环境与监管环境，以识别重大错报风险。例如，适用的财务报告编制基础，如会计准则、会计制度和行业特定惯例等；受管制行业的法规框架，如与审慎监管相关的监管框架和披露要求；对经营活动产生重大影响的法律法规，如劳动法和相关法规；税收相关法律法规；目前对被审计单位开展经营活动产生影响的政府政策，如货币政策（包括外汇管制）、财政政策、关税或贸易限制政策等；影响行业和被审计单位经营活动的环保要求。

③其他外部因素。注册会计师还应当了解影响被审计单位经营的其他外部因素，以识别重大错报风险。例如，宏观经济状况及未来发展趋势；利率和融资的可获得性；通货膨胀水平及币值变动；汇率变动和国际市场环境等。

对上述外部环境因素，注册会计师应结合被审计单位所处行业、规模以及其他相关因素，确定了解的范围和程度，并重点考虑可能对被审计单位经营活动产生重大影响的关键环境因素及其变化。例如，对信息技术行业的被审计单位，注册会计师可能更关心技术更新情况；对金融机构，注册会计师可能更关心宏观经济走势以及货币、财政政策；对化工企业，注册会计师可能更关心相关环保法规。

（3）了解被审计单位财务业绩的衡量标准

了解被审计单位内部或外部财务业绩的衡量标准，有助于注册会计师评价被审计单位实现业绩目标的压力是否可能导致管理层采取行动，以致增加财务报表发生重大错报的风险（包括由于舞弊导致的风险）。在了解被审计单位财务业绩的衡量标准时，应考虑下列信息：关键业绩指标（财务或非财务的）、关键比率、趋势和经营统计数据；同期财务业绩比较分析；预测、预算和差异分析；分部信息和分部、部门或其他不同层次的业绩报告；员工业绩考核与激励性报酬政策；与竞争对手的业绩比较；外部机构或人员（如分析师或信用机构、新闻和其他媒体、税务机关、监管机构、商会和资金提供方等）对被审计单位财务业绩的分析和评价。如果业绩衡量显示存在未预期到的结果或趋势，那么注册会计师应当关注被审计单位管理层的调查结果以及所采取的纠正措施，并评价相关财务报表信息可能存在的错报风险。例如，通过了解被审计单位业绩的衡量标准，发现该单位与同行业其他单位相比具有异常高的利润增长率，如果将其与该单位的业绩奖金或激励性报酬政策等相关因素综合考虑，则可能表明管理层在编制财务报表时存在某种偏向性的错报

风险。

2. 了解被审计单位适用的财务报告编制基础

（1）了解被审计单位适用的财务报告编制基础、会计政策以及变更会计政策的原因

在编制财务报表时，被审计单位管理层是否根据被审计单位及其环境的性质和情况运用了适用的财务报告编制基础，以及是否恰当地选择和运用了相关会计政策，将直接影响财务报表信息质量，从而可能导致重大错报风险。因此，了解被审计单位适用的财务报告编制基础、会计政策以及变更会计政策的原因，有助于注册会计师识别和评估重大错报风险。注册会计师在了解被审计单位适用的财务报告编制基础以及如何根据被审计单位及其环境的性质和情况运用该编制基础时，可能需要考虑下列事项：

①被审计单位与适用的财务报告编制基础相关的财务报告实务。例如，会计政策和行业特定惯例；收入确认；金融工具以及相关信用损失的会计处理；外币资产、负债与交易；异常或复杂交易（包括在有争议或新兴领域的交易）的会计处理（如对加密货币的会计处理）。

②被审计单位对会计政策的选择和运用，包括发生的变化以及变化的原因。例如，用于确认、计量和列报（包括披露）重大和异常交易的方法；在缺乏权威性标准或共识的有争议或新兴领域采用重要会计政策产生的影响；环境变化（如适用的财务报告编制基础的变化或税制改革）可能导致的会计政策变更；被审计单位如何采用或遵守新颁布的财务报告准则和法律法规以及采用的时间。

（2）了解固有风险因素

固有风险因素，是指在不考虑控制的情况下，导致交易类别、账户余额和披露的某一认定易于发生错报（无论该错报是舞弊还是错误导致）的因素。

在了解被审计单位及其环境和适用的财务报告编制基础时，注册会计师可能会识别出一些事项和情况，这些事项和情况的特征可能影响各类交易、账户余额和披露的认定易于发生错报的可能性，这些特征就是固有风险因素。固有风险因素可能通过影响错报发生的可能性和严重程度来影响认定易于发生错报的可能性。因此，为了识别和评估认定层次的重大错报风险，注册会计师还应当了解被审计单位在编制财务报表时固有风险因素如何影响以及在何种程度上影响各项认定易于发生错报的可能性，以达到初步了解错报发生的可能性和严重程度的目的。

固有风险因素可以是定性的，也可以是定量的。与按照适用的财务报告编制基础编制财务信息相关的固有风险因素可能包括事项或情况的复杂性、主观性、变化、不确定性，以及管理层偏向和其他舞弊风险因素。

①复杂性。事项或情况的复杂性通常是由信息的性质或编制所需信息的方式导致的。例如，被审计单位在高度复杂的监管环境中开展业务、存在复杂的联营或合资企业、涉及复杂过程的会计计量，或者使用表外融资、特殊目的实体以及其他复杂的融资安排。

②主观性。由于知识或信息的可获得性受到限制以及客观编制所需信息的能力存在固有局限性，因此，管理层可能需要对采取的适当方法和财务报表中的相关信息作出选择或主观判断。编制所需信息的方法不同，可能导致管理层适当地应用所适用的财务报告编制基础产生不同的结果。随着知识或数据受到更多的限制，具有适当知识和独立性的人员作出判断的主观性以及可能的判断结果的多样性也将有所增加。例如，管理层确认折旧费用

或建造收入和费用，以及对投资性房地产的估值技术或模型的选择。

③变化。如果被审计单位的经营、经济环境、会计、监管、所处行业或经营环境中其他方面的事项或情况发生变化，将会对编制财务报表所需要的信息产生影响。例如，当适用的财务报告编制基础的要求、被审计单位及其业务模式或经营环境发生变化，可能影响管理层的假设和判断，包括管理层对会计政策的选择、如何作出会计估计或如何确定相关披露等。

④不确定性。编制财务报表信息需要以可直接观察的、可验证的充分精确和全面的数据为基础，否则会产生不确定性。因此，在编制财务报表信息时，管理层需要运用具备的知识并采用适当的方法，尽可能使用充分精确和全面的可观察数据以及能够被最适当的可用数据所支持的合理假设。如果管理层获取知识或数据的能力受到限制，且不能控制这些限制（包括受到成本的限制），将导致编制财务报表所需信息产生不确定性，且这种不确定性的影响无法消除。例如，财务报告中涉及重大计量不确定性的事项或交易及相关披露或者存在由售后质量保证、财务担保和环境补救等导致的未决诉讼和或有负债时，如果管理层无法精确确定所需的货币金额并且在财务报表完成日之前无法确定会计估计的结果，则会产生会计估计的不确定性。

⑤管理层偏向和其他舞弊风险因素。在信息编制过程中，如果管理层有意或无意地不保持中立，则可能导致管理层偏向。管理层偏向通常与特定情况相关，这些情况可能导致管理层在作出判断时未保持中立，从而导致信息产生重大错报。如果管理层是有意偏向，则导致舞弊。管理层偏向和其他舞弊风险因素包括影响固有风险的使管理层不保持中立的动机或压力以及机会。例如，管理层追求实现预期的利润目标或资本比率；被审计单位发生重大的关联方交易或大额非常规或非系统性交易（包括公司间的交易和在期末发生大量收入的交易）；财务人员按照管理层特定意图记录交易（如债务重组、资产出售和交易性债券的分类）。通常，财务报表信息的编制涉及管理层判断主观性越高，由管理层偏向（无论无意或有意）导致易于发生错报的可能性也就越高。

此外，其他固有风险因素还可能包括交易类别、账户余额和披露在性质或金额方面的重要程度或涉及的项目成分众多或缺乏统一性。

在财务报表审计中，注册会计师需要考虑固有风险因素对某类交易、账户余额和披露的影响。某类交易、账户余额和披露由于其复杂性或主观性可能导致易于发生错报，导致易于发生错报的可能性通常与其变化或不确定性的程度密切相关。例如，如果被审计单位存在一项基于假设的会计估计，其假设的选择涉及重大判断，则这项会计估计的计量可能受到主观性和不确定性的影响。此外，注册会计师在识别重大错报风险和评估认定层次固有风险时，还要考虑固有风险因素之间的相互关系。如果某类交易、账户余额和披露由于其复杂性、主观性、变化或不确定性而导致易于发生错报，这些固有风险因素可能为管理层偏向（无论无意或有意）创造了机会，并影响由管理层偏向导致的易于发生错报的可能性。某些事项或情况影响由管理层偏向导致易于发生错报的可能性，这些事项也可能影响由其他舞弊风险因素导致易于发生错报的可能性。

3.了解被审计单位的内部控制体系各要素

内部控制（简称控制），是指被审计单位为实现财务报告的可靠性，提高经营效率和效果，以及遵守适用的法律法规等目标所制定的政策和程序。其中，政策是被审计单位为了实施控制而作出的应当或不应当采取某种措施的规定，程序则是为执行政策所采取的行动。

任何一个组织和单位，无论规模大小、业务性质如何，都应当建立、健全适合各自具体情况的必要的内部控制体系。内部控制体系，是指由治理层、管理层和其他人员设计、执行和维护的体系，以合理保证被审计单位能够实现控制目标。在审计准则框架下，内部控制体系包含五个相互关联的要素，分别是内部环境（控制环境）、风险评估、内部监督、信息与沟通（信息系统与沟通）、控制活动。

现代风险导向审计模式的运用与内部控制有着密切的关系。被审计单位设计、执行和维护内部控制体系的目标是实现财务报告的可靠性，经营效率和效果的提高，以及法律法规的遵守。因此，在财务报表审计中，注册会计师应当了解被审计单位内部控制体系各项要素，以识别和评估不同层次的重大错报风险。其中，对被审计单位的信息与沟通以及控制活动要素的了解，更有助于注册会计师识别和评估认定层次重大错报风险。由于内部环境、风险评估和内部监督要素是被审计单位内部控制体系的基础，其运行中的任何缺陷都可能对财务报表的编制产生广泛影响。因此，注册会计师对内部环境、风险评估和内部监督要素的了解和评价，除了会影响其识别和评估财务报表层次重大错报风险，还可能会影响其对认定层次重大错报风险的识别和评估。

（1）了解内部控制体系各要素的深度和广度

注册会计师在了解被审计单位的内部控制体系时，需要考虑了解内部控制体系中各要素的深度和广度。

第一，考虑了解的深度。在了解被审计单位内部控制各要素时，注册会计师仅限于评价内部控制的设计，并确定其是否得到执行，但不包括对内部控制是否得到一贯执行的测试。这是因为，测试内部控制是否一贯执行是进一步审计程序中控制测试的目的。除非存在某些可以使内部控制得到一贯运行的自动化控制，注册会计师对内部控制的了解并不能代替对控制运行有效性的测试。例如，获取某一人工控制在某一时点得到执行的审计证据，并不能证明该控制在所审计期间内的其他时点也有效运行。但是，由于信息技术处理流程的内在一贯性，实施审计程序确定某项自动控制是否得到执行，也可能实现对控制运行有效性测试的目标。

第二，考虑了解的广度。注册会计师需要了解和评价的只是被审计单位内部控制体系中与审计相关的内部控制，并非所有的内部控制。与审计相关的内部控制包括被审计单位为实现财务报告可靠性目标设计和实施的内部控制，也可能包括被审计单位为实现经营和合规目标设计和实施的内部控制。注册会计师应当运用职业判断，考虑重要性以及被审计单位的规模、性质、经营环境和内部控制情况等因素，判断一项内部控制单独或连同其他内部控制是否与审计有关。例如，用以防止未经授权购买、使用或处置资产的内部控制可能是与审计（包括财务报告和经营目标）相关的内部控制。被审计单位依靠某一复杂的自动化控制提高了经营活动的效率和效果，如航空公司用于维护航班时间表的自动化控制系统，但这些内部控制通常与审计无关。

与审计相关的控制按照对防止、发现或纠正认定层次错报的影响不同可分为直接控制和间接控制。直接控制是指足以精准防止、发现或纠正认定层次错报的内部控制，而间接控制是指不足以精准防止、发现或纠正认定层次错报的内部控制。通常，信息系统与沟通以及控制活动要素中的控制主要为直接控制。内部环境、风险评估和内部监督中的控制主要是间接控制，该类控制虽不足以精准地防止、发现或纠正认定层次的错报，但可以支持其他控制，因此可能间接影响及时发现或防止错报发生的可能性。

（2）对内部控制体系各要素的了解

①内部环境

内部环境（又称控制环境）是指对建立、加强或削弱特定政策、程序及其效率产生影响的各种因素，包括治理职能和管理职能，以及治理层和管理层对内部控制体系及其重要性的态度、认识和措施。内部环境设定了被审计单位的内部控制基调，影响员工的内部控制意识，并为内部控制体系中其他要素的运行奠定了总体基础。对内部环境要素的了解，不仅有助于注册会计师识别内部控制体系其他要素中的潜在问题，还有助于其了解被审计单位面临的风险，以识别和评估财务报表层次和认定层次重大错报风险。

在财务报表审计中，注册会计师需要从下列方面了解与财务报表编制相关的内部环境：

Ⅰ.管理层如何履行其管理职责，例如是否重视诚信、道德和价值观。被审计单位控制的有效性往往有赖于负责创建、管理和监控内部控制的人员的诚信和道德价值观念。被审计单位的道德行为准则或行为规范，以及这些准则或行为规范在内部的沟通和落实情况，决定了其诚信和道德行为的产生。因此，注册会计师应当了解管理层如何进行诚信和道德价值观念的沟通与落实，例如是否通过政策规定、行为规范和行动示范的方式向员工沟通了行为准则；是否采取了措施消除或减少可能导致员工不诚实、不守法或不道德行为的动机或诱因。

Ⅱ.治理层如何履行其监督职责。治理层的职责包括平衡管理层面临的与财务报告相关的、源于市场需求或薪酬方案的压力，对被审计单位的财务报告政策和程序以及内部举报不恰当行为的程序设计和有效运行情况进行监督。被审计单位应当通过行为守则、其他法律法规或为治理层制定的指引明确治理层的职责。治理层的职责履行情况会对被审计单位的内部控制意识产生重大影响。因此，在被审计单位的治理层与管理层相分离的体制下，注册会计师应当了解治理层的独立性以及监督内部控制体系的情况，包括考虑：治理层是否有充分独立于管理层的人员，并在评估和决策中保持客观性；治理层如何识别和接受监督责任；治理层是否对管理层设计、实施和执行内部控制体系承担监督责任。此外，注册会计师还应当了解被审计单位治理层如何被监督，以评价治理层的职责履行情况，尤其是在治理层与管理层并未实现充分分离的情况下。此时，注册会计师需要考虑被审计单位是否存在相应的补偿性控制，例如监事会的职责、人员构成及其在被审计单位治理体系中的地位和作用。

Ⅲ.被审计单位如何进行内部权限和职责的分配。被审计单位为实现其目标所建立和实施的权责分配制度有助于其内部控制意识的形成。因此，注册会计师需要了解被审计单位内部权限和职责的分配情况，包括：被审计单位内部权限和职责的关键领域，以及适当的报告层级；与适当的商业惯例、关键员工的知识和经验、履行职责时提供的资源相关的政策；用于确保所有员工了解被审计单位的目标、知悉员工之间的工作联系以及个人工作对实现目标的作用，并使其认识到承担什么责任以及如何承担的政策和沟通。

Ⅳ.被审计单位如何吸引、培养和留住具有胜任能力的人员。控制的有效性往往取决于被审计单位员工的能力和素质。为实现控制目标，被审计单位会采取适当的人力资源政策与实务，以吸引、培养和留住具有胜任能力的人员，并确保这些人员具有完成工作所需的知识和技能。注册会计师在审计中需要了解被审计单位的人力资源政策与实务，包括了解被审计单位是否在招聘、培训、晋升、考核、咨询、薪酬方面都有适当的政策和程序，这些政策与程序是否清晰，并且定期发布和更新。例如：招聘标准是否要求录用最胜任的员工，即强调教育背景、以前的工作经验、以前取得的成就、诚信和道德行为的证明；培训政策是否传达了预期的岗位职责，包括说明预期的员工表现和行为水平的实践内容；晋升政策是否根据定期业绩考核选拔具备相应资格的员工承担更高级别的职责。

Ⅴ.被审计单位如何使其人员致力于实现内部控制体系的目标。通常，被审计单位会根据其规模、组织结构的复杂程度及活动的性质采取一定的措施，使其员工能够致力于内部控制体系目标的实现。这些措施包括：建立沟通机制，使员工对履行控制职责负责，并在必要时采取纠正措施；为负责被审计单位内部控制体系的员工制定绩效衡量标准以及激励和奖励措施，包括如何评价衡量标准并保持相关性；与实现控制目标相关的压力如何影响员工的职责和绩效衡量；对未实现控制目标的员工如何进行处罚。注册会计师需要在审计中对这些措施进行了解，以评价被审计单位的内部环境。

通过对上述内部环境要素的了解，注册会计师需要评价在治理层的监督下，管理层是否营造并保持了诚实守信和合乎道德的文化，内部环境是否为内部控制体系的其他要素奠定了适当的基础，以及识别出的内部环境方面的控制缺陷是否会削弱内部控制体系的其他要素。

②风险评估

随着经济的发展、经济环境的变化，被审计单位开展经营活动的内外部环境日益复杂，所面临的经营风险在不断提高。如果被审计单位不能对风险进行充分评估和有效控制，将对其未来的生存和发展产生重大影响。为了将经营风险降至最低，被审计单位的管理层和治理层应当开展风险评估工作，识别及分析影响经营目标实现的风险，并在此基础上进行风险管理。就财务报告的目的而言，被审计单位的风险评估工作应当包括三方面内容：识别与财务报告相关的经营风险；评估风险的重要程度和发生的可能性；采取措施应对风险。

为了识别财务报表重大错报风险，注册会计师应当了解被审计单位与财务报表编制相关的风险评估工作，并根据被审计单位的性质和复杂程度，评价其风险评估工作是否适合其具体情况。在对被审计单位风险评估工作进行了解和评价时，注册会计师主要考虑：

Ⅰ.管理层或治理层是否已充分精准和明确地说明其整体目标，并辅以具体策略和业务流程层面的计划；

Ⅱ.被审计单位是否已建立风险评估工作流程，包括识别风险、评估风险的重大性和发生的可能性以及确定需要采取的应对措施；

Ⅲ.针对可能对经营活动产生重大且普遍影响的环境变化，被审计单位是否已建立应对机制和流程，如在金融机构中建立资产负债管理委员会，在制造型企业中建立期货交易风险管理组等。

如果识别出管理层未能识别出的重大错报风险，注册会计师应当判断此类风险是否属于被审计单位风险评估工作应当识别出而未识别出的风险。如果属于，注册会计师应当了解被审计单位风险评估工作未能识别出风险的原因，并评价风险评估工作是否适合具体情况，或者确定与风险评估工作相关的内部控制是否存在值得关注的内部控制缺陷。

注册会计师需要运用职业判断在考虑被审计单位的性质和复杂程度的基础上对其风险评估工作进行评价。如果被审计单位未具有非正式的风险评估，注册会计师应当与管理层讨论是否识别出与财务报告目标相关的经营风险以及如何应对这些风险。例如，在一些较不复杂的被审计单位中，特别是业主管理的被审计单位，管理层或业主兼经理可能直接参与实施适当的风险评估程序，如定期跟踪竞争对手的活动和市场中的其他发展趋势，以识别新出现的经营风险。这些类型的被审计单位的风险评估证据通常没有形成正式记录，因此注册会计师可通过与管理层的讨论证实管理层实际上实施了风险评估程序。

③信息与沟通

被审计单位应以一定的形式、在一定的时间和范围内识别、获取和沟通相关信息，以使各层级员工能够有效地履行其职责。内部控制体系中的信息与沟通要素包括信息方面和沟通方面两个内容。信息和沟通相互联系，信息是沟通的内容，沟通是信息传递的手段。信息与沟通要素中的控制主要为直接控制，能够精准地防止、发现或纠正认定层次的错报。了解被审计单位与财务报表编制相关的信息与沟通，并评价信息与沟通要素是否适当地支持财务报表的编制，有助于注册会计师识别和评估认定层次重大错报风险。如果注册会计师对被审计单位信息与沟通的了解和评价，与其在业务承接阶段对内部控制体系所作出的预期不一致，可能导致注册会计师识别出财务报表层次重大错报风险。因此，注册会计师在财务报表审计中应当实施以下风险评估程序，了解被审计单位与财务报表编制相关的信息与沟通：

Ⅰ.了解与财务报告相关的信息处理活动（包括数据和信息），在这些活动中使用的资源，针对相关交易类别、账户余额和披露的信息处理活动的政策。具体包括：信息在被审计单位信息系统中的传递情况，包括交易如何生成，与交易相关的信息如何进行记录、处理、更正、结转至总账、在财务报表中报告，以及其他方面的相关信息如何获取、处理、在财务报表中披露；与信息传递相关的会计记录、财务报表特定项目以及其他支持性记录；被审计单位的财务报告过程；与上述信息处理活动相关的被审计单位资源，包括信息技术环境。

Ⅱ.了解被审计单位如何沟通与财务报表编制相关的重大事项，以及信息系统和内部控制体系其他要素中的相关报告责任。具体包括：被审计单位内部人员之间的沟通，包括就与财务报告相关的岗位职责和相关人员的角色进行的沟通；管理层与治理层之间的沟通；被审计单位与监管机构等外部各方的沟通。例如，管理层就员工的职责和控制责任是否进行了有效沟通；针对可疑的不恰当事项和行为是否建立了沟通渠道；组织内部沟通的充分性是否能够使人员有效地履行职责；对于与客户、供应商、监管者和其他外部人士的沟通，管理层是否及时采取适当的进一步行动；被审计单位是否受到某些监管机构发布的监管要求的约束；外部人士，如客户和供应商在多大程度上获知被审计单位的行为守则。

Ⅲ.了解与财务报表编制相关的信息系统和业务流程。被审计单位是通过信息系统对信息进行生成、获取、记录、处理和报告，并将信息提供给有关人员，使信息能够自上而下或自下而上在被审计单位的内外部进行沟通的。注册会计师了解被审计单位与财务报表编制相关的信息系统和相关业务流程，不仅可为其设计进一步审计程序提供依据，还有助于其进一步识别和评估重大错报风险。与财务报表编制相关的信息系统由一系列的活动和政策、会计记录和支持性记录组成。被审计单位设计和建立该信息系统，旨在生成、记录、处理和报告交易或交易外的事项和情况，以及为相关资产、负债和所有者权益明确受托责任，并解决不正确处理交易的问题（如自动生成暂记账户文件和及时按照程序清理暂记项目）和处理并解释凌驾于控制之上或规避控制的情况，确保适用的财务报告编制基础规定披露的信息能够得到收集、记录、处理和汇总，并适当包含在财务报表中。信息系统可以是人工信息系统，也可以是自动化信息系统，还可以是人工和自动化相结合的信息系统。被审计单位所设计和建立的与财务报表编制相关的信息系统应与其业务流程相适应，业务流程产生的交易均应由信息系统进行生成、获取、记录、处理和报告。

与财务报表编制相关的信息系统中所生成的信息，其质量好坏直接影响管理层在管理和控制被审计单位活动时作出恰当的决策以及编制可靠的财务报告的能力。因此，注册会计师应当了解被审计单位与财务报告目标相关的信息系统是如何生成交易和获取信息的。值得注意的是，由于被审计单位为应对合规和经营目标而设置的系统所生成的信息也可能与财务报表的编制相关，或者某些信息系统可能是高度集成的，可同时实现财务报告、合规和经营这三个控制目标，因此，注册会计师还需要了解被审计单位为应对合规目标和经营目标而设置的信息系统。

此外，了解被审计单位的信息系统，还包括了解信息处理活动中所使用的与了解信息系统完整性、准确性和有效性风险相关的人力资源信息，包括：从事相关工作人员的胜任能力；资源是否充分；职责分离是否适当。

④控制活动

控制活动是指确保被审计单位内部控制体系的所有其他要素中的政策（也属于控制）得到适当执行的控制，包括授权和批准、调节、验证、职责分离、实物或逻辑控制等相关活动。

授权和批准，即对具有经济实质或符合被审计单位政策的交易进行授权确认，以确保交易的有效性。授权的形式通常为较高级别的管理层批准或验证并确定交易是否有效。例如，主管在复核某项费用是否合理且符合政策后批准该费用报告单。批准方式除了人工审批外，还包括自动批准。例如，被审计单位信息处理系统自动将发票单位成本与相关的采购订单单位成本（在预先确定的可容忍范围内）进行比较，单位成本在可容忍范围内的发票将自动批准付款，对单位成本超出可容忍范围的发票将进行标记以执行进一步调查。

调节，即将两项或多项数据要素进行比较，例如财务数据与经营数据、内部数据与外部信息来源的比较分析。如果发现差异，则采取措施使数据相一致。调节通常用于应对所处理交易的完整性或准确性。

验证，即将两个或多个项目互相进行比较，或将某个项目与政策进行比较，如果两个项目不匹配或者某个项目与政策不一致，则可能对其执行跟进措施。例如，被审计单位将实际业绩与预算（或预测、前期业绩）进行比较分析，或者对不同职能部门、分支机构或项目活动的业绩进行比较，对发现的异常差异或关系采取必要的调查与纠正措施。验证通常用于应对所处理交易的完整性、准确性或有效性。

职责分离，即将交易授权、交易记录以及资产保管等职责分配给不同员工，以降低同一员工在正常履行职责过程中实施并隐瞒舞弊或错误的可能性。例如，授权赊销的经理不负责维护应收账款记录或处理现金收入，销售人员不应具有修改产品价格文件或佣金比率的权限。

实物或逻辑控制，即为防止未经授权的访问、获取、使用或处置资产，针对资产安全的控制。其具体包括：保证资产实物安全的保护措施，如针对接触资产和记录的安全设施；对接触计算机程序和数据文档设置授权，即逻辑访问权限；定期盘点并将盘点记录与控制记录相核对，如将会计记录与现金、有价证券和存货的定期盘点结果相比较。用于防止资产盗窃的实物控制在多大程度上与财务报表编制的可靠性相关，取决于资产被侵占的风险。

为评估和应对认定层次重大错报风险，注册会计师应当实施以下风险评估程序，了解与财务报表编制相关的控制活动：

Ⅰ.识别用于应对认定层次重大错报风险的控制，包括：应对特别风险的控制；与会计分录相关的控制，这些会计分录包括用以记录非经常性的、异常的交易，以及用于调整的非标准会计分录；注册会计师拟测试运行有效性的控制，包括用于应对仅实施实质性程序不能提供充分、适当审计证据的风险的控制；注册会计师根据职业判断认为适当的、能够有助于其实现与认定层次重大错报风险有关目标的其他控制。

Ⅱ.基于上述第Ⅰ项中识别的控制，识别哪些信息技术应用程序及信息技术环境的其他方面，可能面临运用信息技术导致的风险。随着现代信息技术的发展和广泛应用，为支持经营战略和经营活动的开展，被审计单位需要建设和完善信息技术环境。信息技术环境包括信息技术基础设施、信息技术应用程序和信息技术流程以及流程中的相关参与人员。被审计单位信息技术基础设施通常包括网络、操作系统、数据库及相关的硬件和软件。信息技术应用程序，是指用于生成、处理、记录和报告交易或其他方面信息的程序，包括数据仓库和报告生成工具。信息技术流程则是被审计单位用于管理信息技术环境访问权限、程序更改、信息技术环境变化以及信息技术运行的流程。信息技术环境下，被审计单位可能面临运用信息技术导致的风险，尤其是信息技术应用程序方面。因此，注册会计师需要在第Ⅰ项中所识别的控制基础上，判断哪些信息技术应用程序及信息技术环境的其他方面，可能面临运用信息技术导致的风险。

Ⅲ.针对上述第Ⅱ项中识别的信息技术应用程序及信息技术环境的其他方面，进一步识别运用信息技术导致的相关风险以及被审计单位用于应对这些风险的信息技术一般控制。运用信息技术导致的相关风险源自信息技术一般控制存在缺陷。信息技术一般控制，是指为支持被审计单位信息技术环境持续正常运行而实施的控制，包括为支持信息处理控制持续有效运行，以及确保信息系统中信息（如交易信息等）的完整性、准确性和有效性而实施的控制。例如，数据中心和网络运行控制，程序修改控制，接触或访问权限控制，系统软件的购置、修改及维护控制和应用系统的购置、开发及维护控制等。如果被审计单位信息技术一般控制设计无效或运行无效，将可能导致信息处理控制的设计无效或运行无效的风险以及信息系统中的信息（如交易信息等）在完整性、准确性和有效性方面存在风险。因此，针对上述第Ⅱ项中识别的信息技术环境方面缺陷，注册会计师应当进一步识别出运用信息技术导致的相关风险，并判断被审计单位是否存在用于应对这些风险的信息技术一般控制。

Ⅳ.针对识别出的第Ⅰ项以及第Ⅲ项被审计单位用于应对信息技术风险的信息技术一

般控制中的每项控制，评价其设计是否有效，即这些控制能否应对认定层次重大错报风险或为其他控制的运行提供支持，并询问被审计单位内部人员和实施其他风险评估程序，以确定这些控制是否得到执行。

在了解控制活动时，注册会计师应当重点考虑一项控制活动单独或连同其他控制活动，是否能够以及如何防止或发现并纠正各类交易、账户余额和披露认定存在的重大错报。如果多项控制活动能够实现同一目标，注册会计师不必了解与该目标相关的每项控制活动，而应重点识别和了解针对重大错报风险更高的领域的控制活动。

⑤内部监督

内部监督是指被审计单位评价内部控制体系的有效性，并及时采取必要的整改措施的持续过程。管理层可以通过持续的监督活动、单独的评价活动或者两者相结合的方式，实现对内部控制体系的监督。持续的监督活动通常贯穿于被审计单位日常重复的活动中，包括常规管理和监督工作，而单独的评价活动往往是定期执行。例如，管理层对银行存款余额调节表的复核，内部审计人员评价销售人员是否遵守被审计单位关于销售合同条款的政策，法律部门监控被审计单位的道德规范和商业行为政策是否得到遵守等。被审计单位通常根据对风险的评估结果确定监督内部控制体系的工作范围和频率。

注册会计师应当通过以下风险评估程序了解被审计单位对与财务报表编制相关的内部控制体系的监督工作：

Ⅰ.了解被审计单位实施的持续性评价和单独评价，以及识别出控制缺陷的情况和整改的情况。例如，了解监督活动是定期的还是持续的，监督的实施情况和频率如何，是否对监督活动结果进行了及时评价，如何通过适当的整改措施应对识别的缺陷，是否与负责采取整改措施的人员及时沟通了缺陷。

Ⅱ.了解被审计单位的内部审计，包括内部审计的性质、职责和活动。内部审计的目标和范围通常包括旨在评价或监督被审计单位内部控制体系有效性的活动。如果被审计单位设有内部审计，注册会计师需要了解内部审计的职责是否与被审计单位的财务报告相关、在被审计单位中的地位和已实施或拟实施的活动，以确定是否能够利用内部审计的工作。

Ⅲ.了解被审计单位在监督内部控制体系的过程中所使用信息的来源，以及管理层认为这些信息足以信赖的依据。管理层的监督活动需要依赖大量的内外信息，例如内部审计报告、顾客的投诉和监管机构提出的意见等。这些信息一旦存在错报，将可能导致监督活动得出错误的结论。因此，注册会计师应当了解被审计单位在监督内部控制体系的过程中所使用的信息来源，包括评价信息是否相关和可靠，以评价被审计单位的监督活动是否适当。

Ⅳ.根据被审计单位的性质和复杂程度，评价被审计单位对内部控制体系的监督是否适合其具体情况。在较不复杂的被审计单位中，特别是业主管理的被审计单位，鉴于被审计单位可能不存在其他监督活动，注册会计师对被审计单位监督内部控制体系工作的了解通常专注于管理层或业主兼经理如何直接参与经营。例如，被审计单位可能会收到客户有关月度对账单存在错误的投诉，这一事项提醒业主兼经理关注在会计记录中确认客户付款时点的问题。对于没有标准化程序监督内部控制体系的被审计单位，注册会计师的了解可能包括了解管理层对会计信息的定期复核。

值得注意的是，无论被审计单位的内部控制体系如何有效，都只能为其实现财务报告目标提供合理保证。被审计单位内部控制体系实现目标的可能性会受其固有局限性的影响。这些局限性包括在决策时人为判断或人为失误可能导致内部控制体系失效，或者控制可能由于两个或更多的人员串通或管理层不当地凌驾于内部控制之上而被规避。例如，由于负责复核信息的人员不了解复核的目的或没有采取适当的措施导致内部控制体系生成的信息（如例外报告）没有得到有效使用。再如，管理层可能与客户签订"背后协议"，修改标准的销售合同条款和条件，从而导致不适当的收入确认。

6.2.4 识别和评估重大错报风险

通过对被审计单位及其环境、适用的财务报告编制基础以及内部控制体系的了解，注册会计师应当识别和评估财务报表层次以及各类交易、账户余额和披露的认定层次重大错报风险，从而为设计和实施进一步审计程序奠定基础。

视频23 识别和评估重大错报风险

1.识别和评估重大错报风险的审计程序

（1）通过风险评估程序收集信息。实施风险评估程序时，注册会计师通过了解被审计单位及其环境、适用的财务报告编制基础以及内部控制体系获取与财务报表发生错报相关的信息，并将这些信息作为审计证据，为识别和评估重大错报风险提供依据。此外，注册会计师还可以考虑将业务承接阶段、以前审计或者通过其他途径所获取的信息作为识别和评估重大错报风险的基础。

（2）识别重大错报风险。注册会计师应当利用风险评估程序中所了解到的信息识别重大错报风险，确定该风险是存在于财务报表层次，还是各类交易、账户余额和披露的认定层次。

如果某风险因素与财务报表整体存在广泛联系，并潜在影响多项认定，那么注册会计师应将该风险确定为财务报表层次重大错报风险。当被审计单位内部环境存在缺陷时，可能对财务报表具有更广泛的影响，如管理层缺乏诚信或承受异常压力，或者凌驾于控制之上等。财务报表层次重大错报风险还可能与其他外部因素相关，如在经济不稳定的国家或地区、高度波动的市场开展业务，持续经营和资产流动性出现问题，融资困难，行业环境发生变化等。

如果某风险因素与财务报表整体不存在广泛联系，只与某类交易、账户余额或披露的特定认定有关，注册会计师则应将该风险确定为认定层次重大错报风险。例如，被审计单位存在复杂的联营或合资可能导致长期股权投资账户的认定存在重大错报风险，存在重大关联交易可能导致关联方及其交易相关披露存在重大错报风险。

（3）评估重大错报风险。在评估财务报表层次和认定层次的重大错报风险时，注册会计师应当考虑相关控制和固有风险因素的影响。

①评估财务报表层次的重大错报风险

财务报表层次重大错报风险是指与财务报表整体存在广泛联系并潜在影响多项认定的风险。此类风险不限定于对某类交易、账户余额和披露层面的特定认定产生影响，它更广泛地与财务报表整体相关，进而可能影响多项认定。财务报表层次的重大错报风险可能源于内部控制体系中的控制缺陷。因此，注册会计师应当结合其对被审计单位内部控制体系的了解，特别是对内部环境、风险评估和内部监督的了解，评估所识别出的财务报表层次重大错报风险，包括评价这些风险对财务报表整体产生的影响以及确定这些风险是否影响对认定层次风险的评估结果。例如，被审计单位面临经营亏损且资产流动性出现问题，并依赖于尚未获得保证的资金。在这种情况下，注册会计师可能认为持续经营假设产生了财务报表层次重大错报风险，需要使用清算基础，这将会对所有认定产生广泛影响。

舞弊导致的重大错报风险可能与注册会计师对财务报表层次重大错报风险的考虑尤其相关。例如，注册会计师通过询问管理层了解到被审计单位的财务报表将用于与贷款人进行讨论，以确保其能够获得进一步融资。因而，注册会计师可能认为影响固有风险的舞弊风险因素导致财务报表易于发生错报的可能性更高，被审计单位可能存在多计资产和收入以及少计负债和费用等虚假财务报告行为。

②评估认定层次的重大错报风险

认定层次重大错报风险是指与财务报表整体不存在广泛联系，只与特定的某类交易、账户余额和披露认定有关的重大错报风险。对于识别出的认定层次重大错报风险，注册会计师应当分别评估固有风险和控制风险，且固有风险的评估应在考虑相关控制之前进行。

注册会计师评估固有风险需要考虑：固有风险因素如何以及在何种程度上影响相关认定易于发生错报的可能性；财务报表层次重大错报风险如何以及在何种程度上影响认定层次重大错报风险中固有风险的评估。在评估时，注册会计师需要运用职业判断确定错报发生的可能性和严重程度，并将两者综合起来的影响程度作为评估的固有风险等级。注册会计师通常基于对固有风险因素的考虑评估错报发生的可能性，并且从错报的定性和定量两个方面判断错报的严重程度。错报发生的可能性和严重程度综合起来的影响程度越高，评估的固有风险越高，反之亦然。然而，评估的固有风险等级较高，并不意味着评估的错报发生的可能性和严重程度都较高。这是因为，评估的固有风险等级较高也可能是错报发生的可能性和严重程度的不同组合导致的。例如，较低的错报发生的可能性和极高的严重程度可能导致评估的固有风险等级较高。

由于有效的内部控制有利于防止、发现和纠正特定认定中的重大错报，因此注册会计师拟测试控制运行有效性时，应当评估控制风险。注册会计师应基于其对控制运行有效的预期计划控制测试程序，并将其作为评估控制风险的基础。在评价被审计单位控制活动要素中的控制的设计和执行情况时，注册会计师会对控制运行有效性作出初始预期，即对控制风险进行初始评估。对控制测试之后，注册会计师确认其对控制运行有效性作出的初始预期是否恰当。如果控制未如预期有效运行，则注册会计师需要修正之前对控制风险的评估结果。注册会计师拟测试控制运行有效性时，可能有必要测试多个控制的组合，以确认其对控制运行有效的预期。无论是直接控制还是间接控制，注册会计师都可能考虑进行测试，包括测试信息技术一般控制的有效性，并在评估控制风险时考虑这些控制的综合预期效果。

（4）评价审计证据的适当性。注册会计师应当评价通过实施风险评估程序中所获取的审计证据，能否为识别和评估重大错报风险提供适当依据。如果不能提供适当依据，注册会计师应当实施追加的风险评估程序，直至获取的审计证据能够提供这样的依据。通过实施风险评估程序获取的审计证据既包括佐证管理层认定或注册会计师判断的信息，也包括与这些认定或注册会计师判断相矛盾的信息。在识别和评估重大错报风险时，注册会计师应当考虑所获取的所有审计证据，无论这些证据是佐证性的还是相矛盾的。对于这些证据，注册会计师应当保持职业怀疑审慎评价，不得偏向于获取、使用佐证性的审计证据，而排斥、舍弃相矛盾的审计证据。

（5）修正风险的识别或评估结果。重大错报风险的识别和评估应贯穿于整个审计过程，因此，随着审计过程的推进，如果注册会计师新获取的信息与之前风险评估时所依据的信息不一致，注册会计师应当修正之前对重大错报风险的识别或评估结果，并考虑对风险应对的影响。例如，风险评估可能基于预期特定控制运行有效这一判断，但在测试控制运行的有效性时，注册会计师获取的证据表明这些控制在被审计期间的相关时点并未有效运行。类似地，在实施实质性程序时，注册会计师发现错报的金额或频率高于在风险评估时预计的金额或频率。在这种情况下，风险评估结果可能没有恰当地反映被审计单位的真实状况，原来计划的进一步审计程序对于发现重大错报可能无效，注册会计师应当对重大错报风险的评估结果进行修正，并相应修改原来计划的进一步审计程序。

2.确定特别风险

作为风险评估的一部分，注册会计师应当根据职业判断，确定识别的风险中哪些是需要特别考虑的重大错报风险，即特别风险。特别风险，是指注册会计师识别出的符合下列特征之一的重大错报风险：

（1）根据固有风险因素对错报发生的可能性和错报的严重程度的影响，注册会计师将固有风险评估为达到或接近固有风险等级的最高级；

（2）根据其他审计准则的规定，注册会计师应当将其作为特别风险。

注册会计师需要运用职业判断综合考虑固有风险因素对错报发生的可能性和错报的严重程度的影响，确定重大错报风险是否达到或接近固有风险等级的最高级，从而识别特别风险。例如，对于被审计单位正在洽谈出售业务分部这一事项，注册会计师在考虑其对商誉减值的影响时，可能认为由于主观性、不确定性、管理层偏向或其他舞弊风险因素等固有风险因素产生的影响，错报发生的可能性和严重程度均较高，因此可能将商誉减值确定为特别风险。再如，对于超市零售商的现金，因为其容易被盗用而通常被认为错报发生的可能性较高，但是由于超市处理的实物现金较少，实务中现金错报的严重程度通常非常低。因此，综合考虑这两个因素的影响不太可能导致现金的存在性被确定为特别风险。

注册会计师在评估固有风险等级时，应当考虑固有风险因素的相对影响。固有风险因素的影响越低，评估的风险水平可能也越低。以下事项可能导致注册会计师将重大错报风险评估为具有较高的固有风险，并进而将其确定为特别风险：

（1）交易具有多种可接受的会计处理方法，因此涉及主观性；

（2）会计估计具有高度估计不确定性或涉及使用复杂的模型；

（3）支持账户余额的数据收集和处理较为复杂；

（4）账户余额或定量披露涉及复杂的计算；

（5）对会计政策存在不同的理解；

（6）被审计单位业务的变化涉及会计处理发生变化，如合并和收购。

在对特别风险进行判断时，注册会计师不应考虑识别出的内部控制对相关风险的抵消效果。

一般来说，经过系统处理的日常、简单的交易不太可能产生特别风险，特别风险通常与重大的非常规交易和判断事项有关。非常规交易是指由于金额或性质异常而不经常发生的交易，如企业购并、债务重组、重大或有事项等。非常规交易具有管理层更多地介入会计处理、数据收集和处理涉及更多人工成分、计算或会计处理方法更复杂、难以实施有效控制等特征，因而与重大非常规交易相关的特别风险可能导致更高的重大错报风险。判断事项通常包括作出的会计估计（具有计量的重大不确定性），如资产减值准备金额的估计、需要运用复杂估值技术确定的公允价值计量等。由于对涉及会计估计、收入确认等方面的会计原则存在不同的理解，所要求的判断可能是主观和复杂的或者需要对未来事项作出假设，因此，与重大判断事项相关的特别风险可能导致更高的重大错报风险。

3.特殊情况的处理

（1）仅实施实质性程序无法应对的重大错报风险

如果认为仅实施实质性程序获取的审计证据无法应对认定层次的重大错报风险，注册会计师应当对相关控制的设计和执行进行了解和测试。当被审计单位对日常交易采用高度自动化的处理，不存在或存在很少的人工干预，那么针对风险仅实施实质性程序可能不可行，需要设计和实施控制测试。因为在这种情况下，注册会计师获取的审计证据可能仅以电子形式存在，其充分性和适当性通常取决于针对准确性和完整性的控制的有效性。如果适当的控制没有正在有效运行，信息不当生成或对信息进行不当修改而没有被发现的可能性将会增加。例如，对于电信业实体的收入，仅实施实质性程序通常不太可能获取充分、适当的审计证据。这是因为通话或数据活动的证据不存在可观察的形式。因此，注册会计师通常执行相当程度的控制测试，以确定通话的发起和完成以及数据活动（如通话时间或下载量）已被正确获取，并已正确记录在被审计单位的计费系统中。

（2）两个层次重大错报风险之间的相互影响

注册会计师在识别和评估两个层次的重大错报风险时，需要考虑两者之间的相互影响。在对识别的认定层次重大错报风险进行评估时，如果某些重大错报风险与财务报表整体存在广泛联系，进而潜在影响多项认定，此时注册会计师可能更新对财务报表层次重大错报风险的识别。在识别财务报表层次重大错报风险时，由于风险会广泛影响多项认定，对于这些受影响的具体认定，注册会计师需要在评估认定层次重大错报风险的固有风险时予以考虑。

6.3 风险应对

注册会计师应当在整个审计过程中贯彻风险导向审计理念，围绕重大错报风险的识别、评估和应对，计划和实施审计工作。注册会计师通过实施风险评估程序，识别和评估财务报表层次以及各类交易、账户余额和披露认定层次重大错报风险，然后针对评估的财务报表层次重大错报风险确定总体应对措施，针对评估的认定层次重大错报风险设计和实施进一步审计程序，获取充分、适当的审计证据，将审计风险降至可接受的低水平。

6.3.1 针对财务报表层次重大错报风险的总体应对措施

针对评估的财务报表层次重大错报风险，注册会计师应设计和实施总体应对措施。

视频24 针对财务报表层次重大错报风险的总体应对措施

1.向项目组强调保持职业怀疑的必要性

在整个审计过程中保持职业怀疑，对识别、评估和应对因舞弊导致的财务报表重大错报风险、保障审计质量至关重要。职业怀疑作为在执行审计业务时的一种态度，要求项目组采取质疑的思维方式，对可能表明由于错误或舞弊导致错报的情况保持警觉，以及对审计证据进行审慎评价。

2.指派更有经验或具有特殊技能的审计人员，或利用专家的工作

项目组成员中应有一定比例的人员曾经参与过被审计单位以前年度的审计，或具有相关审计经验。必要时，要考虑利用信息技术、税务、评估、精算等方面的专家的工作。

3.提供更多的督导

对于财务报表层次重大错报风险较高的审计项目，项目组的高级别成员要对其他成员提供更详细、更经常、更及时的指导和监督，并加强项目质量复核。

4.在选择拟实施的进一步审计程序时融入更多的不可预见的因素

如果项目组拟实施的审计程序由被审计单位管理层或其他人员预见或事先了解，那么有可能导致所实施的审计程序无法实现预期的审计目标。为了提高审计程序的有效性，达到预期的审计效果，注册会计师在设计拟实施的进一步审计程序时，应当融入更多的不可预见的因素。注册会计师用以提高审计程序不可预见性的方式包括：①对某些未测试过的低于设定的重要性水平或风险较小的账户余额和认定实施实质性程序；②调整实施审计程序的时间，使其超过被审计单位的预期；③采取不同的审计抽样方法，使当期抽取的测试样本与以前有所不同；④选取不同的地点实施审计程序，或预先不告知被审计单位所选定的测试地点。

5.对拟实施审计程序的性质、时间和范围作出总体修改

由于财务报表层次的重大错报风险往往与薄弱的控制环境有关，因此，如果控制环境存在缺陷，注册会计师应当通过对拟实施审计程序的性质、时间和范围作出总体修改，应对财务报表层次的重大错报风险。例如，在期末而非期中实施更多的审计程序，通过实施实质性程序获取更广泛的审计证据，增加拟纳入审计范围的经营地点的数量。

6.3.2 针对认定层次重大错报风险的进一步审计程序

1.进一步审计程序的含义及要求

进一步审计程序是指注册会计师针对评估的各类交易、账户余额和披露认定层次重大错报风险实施的审计程序，包括控制测试和实质性程序。

视频25 针对认定层次重大错报风险的进一步审计程序

针对所评估的认定层次重大错报风险，注册会计师应当设计和实施进一步审计程序，使其与风险评估结果之间具有明确的对应关系。在设计拟实施的进一步审计程序时，注册会计师应当考虑下列因素：风险的重要性，即造成的后果的严重程度；重大错报发生的可能性；涉及的各类交易、账户余额和列报的特征；被审计单位采用的特定控制的性质；注册会计师是否拟获取审计证据，以

确定内部控制在防止或发现并纠正重大错报方面的有效性。

进一步审计程序的总体审计方案可分为实质性方案和综合性方案。其中，实质性方案是指注册会计师实施的进一步审计程序以实质性程序为主；综合性方案是指注册会计师在实施进一步审计程序时，将控制测试与实质性程序结合使用。注册会计师应当根据对认定层次重大错报风险的评估结果，恰当选用实质性方案或综合性方案。通常情况下，注册会计师出于成本效益的考虑，可以采用综合性方案设计进一步审计程序，但是当评估的财务报表层次重大错报风险属于高风险水平时，拟实施进一步审计程序的总体方案往往更倾向于实质性方案。

2.进一步审计程序的性质

进一步审计程序的性质是指进一步审计程序的目的和类型。进一步审计程序的目的包括实施控制测试以评价内部控制在防止或发现并纠正认定层次重大错报方面运行的有效性，以及实施实质性程序以发现认定层次重大错报。进一步审计程序的类型包括检查、观察、询问、函证、重新计算、重新执行和分析程序。

在应对评估风险时，确定审计程序的性质是最重要的。注册会计师应当根据认定层次重大错报风险的评估结果以及形成风险评估结果的依据选择合理的审计程序。评估的风险越高，就越需要注册会计师合理确定进一步审计程序的性质，以获取更有说服力的审计证据。例如，当某类交易协议的完整性存在更高的重大错报风险时，注册会计师除检查文件外，还可能决定向交易对方函证合同条款。某类交易、账户余额和披露认定层次重大错报风险的产生原因，包括交易、账户余额或披露的具体特征以及相关内部控制，也可能影响拟实施的审计程序的类型及综合运用。例如，对于某类交易，注册会计师判断，即使在不考虑相关控制的情况下发生错报的风险仍较低，此时仅实施实质性分析程序就可以获取充分、适当的审计证据。然而，对于在被审计单位信息系统中进行日常处理和控制的、常规且不复杂的某类交易，如果注册会计师预期，在存在与此类交易相关的内部控制的情况下发生错报的风险较低，注册会计师则需要设计、实施控制测试和实质性程序。

3.进一步审计程序的时间

进一步审计程序的时间是指注册会计师何时实施进一步审计程序，或审计证据适用的期间或时点。前者主要集中在如何权衡期中与期末实施审计程序的关系，而后者集中在如何权衡期中审计证据与期末审计证据的关系、如何权衡以前审计获取的审计证据和本期审计获取的审计证据的关系。

注册会计师可以在期中或期末实施控制测试或实质性程序。当重大错报风险较高时，注册会计师应当考虑在期末或接近期末实施实质性程序，或采用不通知的方式，或在管理层不能预见的时间实施审计程序。如果注册会计师认为期中实施审计程序有助于其在审计工作初期识别并及时解决重大事项，以及针对这些事项制定有效的审计方案，那么，注册会计师也可以考虑将实施进一步审计程序的时间安排在期中。影响注册会计师考虑在何时实施审计程序的其他相关因素包括控制环境、何时能得到相关信息、错报风险的性质、审计证据适用的期间或时点。例如，被审计单位内部控制薄弱，注册会计师可能将审计程序时间安排在期末，但某些控制活动如果仅能在期中才能观察到，注册会计师则需要将审计程序安排在期中进行。再如，当注册会计师认为期末交易截止认定存在重大错报风险或为了获取资产的期末余额的证据时，在期末实施相关的审计程序可能更恰当。

4.进一步审计程序的范围

进一步审计程序的范围是指实施进一步审计程序的数量，如抽取的样本量或对某项控制活动的观察次数。在确定必要的进一步审计程序的范围时，注册会计师需要考虑重要性、评估的风险和计划获取的保证程度等因素。确定的重要性水平越低、评估的重大错报风险越高、计划获取的保证程度越高，注册会计师需要实施的进一步审计程序的范围就越广。

6.3.3　控制测试

1.控制测试的含义

控制测试是指用于评价内部控制在防止或发现并纠正认定层次重大错报方面的运行有效性的审计程序，即测试控制运行的有效性。控制测试不同于风险评估程序中的了解内部控制。注册会计师了解内部控制的目的是评价内部控制的设计以及是否得到执行，也就是获取审计证据以确定某项内部控制是否存在以及被审计单位是否正在使用。而在控制测试中，注册会计师应当从三个方面获取关于控制是否有效运行的审计证据：（1）在所审计期间的相关时点是如何运行的；（2）控制是否得到一贯执行；（3）控制由谁或以何种方式执行。

虽然控制测试与了解内部控制的目的不同，但是所采用的审计程序的类型是相同的。为了提高审计效率，注册会计师可以决定在评价控制的设计以及确定其是否得到执行的同时测试控制运行的有效性。例如，注册会计师可以通过询问管理层对预算的使用、观察管理层对月度预算费用与实际费用的比较，以及检查预算金额与实际金额之间的差异报告等审计程序的实施，了解被审计单位预算管理制度的设计及是否得到执行，同时也可以获取关于这些制度在预防或发现费用的重大错报方面运行的有效性的审计证据。

2.控制测试的适用情形

控制测试并非在任何情况下都需要实施，当存在下列情形之一时，注册会计师应当设计和实施控制测试：

（1）在评估认定层次重大错报风险时，预期控制的运行是有效的。在实施风险评估程序时，注册会计师如果发现被审计单位存在某项内部控制且执行了该项控制，基于成本效益的考虑，注册会计师可能预期该控制得到了有效运行，与控制有关的认定层次重大错报风险也较小。那么，注册会计师在确定实质性程序的性质、时间安排和范围时，应当对拟信赖的控制进行测试，就该控制在相关期间或时点的运行有效性获取充分、适当的审计证据，从而达到适当减少实质性程序的目的。可见，只有认为控制设计合理、能够防止或发现并纠正认定层次的重大错报时，注册会计师才有必要对控制运行的有效性实施测试。

（2）仅实施实质性程序不足以提供认定层次充分、适当的审计证据。在某些情况下，注册会计师可能发现仅通过实施有效的实质性程序无法获取认定层次的充分、适当的审计证据，如被审计单位采用信息技术处理业务，除信息系统中的信息外不生成或保留任何与业务相关的文件记录。在这种情况下，注册会计师需要对相关控制实施测试。因此，如果认为仅实施实质性程序获取的审计证据无法将认定层次重大错报风险降至可接受的低水平，注册会计师应当实施相关的控制测试，以获取控制运行有效性的审计证据。

3.控制测试的性质

控制测试的性质是指控制测试所使用的审计程序的类型及其组合。在设计和实施控制测试时，注册会计师应当根据对控制有效性的拟信赖程度确定控制测试的性质。对控制有效性的信赖程度越高，注册会计师应当获取越有说服力的审计证据。控制测试中用以获取审计证据的审计程序主要包括：询问被审计单位有关人员；观察内部控制的运行情况；检查控制运行留下的凭证和记录；重新执行某项控制。需要注意的是，询问本身并不足以测试控制运行的有效性，因此，注册会计师需要将询问与其他审计程序结合使用。而观察提供的证据仅限于观察发生的时点，本身也不足以测试控制运行的有效性，因此，将询问与检查或重新执行结合使用，可能比仅实施询问和观察获取更高水平的保证。

在确定实施哪种程序以获取有关控制运行是否有效的审计证据时，注册会计师还需要考虑特定控制的性质。例如，某些控制通过文件记录证明其运行的有效性，在这种情况下，注册会计师可能需要检查这些文件记录以获取控制运行有效的审计证据。而某些控制可能不存在文件记录，或文件记录与控制运行是否有效不相关。例如，内部环境中的某些要素（如职权和责任的分配）或某些由计算机实施的控制活动，可能不会留下运行记录。在这种情况下，注册会计师可能需要通过询问并结合其他审计程序（如观察）或借助计算机辅助审计技术，获取有关控制运行有效性的审计证据。

4.控制测试的时间

注册会计师应当根据控制测试的目的确定控制测试的时间，并确定拟信赖的相关控制的时点或期间。如果测试特定时点的控制，注册会计师仅得到该时点控制运行有效性的审计证据；如果测试某一期间的控制，注册会计师可获取控制在该期间有效运行的审计证据。如果需要获取控制在某一期间有效运行的审计证据，仅获取与时点相关的审计证据是不充分的，注册会计师应当辅以其他控制测试，包括测试被审计单位对控制的监督。

（1）考虑期中审计证据。注册会计师通常在期中（资产负债表日前的某段时间，如年报审计中的10月份）实施控制测试。如果已获取有关控制在期中运行有效性的审计证据，并拟利用该证据，注册会计师应当实施下列审计程序：

①获取这些控制在剩余期间变化情况的审计证据。针对期中已获取审计证据的控制，考察这些控制在剩余期间的变化情况。如果这些控制在剩余期间没有发生变化，注册会计师可能决定信赖期中获取的审计证据；如果这些控制在剩余期间发生了变化，注册会计师需要了解并测试控制的变化对期中审计证据的影响。

②确定针对剩余期间还需获取的补充审计证据。在确定需要获取哪些补充审计证据以证明控制在期中之后的剩余期间仍然有效运行时，注册会计师应当考虑下列因素：评估的认定层次重大错报风险的重大程度；在期中测试的特定控制，以及自期中测试后发生的重大变动，包括在信息系统、流程和人员方面发生的变动；在期中对有关控制运行有效性获取的审计证据的程度；剩余期间的长度；在信赖控制的基础上拟减少实质性程序的范围；控制环境。

（2）考虑以前审计证据。注册会计师在考虑以前审计获取的有关控制运行有效性的审计证据时，主要考虑拟信赖的以前审计中测试的控制在本期是否发生变化，确定以前审计获取的审计证据是否与本期审计持续相关并且依然可靠。如果控制在本期已发生变化，且这些变化对以前审计获取的审计证据的持续相关性产生影响，那么注册会计师应当在本期审计中测试这些控制运行的有效性。如果拟信赖的控制自上次审计后未发生变化，且不属于旨在减轻特别风险的控制，注册会计师应当运用职业判断确定是否在本期审计中测试其运行有效性，以及本次测试与上次测试的时间间隔，但每三年至少对控制测试一次，且在每年审计中测试部分控制，以避免将所有拟信赖控制的测试集中于某一年，而在之后的两年中不进行任何测试。值得注意的是，如果确定评估的认定层次重大错报风险是特别风险，并拟信赖针对该风险实施的控制，注册会计师不应依赖以前审计获取的审计证据，而应在本期审计中测试这些控制的运行有效性。

5.控制测试的范围

控制测试的范围主要是指某项控制活动的测试次数。控制测试的范围越大，能提供的有关控制政策或程序健全性和有效性的证据就越充分。注册会计师在确定某项控制的测试范围时，通常考虑下列因素：

（1）被审计单位执行控制的频率。在整个拟信赖的期间，被审计单位控制执行的频率越高，控制测试的范围越大。

（2）拟信赖控制运行有效性的时间长度。注册会计师需要根据拟信赖控制的时间长度确定控制测试的范围。拟信赖期间越长，控制测试的范围越大。

（3）审计证据的质量。对审计证据的相关性和可靠性要求越高，控制测试的范围越大。

（4）通过测试与认定相关的其他控制获取的审计证据的范围。针对同一认定，可能存在不同的控制，当针对其他控制获取审计证据的充分性和适当性较高时，测试该控制的范围可适当缩小。

（5）在风险评估时拟信赖控制运行有效性的程度。注册会计师在风险评估时对控制运行有效性的拟信赖程度越高，需要实施控制测试的范围越大。

（6）控制的预期偏差率。控制的预期偏差率越高，需要实施控制测试的范围越大。如果控制的预期偏差率过高，注册会计师应当考虑控制可能不足以将认定层次的重大错报风险降至可接受的低水平，从而针对某一认定实施的控制测试可能是无效的。

6.3.4 实质性程序

1.实质性程序的内涵

实质性程序是指用于发现认定层次重大错报的审计程序。实质性程序包括对各类交易、账户余额和披露的细节测试和实质性分析程序。

由于注册会计师对重大错报风险的评估是一种判断，可能无法充分识别所有的重大错报风险，加之由于内部控制存在固有局限性，因此无论评估的重大错报风险结果如何，注册会计师都应当针对所有重大的各类交易、账户余额、披露实施实质性程序。如果认为评估的认定层次重大错报风险是特别风险，注册会计师还应当专门针对该类风险实施实质性程序。

2.实质性程序的性质

实质性程序的性质是指实质性程序的类型及其组合。实质性程序有两种类型：细节测试和实质性分析程序。

（1）细节测试。细节测试是对各类交易、账户余额、披露的具体细节进行测试，目的在于直接识别财务报表认定是否存在错报。细节测试适用于对各类交易、账户余额、披露认定的测试，尤其是对存在或发生、计价认定的测试。在设计细节测试时，注册会计师需要考虑风险和认定的性质。例如，针对存在或发生认定，细节测试应选择已经包含在财务报表金额中的项目，并获取相关审计证据；针对完整性认定，细节测试则需要选择应该包含在财务报表金额中的项目，并调查这些项目是否确实包含在内。

（2）实质性分析程序。当分析程序用作实质性程序时，称为实质性分析程序。实质性分析程序主要是通过研究数据之间的关系，用以识别各类交易、账户余额、列报及相关认定是否存在错报。实质性分析程序通常适用于在一段时期内存在可预期关系的大量交易。

注册会计师应根据具体情况确定实质性程序的性质，可以单独实施实质性分析程序或细节测试，也可以将细节测试与实质性分析程序结合使用，结合使用可以最恰当地应对评估的认定层次的重大错报风险。

3.实质性程序的时间

在确定实质性程序的实施时间时，注册会计师同样要考虑期中审计证据和以前审计所获取的审计证据。

（1）考虑期中实施实质性程序。由于实质性程序直接用于发现重大错报，如果期中实施，注册会计师还需要消耗额外的审计资源将期中证据合理延伸至期末，因此在确定是否在期中实施实质性程序时，注册会计师需要权衡其成本效益。通常，注册会计师应当考虑下列因素确定是否在期中实施实质性程序：

①内部环境（控制环境）及其相关控制。内部环境越薄弱，注册会计师越不宜在期中实施实质性程序。

②所需信息在期中之后的可获得性。如果实施实质性程序所需信息在期中之后可能难以获取，注册会计师应考虑在期中实施实质性程序。

③实质性程序的目标。如果针对某项认定实施实质性程序的目标包括获取该认定的期中审计证据，那么注册会计师应在期中实施实质性程序。

④评估的重大错报风险。注册会计师评估的某项认定的重大错报风险越高，越应当考虑将实质性程序在期末（或接近期末）实施。

⑤各类交易或账户余额以及相关认定的性质。某些交易或账户余额以及相关认定的特殊性质（如收入截止认定）决定了注册会计师必须在期末（或接近期末）实施实质性程序。

⑥针对剩余期间，能否通过实施实质性程序或将实质性程序与控制测试相结合，降低期末存在错报而未被发现的风险。如果针对剩余期间，注册会计师可以通过实施实质性程序或将实质性程序与控制测试相结合，较有把握地降低期末存在错报而未被发现的风险，注册会计师可以考虑在期中实施实质性程序。

如果在期中实施了实质性程序，注册会计师应当针对剩余期间实施进一步的实质性程序，或将实质性程序和控制测试结合使用，以将期中测试得出的结论合理延伸至期末。如果在期中检查出某类交易或账户余额存在错报，注册会计师应当考虑修改与该类交易或账户余额相关的风险评估以及针对剩余期间拟实施实质性程序的性质、时间安排和范围，或考虑在期末扩大实质性程序的范围或重新实施实质性程序。

（2）考虑以前的审计证据。在以前审计中实施实质性程序获取的审计证据通常对本期只有很弱的证据效力或没有证据效力，但是，如果以前审计中实施实质性程序获取的审计证据未发生重大变化，比如以前审计通过实质性程序测试过的某项诉讼在本期没有任何实质性进展，那么以前获取的审计证据可能在本期仍然适用。当然，对于拟利用的以前审计证据，注册会计师需要在本期实施审计程序以确认这些证据是否具有持续相关性。

4.实质性程序的范围

在确定实质性程序的范围时，注册会计师应当考虑评估的认定层次重大错报风险和实施控制测试的结果。注册会计师评估的认定层次的重大错报风险越高，需要实施实质性程序的范围越广。如果对控制测试结果不满意，注册会计师应当扩大实质性程序的范围。

本章小结

注册会计师应当了解被审计单位及其环境、适用的财务报告编制基础以及内部控制体系，以识别和评估财务报表重大错报风险，设计和实施进一步审计程序。注册会计师为了识别和评估财务报表重大错报风险，在了解被审计单位及其环境、适用的财务报告编制基础以及内部控制体系过程中所实施的审计程序称为风险评估程序。注册会计师应当实施询问、分析程序、观察和检查等风险评估程序以了解被审计单位及其环境、适用的财务报告编制基础以及内部控制体系三个方面。对被审计单位及其环境的了解包括：了解被审计单位的组织结构、所有权和治理结构、业务模式；了解被审计单位的行业形势、法律环境、监管环境以及其他外部因素；了解被审计单位财务业绩的衡量标准。对适用的财务报告编制基础的了解包括：被审计单位与适用的财务报告编制基础相关的财务报告实务；被审计单位对会计政策的选择和运用，包括发生的变化以及变化的原因；了解固有风险因素。了解被审计单位的内部控制体系包括对内部环境（控制环境）、风险评估、内部监督、信息与沟通（信息系统与沟通）、控制活动五个要素的了解。

注册会计师将了解过程中所获取的信息作为审计证据，用以识别和评估财务报表层次以及各类交易、账户余额和披露认定层次的重大错报风险，包括评估固有风险和控制风险。在审计过程中，注册会计师应当评价用于识别和评估重大错报风险的审计证据是否恰当，以及考虑是否需要修正风险的识别或评估结果。

针对识别和评估的重大错报风险，注册会计师应当采取措施进行风险应对。针对识别和评估的财务报表层次重大错报风险确定总体应对措施，针对识别和评估的认定层次重大错报风险设计和实施进一步审计程序，包括确定控制测试和实质性程序的性质、时间安排和范围，以将审计风险降至可接受的低水平。

思政园地

强化行业监管　提升业务质量

2022年4月29日，为加强财会监督，进一步规范注册会计师行业管理，持续提升注册会计师审计质量，有效发挥注册会计师审计鉴证作用，财政部发布了《会计师事务所监督检查办法》（以下简称《办法》），并自2022年7月1日起施行。《办法》要求，省级以上财政部门应对本行政区域内会计师事务所及其注册会计师进行监督检查，对于存在违法违规行为的会计师事务所及相关注册会计师，应当依法作出处理处罚。监督检查的重点内容包括会计师事务所执业质量、执业许可条件、一体化管理、独立性保持、信息安全、职业风险防范，以及注册会计师执业情况等。

省级以上财政部门对会计师事务所执业质量开展监督检查，应当重点检查会计师事务所是否存在下列违法违规行为：在未履行必要的审计程序，未获取充分适当的审计证据的情况下出具审计报告；除纠正错误审计意见重新出具审计报告以外，对同一委托单位的同一事项，依据相同的审计证据出具不同结论的审计报告；隐瞒审计中发现的问题，发表不恰当的审计意见；为被审计单位编造或伪造事由，出具虚假或不实的审计报告；未对被审计单位舞弊迹象或异常情况保持职业怀疑；从事证券服务业务未依法依规进行备案；违反执业准则、规则的其他行为。

省级以上财政部门对会计师事务所执业质量开展监督检查，应当重点关注会计师事务所是否针对审计高风险领域采取以下措施：进驻被审计单位前，通过市场、媒体、分析师、监管部门网站、前任注册会计师等多方渠道，收集企业财务、经营等方面的风险信息，进行风险分析研判，形成客户风险分析和应对报告；进驻被审计单位后，对相应风险点强化审计程序、扩大抽查比例、增加审计证据，有效防范和控制审计风险，提升审计质量。

省级财政部门对会计师事务所执业许可条件情况开展监督检查，应当重点检查：合伙人（有限责任会计师事务所为股东，下同）是否符合任职条件；合伙人人数是否符合条件；合伙人信息是否与工商登记一致；注册会计师人数是否符合条件；是否存在允许其他单位、其他单位团队或个人挂靠在本所，以本所名义承办业务的情形；是否存在借用、冒用其他会计师事务所名义承办业务的情形；是否存在会计师事务所、合伙人或注册会计师发生变更、终止等情况未按规定备案的情形；是否存在被非注册会计师实际控制的情形；是否存在违反注册会计师行业管理政策的其他行为。

省级财政部门对会计师事务所一体化管理情况开展监督检查，应当按照会计师事务所一体化管理有关规定，对会计师事务所人员管理、财务管理、业务管理、技术标准和质量管理、信息化建设等方面情况进行检查。

省级财政部门对会计师事务所及其从业人员独立性保持情况开展监督检查，应当重点检查：是否同时为被审计单位提供可能损害其独立性且未采取有效应对措施的非鉴证业务；审计收费是否采取或有收费方式，如，被审计单位根据审计意见类型、是否能够实现上市或发债等支付部分或全部审计费用；项目组人员（含项目合伙人，下同）、质量复核人员是否与被审计单位董事、高级管理人员存在主要近亲属关系以及其他可能损害其独立性的利害关系；项目组人员、质量复核人员是否存在索取、收受被审计单位合同约定以外的酬金或其他财物的行为；项目组人员、质量复核人员是否持有被审计单位股票；项目组人员、质量复核人员是否兼任被审计单位董事、监事或高管；是否未按规定轮换有关审计人员。

省级财政部门对会计师事务所信息安全情况开展监督检查，应当重点检查：存储业务工作、被审计单位资料的数据服务器和信息技术应用服务器是否架设在中国境内，是否设置安全隔离或备份；对服务器的访问以及相关数据调用是否在法定期限内保存清晰完整的日志；审计数据保存是否符合国家保密工作规定及被审计单位信息保密要求；是否建立审计工作底稿出境涉密筛查制度及程序；是否对境外网络成员所或合作所访问会计师事务所信息系统设有隔离、限制、权限管理等措施。

省级财政部门对会计师事务所职业风险防范情况开展监督检查，应当重点检查：职业风险基金计提、使用情况；职业责任保险购买、赔付情况。

资料来源：财政部.财政部关于印发《会计师事务所监督检查办法》的通知［A/OL］.［2023-11-14］.https://www.gov.cn/gongbao/content/2022/content_5699931.htm.

拓展阅读资料

参仙源参业股份有限公司（以下简称参仙源）是一家生物资源型农业企业，主营野山参，兼营旅游。该公司由碧水集团控股，于2014年12月成功挂牌新三板，由北京兴华会计师事务所为其提供审计服务。

参仙源有农业行业的特殊性，其产品的生产周期较长，易受自然灾害影响。该公司拥有林地近8万亩，其中野山参种植面积3万多亩。野山参不仅对生长环境有很高的要求，对生长过程中的湿度和气温要求也很苛刻。野山参成熟需要15年时间，存活率只有3%，自然灾害、环境和气候的变化对野山参的影响较大。

参仙源是比较典型的股权集中的家族企业，碧水集团持有约88.5%的股份，是参仙源的控股股东。于成波及其配偶吴文莉持有碧水集团的大量股份，于成波为碧水集团的控股股东、实际控制人。参仙源酒业作为参仙源唯一的大客户，其实际控制人也是于成波。于成波既是碧水集团的董事长，又是参仙源酒业的总经理；同样，蒋群既担任参仙源酒业的董事、副总经理，同时还是碧水集团的副总经理。这两家企业高管任职关系复杂，多有兼任职位。

2012年12月15日，参仙源与参仙源酒业签下了为期3年的买卖合同，按高于市场价的整支800元、碎参每斤2 000元的标准确认收入（当时野山参市场价格为整支400元、碎参每斤1 000元）。参仙源的财务报告显示：2012年营业收入7 546万元，主要源于销售房屋和俱乐部的收入，同时当年净亏损2 248万元；2013年营业收入1.98亿元，实现净利润1.11亿元，营业收入较上年上升了162%，其中野山参收入高达1.42亿元，占全年营业收入的72%左右，来自参仙源酒业的收入约占营业总收入的72%；2014年营业收入为1.16亿元，净利润为6 631万元，较2013年下降了41%多，其中来自参仙源酒业的收入约占营业总收入的80%。参仙源的毛利率由2012年19.4%猛增到2013年的72%。

参仙源在2013年与佳业山庄签订了抚育协议，要求佳业山庄为参仙源培养野山参。然而，参仙源的真正目的是让佳业山庄作为中间人，由佳业山庄为参仙源购买野山参，表面上算作佳业山庄自己培育的野山参销售给参仙源。参仙源使用该方式购买了野山参126 080支、碎参5 410.37斤，金额5 538万元。参仙源将该笔金额算入了“管理费用”，然后通过“生产性生物资产”科目核算。参仙源在2013年、2014年的财务报表中，均对生物资产进行了分摊调整。

资料来源：刘梦珂. 新三板财务舞弊的审计研究——以北京兴华审计参仙源为例［D］. 武汉：中南财经政法大学，2018.

【思考】

1.参仙源重大错报风险评估水平是高、中还是低？为什么？

2.该案例中哪些情况导致特别风险？如属于特别风险，请指出其最可能的原因。

3.北京兴华会计师事务所应如何应对上述重大错报风险？

自测题

第6章判断题

第6章单项选择题

第6章多项选择题

第7章 审计抽样

【学习目标】

通过本章的学习，你要：

1. 了解审计抽样的含义和种类；
2. 掌握审计抽样的基本步骤和原理；
3. 熟练掌握控制测试的属性抽样方法及运用；
4. 熟练掌握细节测试的变量抽样方法及运用。

7.1 审计抽样概述

7.1.1 选取测试项目的方法

在设计和实施审计程序时，注册会计师应当确定选取测试项目的适当方法，以获取充分、适当的审计证据，实现预期的审计目标。注册会计师选取测试项目的方法包括选取全部项目、选取特定项目和审计抽样。

视频26 审计抽样概述

选取全部项目是指对总体中的全部项目进行检查。当存在下列情形之一时，注册会计师应当考虑选取全部项目进行测试：总体由少量的大额项目构成；存在特别风险且其他方法未提供充分、适当的审计证据；由于信息系统自动执行的计算或其他程序具有重复性，对全部项目进行检查符合成本效益原则。对全部项目进行检查适用于对某类交易或账户余额的细节测试。

选取特定项目是指注册会计师根据对被审计单位的了解、评估的重大错报风险以及所测试总体的特征等，确定从总体中选取特定项目进行测试。选取的特定项目包括：大额或关键项目；超过某一金额的全部项目；被用于获取某些信息的项目。从总体中选取特定项目实施检查是注册会计师获取审计证据的有效手段，与审计抽样有本质的区别。对特定项目进行检查只能为特定项目提供审计证据，而不能为总体中剩余的部分提供审计证据，其测试结果不能推断至总体。

现阶段，由于企业规模的不断扩大以及经济业务的日益纷繁复杂，为了控制审计成本、提高审计效率和确保审计效果，注册会计师在审计业务中普遍采用审计抽样方法。

7.1.2 审计抽样的基本概念

1.审计抽样的含义及特征

审计抽样简称抽样，是指注册会计师对具有审计相关性的总体中低于百分之百的项目实施审计程序，使所有抽样单元都有被选取的机会，为注册会计师针对整个总体得出结论奠定合理基础。其中，总体是指注册会计师从中选取样本并期望据此得出结论的整个数据集合。抽样单元则是指构成总体的个体项目。

与其他选取测试项目的方法相比，审计抽样具有三个基本特征：对具有审计相关性的总体中低于百分之百的项目实施审计程序；所有抽样单元都有被选取的机会；通过对样本的测试最终形成对整个总体的结论。

2.审计抽样的适用情形

注册会计师获取审计证据时，通常需要实施风险评估程序、控制测试和实质性程序。在设计和实施审计程序时，注册会计师应当考虑审计抽样的适用性。有些审计程序可以使用审计抽样，有些审计程序不宜使用审计抽样。例如，风险评估程序通常不使用审计抽样。当控制的运行留下轨迹时，注册会计师可以使用审计抽样实施控制测试，但对那些未留下运行轨迹的控制实施测试时，注册会计师应实施询问、观察等审计程序，以获取有关控制运行有效性的审计证据。在实施细节测试时，注册会计师可以使用审计抽样获取审计证据，但是在实施实质性分析程序时，注册会计师则不使用审计抽样。

3.审计抽样的种类

（1）统计抽样和非统计抽样。在实务中，审计抽样方法可分为统计抽样和非统计抽样。统计抽样是指同时具备下列特征的抽样方法：①随机选取样本项目；②运用概率论评价样本结果，包括计量抽样风险。非统计抽样是指不同时具备统计抽样两个特征的抽样方法。

统计抽样需要按照随机原则从总体中抽取样本进行审查，运用概率论原理和数理统计方法评价样本结果并推断总体特征。统计抽样方法建立在科学的数理统计模型基础上，有助于注册会计师高效地设计样本以及提高依据样本结果推断的总体特征的可靠性。非统计抽样主要依据注册会计师的职业判断完成抽样，因此也被称为判断抽样。这种审计抽样方法主观性较强，注册会计师无法保证抽样的随机性，可能影响根据样本结果推断的总体结论的可靠性。一般来说，统计抽样比非统计抽样更具有科学性和可靠性。当然，非统计抽样技术的运用效率和效果取决于注册会计师的经验和判断能力，如果设计得当，也可取得与统计抽样一样的效果。审计抽样方法的运用主要涉及审计程序的范围问题，即如何选以及选多少，但不影响对选取的样本实施的审计程序，也不影响单个样本的适当性。在设计、实施抽样和评价样本时，注册会计师应合理地运用职业判断，统计抽样并不能减少或取代审计过程中的职业判断。此外，这两种方法在运用过程中，存在一定程度的抽样风险和非抽样风险，注册会计师应采取适当的措施加以控制。

统计抽样和非统计抽样在运用过程中各有特点，两者的区别见表7-1。

在审计实务中，为了有效获得充分、适当的审计证据，注册会计师应根据具体情况选择统计抽样或非统计抽样，也可以两者结合使用。

（2）属性抽样和变量抽样。统计抽样按抽样所了解到总体特征的不同，可进一步分为属性抽样和变量抽样两种。

表7-1　　统计抽样和非统计抽样的区别

区别	统计抽样	非统计抽样
理论依据	概率论和数理统计	专业经验和职业判断
成本效益	成本高，效果好	成本低，效果差
风险量化控制	可量化控制抽样风险	无法量化控制风险
样本规模的确定	运用模型并明确承认相关因素	运用判断并且不明确承认相关因素
样本选取	随机选取	判断选取
评价样本结果	运用统计法则和职业判断	运用判断

①属性抽样，是指用以测定总体特征发生频率的一种统计抽样方法，适用于控制测试。注册会计师应根据控制测试的目的和特点采用属性抽样方法，估计总体中某一设定控制的偏差率（次数），以证明该控制的有效性。

②变量抽样，是指用以估计总体金额的一种统计抽样方法，通常适用于实质性程序。注册会计师采用变量抽样进行细节测试，以确定财务报表各项目数据的真实性和正确性。变量抽样包括平均值估计抽样、差异估计抽样、比率估计抽样和概率比例规模抽样等方法。

属性抽样和变量抽样分别适用于不同类型的审计测试，两者有明显的区别。然而，在审计实务中，经常同时进行控制测试和细节测试，在此情况下采用的审计抽样称为双重目的抽样。

7.1.3 抽样风险和非抽样风险

审计抽样的基本特征之一是需要注册会计师根据样本测试结果推断总体结论，而推断的结论与实际结论可能发生偏差。造成这种偏差的原因是在运用审计抽样技术的过程中存在两类风险：抽样风险和非抽样风险，它们可能影响注册会计师对重大错报风险的评估和检查风险的确定。

1. 抽样风险

抽样风险是指注册会计师根据样本得出的结论可能不同于如果对整个总体实施与样本相同的审计程序得出的结论的风险。抽样风险可能导致两种类型的错误结论：一是依据样本结果推断的总体结论大于对整个总体实施审计程序得出的结论；二是依据样本结果推断的总体结论小于对整个总体实施审计程序得出的结论。

（1）控制测试中的抽样风险——信赖过度风险和信赖不足风险。信赖过度风险是指推断的控制有效性高于其实际有效性的风险。信赖不足风险是指推断的控制有效性低于其实际有效性的风险。前者影响审计效果，而后者影响审计效率。如果注册会计师根据样本结果评估的控制有效性高于其实际有效性，即过度信赖被审计单位的内部控制，将导致其评估的重大错报风险水平偏低，此时，注册会计师可能不适当地减少了从实质性程序中获取的证据，从而最终影响审计效果。如果注册会计师评估的控制有效性低于其实际有效性，即对被审计单位的内部控制信赖不足，将导致其评估的重大错报风险水平偏高，此时，注册会计师可能增加了不必要的实质性程序，从而降低了审计工作的效率。

（2）细节测试中的抽样风险——误受风险和误拒风险。误受风险是指注册会计师推断某一重大错报不存在而实际上存在的风险。误拒风险是指注册会计师推断某一重大错报存在而实际上不存在的风险。前者影响审计效果，而后者影响审计效率。如果账面金额实际上存在重大错报而注册会计师认为其不存在重大错报，注册会计师通常会停止对该账面金额继续进行测试，并根据样本结果得出账面金额无重大错报的结论，容易导致注册会计师发表不恰当的审计意见，影响审计效果。如果账面金额不存在重大错报而注册会计师认为其存在重大错报，注册会计师会扩大细节测试的范围并考虑获取其他审计证据，最终注册会计师会得出恰当的结论，但审计效率可能降低。

由此可见，只要使用审计抽样方法，就一定存在抽样风险。抽样风险将对审计工作的效率或效果产生一定的影响，其中，信赖过度风险和误受风险影响审计效果，而信赖不足风险和误拒风险影响审计效率。虽然审计抽样过程中的抽样风险不可避免，但是可以控制。抽样风险与样本规模反方向变动。样本规模越小，抽样风险越大；样本规模越大，抽样风险越小。因此，无论是控制测试还是细节测试，都可以通过扩大样本规模降低抽样风险。假设对总体中的所有项目都实施检查，那么就不存在抽样风险，此时的审计风险完全由非抽样风险产生。

2.非抽样风险

非抽样风险是指由于任何与抽样风险无关的因素而导致注册会计师得出错误结论的可能性。由于某些因素的存在，注册会计师即使对某类交易或账户余额的所有项目实施某种审计程序，也可能未发现重大错报或控制偏差。例如，选择的总体不适合测试目标；未能适当地定义偏差或错报构成条件；采用了不恰当的审计程序；误解审计证据等。

非抽样风险是由人为错误造成的，对审计效率和效果都会产生一定的影响。会计师事务所可以通过采取适当的质量管理政策和程序，加强对审计工作的指导、监督和复核，来降低非抽样风险。

7.2 审计抽样的基本步骤和原理

视频27 审计抽样的基本步骤和原理

审计抽样能够使注册会计师获取和评价所选取项目某些特征的审计证据，以形成或有助于形成有关总体（即从中选取样本的总体）的结论。注册会计师在运用审计抽样时，既可以使用非统计抽样方法，也可以使用统计抽样方法。无论使用哪种方法，审计抽样的基本步骤都包括三个：设计样本、选取和测试样本、评价样本结果。

7.2.1 设计样本

设计样本是指注册会计师针对抽样的目标、总体、抽样单元、误差构成条件以及样本的数量等所作的规划和安排。

1.确定审计目标

注册会计师在设计样本时，应当首先考虑拟实现的审计目标，并根据测试目标和总体特征确定能够实现该目标的最佳审计程序组合。通常，控制测试的目的是获取关于某项控制的设计或运行是否有效的证据，而细节测试的目的在于获取证据以确定各类交易、账户余额、披露的相关认定是否存在重大错报。

2.定义总体与抽样单元

（1）总体，是指注册会计师从中选取样本并期望据此得出结论的整个数据集合。在实施审计抽样之前，注册会计师必须明确抽样总体及其范围，并确保总体的适当性和完整性，即确定的抽样总体是否适合特定的审计目标（或测试方向），以及总体项目内容和涉及时间等是否具有完整性。例如，实施控制测试时，考虑拟测试的抽样总体是否已涵盖整个会计期间；实施细节测试时，考虑是对全部项目抽样还是对部分项目抽样。

如果总体项目存在重大的变异性，注册会计师应当考虑分层，即将总体分成有识别特征的各个子总体。对总体进行分层，有助于减少每一层中项目的变异性，从而在不增加抽样风险的情况下缩小样本规模，提高审计工作的效率。在细节测试中，注册会计师通常依据金额大小对总体进行分层，以便使审计资源更多地集中在重大错报风险高的项目上。例如，在对应收账款进行抽样函证之前，可按账户余额大小将其分为三层，分别是账户余额在5万元以上的、账户余额在1万~5万元之间的和账户余额在1万元以下的。然后，依据重要性原则对每一层采取不同的处理方法：5万元以上的可全部采用积极式函证，1万~5万元之间的可选取样本采用积极式函证，而1万元以下的则采用消极式函证。

（2）抽样单元，是指构成总体的个体项目，它可能是实物项目也可能是货币单元。例如，在控制测试中，抽样单元可能是能够提供控制运行证据的一份文件资料、一条记录或记录中的一行；而在细节测试中，抽样单元可能是一个账户余额、一笔交易或交易中的一条记录，甚至是每个货币单元。

3.界定误差构成条件

在设计样本时，注册会计师还应当根据审计程序的目的，明确构成误差的条件。只有事前确定好误差构成条件，在对样本执行审计程序时才能准确地判断样本是否存在偏差或错报。在控制测试中，误差是指控制偏差。注册会计师要根据所测试的内部控制的特征，确定在哪些情况下该控制可能不会有效运行而出现偏差。在细节测试中，误差是指错报，注册会计师需要确定是什么构成了错报。

7.2.2 选取和测试样本

1.确定样本规模

样本规模是指从总体中选取样本项目的数量。使用统计抽样方法时，注册会计师必须对影响样本规模的因素进行量化，并利用统计学公式来确定样本规模。在非统计抽样中，注册会计师可以只对影响样本规模的因素进行定性估计，并运用职业判断确定样本规模。影响样本规模的因素主要包括：

（1）可接受的抽样风险。注册会计师愿意接受的抽样风险水平影响所需的样本规模，可接受的抽样风险越低，所需的样本规模越大。在实施控制测试时，注册会计师主要关注抽样风险中的信赖过度风险。在细节测试中，注册会计师考虑的抽样风险包括误受风险和误拒风险。

（2）可容忍误差。可容忍误差是指注册会计师能够容忍的最大误差，可容忍误差越大，所需的样本规模越小。在控制测试中，可容忍误差用比率表示，称为可容忍偏差率，是注册会计师设定的可容忍某控制偏离规定的内部控制程序的比率。注册会计师应根据计划评估的控制有效性来确定可容忍偏差率。计划评估的控制有效性越高，注册会计师在评估重大错报风险时越依赖控制运行的有效性，确定的可容忍偏差率相应越低，实施控制测试的范围也越大。在细节测试中，可容忍误差是指可容忍的错报金额，即注册会计师计划的各类交易、账户、披露认定层次的重要性水平。对特定的账户余额或交易类型，当抽样风险既定时，注册会计师确定的可容忍误差降低，为实现审计目标的样本规模也随之增大。

（3）预计总体误差。预计总体误差即注册会计师预期在总体中发现的误差。当预计总体误差增加时，为了对总体中的实际误差作出合理估计，需要扩大样本规模。预计总体误差在控制测试中是指预计总体偏差率，在细节测试中是指注册会计师预期的在总体中发现的错报金额。

（4）总体变异性。总体变异性是指总体的某一特征（如金额）在各项目之间的差异程度。总体的差异程度大会降低抽取的样本的代表性，可能影响根据样本结果推断的总体结论的可靠性。因此，当总体变异性较大时，注册会计师可通过扩大样本规模来提高样本的代表性。在控制测试中，注册会计师在确定样本规模时一般不考虑总体变异性。在细节测试中，注册会计师确定适当的样本规模时要考虑总体变异性。

（5）总体规模。一般情况下，对大规模总体而言，总体的实际规模对样本规模几乎没有影响。而对小规模总体而言，审计抽样不比其他替代方法更能有效地获取充分、适当的审计证据。因此，注册会计师通常可以忽略总体规模对样本规模的影响。

2. 选取样本项目

不论采用统计抽样还是非统计抽样，在选取样本项目时，注册会计师应当使总体中的所有抽样单元均有被选取的机会，以确保所选取的样本能够代表总体。在实际工作中，选取样本的方法很多，常用的主要有随机选样、系统选样和随意选样。

（1）随机选样，也称随机数表选样，是指利用随机数生成工具（如随机数表）生成的随机数来进行样本选取的一种方法。由于随机数表中的随机数是均匀分布的，因此这种方法能使每个抽样单元被选中的概率相同，适用于统计抽样和非统计抽样。但如果样本规模较大，采用该方法则费时费力，审计效率较低。

在采用随机数表选样时，首先应确保总体中的每一项目都有不同的编号，并确定其与随机数表中的随机数的一一对应关系。然后，确定选样的随机起点和选号路线，选号路线可以任意指定，只要保持连续性即可。随机起点和选号路线一旦确定，就不得随意更改。最后，按确定的选样路线选取有效的随机数，并将其对应的项目作为样本。

例如，被审计单位的销售发票编号从1到4000，注册会计师利用随机数表（见表7-2）从中选取100个样本进行审查。注册会计师决定以第一行第一列为起点，选择路线为自上而下、从左到右，对应关系是表中各数的前四位，则所选择的前五个号分别是3204、2382、2076、3846和2179。以此类推，选出100个号码，按这些号码选取编号与之相对应的销售发票作为样本进行审查。

（2）系统选样，也称等距选样，是指按照相同的间隔从抽样总体中等距离地选取样本的一种选样方法。采用系统选样，首先要计算样本间距（即用总体中抽样单元的总数量除以样本规模），然后确定选样起点，最后根据间距顺序选取样本。当间距不是整数时，须遵循只舍不入的原则。

表7-2 随机数表

列 行	1	2	3	4	5	6	7	8	9	10
1	32044	69037	29655	92114	81034	40582	01584	77184	85762	46505
2	23821	96070	82592	81642	08971	07411	09037	81530	56195	98425
3	82383	94987	66441	28677	95961	78346	37916	09416	42438	48432
4	68310	21792	71635	86089	38157	95620	96718	79554	50209	17705
5	94856	76940	22165	01414	01413	37231	05509	37489	56459	52983
6	95000	61958	83430	98250	70030	05436	74814	45978	09277	13827
7	20764	64638	11359	32556	89822	02713	81293	52970	25080	33555
8	71401	17964	50940	95753	34905	93566	36318	79530	51105	26952
9	38464	75707	16750	61371	01523	69205	32122	03436	14489	02086
10	59442	59247	74955	82835	98378	83513	47870	20795	01352	89906

例如，注册会计师采用系统选样从编号为1到1000的销售发票中选出50个样本。首先计算出选样间距为20（1 000÷50），则每隔20个选取一个样本，共选取50个。假定注册会计师确定随机起点为28，则接下来依次是48、68等。

系统选样的优点是使用方便，节省时间。它要求总体必须是随机排列的，否则容易发生较大的偏差，出现非随机的、不具有代表性的样本。系统选样可以在非统计抽样中使用，在总体随机分布时也可用于统计抽样。

（3）随意选样，也称任意选样，是指注册会计师不带任何偏见地选取样本。这种方法要求注册会计师避免任何有意识的偏向或可预见性（如回避难以找到的项目，或总是选择或回避每页的第一个或最后一个项目），从而保证总体中的所有项目都有被选中的机会。然而，在实务中，注册会计师要做到完全无偏见地选取样本很难，从而很可能使样本失去代表性。随意选样属于非随机基础选样方法，因而不适合在统计抽样中使用，只适用于非统计抽样。

3.测试样本

注册会计师应当针对选取的每一个样本项目，实施适合具体审计目标的审计程序，以发现并记录样本中存在的误差。

如果选取的样本项目中存在无效单据、未使用或不适用的单据，导致不适合实施审计程序，注册会计师通常使用替代项目。例如，在测试付款是否得到授权时选取的付款单据中，可能包括一个空白的付款单，如果注册会计师确信该空白付款单是合理的且不构成误差，可以适当选择一个替代项目进行检查。

如果因与选取的某项目相关的文件丢失等原因导致注册会计师无法对某个选取的项目实施设计的审计程序或适当的替代程序，注册会计师应当将该项目视为控制测试中对规定的控制的一项偏差，或细节测试中的一项错报。

7.2.3 评价样本结果

注册会计师在对样本实施必要的审计程序后，需要对样本结果进行评价，并据以推断出总体结论。

1.分析样本误差

注册会计师应当对所发现的样本误差进行分析，包括调查已识别的所有误差的性质和原因，以及评价其对审计程序的目的和审计的其他方面可能产生的影响。无论是统计抽样还是非统计抽样，对样本结果的定性评估和定量评估一样重要。即使样本的统计评价结果在可以接受的范围内，注册会计师也应对样本中的所有误差（包括控制测试中的控制偏差和细节测试中的金额错报）进行定性分析，包括分析这些误差是有意的还是无意的，是否表明存在舞弊。

分析时，如果许多偏差和错报具有共同的特征，如交易类型、地点、产品线或时段等方面，注册会计师可以找出总体中具有这一共同特征的所有项目，并将审计程序扩展到这些项目。在极其特殊的情况下，如果在样本中发现的某项偏差或错报是异常误差，注册会计师应当通过实施追加审计程序，获取充分、适当的审计证据，对该项偏差或错报对总体不具有代表性获取高度肯定，同时确定该项偏差或错报不影响总体的其余部分。

2.推断总体误差

实施控制测试时，注册会计师应将样本中发现的偏差数量除以样本规模，计算出样本偏差率。由于样本的误差率就是整个总体的推断误差率，因此注册会计师无须推断总体误差率。无论使用统计抽样还是非统计抽样，样本偏差率都是注册会计师对总体偏差率的最佳估计。

当实施细节测试时，注册会计师需要根据样本中发现的错报推断总体错报，以获取对错报规模的大致了解，但该推断可能并不足以确定应记录的确切金额。如果某项错报被确认为异常，注册会计师在推断总体错报时可以将其排除在外。但是，如果该项错报没有更正，注册会计师除推断非异常错报外，还需要考虑所有异常错报的影响。因此，对于细节测试来说，推断错报与异常错报（如有）之和是注册会计师对总体错报的最佳估计。

3.形成总体结论

注册会计师应当评价审计抽样结果，以确定对总体相关特征的评估是否得到证实或需要修正。对于控制测试，除非注册会计师已获取能够证实最初评估结果的进一步审计证据，超出预期的高偏差率可能导致评估的重大错报风险增加。对于细节测试，在缺乏进一步审计证据证明不存在重大错报的情况下，样本中超出预期的高错报可能导致注册会计师认为某类交易或账户余额存在重大错报。

（1）控制测试中样本结果评价。在控制测试中，注册会计师应当将总体偏差率与可容忍偏差率相比较，但必须考虑抽样风险。

①统计抽样。在统计抽样中，用以评价抽样结果的大多数计算机程序都能根据样本规模、样本结果，计算在注册会计师确定的信赖过度风险下可能发生的偏差率上限的估计值。该偏差率上限的估计值即总体偏差率与抽样风险允许限度之和。

如果估计的总体偏差率上限低于可容忍偏差率，则总体可以接受。这时注册会计师对总体作出结论，即样本结果支持计划评估的控制有效性，从而支持计划的重大错报风险评估水平。

如果估计的总体偏差率上限高于或等于可容忍偏差率，则总体不能接受。这时注册会计师对总体作出结论，即样本结果不支持计划评估的控制有效性，从而不支持计划的重大错报风险评估水平。注册会计师应当修正重大错报风险评估水平，并增加实质性程序的数量；也可以对影响重大错报风险评估水平的其他控制进行测试，以支持计划的重大错报风险评估水平。

如果估计的总体偏差率上限低于但接近可容忍偏差率，注册会计师应当结合其他审计程序的结果，考虑是否接受总体，并考虑是否需要扩大测试范围，以进一步证实计划评估的控制有效性和重大错报风险水平。

②非统计抽样。在非统计抽样中，抽样风险无法直接计量。注册会计师通常将样本偏差率（即估计的总体偏差率）与可容忍偏差率相比较，运用职业判断以确定总体是否可以接受。

如果样本偏差率高于可容忍偏差率，则总体不能接受。这时注册会计师对总体作出结论，即样本结果不支持计划评估的控制有效性，从而不支持计划的重大错报风险评估水平。注册会计师应当修正重大错报风险评估水平，并增加实质性程序的数量；也可以对影响重大错报风险评估水平的其他控制进行测试，以支持计划的重大错报风险评估水平。

如果样本偏差率低于总体的可容忍偏差率，注册会计师要考虑即使总体实际偏差率高于可容忍偏差率时仍出现这种结果的风险。如果样本偏差率大大低于可容忍偏差率，注册会计师通常认为总体可以接受。如果样本偏差率虽然低于可容忍偏差率，但两者很接近，注册会计师通常认为总体实际偏差率高于可容忍偏差率的抽样风险很高，因而总体不可接受。如果样本偏差率与可容忍偏差率之间的差额不是很大也不是很小，以至于不能认定总体是否可以接受，注册会计师要考虑扩大样本规模，进一步收集证据。

（2）细节测试中样本结果评价。在细节测试中，注册会计师必须根据样本中发现的实际错报，要求被审计单位调整账面记录金额。将被审计单位已更正的错报从推断的总体错报金额中减掉后，注册会计师应当将调整后的推断总体错报与该类交易或账户余额的可容忍错报相比较，但必须考虑抽样风险。

①统计抽样。在统计抽样中，注册会计师利用计算机程序或数学公式计算出总体错报上限，并将计算的总体错报上限与可容忍错报比较。计算的总体错报上限等于推断的总体错报（调整后）与抽样风险允许限度之和。

如果计算的总体错报上限低于可容忍错报，则总体可以接受。这时注册会计师对总体作出结论，即所测试的交易或账户余额不存在重大错报。

如果计算的总体错报上限高于或等于可容忍错报，则总体不能接受。这时注册会计师对总体作出结论，即所测试的交易或账户余额存在重大错报。在评价财务报表整体是否存在重大错报时，注册会计师应将该类交易或账户余额的错报与其他审计证据一起考虑。通常，注册会计师会建议被审计单位对错报进行调查，且在必要时调整账面记录。

②非统计抽样。在非统计抽样中，注册会计师运用其经验和职业判断评价抽样结果。

如果调整后的总体错报高于可容忍错报，或虽低于可容忍错报但两者很接近，注册会计师通常作出总体实际错报高于可容忍错报的结论，即该类交易或账户余额存在重大错报，因而总体不能接受。如果对样本结果的评价显示，对总体相关特征的评估需要修正，注册会计师可以采取下列措施：提请管理层对已识别的误差和存在更多误差的可能性进行调查，并在必要时予以调整；修改进一步审计程序的性质、时间和范围；考虑对审计报告的影响。

如果调整后的总体错报远远低于可容忍错报，注册会计师可以作出总体实际错报低于可容忍错报的结论，即该类交易或账户余额不存在重大错报，因而总体可以接受。

如果调整后的总体错报低于可容忍错报但两者之间的差距很小，注册会计师必须特别仔细地考虑，总体实际错报超过可容忍错报的风险是否能够接受，并考虑是否需要扩大细节测试的范围，以获取进一步的证据。

7.3 审计抽样的运用

7.3.1 审计抽样在控制测试中的应用

视频28 审计抽样在控制测试中的应用

注册会计师在实施控制测试时，既可以采用统计抽样方法，也可以采用非统计抽样方法。采用统计抽样方法时，通常有三种：固定样本量抽样、停-走抽样和发现抽样。

固定样本量抽样是根据公式或表格确定固定的样本数量，通过对样本进行审查，并以全部样本审查结果推断总体中某种误差发生比例的一种属性抽样方法。它是属性抽样的基本形式。在固定样本量抽样中，注册会计师对一个确定规模的样本实施检查，等到某一确定规模的样本全部选取、审查完以后，才作出审计结论。

停-走抽样是固定样本量抽样的一种特殊形式，是以预期总体误差为零开始，通过边抽样边评价来完成审计抽样工作的一种属性抽样方法。采用固定样本量抽样时，如果预计总体偏差率大大高于实际偏差率，其结果是选取了过多的样本，降低了审计工作效率。在停-走抽样中，注册会计师先抽取一定量的样本进行审查，如果结果可以接受，就停止抽样得出结论；如果结果不能接受，就扩大样本量继续审查，直至得出结论。

发现抽样是固定样本量抽样的另一种特殊形式，与固定样本量抽样的不同之处在于发现抽样将预计总体偏差率直接定为0，并根据可接受信赖过度风险和可容忍偏差率一起确定样本量。在对选出的样本进行审查时，一旦发现一个偏差就立即停止抽样。如果在样本中没有发现偏差，则得出总体可以接受的结论。发现抽样适合查找重大舞弊或非法行为。

本节介绍固定样本量抽样在控制测试中的应用。

1.设计样本

（1）确定测试目标。注册会计师拟采用抽样方法对某公司开具销售发票业务的控制程序运行的有效性进行控制测试。

（2）定义总体、抽样单元。根据上述测试目标，注册会计师定义的审计对象总体为整个被审计期间（1—12月）的所有销售发票，抽样单元定义为每一张销售发票。

（3）界定偏差构成条件。如果出现以下四种情形，该公司开具销售发票业务的控制程序可能被认为未能得到有效运行：①销售发票没有根据合同开具；②销售发票的价格与规定等级产品的价格不一致；③销售发票上存在计算错误；④销售发票未经有关人员授权和复核。

（4）定义测试期间。在实务中，注册会计师通常将控制测试安排在期中进行。由于期中获取的审计证据只能证明截至期中的控制有效性，与测试目标不符，注册会计师需要考虑如何获取剩余期间的审计证据。在本例中，注册会计师按照计划在期中进行控制测试。被审计单位在当年的前10个月开具了编号从1到10000的发票，根据企业的经营周期，注册会计师估计剩下两个月将开具2 500张发票。因此，注册会计师在选取所需的样本时，用1到12500作为编号。在所选取的发票中，编号小于或等于10000的样本项目在期中时进行检查，剩余的样本项目将在期末审计时进行检查。

2.选取和测试样本

（1）确定可接受的信赖过度风险、可容忍偏差率和预计总体偏差率。由于控制测试是控制是否有效运行的主要证据来源，因此，可接受的信赖过度风险应确定在相对较低的水平上。在本例中，注册会计师预期开具销售发票业务的控制程序运行有效，确定的可接受信赖过度风险为10%、可容忍偏差率为7%；根据上年测试结果和对控制的初步了解，预计总体偏差率为1.75%。

（2）确定样本规模。

①使用统计公式计算样本规模。样本量的计算公式如下：

$$样本量(n)=\frac{风险系数(R)}{可容忍偏差率(TR)}$$

其中，风险系数为可接受的信赖过度风险系数，它取决于特定的信赖过度风险和预期将出现的偏差的个数，表7-3列示了在控制测试中常用的风险系数。

表7-3　**控制测试中常用的风险系数**

预期发生偏差的数量	信赖过度风险	
	5%	10%
0	3.0	2.3
1	4.8	3.9
2	6.3	5.3
3	7.8	6.7
4	9.2	8.0
5	10.5	9.3
6	11.9	10.6
7	13.2	11.8
8	14.5	13.0
9	15.7	14.2
10	17.0	15.4

在本例中，注册会计师确定的可接受信赖过度风险为10%、可容忍偏差率为7%，并预期至多发现一例偏差。根据公式可计算出所需的样本量：

$$n = \frac{R}{TR} = \frac{3.9}{0.07} \approx 56$$

其中，风险系数3.9是根据预期的偏差数量1、信赖过度风险10%从表7-3中查得的。

②使用样本量表确定样本规模。表7-4和表7-5分别提供了在控制测试中确定的可接受信赖过度风险为5%和10%时所使用的样本量表。如果注册会计师需要其他信赖过度风险水平的抽样规模，必须使用其他统计抽样参考资料中的表格或计算机程序。

表7-4　**控制测试中统计抽样样本规模——信赖过度风险为5%**

（括号内是可接受的偏差数）

预计总体偏差率（%）	可容忍偏差率								
	2%	3%	4%	5%	6%	7%	8%	9%	10%
0.00	149（0）	99（0）	74（0）	59（0）	49（0）	42（0）	36（0）	32（0）	29（0）
0.25	236（1）	157（1）	117（1）	93（1）	78（1）	66（1）	58（1）	51（1）	46（1）
0.50	*	157（1）	117（1）	93（1）	78（1）	66（1）	58（1）	51（1）	46（1）
0.75	*	208（2）	117（1）	93（1）	78（1）	66（1）	58（1）	51（1）	46（1）
1.00	*	*	156（2）	93（1）	78（1）	66（1）	58（1）	51（1）	46（1）
1.25	*	*	156（2）	124（2）	78（1）	66（1）	58（1）	51（1）	46（1）
1.50	*	*	192（3）	124（2）	103（2）	66（1）	58（1）	51（1）	46（1）
1.75	*	*	227（4）	153（3）	103（2）	88（2）	77（2）	51（1）	46（1）
2.00	*	*	*	181（4）	127（3）	88（2）	77（2）	68（2）	46（1）
2.25	*	*	*	208（5）	127（3）	88（2）	77（2）	68（2）	61（2）
2.50	*	*	*	*	150（4）	109（3）	77（2）	68（2）	61（2）
2.75	*	*	*	*	173（5）	109（3）	95（3）	68（2）	61（2）
3.00	*	*	*	*	195（6）	129（4）	95（3）	84（3）	61（2）
3.25	*	*	*	*	*	148（5）	112（4）	61（2）	30（1）
3.50	*	*	*	*	*	167（6）	112（4）	76（3）	40（2）
3.75	*	*	*	*	*	185（7）	129（5）	100（4）	76（3）
4.00	*	*	*	*	*	*	146（6）	100（4）	89（4）
5.00	*	*	*	*	*	*	*	158（8）	116（6）
6.00	*	*	*	*	*	*	*	*	179（11）
7.00	*	*	*	*	*	*	*	*	*

注：本表假设总体为大总体；*表示样本规模太大，在多数情况下不符合成本效益原则。

表7-5 控制测试中统计抽样样本规模——信赖过度风险为10%

（括号内是可接受的偏差数）

预计总体偏差率（%）	可容忍偏差率								
	2%	3%	4%	5%	6%	7%	8%	9%	10%
0.00	114（0）	76（0）	57（0）	45（0）	38（0）	32（0）	28（0）	25（0）	22（0）
0.25	194（1）	129（1）	96（1）	77（1）	64（1）	55（1）	48（1）	42（1）	38（1）
0.50	194（1）	129（1）	96（1）	77（1）	64（1）	55（1）	48（1）	42（1）	38（1）
0.75	265（2）	129（1）	96（1）	77（1）	64（1）	55（1）	48（1）	42（1）	38（1）
1.00	*	176（2）	96（1）	77（1）	64（1）	55（1）	48（1）	42（1）	38（1）
1.25	*	221（3）	132（2）	77（1）	64（1）	55（1）	48（1）	42（1）	38（1）
1.50	*	*	132（2）	105（2）	64（1）	55（1）	48（1）	42（1）	38（1）
1.75	*	*	166（3）	105（2）	88（2）	55（1）	48（1）	42（1）	38（1）
2.00	*	*	198（4）	132（3）	88（2）	75（2）	48（1）	42（1）	38（1）
2.25	*	*	*	132（3）	88（2）	75（2）	65（2）	42（2）	38（2）
2.50	*	*	*	158（4）	110（3）	75（2）	65（2）	58（2）	38（2）
2.75	*	*	*	209（6）	132（4）	94（3）	65（2）	58（2）	52（2）
3.00	*	*	*	*	132（4）	94（3）	65（2）	58（2）	52（2）
3.25	*	*	*	*	153（5）	113（4）	82（3）	58（2）	52（2）
3.50	*	*	*	*	194（7）	113（4）	82（3）	73（3）	52（2）
3.75	*	*	*	*	*	131（5）	98（4）	73（3）	52（2）
4.00	*	*	*	*	*	149（6）	98（4）	73（3）	65（3）
5.00	*	*	*	*	*	*	160（8）	115（6）	78（4）
6.00	*	*	*	*	*	*	*	182（11）	116（7）
7.00	*	*	*	*	*	*	*	*	199（14）

注：本表假设总体为大总体；*表示样本规模太大，在多数情况下不符合成本效益原则。

注册会计师根据可接受的信赖过度风险选择相应的抽样规模，然后在预计总体偏差率栏找到适当的比率，注册会计师确定与可容忍偏差率对应的列，可容忍偏差率所在列与预计总体偏差率所在行的交点就是所需的样本规模。在本例中，注册会计师确定的可接受信赖过度风险为10%、可容忍偏差率为7%，预计总体偏差率为1.75%。在信赖过度风险为10%时所使用的表7-5中，7%可容忍偏差率与1.75%预计总体偏差率的交叉处为55，即所需的样本规模为55。

在本例中，注册会计师决定使用样本量表确定样本规模，因此样本量确定为55。

（3）选取样本并对样本进行测试。在本例中，销售发票是连续编号的，注册会计师决定随机选样。对选取的55张发票，注册会计师应按计划的审计程序一一进行审查，以确定是否存在“偏差”。

在对样本进行审查的过程中，注册会计师要注意是否存在正常的无效票据、未使用或不适用的票据；如存在，需要选择替代票据。如果存在票据丢失的情况，注册会计师可直接将丢失的票据作为一个偏差处理。

在对样本进行审查时，注册会计师还可能发现定义测试期间时对总体规模和编号范围的估计值高于或者低于实际值。如果总体规模和编号存在高估错误，那么针对样本中超过实际编号范围的随机数，应当选取替代单据；如果总体规模和编号存在低估错误，应当对超过估计的总体编号范围的已开具票据实施替代程序。另外，如果在对样本进行测试时，发现存在大量偏差，意味着样本结果不支持计划的重大错报风险评估水平，此时应当对重大错报风险进行重新评估并考虑是否在抽样结束之前停止测试。

3.评价样本结果

在统计抽样中，注册会计师可采用统计公式或表格直接计算在既定的可接受信赖过度风险下的总体偏差率上限，并将其与可容忍偏差率进行比较，从而形成总体结论。

（1）使用统计公式评价抽样结果。

①假定在本例中，注册会计师对55个项目实施了既定的审计程序，且未发现偏差，则在既定的可接受信赖过度风险下，根据样本结果计算总体偏差率上限如下：

$$\text{总体偏差率上限(MDR)} = \frac{R}{n} = \frac{\text{风险系数}}{\text{样本量}} = \frac{2.3}{55} = 4.2\%$$

其中，风险系数根据可接受的信赖过度风险为10%，且偏差数量为0，在表7-3中查得为2.3。

这意味着，如果样本量为55且无一例偏差，总体实际偏差率超过4.2%的风险为10%，即有90%的把握保证总体实际偏差率不超过4.2%。由于注册会计师确定的可容忍偏差率为7%，因此可以得出结论，总体实际偏差率超过可容忍偏差率的风险很小，总体可以接受。也就是说，样本结果证实注册会计师对控制运行有效性的估计和评估的重大错报风险水平是适当的。

②如果在55个样本中有两个偏差，则在既定的可接受信赖过度风险下，按照公式计算的总体偏差率上限如下：

$$\text{总体偏差率上限(MDR)} = \frac{R}{n} = \frac{\text{风险系数}}{\text{样本量}} = \frac{5.3}{55} = 9.6\%$$

这意味着，如果样本量为55且有两个偏差，总体实际偏差率超过9.6%的风险为10%。在可容忍偏差率为7%的情况下，注册会计师可以得出结论，总体实际偏差率超过可容忍偏差率的风险很大，因而总体不能接受。也就是说，样本结果不支持注册会计师对控制运行有效性的估计和评估的重大错报风险水平。注册会计师应当扩大控制测试范围，以证实初步评估结果，或提高重大错报风险评估水平，并增加实质性程序的数量；或者对影响重大错报风险评估水平的其他控制进行测试，以支持计划的重大错报风险评估水平。

（2）使用样本结果评价表评价抽样结果。

注册会计师也可以使用样本结果评价表评价统计抽样的结果。表7-6和表7-7分别列示了可接受的信赖过度风险为5%和10%时的总体偏差率上限。

表7-6 **控制测试中统计抽样结果评价——信赖过度风险为5%时的总体偏差率上限**

样本	实际发现的偏差数										
规模	0	1	2	3	4	5	6	7	8	9	10
25	11.3	17.6	*	*	*	*	*	*	*	*	*
30	9.5	14.9	19.6	*	*	*	*	*	*	*	*
35	8.3	12.9	17.0	*	*	*	*	*	*	*	*
40	7.3	11.4	15.0	18.3	*	*	*	*	*	*	*
45	6.5	10.2	13.4	16.4	19.2	*	*	*	*	*	*
50	5.9	9.2	12.1	14.8	17.4	19.9	*	*	*	*	*
55	5.4	8.4	11.1	13.5	15.9	18.2	*	*	*	*	*
60	4.9	7.7	10.2	12.5	14.7	16.8	18.8	*	*	*	*
65	4.6	7.1	9.4	11.5	13.6	15.5	17.4	19.3	*	*	*
70	4.2	6.6	8.8	10.8	12.6	14.5	16.3	18.0	19.7	*	*
75	4.0	6.2	8.2	10.1	11.8	13.6	15.2	16.9	18.5	20.0	*
80	3.7	5.8	7.7	9.5	11.1	12.7	14.3	15.9	17.4	18.9	*
90	3.3	5.2	6.9	8.4	9.9	11.4	12.8	14.2	15.5	16.8	18.2
100	3.0	4.7	6.2	7.6	9.0	10.3	11.5	12.8	14.0	15.2	16.4
125	2.4	3.8	5.0	6.1	7.2	8.3	9.3	10.3	11.3	12.3	13.2
150	2.0	3.2	4.2	5.1	6.0	6.9	7.8	8.6	9.5	10.3	11.1
200	1.5	2.4	3.2	3.9	4.6	5.2	5.9	6.5	7.2	7.8	8.4

注：本表以百分比表示偏差率上限，假设总体足够大，*表示超过20%。

表7-7 **控制测试中统计抽样结果评价——信赖过度风险为10%时的总体偏差率上限**

样本	实际发现的偏差数										
规模	0	1	2	3	4	5	6	7	8	9	10
20	10.9	18.1	*	*	*	*	*	*	*	*	*
25	8.8	14.7	19.9	*	*	*	*	*	*	*	*
30	7.4	12.4	16.8	*	*	*	*	*	*	*	*
35	6.4	10.7	14.5	18.1	*	*	*	*	*	*	*
40	5.6	9.4	12.8	16.0	19.0	*	*	*	*	*	*
45	5.0	8.4	11.4	14.3	17.0	19.7	*	*	*	*	*
50	4.6	7.6	10.3	12.9	15.4	17.8	*	*	*	*	*
55	4.1	6.9	9.4	11.8	14.1	16.3	18.4	*	*	*	*
60	3.8	6.4	8.7	10.8	12.9	15.0	16.9	18.9	*	*	*
70	3.3	5.5	7.5	9.3	11.1	12.9	14.6	16.3	17.9	19.6	*
80	2.9	4.8	6.6	8.2	9.8	11.3	12.8	14.3	15.8	17.2	18.6
90	2.6	4.3	5.9	7.3	8.7	10.1	11.5	12.8	14.1	15.4	16.6
100	2.3	3.9	5.3	6.6	7.9	9.1	10.3	11.5	12.7	13.9	15.0
120	2.0	3.3	4.4	5.5	6.6	7.6	8.7	9.7	10.7	11.6	12.6
160	1.5	2.5	3.3	4.2	5.0	5.8	6.5	7.3	8.0	8.8	9.5
200	1.2	2.0	2.7	3.4	4.0	4.6	5.3	5.9	6.5	7.1	7.6

注：本表以百分比表示偏差率上限，假设总体足够大，*表示超过20%。

在本例中，注册会计师应当选择可接受的信赖过度风险为10%的表（即表7-7）来评价样本结果，选择样本规模为55的那一行。当样本中未发现偏差时，应选择偏差数为0的那一列，两者交叉处的4.1%即为总体偏差率上限，与利用公式计算的结果4.2%相近。此时，由于总体偏差率上限小于本例中的可容忍偏差率7%，总体可以接受。也就是说，样本结果证实注册会计师对控制运行有效性的估计和评估的重大错报风险水平是适当的。

当样本中发现两个偏差时，应选择偏差数为2的那一列，两者交叉处的9.4%即为总体偏差率上限，与利用公式计算的结果9.6%相近。此时，总体偏差率上限大于可容忍偏差率，因此总体不能接受。也就是说，样本结果不支持注册会计师对控制运行有效性的估计和评估的重大错报风险水平。注册会计师应当扩大样本规模，以证实初步评估结果，或测试替代控制，以支持计划的重大错报风险评估水平；或者提高重大错报风险评估水平，并相应修改相关实质性程序的性质、时间安排和范围。

需要说明的是，除了评价偏差发生的频率之外，注册会计师还要对偏差进行定性分析，包括偏差的性质和发生的原因。如果偏差是由于被审计单位故意违背既定的控制程序和政策导致的，注册会计师应当考虑是否存在重大舞弊，并确定是否继续或增加控制测试以及特定的实质性程序，以应对可能存在的舞弊风险。

7.3.2 审计抽样在细节测试中的应用

视频29 审计抽样在细节测试中的应用

注册会计师在对各类交易、账户余额、披露的相关认定进行细节测试时，可能采用统计抽样方法，也可能采用非统计抽样方法。本节主要介绍统计抽样方法在细节测试中的应用。

注册会计师在细节测试中使用的统计抽样方法主要包括传统的变量抽样和概率比例规模抽样。

1. 传统的变量抽样

传统的变量抽样主要包括三种方法：均值估计抽样、差额估计抽样和比率估计抽样，它们的区别在于根据样本错报推断总体错报的方式不同。

（1）均值估计抽样，是指通过抽样审查确定样本平均值，再根据样本平均值推断总体的平均值和总值的一种变量抽样方法。使用这种方法时，注册会计师先计算样本中所有项目审定金额的平均值，然后用样本平均值乘以总体规模，得出总体金额的估计值。总体金额的估计值和总体账面金额之间的差额就是推断的总体错报。

例如，注册会计师拟采用均值估计抽样确定某企业期末应收账款账面价值，使用随机数表选样，从总体规模为500个、账面金额为300 000元的原材料明细账中选择了20个项目作为样本。在确定正确的采购价格并重新计算了价格与数量的乘积之后，注册会计师将20个样本项目的审定金额加总后除以20，确定样本项目的平均审定金额为550元；然后计算估计的原材料余额为275 000元（550×500），推断的总体错报就是25 000元（300 000−275 000）。

如果未对总体进行分层，注册会计师通常不使用均值估计抽样，因为此时所需的样本规模可能太大，以至于对一般的审计而言不符合成本效益原则。

（2）差额估计抽样，是以样本实际金额与账面金额的平均差额来估计总体审定金额与账面金额的平均差额，然后以这个平均差额乘以总体规模，从而求出总体的审定金额与账面金额的差额（即总体错报）的一种方法。其计算公式如下：

$$平均错报=\frac{样本账面金额-审定金额}{样本规模}$$

推断的总体错报=平均错报×总体规模

使用这种方法时，注册会计师先计算样本项目的平均错报，然后根据样本平均错报推断总体错报。在上例中，注册会计师从总体规模为500个的原材料明细账中选取20个样本项目进行检查。注册会计师逐一比较20个样本项目的审定金额和账面金额并将审定金额和账面金额之间的差异加总，差额为960元；将其除以样本项目个数20，得到样本平均错报为48元；用平均错报乘以总体规模，得出总体错报为24 000元（48×500）。

差额估计抽样适用于误差与账面价值不成比例的情况。

（3）比率估计抽样，是指以样本的审定金额与账面金额之间的比率关系来估计总体实际金额与账面金额之间的比率关系，然后以这个比率乘以总体账面金额，从而求出估计的总体实际金额的一种抽样方法。其计算公式如下：

$$比率=\frac{样本实际金额}{样本账面金额}$$

估计的总体实际金额=总体账面金额×比率

推断的总体错报=总体账面金额−估计的总体实际金额

在上例中，注册会计师使用比率估计抽样，样本审定金额为11 000元，样本账面金额为11 960元，两者的比率为0.92（11 000÷11 960）；用总体的账面金额乘以该比率，得到估计的原材料明细账余额276 000元（300 000×0.92）；推断的总体错报为24 000元（300 000−276 000）。

当误差与账面价值成比例时，通常采用比率估计抽样。

2.概率比例规模抽样

概率比例规模抽样即PPS抽样，也称货币单元抽样或综合属性变量抽样，是一种运用属性抽样原理，以货币单元作为抽样单元进行选样，从而对货币金额得出结论的统计抽样方法。此抽样方法之所以得名，是因为总体中每一余额或交易被选取的概率与其账面金额（规模）成比例。

在该方法下，总体中的每个货币单元被选中的机会相同，所以总体中某一项目被选中的概率等于该项目的金额与总体金额的比率。项目金额越大，被选中的概率就越大。但注册会计师并不是对总体中的货币单元实施检查，而是对包含被选取货币单元的余额或交易实施检查。注册会计师检查的余额或交易被称为逻辑单元。

PPS抽样的优点主要表现在：①PPS抽样一般比传统的变量抽样更易于使用。PPS抽样以属性抽样原理为基础，注册会计师可以很方便地计算样本规模，并通过手工或使用量表评价样本结果。样本的选取可以在计算机程序或计算器的协助下进行。②PPS抽样的样本规模不需考虑所审计金额的预计变异性。传统的变量抽样的样本规模首先需要估计总体项目共有特征的变异性或标准差。③PPS抽样中项目被选取的概率与其货币金额大小成比例，因而生成的样本自动分层。如果使用传统的变量抽样，通常需要对总体进行分层，以减小样本规模。④PPS抽样中如果项目金额超过选样间距，系统将自动识别所有单个重大项目。⑤如果注册会计师预计没有错报，PPS抽样的样本规模通常比传统的变量抽样更小。⑥PPS抽样的样本更容易设计，且可在获得完整的总体之前开始选取样本。

PPS抽样在运用时也存在一定的缺点，主要包括：①PPS抽样通常假设抽样单元的审定金额大于账面金额或不小于零。如果注册会计师预计存在低估或审定金额小于零的情况，在设计PPS抽样时就需要特别考虑。②如果注册会计师在PPS抽样的样本中发现低估，在评价样本时需要特别考虑。③对零余额或负余额的选取需要在设计时特别考虑。例如，如果准备对应收账款进行抽样，可能需要将贷方余额分离出去，作为一个单独的总体。如果检查零余额的项目对审计目标非常重要，就需要单独对其进行测试，因为零余额在PPS抽样中不会被选取。④当发现错报时，如果风险水平一定，PPS抽样在评价样本时可能高估抽样风险的影响，从而导致注册会计师更可能拒绝一个可接受的总体账面金额。⑤在PPS抽样中，注册会计师通常需要逐个累计总体金额。这不需要额外增加大量的审计成本，因为相关的会计数据一般会以电子形式储存。⑥当预计总体错报金额增加时，PPS抽样所需的样本规模也会增加。在这些情况下，PPS抽样的样本规模可能大于传统的变量抽样的样本规模。

无论是传统的变量抽样还是PPS抽样，在细节测试中运用审计抽样均应经过设计样本、选取和测试样本以及评价样本结果三个阶段。下面举例说明PPS抽样在细节测试中的应用。

（1）设计样本。

①明确测试目标。注册会计师实施细节测试的目标就是确定财务报表中各类交易、账户余额、披露的相关认定是否存在重大错报。例如，注册会计师拟使用函证程序对ABC公司20××年12月31日的应收账款明细账余额进行抽样测试，以确定应收账款期末余额的存在认定是否存在重大错报。

②定义总体、抽样单元。PPS抽样区别于传统的变量抽样的本质特征就是以货币单元作为抽样单元。在本例中，测试总体为该公司20××年12月31日应收账款账面余额5 000 000元。抽样单元为应收账款账面余额的每一个货币单元，即每1元。逻辑单元为包含被选取货币单元的应收账款明细账余额。

③定义误差构成条件。注册会计师应根据审计目标界定错报。在本例中，审计目标是运用函证程序对应收账款期末余额的存在认定进行细节测试。因此，若函证回函与询证函信息不一致是由于被审计单位的错误或舞弊导致的，则存在错报。值得注意的是，如果存在不同客户明细账之间的误登或者被审计单位自己发现且已在适当期间更正的错误，该错误由于不影响应收账款总额而不构成错报。

（2）选取和测试样本。

①确定可接受的误受风险、可容忍错报以及预期总体错报。在细节测试中，注册会计师往往更关注影响审计效果的误受风险。在确定可接受的误受风险水平时，需要考虑该项目既定的审计风险水平、评估的重大错报风险水平以及针对同一目标或认定的其他实质性程序的检查风险水平。在既定的审计风险水平下（实务中通常为5%~10%），评估的重大错报风险水平越低或者拟更依赖其他实质性程序，注册会计师愿意接受的误受风险水平越高，需要的样本规模就越小；反之，可接受的误受风险水平越低，需要的样本规模越大。在本例中，由于注册会计师将重大错报风险评估为高水平，且对应收账款账户余额实施了分析程序，因此决定接受10%的误受风险。

细节测试中的可容忍错报实际上就是注册会计师针对某账户余额、交易或披露确定的可接受的最大金额的错报，它可能等于或低于所确定的该账户余额、交易或披露的实际执行重要性水平。一般情况下，如果被审计单位存在预期错报多，或管理层拒绝接受审计调整建议，或存在大量需要估计的账户，或存在较多的分支机构，或测试项目占账户全部项目比例小等情况，注册会计师确定的可容忍错报很可能低于实际执行的重要性；否则，注册会计师确定的可容忍错报可能等于实际执行的重要性。可容忍错报和样本规模之间呈反向变动关系，确定的可容忍错报越低，需要的样本规模就越大。在本例中，注册会计师认为应收账款账户余额中50 000元及以上的错报在与其他账户中的错报汇总考虑时，可能导致财务报表存在重大错报，因此，将可容忍错报确定为50 000元。

注册会计师在计算样本规模时，还需要运用职业判断确定预计在账户余额或交易中存在的错报。预期总体错报通常不应超过可容忍错报，它与样本规模之间存在正向变动关系。在本例中，结合ABC公司的经营状况和经营风险、以前对应收账款账户的测试结果、初始样本测试及相关控制测试情况等，预计本期应收账款账户总体错报为10 000元。

②确定样本规模。使用PPS抽样，样本规模的确定可采用表格法或公式法。

表格法即注册会计师使用细节测试中货币单元抽样样本规模表（见表7-8）确定需要的样本量。由于注册会计师确定的可接受的误受风险水平为10%，预计总体错报与可容忍错报比为0.20，可容忍错报与总体账面金额比为1%，依据表7-8，样本规模为341。

表7-8 **细节测试中货币单元抽样样本规模表**

可接受的误受风险	预计总体错报与可容忍错报之比	可容忍错报与总体账面金额之比								
		1%	2%	3%	4%	5%	6%	8%	10%	30%
5%	0.00	300	150	100	75	60	50	38	30	10
5%	0.10	368	184	123	92	74	62	46	37	13
5%	0.20	463	232	155	116	93	78	58	47	16
5%	0.30	600	300	200	150	120	100	75	60	20
5%	0.40	809	405	270	203	162	135	102	81	27
10%	0.00	231	116	77	58	47	39	29	24	8
10%	0.20	341	171	114	86	69	57	43	35	12
10%	0.30	433	217	145	109	87	73	55	44	15
10%	0.40	572	286	191	143	115	96	72	58	20
10%	0.50	799	400	267	200	160	134	100	80	27

除了利用上述表格外，注册会计师还可以用公式确定样本规模：

$$样本规模=\frac{总体账面金额}{可容忍错报}\times 保证系数$$

根据表7-9，在10%的可接受的误受风险水平下，在预期总体错报与可容忍错报之比为0.20的情况下，保证系数为3.41。根据公式，样本规模为341（$\frac{5\,000\,000}{50\,000}\times 3.41$）。

表 7-9　细节测试中货币单元抽样常用的保证系数表

预期总体错报与可容忍错报之比	误受风险	
	5%	10%
0.00	3.00	2.31
0.10	3.68	2.77
0.20	4.63	3.41
0.30	6.00	4.33
0.40	8.09	5.72
0.50	11.54	7.99

PPS抽样的样本可以通过计算机软件、随机数表或系统选样技术来获取。这里仅介绍PPS抽样中的系统选样。如前所述，这种方法在从手工或电子记录中选取样本时非常方便。在使用系统选样时，首先需要计算出选样间距，即用总体账面金额除以样本规模。然后，在1和选样间距（包含该选样间距）之间选择一个随机数，这个数字就是随机起点。接着，计算总体中逻辑单元的累计账面金额。选取的第一个逻辑单元就是包含与随机起点相对应的货币单元的那个项目。最后，每隔n（n代表选样间距）个货币单元依次选取所需的抽样单元（即货币单元），并选择包含这些抽样单元的所有逻辑单元(即实际单位)。例如，被审计单位应收账款明细账账户共有50个，依次为AR1、AR2、AR3、AR4、AR5……这些账户的账面余额分别为300、200、650、180、410……对应的累计账面金额区间则为0~300、301~500、501~1 150、1 151~1 330、1 331~1 740……如果选样间距是280，注册会计师需要从1~280之间随机确定起点金额，如225，则系统选样选出的样本货币单元分别为第225元、第505元（225+280）、第785元（505+280）、第1 065元（785+280）、第1 345元（1 065+280）……对应的、需要实施检查的逻辑单元则分别为账户AR1、AR3、AR3、AR3和AR5……可见，如果逻辑单元的金额大于或者等于选样间距，则该项目一定会被作为样本选中；如逻辑单元的账面金额远远超过选样间距，其被选中的机会将不止一次。这可能导致注册会计师最终选取的作为样本的逻辑单元数小于确定的样本规模。在实务中，为了简化抽样工作，注册会计师可在抽样之前先将单个重大项目选出，进行100%的检查，而不纳入抽样总体，或者通过下调选样间距，以增加样本数量。

除此之外，注册会计师还可以利用计算器手工选取样本。其程序如下：①计算器清零；②减去随机起点，随机起点在1到选样间距之间（含选样间距）；③开始加上总体中的逻辑单元的账面金额，每次按顺序加上一个逻辑单元后得到一个小计数，使小计数变为零或正数的第一个逻辑单元选作样本项目；④每次选取样本项目之后，用上一步的小计数减去选样间距或者选样间距的倍数，直到小计数又变为负；⑤重复第③步，继续加上逻辑单元，选择使小计数变为零或正数的所有项目。

在本例中，注册会计师采用人工选样方法拟从全部应收账款明细账账户中选出341个样本，计算的选样间距为14 663（5 000 000÷341≈14 663）。选取的样本包含335个账户余额，而不是初始计算的341个，因为有6个账户大于14 663元，放入了百分之百检查的项目中。

针对所选出的341个账户，注册会计师一一实施函证程序，并根据错报构成条件对回函结果进行分析，以确定样本是否存在错报。对于无法实施函证的账户，注册会计师也实施了替代审计程序。

（3）评价样本结果。使用PPS抽样时，注册会计师应根据样本结果推断总体错报，并考虑抽样风险的影响（抽样风险允许限度）计算总体错报上限。计算时，可利用计算机程序或风险系数表。总体错报上限中的推断总体错报通常由两部分构成：第一部分是选取的大于或等于选样间距的项目在实施100%检查中已发现的实际错报；第二部分是根据其余小于选样间距的被选取项目在抽样检查中发现的样本错报所推断的错报。第二部分的计算方法是：用每个被选取的逻辑单元的错报比例乘以选样间距，得出各层的推断错报；然后将各乘积加总，得出小于选样间距的被选取逻辑单元的推断错报总额。其中，错报比例是指所有逻辑单元错报金额占账面金额的比例。总体错报上限中的抽样风险允许限度包括两部分：基本抽样风险允许限度（即错报为零时的抽样风险允许限度）和附加抽样风险允许限度。

如果样本中没有发现错报，那么推断的总体错报就为零，总体错报上限等于在一定的误受风险下没有错报时的风险系数乘以选样间距。此时的错报上限也称“基本精确度”，其数值实际上就是基本抽样风险允许限度，它代表样本中内含的抽样风险的最低允许限度。

在实务中，在样本没有发现错报的情况下，抽样风险允许限度通常小于或等于样本设计时使用的可容忍错报，此时不需进行额外的计算就可得出结论：在既定的误受风险下，总体账面金额高估不超过可容忍错报。

如果样本中发现了错报，注册会计师计算推断错报和抽样风险允许限度的方法取决于错报等于还是小于逻辑单元的账面金额。

①当错报等于逻辑单元的账面金额，即错报比例为100%时。

当在样本中发现了错报，且错报比例为100%时，如果发生100%错报的逻辑单元大于或等于选样间距，那么，总体错报上限包括大于或等于选样间距的逻辑单元中已发现的错报以及基本抽样风险允许限度，计算公式为：

总体错报上限=事实错报+基本抽样风险允许限度

其中，基本抽样风险允许限度等于在一定的误受风险下没有发现错报时对应的风险系数乘以选样间距。例如，注册会计师确定的误受风险为10%，选样间距为2 000元，在样本中发现1个错报，发生错报的项目账面金额为8 000元，审定金额为0。根据表7-10，没有错报时的风险系数为2.31，则基本抽样风险允许限度为4 620（2.31×2 000），总体错报上限为12 620元（8 000+4 620）。

当在样本中发现了错报，且错报比例为100%时，如果发生100%错报的逻辑单元小于选样间距，那么，计算总体错报上限时，则用在一定的误受风险下实际发现的错报数对应的风险系数乘以选样间距。例如，注册会计师确定的误受风险为10%，选样间距为2 000元，在样本中发现1个错报，发生错报的项目账面金额为1 000元，审定金额为0。根据表7-10，风险系数为3.89，则计算的总体错报上限为7 780元（3.89×2 000）。

表7-10 误受风险为10%的风险系数及增量

高估数	风险系数	系数增量
0	2.31	—
1	3.89	1.58
2	5.33	1.44
3	6.69	1.36
4	8.00	1.31
5	9.28	1.28

注：第三列的系数增量是每一行高估数对应的风险系数与上一行的风险系数之间的差额。

②当错报小于逻辑单元的账面金额，即错报比例小于100%时。当在样本中发现了错报，但错报比例小于100%时，如果发生错报的逻辑单元账面金额大于或等于选样间距，那么，总体错报上限的计算方法与错报比例为100%、逻辑单元账面金额大于或等于选样间距时的计算方法一致，总体错报上限=事实错报+基本抽样风险允许限度。

当错报比例小于100%时，如果发生错报的逻辑单元账面金额小于选样间距，为了推断总体错报，需要确定除了账面金额大于或等于选样间距的逻辑单元以外的所有逻辑单元中错报的比例，并分别用这个比例乘以选样间距，计算出推断错报。将所有推断错报相加，就可以计算出推断的总体错报。当发生错报时，除了基本抽样风险允许限度外，还必须计算附加抽样风险允许限度。在计算附加抽样风险允许限度时，注册会计师首先按照错报比例从大到小将推断的错报排序，然后用小于选样间距的逻辑单元中发生的每一错报的推断错报乘以风险系数增量，最后减去相关的推断错报。

因此，当错报比例小于100%时，如果发生错报的逻辑单元账面金额小于选样间距，公式为：

总体错报上限=基本风险允许限度+推断错报×系数增量

例如，注册会计师确定的误受风险为10%，选样间距为2 000元，在样本中发现1个错报，发生错报的项目账面金额为1 000元，审定金额为800元，则计算的推断错报为400（200÷1 000×2 000）。根据表7-10可知，误受风险为10%、高估数为1对应的风险系数增量为1.58。因此，总体错报上限为5 252元（4 620+400×1.58）。

如果样本中存在上述所有情况，既有错报比例等于100%的也有小于100%的，既有账面金额大于或等于选样间距的也有小于选样间距的，注册会计师可将所有样本按账面金额大小分为两组。对于账面金额大于或等于选样间距的逻辑单元，只计算事实错报；对于账面金额小于选样间距的逻辑单元，无论其错报比例是否为100%，均先按上述②中提及的方法进行处理，即先计算出各项目的推断错报，然后分别将其乘以对应的系数增量，汇总之后再加上基本风险允许限度。最后，将两组计算结果相加，便可确定最终的总体错报上限。

计算出总体错报上限之后，注册会计师需要运用职业判断得出总体结论。通常情况下，如果计算的总体错报上限小于可容忍错报，则总体是可以接受的，即样本结果支持在既定的误受风险下，总体错报不超过可容忍错报的结论。如果总体错报上限大于或等于可容忍错报，则总体不可接受。在这种情况下，注册会计师可扩大细节测试的样本规模或实施针对同一审计目标的其他实质性程序。

在本例中，注册会计师向应收账款账户余额被选取的341个客户发送了询证函，收到300份已完成的回函。通过实施替代程序，注册会计师合理确信其余41个账户余额是真实的，不存在错报。在300份回函中，只有2份显示账面余额被高估。

首先，注册会计师可计算出推断的错报，见表7-11。

表7-11 注册会计师关于推断错报的计算

错报数	A：账面金额（元）	B：审定金额（元）	C：错报（A-B）（元）	D：错报比例（C÷A）	E：选样间距（元）	F：推断错报（元）
1	9 000	8 100	900	10%	14 663	1 466
2	500	480	20	4%	14 663	587
推断错报总额						2 053

然后，计算基本抽样风险允许限度。在本例中，误受风险为10%，根据表7-10可知，没有错报时的风险系数为2.31。

基本抽样风险允许限度=误受风险为10%没有错报时的风险系数×选样间距

=2.31×14 663=33 872（元）

最后，注册会计师计算总体错报上限，见表7-12。

表7-12 注册会计师关于总体错报上限的计算

错报数	推断的错报（元）	系数增量	推断错报×系数增量（元）
1	1 466	1.58	2 316
2	587	1.44	845
合计	2 053		3 161
基本抽样风险允许限度			33 872
总体错报上限			37 033

将计算出的总体错报上限37 033元与可容忍错报50 000元进行比较，便可形成总体结论。因为总体错报上限37 033元小于可容忍错报50 000元，因此可以得出结论，样本结果支持应收账款账面余额。

本章小结

在设计和实施审计程序时，注册会计师应当确定选取测试项目的适当方法，以获取充分、适当的审计证据，实现预期的审计目标。注册会计师选取测试项目的方法包括选取全部项目、选取特定项目和审计抽样。

审计抽样是指注册会计师对具有审计相关性的总体中低于百分之百的项目实施审计程序，使所有抽样单元都有被选取的机会，为注册会计师针对整个总体得出结论奠定合理基础。审计抽样可分为统计抽样和非统计抽样。统计抽样按照所了解到的总体特征的不同，可分为属性抽样和变量抽样。审计抽样的基本步骤包括：设计样本、选取和测试样本、评价样本结果。

控制测试中采用的统计抽样方法通常有三种：固定样本量抽样、停-走抽样和发现抽样。细节测试中使用的统计抽样方法主要包括传统的变量抽样和概率比例规模抽样（PPS抽样）。传统的变量抽样主要包括三种方法：均值估计抽样、差额估计抽样和比率估计抽样。

思政园地

构建行业数据标准体系，推动行业数字化转型

当前，我国正在大力发展数字经济。数字经济的一个显著特征是数据成为推动经济发展的关键生产要素。习近平总书记强调，要推动产业数字化，利用互联网新技术新应用对传统产业进行全方位、全角度、全链条的改造，提高全要素生产率，释放数字对经济发展的放大、叠加、倍增作用，要推动互联网、大数据、人工智能和实体经济深度融合，加快制造业、农业、服务业数字化、网络化、智能化。

注册会计师行业作为现代服务业的重要组成部分，数字化转型尤为重要。注册会计师行业的数字化转型，要求注册会计师能够更有效率地获取、使用和分析被审计单位的相关数据作为审计证据，从而能够同时达到提高审计效率和质量的目的，更好地助力资本市场长远、稳定、健康发展。

早在2010年，中注协就将信息化作为注册会计师行业发展的一大战略。进入“十四五”时期，为了进一步实施注册会计师行业信息化战略，引领行业信息化建设，推动行业数字化转型，驱动行业高质量发展，2021年4月，中注协印发了《注册会计师行业信息化建设规划（2021—2025年）》（以下简称《信息化规划》），提出行业信息化未来五年的建设目标为“标准化、数字化、网络化、智能化”，并将“推动构建行业数据标准体系”作为行业信息化建设的一项重要任务，提出“围绕审计数据采集、审计报告电子化、行业管理服务数据、电子签章与证照等领域，按照继承、发展和创新原则，急用先行、循序渐进推动构建科学适用的行业数据标准体系，满足数据共享交换和数据分析需求，发挥数据作为生产要素的作用”。

2023年3月27日，中注协发布《注册会计师审计数据规范 公共基础》、《注册会计师审计数据规范 总账》、《注册会计师审计数据规范 销售》和《注册会计师审计数据规范 银行流水》等4项注册会计师审计数据规范，这是行业贯彻落实《信息化规划》的一项重要成果。

资料来源：中国注册会计师协会.中注协有关负责人就《注册会计师审计数据规范 公共基础》等4项注册会计师审计数据规范答记者问［EB/OL］.（2023-03-27）［2023-11-14］. https://www.cicpa.org.cn/xxfb/news/202303/t20230327_64022.html.

拓展阅读资料

何芹等人（2020年）采用调查问卷的方式对会计师事务所审计抽样基础工作基本情况以及审计抽样方法在控制测试和细节测试中的具体实施情况进行了了解。调查结果显示，在上市公司财务报表审计过程中，审计抽样的应用在审计标准、审计人员、审计抽样方法具体实施等方面存在一定的问题，具体如下：

1.“四大”会计师事务所审计抽样方法应用优于内资会计师事务所。首先，在审计抽样基础工作方面，“四大”会计师事务所比内资会计师事务所做得更好。“四大”会计师事务所不仅都制定了审计抽样细则，还定期或者不定期地修订并开展专项培训，细则的内容也较为全面，具有较强的可操作性。内资会计师事务所中未制定审计抽样细则的仍占一定比例，制定的细则内容也相对简单，对实务的指导性不强。调查结果显示，“四大”会计师事务所和内资会计师事务所的审计人员均对审计抽样方法的学习现状不太满意，但相对而言，“四大”会计师事务所对于接受审计抽样专项培训的认同度略高于内资会计师事务所。其次，在审计抽样方法应用方面，“四大”会计师事务所灵活性更高，更倾向于审计方法的多样化，包括将审计抽样与选取特定项目相结合，将人工抽样与审计软件抽样相结合。而内资会计师事务所灵活性相对较差，审计抽样以人工为主，缺乏与选取特定项目的有机结合。

2.审计人员对审计抽样基本原理的理解存在偏差。首先，审计人员对样本设计合理性的影响因素的考虑不够全面。根据调查结果，审计人员在进行样本设计时主要考虑测试目标，而对“总体项目是否具有相同特征”考虑较少，项目同质性是确定总体项目的重要条件，该条件不能满足导致的结果是降低样本结果的代表性。其次，审计人员对确定样本规模的影响因素的考虑也不够全面。无论是控制测试还是细节测试，审计人员考虑的常规因素包括可接受的信赖过度风险（或误受风险）、可容忍偏差率（或可容忍错报）、预计总体偏差率（或预计总体错报）、总体规模，而对其他因素，如内部控制的类型、内部控制运行所需的主观判断、内部控制监督主体的胜任能力、分析程序有效性、被审计单位管理层诚信度的考虑偏少。

3.审计抽样方法的具体实施不规范。细节测试中应用较多的是均值法和货币单元抽样，但是这两种方法的应用都有严格的前提条件。其中，均值法的使用一般需要先对总体进行分组，当预计总体没有差异或只有少量差异时，均值法才适用。虽然货币单元抽样与传统的变量抽样相比具有更大的优势，但是货币单元抽样的使用也存在较多限制，如它不适用于测试低估、对零余额或负余额项目的选取要特别考虑、总体中错报数量增加时所需的样本规模可能大于传统的变量抽样的规模。在现阶段被审计单位财务问题多、重大错报风险高的情况下，会计师事务所主要选择均值法和货币单元抽样进行审计的合理性还需要进一步斟酌。

资料来源：何芹，高前善，李丹阳. 会计师事务所审计抽样方法应用规范吗［J］. 财会月刊，2020（17）：83-84.

【思考】

根据上述调查结果，目前会计师事务所在审计抽样应用方面应如何改进？

自测题

第7章判断题　　第7章单项选择题　　第7章多项选择题

第8章　终结审计与审计报告

【学习目标】

通过本章的学习，你要：

1.理解期后事项和考虑持续经营假设；

2.掌握审计差异调整表和试算平衡表的编制；

3.理解管理层书面声明的作用及内容；

4.掌握终结审计阶段的工作内容、项目质量复核的内容；

5.了解审计报告的基本类型，掌握不同意见类型审计报告的格式和措辞；

6.了解审计报告的编制步骤和要求。

8.1　终结阶段应完成的审计工作

8.1.1　考虑期后事项和持续经营假设

视频30　终结审计工作

1.期后事项

（1）期后事项及其种类。期后事项是指财务报表日至审计报告日之间发生的事项，以及注册会计师在审计报告日后知悉的事实。

由于财务报表日后发生的事项可能对财务报表产生影响，所以注册会计师必须考虑这些事项对财务报表和审计报告的影响，以保证所执行审计工作的质量。

适用的财务报告编制基础通常专门提及期后事项，将其区分为两类，分别是财务报表日后调整事项、财务报表日后非调整事项。前者是对财务报表日已经存在的情况提供证据的事项，即对财务报表日已经存在的情况提供了新的或进一步证据的事项，这类事项影响财务报表金额，需提请被审计单位管理层调整财务报表及与之相关的披露信息。后者是对财务报表日后发生的情况提供证据的事项，即表明财务报表日后发生的情况的事项。这类事项虽不影响财务报表金额，但可能影响人们对财务报表的正确理解，需提请被审计单位管理层在财务报表附注中适当披露。

根据期后事项的定义，期后事项可以按时段划分为三个时段：第一个时段是财务报表日至审计报告日，该时段发生的事项称为“第一时段期后事项”；第二个时段是审计报告日至财务报表报出日，该时段发现的事项称为“第二时段期后事项”；第三个时段是财务报表报出日后，该时段发现的事项称为“第三时段期后事项”。具体如图8-1所示。

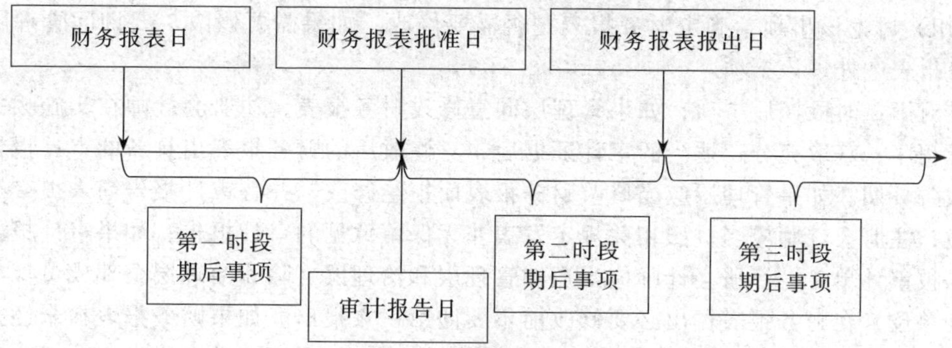

图8-1 期后事项的划分

在图8-1中，财务报表日是指财务报表涵盖的最近期间的截止日期。审计报告日是指注册会计师按照规定在对财务报表出具的审计报告上签署的日期。财务报表批准日是指构成整套财务报表的所有报表（包括相关附注）已编制完成，并且被审计单位的董事会、管理层或类似机构已经认可其对财务报表负责的日期。财务报表报出日是指审计报告和已审计财务报表提供给第三方的日期。

（2）期后事项的审计处理。

①主动识别第一时段期后事项。第一时段期后事项是财务报表日至审计报告日之间发生的事项。对此，注册会计师负有主动识别的义务，应当设计和实施审计程序，获取充分、适当的审计证据，以确定所有在财务报表日至审计报告日之间发生的、需要在财务报表中调整或披露的事项均已得到识别。但是，注册会计师并不需要对之前已实施审计程序并已得出满意结论的事项执行追加审计程序。

针对第一时段期后事项，注册会计师在实施专门的审计程序后，如果识别出其对财务报表有重大影响，应当确定该事项是否按照要求恰当反映在财务报表中。对于财务报表日后调整事项，应当考虑被审计单位是否已对财务报表作出适当调整。对于财务报表日后非调整事项，应当考虑被审计单位是否在财务报表附注中作出充分披露。如果没有得到恰当反映，注册会计师应当考虑其对审计报告意见的影响。

②被动识别第二时段期后事项。第二时段期后事项是审计报告日后至财务报表报出日前知悉的事实。由于第二时段期后事项发生在审计报告日后，注册会计师针对被审计单位的审计业务已经结束，要识别可能存在的期后事项比较困难，因而无法承担主动识别第二时段期后事项的审计责任，注册会计师没有义务针对财务报表实施任何审计程序。但是，由于被审计单位的财务报表还没有对外报出，管理层有责任将发现的可能影响财务报表的事实告知注册会计师。当然，注册会计师还可能通过举报信、媒体报道或者证券监管部门告知等途径获悉影响财务报表的期后事项。

③没有义务识别第三时段期后事项。第三时段期后事项是财务报表报出日后知悉的事实。由于第三时段被审计单位的审计业务已经结束，财务报表也已对外报出，因此注册会

计师没有义务针对财务报表实施任何审计程序。但是，这并不排除注册会计师通过媒体等其他途径获悉可能对财务报表产生重大影响的期后事项的可能性。

对于第二、第三时段期后事项，因其发生在审计报告日后，注册会计师如果知悉相关事实，若在审计报告日知悉可能导致修改审计报告，注册会计师应当与管理层和治理层（如适用）讨论该事项，确定财务报表是否需要修改。如果需要修改，要询问管理层如何在财务报表中处理该事项。

针对第二时段期后事项，如果管理层同意修改财务报表，注册会计师在实施相关的必要审计程序，获取充分、适当的审计证据后，对修改后的财务报表出具新的审计报告，并更改报告日期。如果管理层应当修改财务报表而拒绝修改，并且审计报告尚未提交给被审计单位，注册会计师应当按照相关规定发表非无保留意见的审计报告；如果审计报告已经提交给被审计单位，注册会计师应当通知管理层和治理层（除非治理层全部成员参与管理被审计单位）在财务报表作出必要修改前不要向第三方报出。如果财务报表在未经必要修改的情况下仍被报出，注册会计师应当采取适当措施，如利用证券传媒发表公开声明，设法防止财务报表使用者信赖该审计报告。

针对第三时段期后事项，如果管理层修改了财务报表，注册会计师应当根据具体情况实施审计程序，复核管理层所采取的措施能否确保所有收到原财务报表和审计报告的人士了解这一情况，同时延伸实施的审计程序，针对修改后的财务报表出具新的审计报告。需要注意的是，注册会计师应当在经修改的或新的审计报告中增加强调事项段或其他事项段，提醒财务报表使用者关注财务报表附注中有关修改原财务报表的详细原因和注册会计师提供的原审计报告。如果管理层没有采取必要措施，出现拒绝修改财务报表的情形，注册会计师应当采取适当措施，以设法防止财务报表使用者信赖该审计报告。注册会计师采取的措施取决于自身的权利和义务。因此，注册会计师可能认为寻求法律意见是适当的。

2.持续经营假设

（1）持续经营假设的含义。持续经营假设是会计四大基本假设之一，该假设要求企业在进行会计核算时，应以持续、正常的生产经营活动为前提，在可预见的将来不会因破产、清算、解散等原因而不复存在。其中，"可预见的将来"是指财务报表日之后的12个月。在此期间，如果管理层计划清算、终止经营或者别无其他现实选择，持续经营假设则不再适当，而编制的财务报表应该以清算作为基础。

（2）管理层和注册会计师的责任。

①管理层的责任。由于持续经营假设是编制财务报表的基本原则，无论财务报告编制基础是否对此作出明确规定，在编制财务报表时，被审计单位管理层仍需评估其持续经营能力。

②注册会计师的责任。注册会计师应当就被审计单位管理层在编制和列报财务报表时运用持续经营假设的适当性获取充分、适当的审计证据，同时，对持续经营能力是否存在重大不确定性得出结论。即使采用的财务报告编制基础没有明确要求管理层对被审计单位的持续经营能力作出专门评估，注册会计师仍然存在这种责任。即使注册会计师没有在审计报告中提及持续经营的不确定性，被审计单位持续经营能力也不能被视为得到保证。

（3）注册会计师对持续经营能力的考虑。由于存在持续经营假设，注册会计师在执行财务报表审计业务时，应当对被审计单位持续经营能力产生重大疑虑的事项予以关注，实施相应的审计程序确定这一假设是否合理，根据所获取的审计证据进一步确定对出具的审计报告的影响。

①风险评估程序。被审计单位在财务、经营以及其他方面存在可能导致经营风险的某些事项或情况，而这些事项或情况单独或汇总起来可能导致对持续经营假设产生重大疑虑，注册会计师对此应保持充分的职业怀疑，在实施风险评估程序时应当予以考虑，并评估其中的风险。注册会计师应当确定被审计单位管理层是否已对其持续经营能力作出初步评估。

如果管理层已作出初步评估，注册会计师应当与管理层进行讨论，并确定其是否已识别出这些事项或情况。如果管理层已识别出可能导致对持续经营能力产生重大疑虑的事项或情况，注册会计师应当与其讨论应对计划。如果管理层未作出初步评估，注册会计师应当与管理层讨论其拟运用持续经营假设的理由，询问管理层是否存在单独或汇总起来可能导致对被审计单位持续经营能力产生重大疑虑的事项或情况。用来评价持续经营假设重大不确定性的事项或情况通常表现在三个方面：

一是财务方面：净资产为负或营运资金出现负数；定期借款即将到期，但预期不能展期或偿还，或过度依赖短期借款为长期资产筹资；存在债权人撤销财务支持的迹象；历史财务报表或预测性财务报表表明经营活动产生的现金流量净额为负数；关键财务比率不佳；发生重大经营亏损或用以产生现金流量的资产的价值出现大幅下跌；拖欠或停止发放股利；在到期日无法偿还债务；无法履行借款合同的条款；与供应商由赊购变为货到付款；无法获得开发必要的新产品或进行其他必要的投资所需的资金。

二是经营方面：管理层计划清算被审计单位或终止经营；关键管理人员离职且无人替代；失去主要市场、关键客户、特许权、执照或主要供应商；出现用工困难问题；重要供应短缺；出现非常成功的竞争者。

三是其他方面：违反有关资本或其他法定要求；未决诉讼或监管程序，可能导致其无法支付索赔金额；法律法规或政府政策的变化预期会产生不利影响；对发生的灾害未购买保险或保额不足。

上述内容并不能涵盖所有事项或情况，也不意味着存在其中一个或多个项目就一定存在重大不确定性，就必然导致被审计单位无法持续经营。被审计单位的某些措施通常可以减轻这些事项或情况的严重性，注册会计师对此应作出职业判断。

②应对评估的重大错报风险。针对评估的与持续经营能力有关的重大错报风险，注册会计师应当采取以下应对措施：

首先，评价管理层作出的评估。管理层对持续经营能力的合理评估期间是自财务报表日起的下一个会计期间。注册会计师的评价期间应当与管理层按照规定作出评估的涵盖期间相同。如果管理层评估持续经营能力涵盖的期间短于自财务报表日起的12个月，注册会计师应当提请管理层将其至少延长至自财务报表日起的12个月。

其次，评价超出管理层评估期间的事项或情况。注册会计师应当询问管理层是否知悉超出评估期间的、可能导致对被审计单位持续经营能力产生重大疑虑的事项或情况。除询问管理层外，注册会计师没有责任实施其他任何审计程序。

最后，识别出事项或情况时实施追加审计程序。如果识别出可能导致对持续经营能力产生重大疑虑的事项或情况，注册会计师应当通过实施追加审计程序，获取充分、适当的审计证据，以确定是否存在重大不确定性。这些程序包括：第一，如果管理层尚未对被审计单位持续经营能力作出评估，提请其进行评估；第二，评价管理层与持续经营能力评估相关的未来应对计划、这些计划的结果是否可能改善目前的状况，以及管理层的计划对于具体情况是否可行；第三，如果被审计单位已编制现金流量预测，且在评价管理层未来应对计划时对预测的分析是考虑事项或情况未来结果的重要因素，评价用于编制预测的基础数据的可靠性，并确定预测所基于的假设是否具有充分的支持；第四，考虑自管理层作出评估后是否存在其他可获得的事实或信息；第五，要求管理层和治理层（如适用）提供有关未来应对计划及其可行性的书面声明。

③审计结论。注册会计师应当评价是否已对被审计单位的管理层编制财务报表时运用持续经营假设的适当性获取了充分、适当的审计证据，同时，根据获取的审计证据，运用职业判断，对单独或汇总起来可能导致对被审计单位持续经营能力产生重大疑虑的事项或情况是否存在重大不确定性得出结论。

如果认为管理层运用持续经营假设适合具体情况，但存在重大不确定性，注册会计师应当确定：第一，财务报表是否已充分披露可能导致对持续经营能力产生重大疑虑的主要事项或情况，以及管理层针对这些事项或情况的应对计划；第二，财务报表是否已清楚披露可能导致对持续经营能力产生重大疑虑的事项或情况存在重大不确定性，并由此导致被审计单位可能无法在正常的经营过程中变现资产和清偿债务。

如果运用持续经营假设是适当的，但存在重大不确定性，且财务报表对重大不确定性已作出充分披露，注册会计师应当发表无保留意见，并在审计报告中增加以“与持续经营相关的重大不确定性”为标题的单独部分，以提醒财务报表使用者关注财务报表附注中对所述事项的披露，说明这些事项或情况表明存在可能导致对被审计单位持续经营能力产生重大疑虑的重大不确定性，同时说明该事项并不影响发表的审计意见。

如果运用持续经营假设是适当的，但存在重大不确定性，且财务报表对重大不确定性未作出充分披露，按照审计准则的相关规定，注册会计师应当发表保留意见或否定意见。注册会计师应当在审计报告“形成保留（否定）意见的基础”部分说明，存在可能导致对被审计单位持续经营能力产生重大疑虑的重大不确定性，但财务报表未充分披露该事项。

如果被审计单位财务报表已按照持续经营假设编制，但是注册会计师根据职业判断，认为管理层在财务报表中运用持续经营假设是不适当的，无论管理层对运用持续经营假设的不适当性是否作出充分披露，注册会计师均应当发表否定意见。

8.1.2 编制审计差异调整表和试算平衡表

1.编制审计差异调整表

（1）审计差异的种类。在完成按业务循环进行的控制测试、财务报表项目的实质性程序和特殊项目的审计后，在审计中发现的被审计单位的会计处理方法与适用的财务报告编制基础规定的不一致，即为审计差异。

审计差异按其是否需要调整账户记录，可以分为核算错误和重分类错误。核算错误是因企业对经济业务进行了不正确的会计核算而引起的错误；重分类错误是因企业未能按适用的财务报告编制基础列报财务报表而形成的错误。例如，企业在列报财务报表时将一年内到期的非流动负债余额仍然填报至非流动负债项目中，就属于重分类错误。

用审计重要性来衡量每一项核算错误，又可以将其分为建议调整的不符事项和未调整不符事项。注册会计师在对两者进行划分时，应当考虑以下因素：

①审计差异金额是否超过重要性水平。对于单笔核算错误超过所涉及会计报表项目层次重要性水平的，应视为建议调整的不符事项；对于单笔核算错误低于所涉及会计报表项目层次重要性水平，并且性质不重要的，一般应视为未调整不符事项。当几笔同类未调整不符事项汇总数超过会计报表项目层次重要性水平时，应该考虑将其中几笔视为建议调整的不符事项，以使未调整不符事项的汇总金额降至重要性水平以下。

②审计差异的性质是否重要。由于金额不重要的错报从性质上看有可能是重要的，所以对于低于重要性水平的核算错误，注册会计师还需要从性质上分析该项差异是否重要。

对于注册会计师而言，除非有明显的迹象表明审计差异不重要，一般都应要求被审计单位对已经发现的审计差异予以调整。

（2）审计差异调整表的具体编制。由于审计业务由审计项目组成员分工协作，不同的审计人员负责审计不同的项目，在审计过程中发现的审计差异分散于各个项目的审计工作底稿中，这不利于审计项目各级负责人对被审计单位会计报表进行综合判断、分析和决定。在终结审计阶段，注册会计师需要将建议调整的不符事项、重分类错误和未调整不符事项分别汇总至账项调整分录汇总表（见表8-1）、重分类调整分录汇总表（见表8-2）和未更正错报汇总表（见表8-3）中。

表8-1

账项调整分录汇总表

被审计单位：________________ 索引号：________________

项目：________________ 财务报表截止日/期间：________________

编制：________________ 复核：________________

日期：________________ 日期：________________

序号	内容及说明	索引号	调整内容				影响利润表 +（-）	影响资产负债表 +（-）
			借方项目	借方金额	贷方项目	贷方金额		

与被审计单位的沟通：

参加人员：

被审计单位：________________

审计项目组：________________

被审计单位的意见：________________

____

结论：________________

是否同意上述审计调整：________________

被审计单位授权代表签字：________________ 日期：________________

表 8-2

重分类调整分录汇总表

被审计单位：______	索引号：______
项目：______	财务报表截止日/期间：______
编制：______	复核：______
日期：______	日期：______

序号	内容及说明	索引号	调整项目和金额			
			借方项目	借方金额	贷方项目	贷方金额

与被审计单位的沟通：

参加人员：

被审计单位：______

审计项目组：______

被审计单位的意见：______

______

结论：______

是否同意上述审计调整：______

被审计单位授权代表签字：______ 日期：______

表 8-3

未更正错报汇总表

被审计单位：______	索引号：______
项目：______	财务报表截止日/期间：______
编制：______	复核：______
日期：______	日期：______

序号	内容及说明	索引号	未调整内容				备注
			借方项目	借方金额	贷方项目	贷方金额	

续表

未更正错报的影响：			
项目	金额	百分比	计划百分比
1.总资产			
2.净资产			
3.销售收入			
4.费用总额			
5.毛利			
6.净利润			
结论：________________			
被审计单位授权代表签字：________________		日期：________	

2.编制试算平衡表

在确定审计差异并进行调整和汇总以后，注册会计师应当编制试算平衡表。过程如下：以被审计单位提供的未经审计的财务报表为基础，考虑已经建议调整的核算错误、未调整核算错误和重分类错误，计算确定已审数和报表披露数。在编制时应当注意：

（1）试算平衡表中的“未审数”栏，应根据被审计单位提供的未审计财务报表填列。

（2）编制完试算平衡表后，应注意核对相应的钩稽关系。例如，在资产负债表试算平衡表中，左边的期末未审数、期末审定数的合计数应分别等于其右边相应合计数，左边的账项调整栏中的借方合计数与贷方合计数之差应等于右边的账项调整栏中的贷方合计数与借方合计数之差，左边的重分类调整栏中的借方合计数与贷方合计数之差应等于右边的重分类调整栏中的贷方合计数与借方合计数之差。

有关资产负债表和利润表的试算平衡表的参考格式分别见表8-4和表8-5。

8.1.3　与治理层和管理层沟通

1.与治理层的沟通

公司治理层和注册会计师在健全、完善公司治理结构中都扮演着重要的角色，他们利用各自掌握的信息进行沟通，既有利于治理层对管理层进行监督与制衡，也有助于注册会计师审计业务的实施。审计准则规定，注册会计师应当就下列事项直接与治理层沟通：

（1）注册会计师与财务报表审计相关的责任，包括注册会计师负责对管理层在治理层监督下编制的财务报表形成和发表意见，财务报表审计并不减轻管理层或治理层的责任。

（2）计划的审计范围和时间安排的总体情况，包括识别出的特别风险。

（3）审计中发现的重大问题。注册会计师应当采取口头或书面的形式与治理层沟通审计中发现的下列事项：①注册会计师对被审计单位会计实务（包括会计政策、会计估计和财务报表披露）重大方面的质量的看法。在适当的情况下，注册会计师应当向治理层解释为何某项在适用的财务报告编制基础下可以接受的重大会计实务，并不一定最适合被审计单位的具体情况。②审计工作中遇到的重大困难。③已与管理层讨论或需要书面沟通的审计中出现的重大事项，以及注册会计师要求提供的书面声明，除非治理层全部成员参与管理被审计单位。④影响审计报告形式和内容的情形（如有）。⑤审计中出现的、根据职业判断认为与监督财务报告过程相关的所有其他重大事项。

表 8-4

资产负债表试算平衡表

被审计单位：	索引号：
项目：	财务报表截止日/期间：
编制：	复核：
日期：	日期：

项 目	期末未审数	账项调整		重分类调整		期末审定数	项 目	期末未审数	账项调整		重分类调整		期末审定数
		借方	贷方	借方	贷方				借方	贷方	借方	贷方	
货币资金							短期借款						
交易性金融资产							交易性金融负债						
应收票据							应付票据						
应收账款							应付账款						
预付款项							预收款项						
其他应收款							合同负债						
存货							应付职工薪酬						
合同资产							应交税费						
一年内到期的非流动资产							其他应付款						
其他流动资产							一年内到期的非流动负债						
债权投资							其他流动负债						
其他债权投资							长期借款						
长期应收款							应付债券						
长期股权投资							长期应付款						
其他权益工具投资							预计负债						
其他非流动金融资产							递延所得税负债						
投资性房地产							其他非流动负债						
固定资产							实收资本（或股本）						
在建工程							资本公积						
无形资产							盈余公积						
开发支出							未分配利润						
长期待摊费用													
递延所得税资产													
其他非流动资产													
合 计							合 计						

表 8-5 **利润表试算平衡表**

被审计单位：	索引号：
项目：	财务报表截止日/期间：
编制：	复核：
日期：	日期：

项目		未审数	调整金额		审定数
			借方	贷方	
一	营业收入				
	减：营业成本				
	税金及附加				
	销售费用				
	管理费用				
	研发费用				
	财务费用				
	其中：利息费用				
	利息收入				
	加：其他收益				
	投资收益				
	公允价值变动收益				
	信用减值损失				
	资产减值损失				
	资产处置收益				
二	营业利润				
	加：营业外收入				
	减：营业外支出				
三	利润总额				
	减：所得税费用				
四	净利润				

（4）注册会计师的独立性。如果被审计单位是上市实体，注册会计师还应当采用书面的形式与治理层沟通注册会计师的独立性，包括：①就审计项目组成员、会计师事务所其他相关人员以及会计师事务所和网络事务所按照相关职业道德要求保持了独立性作出声明；②根据职业判断，注册会计师认为会计师事务所、网络事务所与被审计单位之间存在的可能影响独立性的所有关系和其他事项，包括会计师事务所和网络事务所在财务报表涵

盖期间为被审计单位和受被审计单位控制的组成部分提供审计、非审计服务的收费总额。这些收费应当分配到适当的业务类型中，以帮助治理层评估这些服务对注册会计师独立性的影响；③为消除对独立性的不利影响或将其降至可接受的水平，已经采取的相关防范措施。

（5）值得关注的内部控制缺陷。无论在风险评估过程中，还是在审计工作的其他阶段，注册会计师都有可能识别出内部控制缺陷。注册会计师应当根据已执行的审计工作，确定是否识别出内部控制缺陷。如果识别出内部控制缺陷，注册会计师应当根据已执行的审计工作，确定该缺陷单独或连同其他缺陷是否构成值得关注的内部控制缺陷。注册会计师应当以书面形式及时向治理层通报审计过程中识别出的值得关注的内部控制缺陷。《中国注册会计师审计准则第1152号——向治理层和管理层通报内部控制缺陷》针对注册会计师向治理层通报在审计过程中识别出的值得关注的内部控制缺陷，提出了具体要求。

2. 与管理层的沟通

除了与治理层进行沟通外，在形成最终的审计意见之前，会计师事务所应当及时将审计过程中累积的所有错报与被审计单位适当层级的管理层进行沟通，并要求管理层更正这些错报，除非该事项不适合与管理层沟通。如果管理层拒绝更正沟通的部分或全部错报，注册会计师应当了解管理层不更正错报的理由，并在评价财务报表整体是否不存在重大错报时考虑该理由。注册会计师与管理层的沟通一般应在其与治理层的沟通之前进行。此外，注册会计师还应当及时向相应层级的管理层通报已向或拟向治理层通报的值得关注的内部控制缺陷（除非在具体情况下不适合直接向管理层通报）以及在审计过程中识别出的、其他方尚未向管理层通报而注册会计师根据职业判断认为足够重要从而值得管理层关注的内部控制其他缺陷。

8.1.4 获取管理层书面声明

1.管理层书面声明的概念和作用

（1）管理层书面声明的概念。管理层书面声明，是指被审计单位管理层向注册会计师提供的书面陈述，用以确认某些事项或支持其他审计证据。管理层书面声明不包括财务报表及其认定，以及支持性账簿和相关记录。

（2）管理层书面声明的作用。

①提醒管理层对财务报表责任的认可。注册会计师应当获取审计证据，以确定管理层认可其按照适用的会计准则和相关会计制度的规定编制财务报表的责任，并且已批准财务报表。向管理层获取书面声明是获取此类审计证据的一种方法。注册会计师应当就下列事项获取书面声明：第一，管理层认可其设计和实施内部控制以防止或发现并纠正错报的责任；第二，管理层认为注册会计师在审计过程中发现的未更正错报，无论是单独还是汇总起来考虑，对财务报表整体均不具有重大影响。未更正错报项目的概要应当包含在书面声明中或附于书面声明后。

上述事项与管理层对财务报表的责任密切相关。首先，设计良好并有效运行的内部控制可以有效防止或发现并纠正错报，是使财务报表按照适用的会计准则和相关会计制度的规定编制的制度保证。管理层认可这一责任，是其认可对财务报表责任的基础。其次，管理层在批准财务报表前，必须保证财务报表不存在重大错报，因此，对于注册会计师在审计过程中发现的错报，如果管理层不准备调整，或者不准备全部调整，则需要确认这些错报无论是单独还是汇总起来考虑，对财务报表整体均不具有重大影响。注册会计师需要对重要性作出独立的职业判断，并根据错报的重大程度独立出具适当的审计报告。

②将管理层声明作为审计证据，保护注册会计师。对于一般的事项，注册会计师可以通过执行审计程序获取相互印证的审计证据，但有一些重大事项，如涉及管理层的判断、意图以及仅限于管理层知悉事实的事项，除了通过询问程序获得的证据外，通常难以获取其他充分、适当的证据。这时，注册会计师应当就对财务报表具有重大影响的事项向管理层获取书面声明。注册会计师要求管理层提供的书面声明可仅限于单独或汇总起来对财务报表产生重大影响的事项。必要时，注册会计师应将对声明事项重要性的理解告知管理层。发生法律诉讼或产生意见分歧时，管理层声明可以作为书面证据，有利于保护注册会计师。

需要注意的是，审计证据分为内部证据和外部证据。一般而言，从外部独立来源获取的审计证据比从其他来源获取的审计证据更可靠。管理层声明属于内部证据，证明力较弱，不足以单独作为发表审计意见的基础，注册会计师不应以被审计单位管理层声明替代能够合理预期获取的其他审计证据。当管理层声明的事项对财务报表具有重大影响时，注册会计师应当实施下列审计程序：首先，积极地从被审计单位内部或外部获取审计证据，为声明中列示的事项提供支持；其次，评价管理层声明是否合理并与获取的其他审计证据（包括其他声明）一致；再次，考虑作出声明的人员是否熟知所声明的事项，并评价声明是否有效。

尽管管理层声明提供必要的审计证据，但其本身并不为所涉及的任何事项提供充分、适当的审计证据。管理层已提供可靠书面声明的事实，并不影响注册会计师就管理层责任履行情况或具体认定获取的其他审计证据的性质和范围。

2.管理层书面声明的基本内容和影响

（1）管理层书面声明的基本内容。

①收件人。收件人为接受委托的会计师事务所及签署审计报告的注册会计师。

②声明内容。被审计单位管理层应根据审计业务约定的具体情况确定声明的内容，主要包括三个方面：第一，关于财务报表：管理层认可其对财务报表的编制责任；管理层认可其设计、实施和维护内部控制以防止或发现并纠正错报的责任；管理层认为注册会计师在审计过程中发现的未更正错报，无论是单独还是汇总起来考虑，对财务报表整体均不具有重大影响。第二，关于信息的完整性：所有财务信息和其他数据的可获得性；所有股东会和董事会会议记录的完整性和可获得性；就违反法规行为事项，被审计单位与监管机构沟通的书面文件的可获得性；与未记录交易相关的资料的可获得性；涉及管理层、对内部控制具有重大影响的雇员以及对财务报表的编制具有重大影响的其他人员舞弊行为或舞弊嫌疑的信息的可获得性。第三，关于确认、计量和列报：对资产或负债的确认或列报具有重大影响的计划或意图；关联交易，以及涉及关联方的应收或应付款项；需要在财务报表中披露的违反法规行为；需要确认或披露的或有事项、对财务报表具有重大影响的承诺事项和需要偿付的担保等；对财务报表具有重大影响的合同的遵循情况；对财务报表具有重大影响的重大不确定事项；被审计单位对资产的拥有或控制情况，以及抵押、质押或留置资产；持续经营假设的合理性；需要调整或披露的期后事项。

③签署人。管理层声明通常由管理层中对被审计单位及其财务负主要责任的人员签署。在某些情况下，注册会计师也可以向管理层中的其他人员获取管理层声明。

④日期。管理层书面声明上的日期应当尽量接近对财务报表出具审计报告的日期，但不得在其之后，通常与审计报告日一致或者早于审计报告日。在某些情况下，注册会计师也可能在审计过程中或审计报告日后就某些交易或事项获取单独的声明书。

（2）管理层书面声明对审计报告的影响。如果注册会计师对管理层的诚信产生重大疑虑，以至于其认为管理层的书面声明不可靠，或者管理层拒绝提供注册会计师认为必要的声明，将导致注册会计师无法获取充分、适当的审计证据以确定被审计单位管理层是否履行了与财务报表编制有关的责任，这种情况对于财务报表的影响是广泛的。因此，注册会计师需要根据审计准则的规定出具无法表示意见的审计报告。

此外，注册会计师如果不能获取对财务报表具有或可能具有重大影响的事项的充分、适当的审计证据，而这些证据预期是可以获取的，即使已收到管理层就这些事项作出的声明，仍应将其视为审计范围受到限制。

8.1.5 复核审计工作底稿和财务报表

1.对财务报表总体合理性实施分析程序

在审计结束或临近结束时，注册会计师应运用分析程序对财务报表进行总体复核。在这一阶段实施分析程序是审计准则的强制要求，目的是使注册会计师确定审计调整后的财务报表整体是否与其对被审计单位的了解一致，确保审计工作没有发生遗漏。在运用分析程序进行总体复核时，如果识别出以前未识别的重大错报风险，应当重新考虑对全部或部分各类交易、账户余额、列报评估的风险是否恰当，并在此基础上重新评价之前计划的审计程序是否充分，是否有必要追加审计程序。

2.复核审计工作底稿

对审计工作底稿的复核可分为两个层次：项目组内部复核和独立的项目质量复核。

（1）项目组内部复核。

①审计项目经理的现场复核。项目经理的复核通常在审计业务实施现场完成，以便及时发现和解决问题。项目经理的现场复核应当全面、细致，避免业务实施过程中的疏漏对后续工作产生重大不利影响。

②项目合伙人的复核。项目合伙人的复核是对项目经理的复核的再次检验和监督，目的是从项目整体出发考虑是否获取了充分、适当的审计证据，以对财务报表整体发表适当的审计意见。项目合伙人的复核是项目组内部最高层次的复核。项目合伙人应当在审计过程中的适当时点对与重大事项、重大判断以及根据职业判断认为与项目合伙人职责有关的其他事项相关的审计工作底稿进行复核。

（2）独立的项目质量复核。

项目质量复核是指在审计报告日或审计报告日之前，项目质量复核人员对项目组作出的重大判断及据此得出的结论作出的客观评价。项目质量复核人员，是指会计师事务所中实施项目质量复核的合伙人或其他类似职位的人员，或者由会计师事务所委派实施项目质量复核的外部人员。会计师事务所应当制定政策和程序，以明确项目质量复核人员的任职资质要求。这些政策和程序应当要求项目质量复核人员不得作为项目组成员，并且应当同时满足下列条件：①具备适当的胜任能力，包括充足的时间和适当的权威性以实施项目质量复核。项目质量复核人员的胜任能力应当至少与项目合伙人相当。②遵守相关职业道德要求，包括与项目质量复核人员如何应对对其客观性和独立性产生的不利影响相关的职业道德要求，并在实施项目质量复核时保持独立、客观、公正。③遵守与项目质量复核人员任职资质要求相关的法律法规规定（如有）。根据《会计师事务所质量管理准则第5101号——业务质量管理》，会计师事务所实施项目质量复核的业务包括：上市实体财务报表审计业务；法律法规要求实施项目质量复核的审计业务或其他业务；为应对一项或多项质量风险，会计师事务所认为有必要实施项目质量复核的审计业务或其他业务。

会计师事务所对这些业务实施项目质量复核，应在审计报告日或审计报告日之前完成。项目质量复核人员可通过选取部分与项目组作出的重大判断相关的业务工作底稿进行复核，以评价项目组作出重大判断的依据（包括项目组对职业怀疑的运用）、业务工作底稿能否支持得出的结论以及得出的结论是否恰当。对审计工作底稿进行项目质量复核的意义主要表现在以下三个方面：

①应对质量风险，保证业务的高质量。注册会计师在审计工作中将工作结果和工作过程中的各种情况记录于审计工作底稿中，并据此形成审计意见，若形成的审计意见与工作结果存在矛盾，注册会计师的工作就会失去其有效性。在审计报告日或审计报告日前对审计工作底稿进行项目质量复核，可以有效应对质量风险，避免遗留重大审计问题或对具体审计工作理解不透彻等情况，形成与审计工作结果相一致的审计意见。

②确认审计工作已达到会计师事务所的工作标准。会计师事务所对开展的各项审计工作应有明确、统一的标准。尽管如此，在执行过程中，会计师事务所内不同的注册会计师的工作质量还是会有差异，有的甚至可能背离统一的工作标准。因此，对特定业务要进行独立的项目质量复核，严格保证整体审计工作质量的一致性，确认该审计工作已达到会计师事务所的工作标准。

③消除妨碍注册会计师进行准确判断的偏见。在审计工作中，常常需要注册会计师对各种问题作出专业判断。注册会计师希望自己在整个审计过程中保持客观性，但如有大量问题需要解决而又经过长时间的审计，就容易丧失正确的观察能力和判断能力，对一些问题作出不符合事实的审计结论。进行项目质量复核可以消除妨碍注册会计师进行正确判断的偏见，作出符合事实的审计结论。

（3）评价审计结果。

评价审计结果主要是为了确定将要发表的审计意见的类型以及在整个审计工作中是否遵循了审计准则。注册会计师必须完成两项工作：一是对重要性和审计风险进行最终的评价；二是对已审计财务报表形成审计意见并草拟审计报告。

①对重要性和审计风险进行最终的评价。这是注册会计师决定发表何种类型审计意见的必要过程。该过程可通过以下两个步骤来完成：

首先，确定可能的错报金额。可能的错报金额包括已经识别的具体错报和推断误差，详见本书第5章。

其次，根据财务报表层次重要性水平，确定可能的错报金额的汇总数（即可能错报总额）对财务报表的影响程度。需要注意两点：第一，这里的财务报表层次重要性水平是指审计计划阶段确定的重要性水平。如果该重要性水平在审计过程中已作过修正，应按修正后的财务报表层次重要性水平进行比较。第二，这里的可能的错报总额一般是指各财务报表项目可能的错报金额的汇总数，但也可能包括上一期间的任何未更正可能错报对本期财务报表的影响。上一期间的未更正可能错报与本期未更正可能错报累计起来，可能导致本期财务报表产生重大错报。因此，注册会计师估计本期的可能错报总额时，应当包括上一期间的未更正可能错报。

在审计计划阶段，注册会计师已经确定了审计风险的可接受水平。随着可能错报总额的增加，财务报表可能被严重错报的风险也会增加。如果注册会计师认为审计风险处在一个可接受的水平，则可以直接提出审计结果所支持的意见。如果注册会计师认为审计风险不能接受，则应追加测试或者说服被审计单位作必要调整，以便将重大错报的风险降低到一个可接受的水平；否则，注册会计师应慎重考虑该审计风险对审计报告的影响。

②对已审计财务报表形成审计意见并草拟审计报告。审计项目组成员在审计过程中实行分工合作，各个成员所执行的测试仅限于某几个领域或账项，审计结果比较分散。在终结审计阶段，为了能够对财务报表整体发表适当的审计意见，注册会计师应当将这些分散的结果进行汇总和评价，综合考虑在审计过程中所收集到的全部证据。负责该审计项目的主任会计师对这些工作负有最终的责任。

在对审计意见形成最后决定之前，会计师事务所通常要与被审计单位召开沟通会，注册会计师可口头报告本次审计所发现的问题，并说明建议被审计单位作出必要调整或表外披露的理由。管理层也可以在会上申辩其立场。最后，通常会对需要被审计单位作出的改变达成协议。如达成了协议，注册会计师即可签发标准审计报告；否则，注册会计师可能不得不发表其他类型的审计意见。

8.2 审计报告

注册会计师在进行终结审计工作之后，应当根据审计准则的规定对被审计单位财务报表发表审计意见，出具审计报告。审计报告是注册会计师在完成审计工作后向委托人提交的最终产品。

视频31 审计报告的编制

8.2.1 审计报告概述

1.审计报告的含义

审计报告是指注册会计师根据审计准则的规定，在执行审计工作的基础上，对被审计单位财务报表发表审计意见的书面文件。

2.审计报告的作用

（1）鉴证作用。注册会计师以独立的第三者身份，通过审计报告对被审计单位财务报表所反映的财务状况、经营成果和现金流量等信息是否合法、公允发表自己的意见，作出客观的鉴证，可为财务报表使用者了解情况、作出决策提供依据。

（2）保护作用。注册会计师通过对被审计单位出具不同类型审计意见的审计报告，可提高或降低财务报表使用者对财务报表的信赖程度，尤其是揭露重大错误或舞弊行为，从而在一定程度上对企业经济利益关系人的利益起到保护作用。

（3）证明作用。注册会计师通过审计报告对审计责任和审计工作质量进行证明，以帮助其赢得社会各界的信任。

3.审计报告的种类

审计报告按照审计意见类型的不同，分为无保留意见审计报告和非无保留意见审计报告。其中，无保留意见审计报告包括标准无保留意见审计报告和带强调事项段、其他事项段或带与持续经营相关的重大不确定性段的无保留意见审计报告[①]。非无保留意见审计报告包括三种类型，分别是保留意见审计报告、否定意见审计报告和无法表示意见审计报告。

审计报告按使用目的不同，分为对外公布的审计报告和非对外公布的审计报告。前者一般用于向企业的股东、投资人、债权人等非特定利益关系人公布，并附送财务报表。后者一般用于企业的经营管理、企业合并或业务转让、融资等特定目的。

审计报告按详略程度不同，分为长式审计报告和短式审计报告。前者也称为详式审计报告，是对审计对象的重要业务和情况进行详细分析和说明的审计报告，一般不向社会公布。后者也称为简式审计报告，其简要说明审计范围、依据、责任和程序，并发表审计意见，主要用于对外公布。

4.审计报告的基本要素和格式

根据《中国注册会计师审计准则第1501号——对财务报表形成审计意见和出具审计报告》和《中国注册会计师审计准则第1504号——在审计报告中沟通关键审计事项》，注册会计师出具的审计报告应当包括以下要素：

（1）标题。标题统一规范为“审计报告”。

（2）收件人。收件人是指注册会计师按照业务约定书的要求致送审计报告的对象，一般是审计业务的委托人。审计报告应当载明收件人的全称。注册会计师应当与委托人在业务约定书中约定致送审计报告的对象，以防止在此问题上发生分歧或审计报告被委托人滥用。针对整套通用目的财务报表出具的审计报告，致送对象通常为被审计单位的全体股东或治理层。

（3）审计意见。财务报表审计的目标是注册会计师通过执行审计工作，对财务报表的下列方面发表审计意见：①财务报表是否按照适用的会计准则和相关会计制度的规定编制；②财务报表是否在所有重大方面公允反映了被审计单位的财务状况、经营成果和现金流量。若注册会计师完成了审计工作，获取了充分、适当的审计证据，应当就上述内容对财务报表发表审计意见。

审计意见部分还需包括：被审计单位的名称；说明财务报表已经审计；构成整套财务报表的每张财务报表的名称；提及财务报表附注，包括重要会计政策和会计估计；构成整套财务报表的每张财务报表的日期或涵盖的期间。

（4）形成审计意见的基础。审计报告应当包含标题为“形成审计意见的基础”的部分。该部分紧接在审计意见部分之后，包括下列方面：①说明注册会计师按照审计准则的规定执行了审计工作；②提及审计准则规定的注册会计师责任的部分；③声明注册会计师按照与审计相关的职业道德的要求独立于被审计单位，并履行了职业道德方面的其他责

① 关于与持续经营相关的重大不确定性的无保留意见审计报告的内容，请参考前述考虑持续经营假设章节。

任；④说明注册会计师是否相信获取的审计证据是充分、适当的，为发表审计意见提供了基础，如为非无保留意见，则先说明导致该意见的理由。

（5）关键审计事项（如适用）。如果对上市实体整套通用目的财务报表进行审计，或者存在注册会计师决定或委托方要求在审计报告中沟通关键审计事项的其他情形时，注册会计师需要在审计报告中沟通关键审计事项。关键审计事项是指注册会计师根据职业判断认为对本期财务报表审计最为重要的事项。在审计报告中沟通该事项的目的是提高已执行审计工作的透明度，增加审计报告的决策相关性和有用性，为财务报表使用者提供额外的信息，使其了解被审计单位及已审财务报表中涉及重大管理层判断的领域。

注册会计师确定关键审计事项一般按以下步骤进行：首先，以“与治理层沟通的事项”为起点选择关键审计事项；其次，从“与治理层沟通的事项”中选出“在执行审计工作时重点关注过的事项”；最后，从“在执行审计工作时重点关注过的事项”中选出最为重要的事项，即“关键审计事项”。其决策框架如图8-2所示。

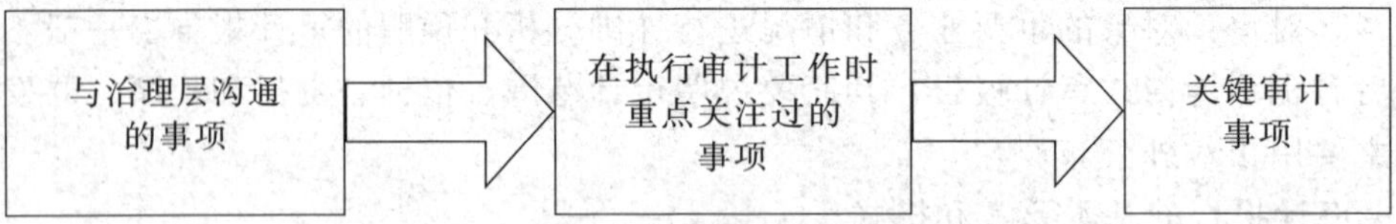

图8-2 关键审计事项的决策框架

在确定关键审计事项时，应当考虑以下三个方面：第一，审计过程中评估的重大错报风险较高的领域或识别的特别风险；第二，管理层对于财务报表编制的重大判断和重大审计判断；第三，本期对审计产生重大影响的交易或事项。

对于所确定的关键审计事项，应当在审计报告中单设一部分，以“关键审计事项”为标题，并在该部分使用恰当的子标题逐项描述关键审计事项。该事项段在“形成审计意见的基础”之后、“管理层和治理层对财务报表的责任”之前。注册会计师在审计报告的关键审计事项部分逐项描述时，应当分别索引至财务报表的相关披露（如有），并同时说明下列两项内容：其一，该事项被认定为审计中最为重要的事项之一，因而被确定为关键审计事项的原因；其二，该事项在审计中是如何应对的。同时，要结合被审计单位的具体审计业务环境，根据职业判断，确定对每个关键审计事项描述的详略程度。

关键审计事项的披露数量通常由注册会计师结合被审计单位当年的具体情况确定，其与被审计单位的业务规模、财务报表的复杂程度、发现和纠正的重大错报、是否获取充分适当的审计证据、审计程序的实施难易程度等有关，并没有量化规定。就目前的相关文献统计结果来看，上市公司年报审计报告中披露的关键审计事项一般为2~3个。

在实务中，注册会计师通常基于事项重要性、重大估计或判断、错报风险、关键业绩指标等因素确认关键审计事项。常见的关键审计事项主要集中在资产减值和收入确认方面，此外，还可能涉及债务重组、金融工具、固定资产及在建工程、关联方交易、无形资产及开发支出、或有事项及预计负债、存货等领域。值得注意的是，并不是所有的重要事项都应作为关键审计事项来披露，对于导致注册会计师发表非无保留意见的事项、影响被审计单位持续经营的事项等，虽然这些事项是重要事项，但它们在审计报告中单独披露，不在关键审计事项部分披露。关键审计事项是注册会计师以第三方的角色对被审计单位事项的披露，并不能代替管理层的披露责任。

（6）管理层对财务报表的责任。管理层对财务报表的责任段应当说明，管理层认可其按照适用的财务报告编制基础编制财务报表并使其实现公允反映的责任。这种责任包括：①设计、实施和维护与财务报表编制相关的内部控制，使财务报表不存在由于舞弊或错误而导致的重大错报；②评估被审计单位的持续经营能力和使用持续经营假设是否适当，并披露与持续经营相关的事项（如适用）。

当履行上述责任的人员与对财务报告过程负有监督责任的人员不同时，管理层对财务报表的责任部分还应当提及对财务报告过程负有监督责任的人员，如治理层。

在审计报告中指明管理层的责任，有利于区分管理层和注册会计师的责任，降低财务报表使用者误解注册会计师责任的可能性。

（7）注册会计师对财务报表审计的责任。注册会计师对财务报表审计的责任段应当说明下列内容：①注册会计师的目标是对财务报表整体是否不存在由于舞弊或错误导致的重大错报获取合理保证，并出具包含审计意见的审计报告。②合理保证是高水平的保证，但并不能保证按照审计准则执行的审计在某一重大错报存在时总能发现。③错报可能由于舞弊或错误导致。④注册会计师相信已获取的审计证据是充分、适当的，为其发表审计意见提供了基础。⑤在按照审计准则执行审计工作的过程中，注册会计师运用职业判断，并保持职业怀疑。⑥通过说明注册会计师的责任，对审计工作进行描述。⑦与治理层的沟通。⑧对于上市实体财务报表审计，指出注册会计师已向治理层提供关于遵守独立性相关的职业道德的声明和关键审计事项的确定的说明。

（8）按照相关法律法规的要求报告的事项（如适用）。除审计准则规定的注册会计师责任外，如果注册会计师在对财务报表出具的审计报告中履行其他报告责任，应当在审计报告中将其单独作为一部分，并以“按照相关法律法规的要求报告的事项”为标题，或使用适合于该部分内容的其他标题，除非其他报告责任涉及的事项与审计准则规定的报告责任涉及的事项相同。

（9）注册会计师的签名和盖章。审计报告应当由两名具备相关业务资格的注册会计师签名、盖章，这有利于明确法律责任。

①合伙会计师事务所出具的审计报告，应当由一名对审计项目负最终复核责任的合伙人和一名负责该项目的注册会计师签名、盖章。

②有限责任会计师事务所出具的审计报告，应当由会计师事务所主任会计师或其授权的副主任会计师和一名负责该项目的注册会计师签名、盖章。

（10）会计师事务所的名称、地址及盖章。审计报告应当载明会计师事务所的名称和地址，并加盖会计师事务所公章。

（11）报告日期。审计报告应当注明报告日期。在确定审计报告日期时需要考虑：①应当实施的审计程序已经完成；②应当提请被审计单位调整的事项已经提出，被审计单位已经作出调整或拒绝作出调整；③管理层已经正式签署财务报表。

审计报告的日期不应早于注册会计师获取充分、适当的审计证据（包括管理层认可对财务报表的责任且已批准财务报表的证据），并在此基础上对财务报表形成审计意见的日期。

在适用的情况下，注册会计师还应当按照《中国注册会计师审计准则第1324号——持续经营》《中国注册会计师审计准则第1521号——注册会计师对其他信息的责任》的相关规定，在审计报告中对与持续经营相关的重大不确定性、被审计单位年度报告中包含的除财务报表和审计报告之外的其他信息进行报告。

8.2.2 审计报告的编制

在终结审计阶段，注册会计师应当在查清问题、收集充分适当的审计证据的基础上，将各种审计工作底稿归纳、整理，编制能够清楚表达对被审计单位的审计意见的审计报告。审计报告是注册会计师最终向委托人提交的书面文件，是注册会计师审计业务结果的综合反映。

1. 审计报告的编制要求

（1）审计证据必须充分、适当。审计报告是向使用者传递相关信息、为其决策提供依据的文本，所列事实必须具有充分、适当的证据；审计报告必须从实际出发，所述事项应当是可靠的，引用的资料须经过证实；审计报告所述事项也应当是充分的，只有获取充分的证据，审计意见才能被合理解释，审计报告才能令人信服。

（2）注册会计师必须保持独立、客观、公正。编制审计报告必须站在独立、客观、公正的立场上，保持不偏不倚的独立态度。独立性要求注册会计师具有实质上的独立性和形式上的独立性。注册会计师保持实质上的独立性，能使审计意见不受有损于职业判断的任何因素的影响，使其能公正行事，保持客观和职业谨慎。只有站在独立、客观、公正的立场上，才能发表客观的审计意见，满足委托人的要求，同时也符合审计报告使用者的需要。

（3）审计报告的语言应当规范、明确。审计报告是审计业务最终的输出结果，审计报告使用者通常是具有不同知识层次和专业背景的人士，审计报告的语言是否规范、措辞是否适当，决定了审计报告能否实现它的价值。标准审计报告应当尽量与审计准则提供的参考格式相一致，措辞准确、清晰。非标准审计报告应当根据拟出具的审计意见类型，在标准审计报告的基础上进行调整，但是用语不能太随意，应当清楚地描述事实，准确地列举数据。

（4）审计报告的要素应当齐全。审计准则规定了审计报告必须具备的基本要素，每一个要素在审计报告中都有明确的、重要的作用，这些要素在标准审计报告中是缺一不可的。若有缺失，则容易引起误解，给注册会计师和委托人以及被审计单位造成麻烦。非标准审计报告的要素与标准审计报告略有不同。

2. 审计报告的编制步骤

（1）汇总整理审计证据。在业务实施阶段，注册会计师通过询问、观察、检查、函证等审计程序获得了多种形式的审计证据，这些审计证据分散在各个审计项目组成员的审计工作底稿中。在终结审计阶段，注册会计师应当收集并整理这些零散的审计工作底稿，分析审计工作是否已经全面执行，已收集的审计证据是否是充分、适当的。审计项目负责人应对全部审计工作底稿进行综合分析，检查审计项目组成员是否遵循了审计准则的各项要求，然后对审计工作底稿作出综合结论，形成书面记录。

（2）提请被审计单位调整财务报表。注册会计师在整理和分析审计工作底稿的基础上，确定应调整的报表项目和相关事项，并提请被审计单位管理层对财务报表进行调整。尽管注册会计师在确定意见类型时必须考虑错报的金额和性质是否超过重要性，但在提请被审计单位调整财务报表时，只要是有错误的地方，不论是否重要，都可以提请被审计单位进行调整。

（3）确定审计意见类型。在归纳、整理审计工作底稿并提请管理层调整财务报表以后，注册会计师应当根据被审计单位是否接受调整意见和是否按调整意见对财务报表进行了调整等情况，确定审计意见的类型，并根据不同的意见类型选择该项具体业务的报告措辞。在对财务报表形成审计意见时，注册会计师应当根据已获取的审计证据，评价是否已对财务报表整体不存在重大错报获取合理保证。

在评价财务报表是否按照适用的财务报告编制基础编制时，注册会计师应当考虑：①选择和运用的会计政策是否符合适用的会计准则和相关会计制度，并适合被审计单位的具体情况；②管理层作出的会计估计是否合理；③财务报表反映的信息是否具有相关性、可靠性、可比性和可理解性；④财务报表是否作出充分披露，使财务报表使用者能够理解重大交易和事项对被审计单位财务状况、经营成果和现金流量的影响。

在评价财务报表是否作出公允反映时，注册会计师应当考虑：①经管理层调整后的财务报表是否与注册会计师对被审计单位及其环境的了解一致；②财务报表的列报、结构和内容是否合理；③财务报表是否真实地反映了交易和事项的经济实质。

（4）编制审计报告。注册会计师在完成上述步骤后，即可开始编制审计报告。审计报告一般由审计项目负责人编制，如由其他人员编制，须由审计项目负责人复核。编制审计报告可以参照审计准则中列示的审计报告的参考格式。审计报告的格式应当符合审计准则的要求，措辞用语应当规范化，便于审计报告使用者理解，也避免产生文字歧义。

（5）提交审计报告。审计报告编制完成后，应当由项目负责人进行核对修改；核对无误后，由项目合伙人和另一名负责该项目的注册会计师签名和盖章，并经会计师事务所盖章，提交给委托客户。

3.标准无保留意见审计报告的编制

标准无保留意见审计报告是指具有齐全的审计报告要素，属于无保留意见，且不附加说明段、强调事项段或任何修饰性用语的审计报告。

如果认为财务报表符合以下两个条件，注册会计师应当出具无保留意见审计报告：首先，财务报表已经按照适用的会计准则和相关会计制度的规定编制，在所有重大方面公允反映了被审计单位的财务状况、经营成果和现金流量；其次，注册会计师已经按照审计准则的规定计划和实施了审计工作，在审计过程中未受到限制。

无保留意见审计报告意味着注册会计师通过实施审计工作，认为被审计单位财务报表的编制符合合法性和公允性的要求，合理保证财务报表不存在重大错报。当出具无保留意见审计报告时，注册会计师应当以“我们认为”作为意见段的开头，并使用“在所有重大方面”“公允反映了”等术语；不能对财务报告的合法性、公允性作出绝对保证。

（上市实体）标准无保留意见审计报告的参考格式如下：

审 计 报 告

ABC股份有限公司全体股东：

一、审计意见

我们审计了后附的ABC股份有限公司（以下简称ABC公司）财务报表，包括20×2年12月31日的资产负债表，20×2年度的利润表、现金流量表、股东权益变动表，以及财务报表附注。

我们认为，后附的财务报表在所有重大方面按照企业会计准则的规定编制，公允反映了ABC公司20×2年12月31日的财务状况以及20×2年度的经营成果和现金流量。

二、形成审计意见的基础

我们按照《中国注册会计师审计准则》的规定执行了审计工作。审计报告的“注册会计师对财务报表审计的责任”部分进一步阐述了我们在这些准则下的责任。按照《中国注册会计师职业道德守则》，我们独立于ABC公司，并履行了职业道德方面的其他责任。我们相信，我们获取的审计证据是充分、适当的，为发表审计意见提供了基础。

三、关键审计事项

关键审计事项是根据我们的职业判断，认为对本期财务报表审计最为重要的事项。这些事项的应对以对财务报表整体进行审计并形成审计意见为背景，我们不对这些事项单独发表意见。

我们在审计中识别出的关键审计事项汇总如下：

关键审计事项	该事项在审计中是如何应对的
（一）货币资金的存在	
相关信息披露详见财务报表附注“1.货币资金”。 截至20×2年12月31日，财务报表所示货币资金账面余额为人民币×万元，占期末资产总额的比例超过×%。ABC公司的货币资金通过销售商品以及吸收存款业务取得，通过资金归集与调拨对货币资金进行管控。 由于货币资金对ABC公司财务报表具有重大影响，我们将ABC公司货币资金的存在作为关键审计事项	20×2年度财务报表审计中，我们执行的审计程序主要包括： 1.了解和评价管理层与货币资金相关的关键内部控制的设计和运行有效性； 2.获取已开立银行结算账户清单，核对账面核算的账户是否与清单列示一致，对每个账户实施函证，并在函证过程中保持对函证的控制； 3.获取银行流水账，选取大额发生额与会计核算系统发生额进行核对
（二）营业收入的确认	
相关信息披露详见财务报表附注“27.营业收入和营业成本”。 20×2年度，财务报表所示营业收入发生额为人民币×万元。ABC公司对于商品销售产生的收入是在商品所有权上的风险和报酬已转移至客户时确认的，根据销售合同的约定，通常以客户收货确认作为销售收入的确认时点。 由于收入是ABC公司的关键业绩指标之一，我们将ABC公司营业收入的确认作为关键审计事项	20×2年度财务报表审计中，我们执行的审计程序主要包括： 1.了解和评价管理层与收入确认相关的关键内部控制的设计和运行有效性； 2.选取样本检查销售合同，识别与商品所有权上的风险和报酬转移相关的合同条款与条件，评价收入确认时点是否符合企业会计准则的要求； 3.结合产品类型对收入以及毛利情况进行分析，判断本期收入金额是否出现异常波动的情况； 4.对本年记录的收入交易选取样本，核对收入确认时的原始凭证、发票、销售合同及出库单，评价相关收入确认是否符合公司收入确认的会计政策； 5.选取接近年末的销售交易样本，检查相关支持性文件（包括发货单或客户确认已收货的文件）的样本，以评估收入是否在适当的会计期间内确认

四、管理层和治理层对财务报表的责任

ABC公司管理层（以下简称管理层）负责按照企业会计准则的规定编制财务报表，使其实现公允反映，并设计、执行和维护必要的内部控制，以使财务报表不存在由于舞弊或错误导致的重大错报。

在编制财务报表时，管理层负责评估ABC公司的持续经营能力，披露与持续经营相关的事项（如适用），并运用持续经营假设，除非管理层计划清算ABC公司、终止营运或别无其他现实的选择。

治理层负责监督ABC公司的财务报告过程。

五、注册会计师对财务报表审计的责任

我们的目标是对财务报表整体是否不存在由于舞弊或错误导致的重大错报获取合理保证，并出具包含审计意见的审计报告。合理保证是高水平的保证，但并不能保证按照审计准则执行的审计在某一重大错报存在时总能发现。错报可能由于舞弊或错误导致，如果合理预期错报单独或汇总起来可能影响财务报表使用者依据财务报表作出的经济决策，则通常认为错报是重大的。

在按照审计准则执行审计工作的过程中，我们运用了职业判断，保持了职业怀疑。同时，我们也执行以下工作：

（一）识别和评估由于舞弊或错误导致的财务报表重大错报风险，设计和实施审计程序以应对这些风险，并获取充分、适当的审计证据，作为发表审计意见的基础。由于舞弊可能涉及串通、伪造、故意遗漏、虚假陈述或凌驾于内部控制之上，未能发现由于舞弊导致的重大错报的风险高于未能发现由于错误导致的重大错报的风险。

（二）了解与审计相关的内部控制，以设计恰当的审计程序，但目的并非对内部控制的有效性发表意见。

（三）评价管理层选用会计政策的恰当性和作出会计估计及相关披露的合理性。

（四）对管理层使用持续经营假设的恰当性得出结论。同时，根据获取的审计证据，就可能导致对ABC公司持续经营能力产生重大疑虑的事项或情况是否存在重大不确定性得出结论。如果我们得出结论认为存在重大不确定性，审计准则要求我们在审计报告中提请报表使用者注意财务报表中的相关披露；如果披露不充分，我们应当发表非无保留意见。我们的结论基于截至审计报告日可获得的信息。然而，未来的事项或情况可能导致ABC公司不能持续经营。

（五）评价财务报表的总体列报、结构和内容（包括披露），并评价财务报表是否公允反映相关交易和事项。

我们与治理层就计划的审计范围、时间安排和重大审计发现等事项进行沟通，包括沟通我们在审计中识别出的值得关注的内部控制缺陷。

我们还就已遵守与独立性相关的职业道德要求向治理层提供声明，并与治理层沟通可能被合理认为影响我们独立性的所有关系和其他事项，以及相关的防范措施（如适用）。

从与治理层沟通过的事项中，我们确定哪些事项对本期财务报表审计最为重要，因而构成关键审计事项。我们在审计报告中描述这些事项，除非法律法规禁止公开披露这些事项，或在极少数情形下，如果合理预期在审计报告中沟通某事项造成的负面后果超过在公众利益方面产生的益处，我们确定不应在审计报告中沟通该事项。

××会计师事务所　　中国注册会计师：×××（项目合伙人）
（盖章）　　（签名并盖章）
中国注册会计师：×××
（签名并盖章）
中国××市　　二〇×三年××月××日

4.非无保留意见审计报告的编制

（1）非无保留意见审计报告的适用情形。当存在下列情形之一时，注册会计师应对财务报表清楚地发表恰当的非无保留意见：一是根据获取的审计证据，得出财务报表整体存在重大错报的结论；二是无法获取充分、适当的审计证据，不能得出财务报表整体不存在重大错报的结论。非无保留意见的类型参见表8-6。

表8-6　**审计意见决策表**

导致发表非无保留意见的事项的性质	这些事项对财务报表产生或可能产生影响的广泛性	
	重大但不具有广泛性	重大且具有广泛性
财务报表存在重大错报	保留意见	否定意见
无法获取充分、适当的审计证据	保留意见	无法表示意见

当注册会计师认为财务报表存在重大错报时，应当进一步判断重大错报对财务报表的影响是否广泛以确定发表保留意见还是否定意见。判断时，可从以下几方面入手：一是不限于对财务报表的特定要素、账户或项目产生影响；二是虽然仅对财务报表的特定要素、账户或项目产生影响，但这些要素、账户或项目是或可能是财务报表的主要组成部分；三是当与披露相关时，产生的影响对财务报表使用者理解财务报表至关重要。

此外，在承接审计业务后，如果注意到管理层对审计范围施加了限制，且认为这些限制可能导致对财务报表发表保留意见或无法表示意见，注册会计师应当要求管理层消除这些限制。如果管理层拒绝消除限制，除非治理层全部成员参与管理被审计单位，注册会计师应当就此事项与治理层沟通，并确定能否实施替代程序以获取充分、适当的审计证据。

如果无法获取充分、适当的审计证据，注册会计师应当通过下列方式确定其影响：第一，如果未发现的错报（如存在）可能对财务报表的影响重大，但不具有广泛性，应当发表保留意见。第二，如果未发现的错报（如存在）对财务报表的影响重大且具有广泛性，以至于发表保留意见不足以反映情况的严重性，应当在可行时解除业务约定（除非法律法规禁止）。如果在出具审计报告之前解除业务约定被禁止或不可行，则应当发表无法表示意见。

（2）保留意见审计报告。如果注册会计师认为财务报表就其整体而言是公允的，但还存在下列情形之一，应当出具保留意见审计报告：

①在获取充分、适当的审计证据后，注册会计师认为错报单独或汇总起来对财务报表影响重大，但不具有广泛性；

②注册会计师无法获取充分、适当的审计证据以作为形成审计意见的基础，但认为未发现的错报（如存在）对财务报表可能产生的影响重大，但不具有广泛性。

当出具保留意见审计报告时，注册会计师应当对审计意见部分使用恰当的标题，如

“保留意见”，同时将“形成审计意见的基础”这一标题修改为“形成保留意见的基础”，并对发表保留意见的事项进行描述。

当由于财务报表存在重大错报而发表保留意见时，注册会计师应当在审计意见部分说明“注册会计师认为，除形成保留意见的基础部分所述事项产生的影响外，后附的财务报表在所有重大方面按照适用的财务报告编制基础的规定编制，公允反映了……”等术语。

当由于无法获取充分、适当的审计证据而导致发表保留意见时，注册会计师应当在审计意见部分使用“除……可能产生的影响外”等措辞。

保留意见审计报告（以审计范围受到限制为例）参考格式如下：

审 计 报 告

ABC股份有限公司全体股东：

一、保留意见

我们审计了后附的ABC股份有限公司（以下简称ABC公司）财务报表，包括20×2年12月31日的资产负债表，20×2年度的利润表、现金流量表、股东权益变动表，以及财务报表附注。

我们认为，除“形成保留意见的基础”部分所述事项产生的影响外，后附的财务报表在所有重大方面按照企业会计准则的规定编制，公允反映了ABC公司20×2年12月31日的财务状况以及20×2年度的经营成果和现金流量。

二、形成保留意见的基础

ABC公司20×2年12月31日对×公司的应收账款余额×万元，按照账龄组合计提的应收账款坏账准备余额为人民币×万元。由于该应收款项超过正常的信用期限，我们无法获取充分、适当的审计证据预计该笔应收账款的可回收金额，因此我们无法确定是否对上述坏账准备作出调整。

我们按照《中国注册会计师审计准则》的规定执行了审计工作。审计报告的“注册会计师对财务报表审计的责任”部分进一步阐述了我们在这些准则下的责任。按照《中国注册会计师职业道德守则》，我们独立于ABC公司，并履行了职业道德方面的其他责任。我们相信，我们获取的审计证据是充分、适当的，为发表保留意见提供了基础。

三、关键审计事项

关键审计事项是根据我们的职业判断，认为对本期财务报表审计最为重要的事项。这些事项的应对以对财务报表整体进行审计并形成审计意见为背景，我们不对这些事项单独发表意见。

（略）

四、管理层和治理层对财务报表的责任

ABC公司管理层负责按照企业会计准则的规定编制财务报表，使其实现公允反映，并设计、执行和维护必要的内部控制，以使财务报表不存在由于舞弊或错误导致的重大错报。

在编制财务报表时，管理层负责评估ABC公司的持续经营能力，披露与持续经营相关的事项（如适用），并运用持续经营假设，除非管理层计划清算ABC公司、终止营运或别无其他现实的选择。

治理层负责监督ABC公司的财务报告过程。

五、注册会计师对财务报表审计的责任

我们的目标是对财务报表整体是否不存在由于舞弊或错误导致的重大错报获取合理保证，并出具包含审计意见的审计报告。合理保证是高水平的保证，但并不能保证按照审计准则执行的审计在某一重大错报存在时总能发现。错报可能由于舞弊或错误所导致，如果合理预期错报单独或汇总起来可能影响财务报表使用者依据财务报表作出的经济决策，则通常认为错报是重大的。

在按照审计准则执行审计的过程中，我们运用了职业判断，保持了职业怀疑。同时，我们也执行了以下工作：

（一）识别和评估由于舞弊或错误导致的财务报表重大错报风险；设计和实施审计程序以应对这些风险，并获取充分、适当的审计证据，作为发表审计意见的基础。由于舞弊可能涉及串通、伪造、故意遗漏、虚假陈述或凌驾于内部控制之上，未能发现由于舞弊导致的重大错报的风险高于未能发现由于错误导致的重大错报的风险。

（二）了解与审计相关的内部控制，以设计恰当的审计程序。

（三）评价管理层选用会计政策的恰当性和作出会计估计及相关披露的合理性。

（四）对管理层使用持续经营假设的恰当性得出结论。同时，根据获取的审计证据，就可能导致对ABC公司持续经营能力产生重大疑虑的事项或情况是否存在重大不确定性得出结论。如果我们得出结论认为存在重大不确定性，审计准则要求我们在审计报告中提请报表使用者注意财务报表中的相关披露；如果披露不充分，我们应当发表非无保留意见。我们的结论基于截至审计报告日可获得的信息。然而，未来的事项或情况可能导致ABC公司不能持续经营。

（五）评价财务报表的总体列报、结构和内容（包括披露），并评价财务报表是否公允反映相关交易和事项。

我们与治理层就计划的审计范围、时间安排和重大审计发现等事项进行沟通，包括沟通我们在审计中识别出的值得关注的内部控制缺陷。

我们还就已遵守与独立性相关的职业道德要求向治理层提供声明，并与治理层沟通可能被合理认为影响我们独立性的所有关系和其他事项，以及相关的防范措施（如适用）。

从与治理层沟通过的事项中，我们确定哪些事项对本期财务报表审计最为重要，因而构成关键审计事项。我们在审计报告中描述这些事项，除非法律法规禁止公开披露这些事项，或在极少数情形下，如果合理预期在审计报告中沟通某事项造成的负面后果超过在公众利益方面产生的益处，我们确定不应在审计报告中沟通该事项。

××会计师事务所　　　　　　　　　　中国注册会计师：×××（项目合伙人）
（盖章）　　　　　　　　　　　　　　　　　　　　　　（签名并盖章）
　　　　　　　　　　　　　　　　　　中国注册会计师：×××
　　　　　　　　　　　　　　　　　　　　　　　　　　（签名并盖章）
中国××市　　　　　　　　　　　　　　　　　　　　二〇×三年××月××日

（3）否定意见审计报告。如果在获取充分、适当的审计证据后，错报单独或汇总起来对财务报表的影响重大且具有广泛性，注册会计师应当发表否定意见审计报告。当出具否定意见审计报告时，注册会计师也应当在形成审计意见的基础部分说明注意到的、将导致发表非无保留意见的所有其他事项及其影响。

当发表否定意见时，注册会计师应当在审计意见部分说明“注册会计师认为，由于形成否定意见的基础部分所述事项的重要性，后附的财务报表没有在所有重大方面按照适用的财务报告编制基础的规定编制，未能公允反映……”等术语。

否定意见审计报告参考格式如下：

审 计 报 告

ABC股份有限公司全体股东：

一、否定意见

我们审计了后附的ABC股份有限公司（以下简称ABC公司）财务报表，包括20×2年12月31日的资产负债表，20×2年度的利润表、现金流量表、股东权益变动表，以及财务报表附注。

我们认为，由于“形成否定意见的基础”部分所述事项的重要性，后附的财务报表没有在所有重大方面按照企业会计准则的规定编制，未能公允反映ABC公司20×2年12月31日的财务状况以及20×2年度的经营成果和现金流量。

二、形成否定意见的基础

如财务报表附注×所述，ABC公司的长期股权投资未按企业会计准则的规定采用权益法核算。如果按权益法核算，ABC公司的长期投资账面价值将减少×万元，净利润将减少×万元，从而导致ABC公司由盈利×万元变为亏损×万元。

我们按照《中国注册会计师审计准则》的规定执行了审计工作。审计报告的“注册会计师对财务报表审计的责任”部分进一步阐述了我们在这些准则下的责任。按照《中国注册会计师职业道德守则》，我们独立于ABC公司，并履行了职业道德方面的其他责任。我们相信，我们获取的审计证据是充分、适当的，为发表否定意见提供了基础。

三、管理层和治理层对财务报表的责任

ABC公司管理层负责按照企业会计准则的规定编制财务报表，使其实现公允反映，并设计、执行和维护必要的内部控制，以使财务报表不存在由于舞弊或错误导致的重大错报。

在编制财务报表时，管理层负责评估ABC公司的持续经营能力，披露与持续经营相关的事项（如适用），并运用持续经营假设，除非管理层计划清算ABC公司、终止营运或别无其他现实的选择。

治理层负责监督ABC公司的财务报告过程。

四、注册会计师对财务报表审计的责任

我们的目标是对财务报表整体是否不存在由于舞弊或错误导致的重大错报获取合理保证，并出具包含审计意见的审计报告。合理保证是高水平的保证，但并不能保证按照审计准则执行的审计在某一重大错报存在时总能发现。错报可能由于舞弊或错误所导致，如果合理预期错报单独或汇总起来可能影响财务报表使用者依据财务报表作出的经济决策，则通常认为错报是重大的。

在按照审计准则执行审计的过程中，我们运用了职业判断，保持了职业怀疑。同时，我们也执行了以下工作：

（一）识别和评估由于舞弊或错误导致的财务报表重大错报风险；设计和实施审计程序以应对这些风险，并获取充分、适当的审计证据，作为发表审计意见的基础。由于舞弊可能涉及串通、伪造、故意遗漏、虚假陈述或凌驾于内部控制之上，未能发现由于舞弊导致的重大错报的风险高于未能发现由于错误导致的重大错报的风险。

（二）了解与审计相关的内部控制，以设计恰当的审计程序。

（三）评价管理层选用会计政策的恰当性和作出会计估计及相关披露的合理性。

（四）对管理层使用持续经营假设的恰当性得出结论。同时，根据获取的审计证据，就可能导致对ABC公司持续经营能力产生重大疑虑的事项或情况是否存在重大不确定性得出结论。如果我们得出结论认为存在重大不确定性，审计准则要求我们在审计报告中提请报表使用者注意财务报表中的相关披露；如果披露不充分，我们应当发表非无保留意见。我们的结论基于截至审计报告日可获得的信息。然而，未来的事项或情况可能导致ABC公司不能持续经营。

（五）评价财务报表的总体列报、结构和内容（包括披露），并评价财务报表是否公允反映相关交易和事项。

我们与治理层就计划的审计范围、时间安排和重大审计发现等事项进行沟通，包括沟通我们在审计中识别出的值得关注的内部控制缺陷。

我们还就已遵守与独立性相关的职业道德要求向治理层提供声明，并与治理层沟通可能被合理认为影响我们独立性的所有关系和其他事项，以及相关的防范措施（如适用）。

从与治理层沟通过的事项中，我们确定哪些事项对本期财务报表审计最为重要，因而构成关键审计事项。我们在审计报告中描述这些事项，除非法律法规禁止公开披露这些事项，或在极少数情形下，如果合理预期在审计报告中沟通某事项造成的负面后果超过在公众利益方面产生的益处，我们确定不应在审计报告中沟通该事项。

××会计师事务所　　　　　　　　　　中国注册会计师：×××（项目合伙人）
（盖章）　　　　　　　　　　　　　　　　　　　　　　　　（签名并盖章）
　　　　　　　　　　　　　　　　　　中国注册会计师：×××
　　　　　　　　　　　　　　　　　　　　　　　　　　　　（签名并盖章）
中国××市　　　　　　　　　　　　　　　　　　　　　　二〇×三年××月××日

(4) 无法表示意见审计报告。如果审计范围受到限制可能产生的影响非常重大和广泛，以至于不能获取充分、适当的审计证据以作为形成审计意见的基础，注册会计师应当出具无法表示意见审计报告。

当出具无法表示意见审计报告时，注册会计师应当修改审计报告的意见段，说明注册会计师接受委托审计财务报表；注册会计师不对后附的财务报表发表审计意见；由于形成无法表示意见的基础部分所述事项的重要性，注册会计师无法获取充分、适当的审计证据以作为对财务报表发表审计意见的基础。

当注册会计师对财务报表发表无法表示意见时，应当修改无保留意见审计报告中形成审计意见的基础部分，不应提及审计报告中用于描述注册会计师责任的部分，也不应说明注册会计师是否已获取充分、适当的审计证据以作为形成审计意见的基础。

当注册会计师对财务报表发表无法表示意见时，应当修改无保留意见审计报告中注册会计师对财务报表审计的责任部分，使之仅包含下列内容：①注册会计师的责任是按照《中国注册会计师审计准则》的规定，对被审计单位财务报表执行审计工作，以出具审计报告；②由于形成无法表示意见的基础部分所述的事项，注册会计师无法获取充分、适当的审计证据以作为发表审计意见的基础；③声明注册会计师在独立性和职业道德方面的其他责任。

无法表示意见审计报告参考格式如下：

审计报告

ABC股份有限公司全体股东：

一、无法表示意见

我们接受委托，审计后附的ABC股份有限公司（以下简称ABC公司）财务报表，包括20×2年12月31日的资产负债表，20×2年度的利润表、现金流量表、股东权益变动表，以及财务报表附注。

我们不对后附的ABC公司财务报表发表审计意见。由于“形成无法表示意见的基础”部分所述事项的重要性，我们无法获取充分、适当的审计证据以作为对财务报表发表审计意见的基础。

二、形成无法表示意见的基础

我们于20×3年1月接受ABC公司的审计委托，因而未能对ABC公司20×2年年初金额为×元的存货和年末金额为×元的存货实施监盘程序。此外，我们也无法实施替代审计程序获取充分、适当的审计证据。ABC公司于20×2年9月采用新的应收账款电算化系统，由于存在系统缺陷导致应收账款出现大量错误。截至报告日，管理层仍在纠正系统缺陷并更正错误，我们也无法实施替代审计程序，以对截至20×2年12月31日的应收账款总额×元获取充分、适当的审计证据。因此，我们无法确定是否有必要对存货、应收账款以及财务报表其他项目作出调整，也无法确定应调整的金额。

三、管理层和治理层对财务报表的责任

ABC公司管理层负责按照企业会计准则的规定编制财务报表，使其实现公允反映，并设计、执行和维护必要的内部控制，以使财务报表不存在由于舞弊或错误导致的重大错报。

在编制财务报表时，管理层负责评估ABC公司的持续经营能力，披露与持续经营相关的事项（如适用），并运用持续经营假设，除非管理层计划清算ABC公司、终止营运或别无其他现实的选择。

治理层负责监督ABC公司的财务报告过程。

四、注册会计师对财务报表审计的责任

我们的责任是按照《中国注册会计师审计准则》的规定，对ABC公司的财务报表执行审计工作，以出具审计报告。但由于“形成无法表示意见的基础”部分所述的事项，我们无法获取充分、适当的审计证据以作为发表审计意见的基础。

按照《中国注册会计师职业道德守则》，我们独立于ABC公司，并履行了职业道德方面的其他责任。

××会计师事务所　　　　中国注册会计师：×××（项目合伙人）

（盖章）　　　　（签名并盖章）

中国注册会计师：×××

（签名并盖章）

中国××市　　　　二〇×三年××月××日

5.带强调事项段或其他事项段的审计报告

(1) 审计报告的强调事项段。强调事项段是指审计报告中含有的一个段落，该段落提及已在财务报表中恰当列报的事项，且根据注册会计师的职业判断，该事项对财务报表使用者理解财务报表至关重要。

应当注意，在形成审计意见的基础之后增加强调事项段，只是增加审计报告的信息含量，提高审计报告的有用性。该事项不会导致注册会计师发表非无保留意见，也未被确定为在审计报告中沟通的关键审计事项。

审计准则指出，可以增加强调事项段的情形有以下几种：①异常诉讼或监管行动的未来结果存在不确定性。②提前应用（在允许的情况下）对财务报表有广泛影响的新会计准则。③存在已经或持续对被审计单位财务状况产生重大影响的特大灾难。④在财务报表日至审计报告日之间发生的重大期后事项。⑤即使某一项会计估计没有得到确认，且注册会计师认为这种处理是恰当的，可能仍然有必要在财务报表附注中披露具体情况。注册会计师也可能认为有必要在审计报告中增加强调事项段，以提醒财务报表使用者关注重大不确定性的存在。⑥对应数据：上期错报未更正，也没有重新出具审计报告，但本期报表的对应数据已适当重述或披露。

在带强调事项段的审计报告中，强调事项段的参考格式如下：

三、强调事项

我们提醒财务报表使用者关注，如财务报表附注×所述，因以前年度存在重大错报，ABC公司对财务报表进行了重述，20×2年度财务报表是在对比较信息进行重述后的基础上编制的。本段内容不影响已对财务报表发表的审计意见。

如果审计报告中包含强调事项段，注册会计师应当采取下列措施：①将强调事项段作为单独的一部分置于审计报告中，并使用包含“强调事项”这一术语的适当标题。②明确提及被强调事项以及相关披露的位置，以便财务报表使用者能在财务报表中找到对该事项的详细描述。强调事项段应当仅提及已在财务报表中列报的信息。③指出审计意见没有因该强调事项而改变。

(2) 审计报告的其他事项段。其他事项段是指审计报告中含有的一个段落，该段落提及未在财务报表中列报的事项，且根据注册会计师的职业判断，该事项与财务报表使用者理解审计工作、注册会计师的责任或审计报告相关。

在同时满足下列条件时，注册会计师应当在审计报告中增加其他事项段：该事项既未被法律法规禁止，也未被确定为在审计报告中沟通的关键审计事项。如果审计报告中包含其他事项段，注册会计师应当将该段落作为单独的一部分，并使用“其他事项”或其他适当标题。需要增加其他事项段的情形有以下几种：

①与使用者理解审计工作相关的情形。在极其特殊的情况下，即使由于管理层对审计范围施加的限制导致无法获取充分、适当的审计证据可能产生的影响具有广泛性，注册会计师也不能解除业务约定。在这种情况下，注册会计师可能认为有必要在审计报告中增加其他事项段，解释为何不能解除业务约定。

②与使用者理解注册会计师的责任或审计报告相关的情形。法律法规或得到广泛认可的惯例可能要求或允许注册会计师详细说明某些事项，以进一步解释注册会计师在财务报表审计中的责任或审计报告。

③对两套以上财务报告出具审计报告的情形。如果注册会计师已确定两个财务报告编制基础在各自情形下是可接受的，可以在审计报告中增加其他事项段，说明该被审计单位根据另一个通用目的编制基础（如国际财务报告准则）编制了另一套财务报表以及注册会计师对这些财务报表出具了审计报告。

④限制审计报告分发和使用的情形。

⑤比较财务报表。如果认为存在影响上期财务报表的重大错报，而前任注册会计师出具了无保留意见审计报告，但前任注册会计师可能无法或拒绝对上期报表重新出具报告，可以增加其他事项段，指出前任注册会计师对更正前的上期报表出具了报告。

本章小结

在终结审计阶段，注册会计师应当对收集到的审计证据进行汇总、分析、整理，考虑期后事项和持续经营假设，在此基础上编制审计差异调整表和试算平衡表，并就发现的错报提请管理层修改财务报表。注册会计师应当从被审计单位获取管理层书面声明。管理层书面声明可以明确管理层对财务报表的责任，又可以用作审计证据。在审计结束或临近结束时，注册会计师应运用分析程序对财务报表进行总体复核以及对审计工作底稿完成项目组内部复核和独立的项目质量复核（如适用）。最后，注册会计师应当评价审计结果并与客户沟通。

终结审计工作之后，注册会计师需要出具审计报告。审计报告按照审计意见类型的不同，分为无保留意见审计报告和非无保留意见审计报告。其中，无保留意见审计报告包括标准无保留意见审计报告和带强调事项段、其他事项段或带与持续经营相关的重大不确定性段的无保留意见审计报告。非无保留意见审计报告包括三种类型，分别是保留意见审计报告、否定意见审计报告和无法表示意见审计报告。

思政园地

平台赋码强监管　审计报告验“真伪”

为深入贯彻党的二十大精神，认真落实党中央、国务院决策部署，进一步加强注册会计师行业监管和业务指导，2023年9月，财政部、国务院国有资产监督管理委员会、国家金融监督管理总局共同发布《关于加强审计报告查验工作的通知》（以下简称《通知》），以推动实现全国范围审计报告验证码应用，运用信息化手段打击不法机构假冒会计师事务所名义出具虚假审计报告、个别会计师事务所为同一审计事项违规出具多份审计报告等违法违规行为，促进提升审计质量和会计信息质量，更加有效发挥注册会计师行业在维护市场秩序、服务国家建设中的重要作用。

《通知》要求，会计师事务所应当按照规定将其承办审计业务出具的报告（以下简称审计报告）上传注册会计师行业统一监管平台（网址 http://acc.mof.gov.cn/，以下简称统一监管平台）并申请赋码。被审计单位、银行、社会公众、监管机构等审计报告使用者可以通过统一监管平台或手机应用程序等方式，查验审计报告是否由依法取得执业许可的会计师事务所出具、是否在统一监管平台报备并相应取得全国统一的验证码以及财务报表关键指标等情况。

《通知》还要求，会计师事务所应当加强在统一监管平台的审计报告报备工作，做到审计报告“应报尽报”，为审计报告查验工作提供基础条件。同时，《通知》强调，统一监管平台是审计报告报备、赋码、查验的唯一法定平台，严禁会计师事务所以任何非法途径获取和使用虚假验证码。会计师事务所应当主动向被审计单位提供附验证码的审计报告。审计报告使用者应当关注获取的审计报告是否附验证码，并可通过统一监管平台或手机“扫一扫”等方式进行查验。财政部门、国有资产监督管理部门、金融监督管理部门在国有企业审计、银行业金融机构信贷审核等审计报告使用量较大领域，重点加强审计报告验证码应用，督促、指导有关企业向会计师事务所获取附验证码的审计报告并进行查验。

此外，《通知》还对相关查询、赋码等流程的操作细节内容进行了细化落实。

资料来源：财政部，国务院国资委，金融监管总局.关于加强审计报告查验工作的通知［A/OL］.［2023-11-14］. https://www.gov.cn/zhengce/zhengceku/202310/content_6908012.htm.

拓展阅读资料

康美药业股份有限公司（以下简称康美药业，股票代码600518）成立于1997年，于2001年在上海证券交易所上市，主要生产和经营中药饮片、西药、保健品及保健食品、中成药、医疗器械等。在国家振兴中医药事业战略指引下，率先布局中医药全产业链，以中药饮片生产、销售为核心，实施中医药全产业链一体化运营模式。康美药业市值最高时达1 300多亿元，为市场热议的千亿市值白马股。

自2001年康美药业IPO以来，广东正中珠江会计师事务所（特殊普通合伙，以下简称正中珠江）便一直与其合作。作为其财务报表审计机构，正中珠江针对康美药业财务报告及内部控制在2017年度及以前均出具无保留意见审计报告。但因涉嫌信息披露违法违规，2018年12月28日，中国证监会下达调查通知书对康美药业进行立案调查。2019年4月30日，康美药业发布了一份关于前期会计差错更正的公告，涉及包括调减近300亿元的货币资金等多项关于2017年度的“会计差错”。当天康美药业披露了2018年度财务报告，审计报告中显示，因“中国证券监督管理委员会立案调查事项、关联方资金往来、子公司部分工程项目存在资料不完整”三个事项，正中珠江对康美药业最终出具保留意见的财务报告审计报告和否定意见的内部控制审计报告。

2019年8月17日，中国证监会发布行政处罚及市场禁入事先告知书，其中披露的康美药业违法事实包括2016—2018年期间，康美药业虚增巨额营业收入，通过伪造、变造大额定期存单等方式虚增货币资金，将不满足会计确认和计量条件的工程项目纳入报表，虚增固定资产等多个事项。仅以货币资金为例，2017年的错报金额高达299.44亿元，占披露总资产的43.57%，明显超过审计的重要性水平。中国证监会认为，康美药业“通过财务不记账、虚假记账，伪造、变造大额定期存单或银行对账单，配合营业收入造假伪造销售回款”等方式虚增货币资金。

2019年11月20日，康美药业公告变更2019年度审计机构为立信会计师事务所，上海证券交易所发布监管工作函，督促其做好整改工作，并配合审计机构做好2019年年报审计和披露工作。2020年6月18日，康美药业发布延期后的定期报告，其财务报告被出具保留意见，内部控制被出具否定意见。

2021年2月，证监会行政处罚决定书公布正中珠江出具的康美药业2016至2018年年度审计报告存在虚假记载。同年12月，广东省广州市中级人民法院作出特别代表人诉讼一审判决，投服中心代表原告方胜诉，52 037名投资者共获赔约24.59亿元，正中珠江会计师事务所出具的2016至2018年财务报表审计报告存在虚假记载，均构成证券虚假陈述行为而负有连带责任。2022年7月21日，广东省财政厅注销广东正中珠江会计师事务所的执业证书。

此外，2019、2020年年报由立信会计师事务所审计，并分别出具带强调事项段的保留意见审计报告、带强调事项段的无法表示意见审计报告。2021年年报由天职国际会计师事务所审计，并出具带强调事项段的无保留意见审计报告。

资料来源：袁敏．康美药业货币资金审计问题反思［J］．中国注册会计师，2020（8）：63-68.

【思考】

1.2018年至2021年，康美药业的财务报表被出具非标准无保留意见审计报告的理由是什么？

2.正中珠江在为康美药业提供审计服务期间是否存在审计失败？请说明理由。

自测题

第8章判断题　　第8章单项选择题　　第8章多项选择题

第三模块

实际应用

第9章　销售与收款循环审计

【学习目标】

通过本章的学习，你要：

1. 了解销售与收款循环的主要交易及涉及的主要凭证与记录；
2. 理解销售与收款循环的内部控制；
3. 掌握销售与收款循环涉及的主要账户及重大错报风险的评估；
4. 掌握销售与收款循环的控制测试和实质性测试；
5. 掌握主营业务收入的审计目标与实质性程序；
6. 掌握应收账款的函证程序；
7. 掌握应收账款和坏账准备的审计目标与实质性程序。

9.1　销售与收款循环的特性

要做好销售与收款循环的审计工作，首先必须了解销售与收款循环的业务流程，只有对销售与收款循环的业务流程有充分了解，才能针对业务流程的特征进行重大错报风险的评估及控制测试和实质性程序，控制审计风险，提高审计工作的效率和效果。

视频32　销售与收款循环审计

9.1.1　销售与收款循环的业务流程

一般的制造企业通常有三类典型的交易：销售货物和提供劳务、收到货物或劳务的款项、销售退回，其业务流程如下：

1. 接受顾客订单

对企业来说，通过前期的市场推广，被企业产品吸引的顾客便向企业发出订单，顾客订单的多少取决于前期营销和推广工作的好坏。订单是顾客购买企业某种货物或接受某种劳务的一项申请。

企业基于自身的生产能力及其他情况，对发出订单的顾客进行筛选，综合考虑是否接受某个顾客的订单，确保该顾客是合法的，并具有支付能力，符合企业的信用政策等规定。企业接受顾客订单后，销售单管理部门编制一式多联标准销售单。销售单成为销售交易发生的起点，是证明管理层有关销售交易的“发生”认定的凭据之一。

2.批准赊销信用

企业的销售分为两种情况：一种是现金销售，即在销售时即收到现金或银行存款等货币资金；另一种是赊销，即在销售后的一定时间才能收到货款。赊销具有坏账风险，企业为了控制赊销导致的坏账，会对顾客的赊销信用额度进行管理，制定相应的赊销政策。

批准赊销信用由企业的信用管理部门负责。信用管理部门根据赊销政策、顾客的信用额度和已用信用等情况确定是否批准新的赊销。信用管理部门在收到销售单管理部门开出的销售单后，将销售单与该顾客已被授权的赊销信用额度以及尚欠的账款余额进行比较，确定是否同意此批货物的赊销。无论赊销是否被批准，信用管理部门都应在销售单上签署意见，并将已签署意见的销售单送回销售单管理部门。

赊销信用控制管理与应收账款账面余额的“准确性、计价和分摊”认定有关。

3.按销售单供货

按销售单供货是销售与收款循环内部控制中的一环。仓库管理员只有在收到经批准的销售单时才能供货，不得在未经授权的情况下擅自发货。已批准的销售单中的一联将送达仓库，作为授权仓库管理员发货给装运部门的依据。

仓库管理员在发货给装运部门时，应认真核对销售单是否已经批准，并严格按销售单上标明的品种、规格、数量发货。

4.按销售单装运货物

销售单中的一联应送达装运部门，装运部门应按经批准的销售单记载情况装运货物。装运部门在装运货物时，要严格核对销售单记载情况，使其与所装运的货物保持一致。装运部门通过进一步独立核验，能有效防止上一环节仓库管理员发货的失误，当然这一环节也是最后一项保证发货正确的措施。

装运部门装运货物，应填制一式多联、连续编号的装运凭证。装运凭证提供了商品确实已装运的证据，是证实销售交易“发生”认定的凭据。

5.开具账单

开具账单是指编制和向顾客寄送销售发票。销售发票应事先连续编号，以便控制核查漏记、重复登记销售等情况。开具销售发票时，应避免遗漏、重复、错误计价或其他差错。为了做到这一点，开具发票的员工应核对装运凭证和销售单，根据授权的商品价目表和核对后的销售量、适用的增值税填制发票。

开具账单环节的控制与销售交易的“发生”、“完整性”以及“准确性”认定等都有关。通过这个业务环节的控制，企业能保证所有装运的货物已开单，无重复开单、虚构交易或计价错误等情形发生。

6.记录销售交易

销售交易实现后，会计部门应根据现销或赊销编制转账凭证或现金、银行存款收款凭证，再据以登记销售明细账和应收账款明细账或库存现金日记账、银行存款日记账。记录销售交易时，应检查销售交易是否已经实现，所依据的销售发票与所附装运凭证、销售单的记载是否一致。记录销售交易应保证已实现的销售交易已经入账，不存在重复入账、虚构记录和计价错误等情形，已实现的销售交易记入了正确的会计期间。

7.办理和记录现金、银行存款收入

回收货款时，应办理和记录现金、银行存款收入。收回货款后，要及时、正确地登记库存现金日记账、银行存款日记账。在这项业务活动中，记录应收账款的人员与登记库存现金日记账、银行存款日记账的人员要相互分离，防止货币资金出现差错或失窃；防止销售人员接触现金，以免发生舞弊。

8.办理和记录销售退回、销售折扣与折让

当销售的货物存在质量问题，或者所发货物的品种、规格等与顾客要求不一致，导致顾客不满意时，顾客往往会要求退货或是给予折让。发生这一情形时，经授权部门批准后，应及时将销售退回的货物验收入库，或将折让部分的收入冲销入账，严格使用贷项通知单控制销售折让，防止高估收入。

9.提取坏账准备

企业应根据应收账款的账面余额、应收账款账龄、坏账发生的可能性等因素，根据会计准则的要求计提坏账准备。提取的坏账准备数额必须能够抵补企业以后无法收回的销货款。

10.注销坏账

坏账是每个企业都不愿意发生的现象，但只要赊销发生，发生坏账的风险就存在，顾客可能因经营管理不善宣告破产，或由于其他原因导致无力偿付企业货款。企业若认定某项货款无法收回，在取得无法收回货款的确凿证据后，应及时报批，经适当授权后，及时注销坏账。

11.寄送月末对账单

为了核实清楚应收账款的账面余额，企业在月末需要向顾客寄送月末对账单，核实本月销售的金额、本月收到的款项以及应收账款余额等内容。月末对账单是企业和顾客之间进行账务核对的重要渠道，也是企业确保应收账款记账正确性的重要手段。

9.1.2 销售与收款循环的主要凭证与记录

销售与收款循环的每项交易活动都会留下相应的凭证，有的交易活动还涉及会计记录。销售与收款循环涉及的主要凭证和会计记录包括顾客订货单、销售单、装运凭证（提货单）、销售发票、商品价目表、贷项通知单、应收账款明细账和总账、主营业务收入明细账和总账、折扣与折让明细账、汇款通知书、库存现金日记账和银行存款日记账、坏账审批表、月末对账单、转账凭证和收款凭证等。表9-1列示了销售与收款循环的主要交易和主要凭证与记录之间的对应关系。

表9-1 **销售与收款循环的主要交易和主要凭证与记录**

主要交易	主要凭证与记录	相关的主要部门	涉及的相关认定
1.接受顾客订单	顾客订货单、销售单	销售单管理部门	“发生”
2.批准赊销信用	销售单	信用管理部门	“准确性、计价和分摊”
3.按销售单供货	销售单	仓库	“发生”“完整性”
4.按销售单装运货物	销售单、装运凭证	装运部门	“发生”“完整性”
5.开具账单	销售单、装运凭证、商品价目表、销售发票	开具账单部门	“完整性”“发生”“准确性”

续表

主要交易	主要凭证与记录	相关的主要部门	涉及的相关认定
6.记录销售交易	销售发票及附件、转账凭证、现金或银行存款收款凭证、应收账款明细账、销售明细账、库存现金日记账和银行存款日记账	会计部门	“发生”或“存在”，“完整性”，“准确性”或“准确性、计价和分摊”
7.办理和记录现金、银行存款收入	汇款通知书、收款凭证、库存现金日记账、银行存款日记账	会计部门	“存在”“完整性”“准确性、计价和分摊”
8.办理和记录销货退回、销售折扣与折让	贷项通知单	会计部门、仓库	“发生”或“存在”，“完整性”，“准确性”或“准确性、计价和分摊”
9.提取坏账准备		会计部门	“准确性、计价和分摊”
10.注销坏账	坏账审批表	赊销部门、会计部门	“准确性、计价和分摊”
11.寄送月末对账单	顾客月末对账单	会计部门	“存在”“完整性”

9.2 销售与收款循环的内部控制

9.2.1 销售与收款循环的控制目标

1.与销售交易相关的控制目标

（1）登记入账的销售交易确已发生。这一控制目标与管理层的“发生”认定相关，内部控制应能合理保证已经登记入账的销售交易都是实际发生的交易，不存在将虚构交易入账、高估销售收入的行为。

（2）已经实现的销售交易均已入账。这一控制目标与管理层的“完整性”认定相关，内部控制应能合理保证企业发生的销售交易都全部登记入账，不存在遗漏或隐瞒交易导致的销售收入低估问题。

（3）登记入账的销售交易正确无误。这一控制目标与管理层的“准确性”认定相关，内部控制应能合理保证登记入账的销售数量确系已发货的数量，已正确开具账单并登记入账。

（4）销售交易的分类恰当。这一控制目标与管理层的“分类”认定相关，内部控制应能合理保证会计人员根据会计科目表将销售交易登记在恰当的账户中，不存在分类错误。

（5）销售交易及时入账。这一控制目标与管理层的“截止”认定相关，内部控制应能合理保证发生的销售交易及时入账，记入正确的会计期间，不存在延迟入账的情况。

（6）销售交易已正确地记入明细账并正确地汇总。这一控制目标与管理层的“准确性”“准确性、计价和分摊”认定相关，内部控制应能合理保证发生的销售交易正确记入应收账款明细账和总账，明细账与总账核对相符。

2.与收款业务相关的控制目标

（1）登记入账的货款确已收到。这一控制目标与“存在”认定相关，企业登记入账的货币资金确属于已经收到的货币资金，不存在将未收到的货币资金入账的情况。

（2）收到的货款均已入账。这一控制目标与“完整性”认定相关，通过现金、银行存款、支票、汇票、本票等各种结算方式收到的货款均已入账，不存在遗漏、未入账的情况。

（3）已经收到的货款确属企业所有。收到的货款属于企业的“权利”，不存在将不属于企业的代销款项等货币资金流入记入企业货款收入的情况。

（4）登记入账的货款金额正确无误。

（5）登记入账的货款记入正确账户。根据结算方式的不同，按会计准则的规定，将收到的货款记入库存现金、银行存款、其他货币资金等恰当的账户。

9.2.2　销售与收款循环的内部控制内容

1.岗位分工与职责分离控制

被审计单位应当建立销售与收款业务的岗位责任制，明确相关部门和岗位的职责、权限，确保办理销售与收款业务的不相容岗位相互分离、制约和监督。

单位应当将办理销售、发货、收款三项业务的部门（或岗位）分别设立。销售部门（或岗位）主要负责处理订单、签订合同、执行销售政策和信用政策、催收货款。发货部门（或岗位）主要负责审核销售发货单据是否齐全并办理发货的具体事宜。财会部门（或岗位）主要负责销售款项的结算和记录、监督管理货款回收。单位不得由同一部门或个人办理销售与收款业务的全过程。

有条件的单位应当建立专门的信用管理部门或岗位，负责制定单位信用政策，监督各部门信用政策的执行情况。信用管理岗位与销售业务岗位应分设。

被审计单位应当配备合格的人员办理销售与收款业务。这些人员应当具备良好的业务素质和职业道德，单位应当根据具体情况对其进行岗位轮换。

2.授权、审核批准控制

被审计单位应当对销售与收款业务建立严格的授权批准制度，明确审批人对销售与收款业务的授权批准方式、权限、程序、责任和相关控制措施，规定经办人的职责范围和工作要求。审批人应当根据销售与收款授权批准制度的规定，在授权范围内进行审批，不得超越审批权限。经办人应当在职责范围内，按照审批人的批准意见办理销售与收款业务。对于审批人超越授权范围审批的销售与收款业务，经办人有权拒绝办理，并及时向审批人的上级授权部门报告。对于超过单位既定销售政策和信用政策规定范围的特殊销售业务，单位应当进行集体决策，防止因决策失误造成严重损失。严禁未经授权的机构和人员经办销售与收款业务。

3.销售与发货控制

对于销售业务，被审计单位应当建立严格的预算管理制度和销售定价控制制度，制定销售目标，确立销售管理责任制，并制定价目表、折扣政策、付款政策等并予以执行。在选择客户时，单位应当充分了解和考虑客户的信誉、财务状况等有关情况，降低账款回收中的风险，加强对赊销业务的管理。对符合赊销条件的客户，应经审批人批准后方可办理赊销业务；超出销售政策和信用政策规定的赊销业务，应当实行集体决策审批。单位应当按照规定的程序办理销售和发货业务，关注以下环节的控制：

（1）销售谈判。单位在销售合同订立前，应当指定专门人员就销售价格、信用政策、发货及收款方式等具体事项与客户进行谈判。谈判人员至少两人，要与订立合同的人员相分离。销售谈判的全过程应有完整的书面记录。

（2）合同订立。单位应当授权有关人员与客户签订销售合同。签订合同应符合《中华人民共和国民法典》合同编写的规定。金额重大的销售合同的订立应当征询法律顾问或专家的意见。

（3）合同审批。单位应当建立健全销售合同审批制度。审批人应对销售价格、信用政策、发货及收款方式等严格把关。

（4）组织销售。单位销售部门应按照经批准的销售合同编制销售计划，向发货部门下达销售通知单，同时编制销售发票通知单，经审批后下达给财会部门，由财会部门根据销售发票通知单向客户开出销售发票。编制销售发票通知单的人员与开具销售发票的人员应相互分离。

（5）组织发货。发货部门应当对销售发货单据进行审核，严格按照销售通知单所列的发货品种和规格、发货数量、发货时间、发货方式组织发货，并建立货物出库、发运等环节的岗位责任制，确保货物安全发运。

4.销售退回控制

被审计单位应当建立销售退回管理制度。销售退回必须经销售主管审批后方可执行。销售退回的货物应由质检部门检验和仓储部门清点后方可入库。质检部门应对客户退回的货物进行检验并出具检验证明；仓储部门应在清点货物、注明退回货物的品种和数量后填制退货接收报告。财会部门应对检验证明、退货接收报告以及退货方出具的退货凭证等进行审核，然后办理相应的退款事宜。

5.凭证记录控制

被审计单位应当在销售与发货各环节设置相关的记录、填制相应的凭证，建立完整的销售登记制度，并加强销售合同、销售计划、销售通知单、发货凭证、装运凭证、销售发票等文件和凭证的相互核对工作。销售部门应设置销售台账，及时反映各种商品销售的开单、发货、收款情况。销售台账应当附有客户订单、销售合同、客户签收回执等相关购货单据。

对销售单、发货凭证等预先进行编号，可防止销售以后忘记向顾客开具账单或登记入账，也可防止重复开具账单或重复记账。

由不负责现金出纳和销售及应收账款记账的人员按月向顾客寄送对账单，能促使顾客在发现应付账款余额不正确后及时反馈有关信息。对于账户余额中出现的所有核对不符的账项，指定一位不掌管货币资金也不记载主营业务收入和应收账款账目的主管人员处理。

6.收款控制

被审计单位应当按照《现金管理暂行条例》《支付结算办法》等相关规定，及时办理销售收款业务。单位应将销售收入及时入账，不得账外设账，不得擅自坐支现金，要注意防止销售人员直接接触销售现款。

对于赊销交易，被审计单位应当按客户设置应收账款台账，及时登记每一客户应收账款余额增减变动情况和信用额度使用情况。对长期往来客户，应当建立起完善的客户资料，并对客户资料实行动态管理，及时更新。单位还应当建立应收账款账龄分析制度和逾期应收账款催收制度。销售部门应当负责应收账款的催收，财会部门应当督促销售部门加紧催收。对催收无效的逾期应收账款，可通过法律程序予以解决。

对于可能成为坏账的应收账款，应当报告有关决策机构，由其进行审查，确定是否确认为坏账。对于单位发生的各项坏账，应查明原因，明确责任，并在履行规定的审批程序后作出会计处理。对于注销的坏账，应当进行备查登记，做到账销案存。已注销的坏账又收回时，应当及时入账，防止形成账外款。

应收票据的取得和贴现必须经由保管票据以外的主管人员的书面批准。单位应当有专人保管应收票据，对于即将到期的应收票据，应及时向付款人提示付款；已贴现票据应在备查簿中登记，以便日后追踪管理。单位应制定逾期票据的冲销管理程序和逾期票据追踪监控制度。

此外，被审计单位还应当定期与往来客户通过函证等方式核对应收账款、应收票据、预收账款等往来款项。如有不符，应查明原因，及时处理。

7.内部稽核控制

被审计单位应当建立销售与收款内部控制监督稽核制度，明确监督稽核机构或人员的职责、权限，定期或不定期地进行检查。监督稽核机构或人员应通过实施控制测试和实质性程序，检查销售与收款业务内部控制制度是否健全，各项规定是否得到有效执行。销售与收款内部控制监督检查的内容主要包括：

（1）销售与收款业务相关岗位及人员的设置情况。重点检查是否存在销售与收款业务不相容职务混岗的现象。

（2）销售与收款业务授权批准制度的执行情况。重点检查授权批准手续是否健全，是否存在越权审批行为。

（3）销售的管理情况。重点检查信用政策、销售政策的执行是否符合规定。

（4）收款的管理情况。重点检查销售收入是否及时入账，应收账款的催收是否有效，坏账核销和应收票据的管理是否符合规定。

（5）销售退回的管理情况。重点检查销售退回手续是否齐全、退回货物是否及时入库。

对监督检查过程中发现的销售与收款内部控制中的薄弱环节，单位应当采取措施，及时纠正和完善。

9.3　销售与收款循环的重大错报风险评估

注册会计师可以通过询问管理层和内部其他相关人员、分析程序以及观察和检查程序，了解被审计单位销售与收款交易流程以及相关的内部控制，并记录可能发生错报的环节，以实现对销售与收款循环重大错报风险的评估。

注册会计师要关注管理层所关注的主要问题，被审计单位最近的财务状况、经营成果和现金流量，委托代销、以旧换新、售后回购等特殊销售业务，关联交易的复杂程度，营销政策的变动等对错报风险的影响。

在销售与收款循环中，销售收入确认和货款回收是重大错报风险高和容易发生舞弊的环节。注册会计师应关注因收入舞弊和货款回收舞弊所导致的重大错报。

1.收入舞弊

为了达到市场预期或特定监管要求、实现私人报酬最大化、骗取外部资金、掩盖侵占资产的事实或者偷逃税款等，一些企业往往对销售收入进行舞弊，达到虚增或隐瞒销售收入、提高或转移企业利润的目的。常用的收入舞弊手法包括：

（1）虚构销售收入。企业凭空捏造销售交易，虚构销售业务往来，虚开销售发票，编造会计记录。

（2）将未实现销售的寄销商品确认为收入。企业不按会计准则的规定，在收到代销清单之前就确认收入。

（3）将具有融资性质的售后回购确认为收入。售后回购是一种融资，属于未实现销售，但有的企业将其确认为收入。

（4）提前确认收入。企业将在下年度实现的收入记入本年度，提前确认收入，以抬高本期的利润。

（5）把发往分公司或外埠存放地的货物确认为收入。发往分公司或外埠存放地的货物并未实现销售，但有的公司会确认收入。

（6）多确认收入。企业确认的销售量超过顾客实际订购的数量，导致多确认销售收入。

（7）销售退回、折让不扣除。发生销售退回和折让时，不减记销售收入，导致销售收入高估。

（8）虚假销售退回货物。在销售退回的货物入库前，记入新的销售业务，使销售收入增加。

（9）将或有收入确认为收入。把附有条件的销售收入或其他或有收入确认为收入。

（10）实现销售后不确认收入，而将收到的货款挂在“预收账款”“应付账款”“其他应付款”等负债账户，或者转入本单位以外的其他账户。

（11）以旧换新销售时，按新旧商品差价确认收入。

（12）推迟确认收入。对于在某一时段内履约的销售，被审计单位未按履约进度确认收入，而是推迟到履约义务完成时确认收入。

2.货款回收舞弊

（1）销售人员接触销售款，挪用货款。

（2）销售人员接触销售款，携货款出逃。

（3）会计部门人员相互串通，挪用货款。

（4）会计部门人员相互串通，侵吞划账后的货款。

9.4 销售与收款循环的控制测试

销售与收款循环的控制测试是指对销售与收款循环的内部控制设计和运行的有效性进行测试。作为进一步审计程序之一，当出现以下情形时，注册会计师必须执行销售与收款循环的控制测试：（1）预期销售与收款循环的内部控制的运行是有效的；（2）仅实施实质性程序不足以提供销售与收款循环认定层次充分、适当的审计证据。

销售与收款循环的控制测试工作包括：（1）针对了解的被审计单位销售与收款循环的控制活动，确定拟进行测试的控制活动；（2）测试控制运行的有效性，记录测试过程和结论；（3）根据测试结论，确定对实质性程序的性质、时间安排和范围的影响。

9.4.1 销售与收款循环控制测试的程序

注册会计师通常可以采用询问、观察、检查、重新执行等程序进行控制测试。销售与收款循环的控制目标、控制活动及控制测试程序见表9-2。

表9-2 销售与收款循环的控制目标、控制活动及控制测试程序

主要业务活动	控制目标	受影响的相关财务报表项目及认定	常用的控制活动	控制测试程序
销售	仅接受在信用额度内的订单	应收账款：计价和分摊	管理层审核批准信用额度	抽取新顾客基本情况表，检查是否按政策审批信用额度。抽取现有顾客订单，检查是否适当复核
	管理层核准销售订单的价格、条件	应收账款：存在 营业收入：发生	管理层必须审批所有销售订单，超过特定金额或毛利异常的销售应取得较高管理层核准	抽取新顾客订单，检查是否符合经批准的信用额度
	已记录的销售订单的内容准确	应收账款：准确性、计价和分摊 营业收入：准确性、分类	由不负责输入销售订单的人员比较销售订单数据与支持性文件是否相符	
	销售订单均已得到处理	应收账款：完整性 营业收入：完整性	销售订单、销售发票已连续编号，顺序已被记录	抽取销售信息报告，检查是否已经编制；如有差异，是否已进行调查和处理

续表

主要业务活动	控制目标	受影响的相关财务报表项目及认定	常用的控制活动	控制测试程序
记录应收账款	已记录的销售均确已发出货物	应收账款：存在；权利和义务 营业收入：发生	销售发票需与出库单证核对，如有不符应及时调查和处理	抽取销售订单、销售发票、出运通知单以及送货单，检查其内容是否一致
	已记录的销售交易计价准确	应收账款：准确性、计价和分摊 营业收入：准确性	定期与顾客对账，如有差异应及时进行调查和处理	抽取顾客对账单，检查其与应收账款明细账金额是否一致；如有差异，是否已进行调查和处理
	与销售货物相关的权利均已记录至应收账款	应收账款：完整性 营业收入：完整性	销售订单、销售发票已连续编号，顺序已被记录	抽取销售订单、销售发票、出运通知单以及送货单，检查其内容是否一致
	销售货物交易均已于适当期间记录	应收账款：存在；完整性 营业收入：截止	检查资产负债表日前后发出的货物，以确保记录于适当期间	销售收入截止测试
	已记录的销售退回、折扣与折让均为真实发生的	应收账款：完整性 营业收入：完整性	管理层制定有关销售退回、折扣与折让的政策和程序，并监督其执行	抽取顾客索赔处理表，检查是否真实发生
	已发生的销售退回、折扣与折让均确已记录	应收账款：存在 营业收入：发生	定期与顾客对账，如有差异应及时进行调查和处理	抽取顾客对账单，检查其与应收账款明细账金额是否一致；如有差异，是否已进行调查和处理
	已发生的销售退回、折扣与折让均于恰当期间记录	应收账款：存在；完整性 营业收入：截止	用以记录销售退回、折扣与折让事项的表单连续编号，顺序已被记录	抽取顾客索赔处理表，检查是否已记录
	已发生的销售退回、折扣与折让均确已准确记录	应收账款：准确性、计价和分摊 营业收入：准确性、分类	管理层复核和批准对应收账款的调整	抽取记账凭证，检查与顾客索赔处理表金额是否一致，并经适当复核
	准确计提坏账准备和核销坏账，并记录于恰当期间	应收账款：存在；完整性；权利和义务 坏账准备：准确性、计价和分摊；完整性；存在	管理层复核坏账准备费用，包括考虑是否记录于适当期间	抽取销售部门出具的应收账款可回收性分析报告，检查是否编写会计估计变更建议，是否经财务经理复核后报董事会批准

续表

主要业务活动	控制目标	受影响的相关财务报表项目及认定	常用的控制活动	控制测试程序
收款	收款是真实发生的	应收账款：完整性；权利和义务	管理层复核收款记录	抽取收款凭证，检查其是否经会计主管复核，是否加盖“核销”印戳
	准确记录收款	应收账款：准确性、计价和分摊	管理层复核收款记录	抽取收款凭证，检查其是否经会计主管复核，是否加盖“核销”印戳
	收款均已记录	应收账款：存在	定期将日记账中的收款记录与银行对账单进行核对	抽查客户对账单并与账面金额进行核对
	收款均已于恰当期间记录	应收账款：存在；完整性	定期将日记账中的收款记录与银行对账单进行核对	对收款（如现金）进行截止测试
	监督应收账款及时收回	应收账款：权利和义务	定期编制与分析应收账款账龄分析报告	抽取应收账款账龄分析报告，检查是否编制并经复核
维护顾客档案	对顾客档案变更均为真实有效的	应收账款：完整性；存在 营业收入：完整性；发生	变更顾客档案申请应连续编号，编号顺序已被记录	抽取更改汇总月报，检查是否已经复核
	对顾客档案变更均为准确的	应收账款：准确性、计价和分摊 营业收入：准确性；分类	核对顾客档案变更记录和原始授权文件，确定已正确处理	抽取按月编制的编号记录表，检查其是否已经复核
	对顾客档案变更均已于适当期间进行处理	应收账款：权利和义务；存在；完整性 营业收入：完整性；发生	变更顾客档案申请应连续编号，编号顺序已被记录	抽取更改汇总月报，检查是否已经复核
	确保顾客档案数据及时更新	应收账款：权利和义务；存在；完整性 营业收入：完整性；发生	管理层定期复核供应商档案的正确性并确保其及时更新	抽取顾客档案，检查是否已及时更新

9.4.2　销售与收款循环的控制测试内容

销售与收款循环的控制测试从过程来看可以分为对销售、记录应收账款和收款三个业务活动流程的控制测试。表9-3列示了销售与收款循环的控制测试内容。

表 9-3 销售与收款循环的控制测试内容

主要业务活动	测试内容	测试项目 1	测试项目 2	……
销售	销售订单编号#（日期）			
	销售订单内容			
	是否复核顾客信用额度（是/否）			
	销售订单是否得到适当的审批（是/否）			
	销售发票是否经过复核			
	销售发票编号#（日期）			
	出运通知单编号#（日期）			
	销售订单、销售发票、出运通知单、送货单内容是否一致（是/否）			
	报关单编号#（日期）			
	是否取得货运提单（是/否）			
记录应收账款	记录应收账款的凭证编号#（日期）			
	发票上是否盖“相符”印戳（是/否）			
	是否输入应收账款借方（是/否）			
收款	收款凭证编号#（日期）			
	收款凭证是否得到会计主管的适当审批（是/否）			
	有关支持性文件上是否盖“核销”章（是/否）			
	付款人名称是否与顾客一致（是/否）			
	银行进账单编号#/信用证编号#（日期）			
	是否正确输入应收账款贷方（是/否）			

9.5 销售与收款循环的实质性程序

销售与收款循环涉及财务报表中的多个账户，包括利润表的营业收入、税金及附加、销售费用等，资产负债表的应收票据、应收账款、长期应付款、预收款项、应交税费、坏账准备等。下面对利润表的营业收入项目以及资产负债表的应收账款和坏账准备项目审计的实质性程序进行介绍。

9.5.1 销售与收款循环的交易实质性程序

在任何情况下，注册会计师都必须执行实质性程序，通过交易实质性程序的实施，直接证实销售与收款循环的主要交易是否存在重大错报。实质性程序包括实质性分析程序和细节测试两类，使用时要注意其适用性。

1.实质性分析程序

对销售与收款业务实施实质性分析程序，有助于注册会计师分析有关销售交易的“发生”“完整性”认定错报风险的高低。

注册会计师可以实施将本期的销售收入与上期的销售收入进行比较、将重要产品的本期毛利率与上期毛利率相比较、将本期各月各类产品销售收入的波动情况进行比较、将重要产品的毛利率与同行业企业进行对比分析等多种实质性分析程序，以初步判断被审计单位销售收入与成本之间的匹配关系是否正常，销售收入的波动是否合理，为注册会计师提供销售收入“发生”和“完整性”方面错报风险高低的初步证据。

注册会计师对销售与收款循环实施实质性分析程序，应注意内部和外部对照数据的可靠性、期望数据的合理性，以及可接受的偏差大小。对于发现的偏差，并非都要做进一步调查，只有偏差超过了可容忍偏差才需要做进一步调查。

实质性分析程序往往会结合其他审计程序一起运用。因为实质性分析程序无法直接证实某一认定是否存在重大错报，因此，只有在注册会计师认为必要时才使用实质性分析程序。

2.细节测试

在实施实质性分析程序之后，注册会计师还应针对销售与收款循环的具体审计目标进行细节测试，主要包括：

（1）登记入账的销售交易是真实发生的。对这一目标实施细节测试程序，就是为了防止出现高估收入和利润的情况。注册会计师应关注三类错误：①将未实现的销售交易登记入账；②将销售交易重复入账；③虚构销售交易入账。

针对将未实现销售收入入账的情形，注册会计师可以通过从主营业务收入明细账中抽取若干笔分录，追查有无装运凭证及其他佐证。如果缺乏发货凭证、装运凭证等出库记录，或其他能够证实销售已经实现的凭证，或者注册会计师对装运凭证等的真实性有怀疑，就有必要进一步追查存货的永续盘存记录，测试存货余额有无减少，从而检查出未实现销售而登记入账的交易。

针对销售交易重复入账这类错误的可能性，注册会计师可以通过检查企业与销售交易有关的凭证记录，查看事先连续编号的凭证是否存在重号、缺号等情形。

针对将虚构销售交易入账的情形，注册会计师应当检查主营业务收入明细账中与销售分录相对应的销货单，以确定销售是否履行赊销批准手续和发货审批手续。

注册会计师也可以追查应收账款的回收情况，如果登记的应收账款最终能够收回货款或者由于合理的原因收到退货，则说明销售交易是真实的；反之，如果是注销坏账，或者直到审计时所欠货款仍未收回，就有可能是虚构的销售交易，注册会计师需作进一步追查。

（2）已经实现的销售交易均已入账。为了防止收入的低估，注册会计师可以从发货部门的档案中选取部分销售单、装运凭证等原始凭证，并追查至有关的销售发票副本和主营业务收入明细账，以测试所有的发货是否均已登记入账。

（3）登记入账的销售交易正确无误。为了证实这一目标是否实现，主要是复算会计记录中的数据，以主营业务收入明细账中的会计分录为起点，将所选择的交易业务的合计数与应收账款明细账和销售发票存根进行比较核对。销售发票存根上所列的单价应与经过批准的商品价目表进行比较核对。发票中列出的商品的规格、数量和顾客代号等则应与装运凭证进行比较核对。

（4）销售交易分类恰当。为了证实销售交易是否分类恰当，注册会计师可以检查赊销、现销，以及产品销售和其他销售业务是否按照会计准则的规定，记入适当的会计账户。

（5）销售交易及时入账。为了证实销售交易是否及时入账，一般要检查提货单、装运凭证的日期与相应的销售发票存根、主营业务收入明细账和应收账款明细账上的日期是否一致；如果存在重大差异，可能表明被审计单位存在销售截止的错误。

（6）销售交易已正确地记入明细账并正确地汇总。为了证实这一目标，注册会计师实施的细节测试是加总主营业务收入明细账数，并将加总数和一些具体内容分别追查至主营业务收入总账和应收账款明细账或库存现金、银行存款日记账，核实是否存在差异。

9.5.2 营业收入审计

1.营业收入的审计目标

营业收入是销售与收款循环最重要的财务报表项目之一。企业通过销售商品、提供劳务等主营业务活动以及其他经营活动，获得主营业务收入和其他业务收入，并将其记入利润表中的营业收入项目。在对营业收入项目进行审计时，注册会计师确定的具体审计目标包括：

（1）确定利润表中记录的营业收入是否已发生，且与被审计单位有关；

（2）确定所有应当记录的营业收入是否均已记录；

（3）确定与营业收入有关的金额及其他数据是否已恰当记录；

（4）确定营业收入是否已记录于正确的会计期间；

（5）确定营业收入是否记录于恰当的账户；

（6）确定营业收入是否已被恰当地汇总或分解且表述清楚，并已按照企业会计准则的规定在财务报表中作出的相关披露是相关的、可理解的。

上述审计目标与管理层认定的关系见表9-4。

表9-4　**营业收入的审计目标与管理层认定**

审计目标	管理层认定					
	发生	完整性	准确性	截止	分类	列报
（1）确定利润表中记录的营业收入是否已发生，且与被审计单位有关	√					
（2）确定所有应当记录的营业收入是否均已记录		√				
（3）确定与营业收入有关的金额及其他数据是否已恰当记录			√			
（4）确定营业收入是否已记录于正确的会计期间				√		
（5）确定营业收入是否记录于恰当的账户					√	
（6）确定营业收入是否已被恰当地汇总或分解且表述清楚，并已按照企业会计准则的规定在财务报表中作出的相关披露是相关的、可理解的						√

2.营业收入的实质性程序

（1）获取或编制主营业务收入明细表和其他业务收入明细表。复核加计是否正确，并与总账数和明细账合计数核对是否相符。检查以非记账本位币结算的主营业务收入的折算汇率及折算是否正确。

（2）检查主营业务收入和其他业务收入的确认条件、方法是否符合企业会计准则的规定，前后期是否一致；关注周期性、偶然性的收入是否符合既定的收入确认原则、方法。

（3）实质性分析程序。当使用分析程序比细节测试能更有效地将认定层次的检查风险降至可接受的水平时，可以考虑单独或结合细节测试，运用实质性分析程序。实质性分析程序不仅可作为细节测试的补充，在某些审计领域，如果重大错报风险较低且数据之间具有稳定的预期关系，注册会计师还可以单独使用实质性分析程序获取充分、适当的审计证据。营业收入的实质性分析程序有：

①将本期收入、成本及毛利率与同行业数据对比分析，判断是否存在差异并检查确定差异的合理性。

②按品种或销售区域对本期及前期主要产品的收入和毛利率进行比较分析，并查明异常情况的原因。

③比较本期及前期各月营业收入，并查明异常波动的原因。

④比较本期及前期现销与赊销的比例，并查明异常情况的原因。

⑤比较本期及前期销售退回、销售折扣与折让的总额及其与主营业务收入的比率，并查明异常情况的原因。

⑥比较本期及前期销售佣金率、销售折扣率、销售运费率和其他销售费用率，并查明异常情况的原因。

⑦根据产品生产能力、仓储能力和运输能力，原材料采购数量及单位产品材料耗用定额，生产工人数量、生产工时及劳动生产率分析本期产品生产量和销售量的合理性，并查明异常情况的原因。

⑧比较分析相互独立部门的数据，如发票上记载的销售数量与发货单记载的数量、订单数量和产品销售成本中的销货数量、账面销售数量与商品采购和生产数量、出纳记录的销售收款与应收账款贷方发生额、应收账款借方发生额与销售订单金额总计、发运部门记录的运货数与仓库记录的发货量、主营业务收入贷方发生额与发运部门记录的运货价值、账面销售额与增值税纳税申报的收入。

⑨将营业收入、营业利润与经营活动产生的现金流量、净利润进行对比分析，判断营业收入、营业利润的合理性。

⑩将营业收入与成本、销售佣金、广告费用、运输费用、保险费用以及与收入相关的税金（如增值税）等进行对比分析，判断营业收入是否合理。

（4）检查销售价格是否符合价格政策。获取商品价目表，抽查销售发票，将销售发票的售价与商品价目表进行核对，检查有无套错销售价格、低价或高价结算，销售给关联方或关系密切的重要客户的产品价格是否合理。

（5）检查凭证、记录之间的一致性。抽取本期一定数量的装运凭证，审查存货出库日期、品名、数量等是否与销售发票、销售合同、记账凭证等一致。抽取本期一定数量的记账凭证，审查入账日期、品名、数量、单价、金额等是否与销售发票、装运凭证、销售合同等一致。

（6）销售的截止测试。对销售实施截止测试，目的在于确定被审计单位营业收入的会计记录归属期是否正确：应计入本期或下期的营业收入是否被推延至下期或提前至本期。

实施销售截止测试时，要注意与营业收入确认有密切关系的日期：一是发票开具日期或者收款日期；二是记账日期；三是发货日期（服务业则是提供劳务的日期）。检查三者是否归属于同一适当会计期间是营业收入截止测试的关键所在。

在审计实务中，注册会计师可以考虑选择逆查或顺查来实施营业收入的截止测试。

①逆查。以账簿记录为起点，追查至记账凭证，检查发票存根与装运凭证，目的是证实已入账收入是否在同一期间已开具发票并发货，有无多计收入。使用这种方法主要是为了防止多计收入。

②顺查。以装运凭证为起点，从资产负债表日前后若干天的装运凭证查至发票开具情况与账簿记录，确定营业收入是否已记入恰当的会计期间。使用这种方法是为了防止少计收入。

注册会计师应当凭借专业经验和所掌握的信息、资料作出正确判断，选择其中的一条或两条审计路线，实施更有效的收入截止测试。

（7）检查销售退回、销售折扣与折让的处理是否恰当。存在销货退回的，检查手续是否符合规定，结合原始销售凭证检查其会计处理是否正确，结合存货项目审计关注其真实性。存在销售折扣与折让的，获取或编制折扣与折让明细表，复核加计是否正确，并与明细账合计数核对相符。取得被审计单位有关折扣与折让的具体规定和其他文件资料，并抽查较大的折扣与折让发生额的授权批准情况，与实际执行情况进行核对，检查其是否经授权批准，是否合法、真实，销售折让与折扣是否及时、足额提交对方，有无虚设中介、转移收入、私设账外“小金库”等情况，检查折扣与折让的会计处理是否正确。

（8）检查特殊销售行为的会计处理是否正确。要注意检查附有销售退回条件的商品销售、委托代销、售后回购、以旧换新、商品需要安装和检验的销售、分期收款销售、出口销售、售后租回等特殊销售行为，选择恰当的审计程序进行审核。

（9）检查内部销售和关联方销售的会计处理是否正确。调查集团内部销售和关联方销售的情况，记录其交易品种、价格、数量、金额以及占收入总额的比例。对于合并范围内的销售活动，检查编制合并财务报表时是否予以抵消。

（10）根据评估的舞弊风险等因素增加审计程序。

（11）检查营业收入是否已按照企业会计准则的规定在财务报表中作出恰当列报。

9.5.3 应收账款审计

1.应收账款的审计目标

在销售与收款循环中，另一个重要账户是应收账款。应收账款的审计目标包括：

（1）确定资产负债表中记录的应收账款是否存在；

（2）确定所有应当记录的应收账款是否均已记录；

（3）确定记录的应收账款是否由被审计单位拥有或控制；

（4）确定应收账款是否以恰当的金额包括在财务报表中，与之相关的计价调整已恰当记录；

（5）确定应收账款是否已记录于恰当的账户；

（6）确定应收账款是否已被恰当地汇总或分解且表述清楚，并已按照企业会计准则的规定在财务报表中作出的相关披露是相关的、可理解的。

应收账款审计目标与管理层认定的关系见表9-5。

表9-5　**应收账款的审计目标与管理层认定**

审计目标	管理层认定					
	存在	完整性	权利和义务	准确性、计价和分摊	分类	列报
（1）确定资产负债表中记录的应收账款是否存在	√					
（2）确定所有应当记录的应收账款是否均已记录		√				
（3）确定记录的应收账款是否由被审计单位拥有或控制			√			
（4）确定应收账款是否以恰当的金额包括在财务报表中，与之相关的计价调整已恰当记录				√		
（5）确定应收账款是否已记录于恰当的账户					√	
（6）确定应收账款是否已被恰当地汇总或分解且表述清楚，并已按照企业会计准则的规定在财务报表中作出的相关披露是相关的、可理解的						√

2.应收账款的实质性程序

（1）取得或编制应收账款明细表。复核加计是否正确，并与总账数和明细账合计数核对是否相符，结合坏账准备科目与报表数核对是否相符。检查非记账本位币应收账款的折算汇率及折算是否正确。分析有贷方余额的项目，查明原因，必要时作重分类调整。结合其他应收款、预收账款等往来项目的明细余额，调查有无同一客户多处挂账、异常余额或与销售无关的其他款项（如代销账户、关联方账户或雇员账户）。如有，应作出记录，必要时作调整。标识重要的欠款单位，计算其欠款合计数占应收账款余额的比例。

（2）实施实质性分析程序。

①比较本期及前期的应收账款余额，并查明异常情况的原因。

②比较本期及前期应收账款与主营业务收入的比率，结合当前经济环境及信用政策判断其合理性。

③比较本期及前期应收账款的回收期，结合当前经济环境、信用政策及行业平均水平判断其合理性。

④比较当年度及以前年度坏账准备与主营业务收入的比率、坏账准备与应收账款的比率、坏账损失，并查明异常情况的原因。

⑤比较截止日前后两个月末应收账款的余额、主要客户及其余额，并查明异常情况的原因。

（3）对应收账款进行账龄分析。应收账款的账龄，是指资产负债表中的应收账款从销售实现、产生应收账款之日起，至资产负债表日止所经历的时间。应收账款账龄分析表由被审计单位编制，注册会计师应测试其计算的准确性。将加总数与应收账款总分类账余额相比较，并调查重大调节项目；检查原始凭证，如销售发票、运输记录等，测试账龄核算的准确性；请被审计单位协助，在应收账款明细表上标出至审计时已收回的应收账款金额，对已收回金额较大的款项进行常规检查，如核对收款凭证、银行对账单、销货发票等，并注意凭证发生日期的合理性，分析收款时间是否与合同相关要素一致。

（4）函证应收账款。注册会计师对应收账款实施函证程序的目的在于证实应收账款账户余额的真实性、正确性，防止或发现被审计单位及其有关人员在销售交易中发生的错误或舞弊行为，能够为应收账款的“存在”“权利和义务”认定提供审计证据。

①函证的决策。注册会计师应当对应收账款实施函证，除非有充分证据表明应收账款对财务报表不重要，或函证很可能无效。在确定函证的内容、范围、时间和方式时，应当考虑被审计单位的经营环境、内部控制的有效性、账户或交易的性质、被询证者处理询证函的习惯做法及回函的可能性等因素。

如果不对应收账款实施函证，应当在审计工作底稿中说明理由。如果认为函证很可能无效，应当实施替代审计程序，以获取充分、适当的审计证据。

②函证的对象。注册会计师可采用审计抽样或其他选取测试项目的方法选择应收账款函证对象。在确定函证对象时，要考虑那些重大的或风险较高的项目，如金额较大的项目、账龄较长的项目、交易频繁但期末余额较小甚至为零的项目、重大关联方项目、主要客户和新增客户的项目、与债务人发生纠纷的项目、可能产生重大错报或舞弊的非正常项目。如果应收账款由大量的金额小且性质差异不大的项目构成，注册会计师可使用审计抽样技术，随机确定函证对象。

③函证的时间。注册会计师通常选择在资产负债表日后的适当时间内函证资产负债表日的应收账款余额。如果重大错报风险评估为低水平，可选择资产负债表日前适当日期为截止日实施函证，并对所函证项目自该截止日起至资产负债表日止发生的变动实施实质性程序。

④函证的方式。函证分为积极式函证和消极式函证。注册会计师可采用其中一种，也可将两种方式结合使用。

在审计实务中，由于应收账款存在较高的重大错报风险，因此在大多数情况下，应选择采用积极式函证。但是，当应收账款余额由少量的大额应收账款和大量的小额应收账款构成时，也可将积极式函证和消极式函证结合使用，对所有的或抽取的大额应收账款样本采用积极式函证，而对抽取的小额应收账款样本采用消极式函证。

积极式应收账款询证函参考格式如下：

企业询证函

编号：

甲公司：

本公司聘请的××会计师事务所正在对本公司财务报表进行审计，按照《中国注册会计师审计准则》的要求，应当询证本公司与贵公司的往来账项等事项。下列信息出自本公司账簿记录，如与贵公司记录相符，请在本函下端“信息证明无误”处签章证明；如有不符，请在“信息不符”处列明不符项目。如存在与本公司有关的未列入本函的其他项目，也请在“信息不符”处列出这些项目的金额及详细资料。回函请直接寄至××会计师事务所。

回函地址： 邮编：

电话： 传真： 联系人：

1.本公司与贵公司的往来账项列示如下：

单位：元

截止日期	贵公司欠	欠贵公司	备 注

2.其他事项。

本函仅为复核账目之用，并非催款结算。若款项在上述日期之后已经付清，仍请及时函复为盼。

（被审计单位盖章）

20×3年××月××日

结论：

1.信息证明无误。 （甲公司盖章） 年 月 日 经办人：	2.信息不符，请列明不符项目及具体内容。 （甲公司盖章） 年 月 日 经办人：

消极式应收账款询证函参考格式如下：

企业询证函

编号：

甲公司：

本公司聘请的××会计师事务所正在对本公司财务报表进行审计，按照《中国注册会计师审计准则》的要求，应当询证本公司与贵公司的往来账项等事项。下列信息出自本公司账簿记录，如与贵公司记录相符，则无须回复；如有不符，请直接回函寄至××会计师事务所，并在空白处列明贵公司认为正确的信息。

回函地址： 邮编：

电话： 传真： 联系人：

1.本公司与贵公司的往来账项列示如下：

单位：元

截止日期	贵公司欠	欠贵公司	备 注

2.其他事项。

本函仅为复核账目之用，并非催款结算。若款项在上述日期之后已经付清，仍请及时函复为盼。

（被审计单位盖章）

20×3 年××月××日

××会计师事务所：

上面的信息不正确，差异如下：

（甲公司盖章）

20×3 年××月××日

经办人：

⑤函证过程的控制。注册会计师应当采取下列措施对应收账款函证过程进行控制：第一，将被询证者的名称、地址与被审计单位有关记录核对；第二，将询证函中列示的账户余额或其他信息与被审计单位有关资料核对；第三，在询证函中指明直接向接受审计业务委托的会计师事务所回函；第四，询证函经被审计单位盖章后，由注册会计师直接发出；第五，将发出询证函的情况形成审计工作记录；第六，将收到的回函形成审计工作记录，并汇总统计函证结果。

被询证者以传真、电子邮件等方式回函确实能让注册会计师及时得到回函信息，但由于这些方式易被截留、篡改或难以确定回函者的真实身份，因此，如果被询证者以传真、电子邮件等方式回函，注册会计师应当直接接收，并要求被询证者寄回询证函原件。

如果采用积极式函证而未能收到回函，注册会计师应当考虑与被询证者联系，要求对方作出回应或再次寄发询证函。如果未能得到被询证者的回应，应当实施替代审计程序。所实施的替代审计程序因所涉及的账户和认定而异，但替代审计程序应当能够提供实施函证所能够提供的同样效果的审计证据。例如，检查与销售有关的文件，包括销售合同或协议、销售单、装运凭证、销售发票副本等，以验证这些应收账款的真实性。

⑥对不符事项的处理。如果发现了不符事项，应当进行细致的分析，以确定不符事项的原因，并作进一步核实。不符事项的原因可能是双方登记入账的时间不同、一方或双方记账错误，也可能是被审计单位的舞弊行为。

对应收账款而言，登记入账的时间不同而产生的不符事项主要表现为：第一，询证函发出时，债务人已经付款，而被审计单位尚未收到货款；第二，询证函发出时，被审计单位的货物已经发出并已作销售记录，但货物仍在途中，债务人尚未收到货物；第三，债务人由于某种原因将货物退回，而被审计单位尚未收到；第四，债务人对收到的货物的数量、质量及价格等方面有异议而全部或部分拒付货款等。

如果不符事项构成错报，注册会计师应当重新考虑所实施审计程序的性质、时间安排和范围。

⑦对函证结果的评价。在评价函证的可靠性时，注册会计师应当考虑：对询证函的设计、发出及收回的控制情况；被询证者的胜任能力、独立性、授权回函情况、对函证项目的了解及客观性；被审计单位施加的限制或回函中的限制。

如果有迹象表明收回的询证函不可靠，注册会计师应当实施适当的审计程序予以证实或消除疑虑。

即便应收账款得到了债务人的确认，也并不意味着债务人一定会付款。另外，函证也不可能发现应收账款中存在的所有问题。

（5）对未函证应收账款实施替代审计程序。对于未进行函证的应收账款，注册会计师应实施替代审计程序，以验证应收账款的真实性。这具体包括：检查资产负债表日后收回货款的情况；检查与收入发生有关的原始凭据，如顾客订单、销售单、装运凭证、销售发票副本、销售合同等；检查被审计单位与客户之间的与发货、对账和催款等有关的往来邮件。

（6）评价坏账处理的适当性。注册会计师应检查坏账准备的计提、坏账损失的确认以及转销坏账的重新收回的处理是否经过授权批准，会计处理是否符合会计准则的规定。

（7）抽查有无不属于结算业务的债权。注册会计师应抽查应收账款明细账，并追查有关原始凭证，查证被审计单位有无不属于结算业务的债权。如有，应建议被审计单位作适当调整，记入其他账户。

（8）检查应收账款的贴现、质押或出售。注册会计师应检查银行存款和银行贷款等询证函的回函、会议纪要、借款协议和其他文件，确定应收账款是否已被质押或出售。

（9）检查关联方应收账款。注册会计师应检查是否存在关联方应收账款、纳入合并范围的应收账款，编制合并财务报表时是否予以抵消。

（10）确定应收账款列报是否恰当。注册会计师应检查应收账款是否已按照企业会计准则的规定在财务报表中作出恰当列报。如果被审计单位为上市公司，对应收账款的披露有特殊规定，要求其财务报表附注披露期初、期末余额的账龄分析，期末欠款金额较大的单位账款，以及持有5%以上（含5%）股份的股东单位账款等情况。

9.5.4　坏账准备审计

1.坏账准备的审计目标

被审计单位应当以预期信用损失为基础，对应收账款进行减值会计处理并确认损失准备。因此，注册会计师在对应收账款审计时，需要对坏账准备账户开展审计，以确定：

（1）坏账准备的计提方法和金额是否恰当、坏账准备的计提是否充分；

（2）坏账准备的增减变动的记录是否完整；

（3）坏账准备的年末余额是否正确；

（4）坏账准备是否已记录于恰当的账户；

（5）坏账准备是否已被恰当地汇总或分解且表述清楚，并已按照企业会计准则的规定在财务报表中作出的相关披露是相关的、可理解的。

2.坏账准备的实质性程序

（1）取得或编制坏账准备明细表，复核加计是否正确，与坏账准备总账数、明细账合计数核对是否相符。

（2）检查坏账准备的计提和核销。将应收账款坏账准备本期计提数与资产减值损失相应明细项目的发生额核对是否相符。检查坏账准备计提和核销的批准程序，评价计提坏账准备所依据的资料、假设及方法。

除有确凿证据表明应收账款不能收回，或收回的可能性不大时（如债务单位撤销、破产、资不抵债、现金流量严重不足、发生严重的自然灾害等导致停产而在短时间内无法偿付债务等，以及应收款项逾期3年以上），下列情况一般不能全额计提坏账准备：①当年发生的应收账款，以及未到期的应收账款；②计划对应收账款进行重组；③与关联方发生的应收账款；④其他已逾期，但无确凿证据证明不能收回的应收账款。

（3）检查坏账损失的处理。对有确凿证据表明确实无法收回的应收账款，经股东（大）会或董事会，或经理（厂长）办公会或类似机构批准作为坏账损失，冲销提取的坏账准备。检查被审计单位的会计处理是否正确。

（4）检查坏账重新收回的会计处理是否正确。

（5）实施分析程序。通过比较前期坏账准备计提数和实际发生数，以及检查期后事项，评价应收账款坏账准备计提的合理性。

（6）检查应收账款坏账准备的披露是否恰当。注册会计师应检查被审计单位在财务报表附注中是否清晰地说明坏账的确认标准、坏账准备的计提方法和计提比例。如果是上市公司，还应在财务报表附注中分项披露如下事项：①本期全额计提坏账准备，或计提坏账准备的比例较大的（计提比例超过40%，下同），应说明计提的比例以及理由；②以前期间已全额计提坏账准备，或计提坏账准备的比例较大但在本期又全额或部分收回的，或通过重组等其他方式收回的，应说明其原因、原估计计提比例的理由以及原估计计提比例的合理性；③对某些金额较大的应收账款不计提坏账准备或计提坏账准备比例较低（一般为5%或低于5%）的理由；④本期实际冲销的应收款项及理由，其中实际冲销的关联交易产生的应收账款应单独披露。

本章小结

销售与收款循环的主要业务流程包括销售货物和提供劳务、收到货物或劳务的款项、销售退回，涉及的主要凭证包括顾客订单、销售单、装运凭证、销售发票、商品价目表、贷项通知单、应收账款明细账和总账、主营业务收入明细账和总账、折扣与折让明细账、汇款通知书、库存现金日记账、银行存款日记账、坏账审批表、月末对账单、转账凭证和收款凭证等。销售与收款循环的内部控制包括与销售业务有关的内部控制、与收款业务有关的内部控制。注册会计师可以采用询问、观察、检查、重新执行等程序进行控制测试。注册会计师应关注销售与收款循环涉及的账户的审计工作，包括营业收入的审计目标和实质性程序、应收账款的审计目标和实质性程序、坏账准备的审计目标和实质性程序。

思政园地

紧抓质量提升主线 守住诚信操守底线 筑牢法律法规红线

2021年8月23日，国务院办公厅印发《关于进一步规范财务审计秩序促进注册会计师行业健康发展的意见》（以下简称《意见》），以进一步规范财务审计秩序、促进注册会计师行业健康发展。

《意见》指出，要以习近平新时代中国特色社会主义思想为指导，全面贯彻党的十九大和十九届二中、三中、四中、五中全会精神，切实增强“四个意识”、坚定“四个自信”、做到“两个维护”，按照党中央、国务院决策部署，严肃财经纪律，以全面提升注册会计师行业服务国家建设能力为目标，统筹发展和安全，紧抓质量提升主线，守住诚信操守底线，筑牢法律法规红线。坚持监管与服务并重、治标与治本结合，树立系统观念，做好统筹谋划，努力构建部门协同、多方联动、社会参与的监管工作格局，有效解决突出问题，切实加强行政监管，逐步完善行业治理，显著优化执业环境，持续提升审计质量，为维护社会公平正义、规范市场经济秩序、保障国家经济安全提供有力支撑。

《意见》明确，进一步规范财务审计秩序、促进注册会计师行业健康发展，要坚持诚信为本、质量为先，坚持从严监管、从严执法，坚持归位尽责、协同发力，坚持综合施策、多措并举，坚持着眼长远、常抓不懈。要依法整治财务审计秩序，依法加强从事证券业务会计师事务所监管，严肃查处违法违规行为并曝光典型案例，加快推进注册会计师行业法律和基础制度建设，建立健全监管合作机制。要强化行业日常管理，强化国家统一的会计制度贯彻实施，加强行业日常监管和信用管理，完善审计准则体系和职业道德规范体系。要优化执业环境和能力，引导会计师事务所强化内部管理，推进以质量为导向的会计师事务所选聘机制建设，提升会计师事务所审计风险承担能力，加强注册会计师专业培训教育，进一步规范银行函证业务。

《意见》提出，要进一步落实行业党建工作责任，坚持会计师事务所党的组织和工作有形覆盖与有效覆盖相统一，推动会计师事务所将党建工作要求载入章程或协议，加强教育、管理、监督、服务，充分发挥行业基层党组织战斗堡垒作用和党员先锋模范作用，为注册会计师行业健康发展提供坚强政治保证。

《意见》强调，各地区、各有关部门要从经济社会发展和全面深化改革开放的大局出发，充分认识推动注册会计师行业健康发展的重要性，将相关工作摆到重要议事日程，并作为巡视督导的重要内容。财政部门作为主管部门要牵头建立信息报送、督查考评等制度，发挥统筹抓总作用。

资料来源：佚名.进一步规范财务审计秩序促进注册会计师行业健康发展［N］.人民日报，2021-08-26（5）.

拓展阅读资料

上海大智慧股份有限公司（以下简称大智慧）成立于2000年12月14日，主营资本市场投资咨询及相关服务业务，属于互联网金融信息服务行业；2011年1月在上海证券交易所挂牌上市，上市当年实现盈利；2012年，业绩大幅度下滑。在其2013年合并财务报表中，大智慧第一季度至第三季度收入总额为5.4亿元，第四季度收入高达3.5亿元，占全年收入总额的39.5％。

2013年12月，大智慧在其官网上发布了一项营销政策，针对销售价格在3.8万元以上的金融服务软件，承诺“若在2014年3月31日前使用不满意，可全额退款”。2013年12月3日至11日，该项营销政策在其官网被删除，但是在2013年12月仍在执行，每个营销区域的销售负责人均向客户承诺过“不满意，可退款”。后来，30位大额退款客户中有12位称，营销人员给他们打电话是邀请他们参加所谓的“打新股”活动以及推荐他们购买“高收益、低风险”的理财产品。他们支付的款项不是用来购买软件的，也从来没有使用过大智慧推出的各种金融服务软件。这些客户向大智慧汇款的相关单据的备注或摘要一栏写着“打新股专项资金”“高收益投资理财”“保证金”“助公司避免ST”等。但是，大智慧与线上网络下单客户和线下现场交付软件款的客户签订了电子或书面合同，其中没有条款说明如对使用的软件不满意，可在2014年3月31日前无条件全额退款。大智慧在2013年12月确认了1.38亿元收入。2014年年初，大智慧发生了多起退款，涉及的退款协议是统一格式的，并未注明客户退货理由，且在销售完成后的5个工作日内退货的客户比较多。

2013年12月24日，大智慧与北京阳光恒美广告有限公司（以下简称阳光恒美）合作，双方签订了400万元的广告代理合同。该合同为一份框架协议，约定：如客户有向大智慧投放广告的需求，合同才能执行生效。大智慧根据该合同在2013年12月31日确认了283万元的收入，但合作期间，阳光恒美从来没有接到过客户向大智慧投放广告的需求。

2013年11月份，大智慧的子公司大智慧信息科技与天津渤海商品交易所（以下简称渤商所）合作，双方签订的合同约定：大智慧信息科技正式成为渤商所的会员，并且向渤商所交了2 000万元管理软件使用费。同月，大智慧与渤商所又签署了另一份合同，合同中注明：大智慧向渤商所提供金融数据软件产品和服务，渤商所向其支付2 000万元。2013年12月29日，大智慧信息科技将合同约定的2 000万元支付给了渤商所。2013年12月30日，渤商所又将这2 000万元转付给了大智慧。大智慧将这2 000万元扣税后计入2013年12月份的主营业务收入。截至2014年4月，大智慧完成了合同约定的部分服务。

资料来源：单于思.上市公司虚增利润舞弊的审计研究——以立信对大智慧的审计为例［D］.天津：天津财经大学，2016.

【思考】

1.大智慧的收入真实性是否存在可疑之处？请说明理由。

2.如果你是注册会计师，将如何设计进一步审计程序？

自测题

第9章判断题　　第9章单项选择题　　第9章多项选择题

第10章　采购与付款循环审计

【学习目标】

通过本章的学习，你要：

1. 了解采购与付款循环的主要业务活动、主要凭证和记录；
2. 掌握对采购与付款循环重大错报风险的评估；
3. 掌握采购与付款循环的控制测试和实质性程序；
4. 掌握应付账款、固定资产、无形资产的实质性程序；
5. 理解应付账款函证与应收账款函证的差异。

10.1　采购与付款循环的特性

采购与付款循环包括从提出商品或劳务的采购申请，到收到商品或接受劳务，直至支付采购货款等所有环节。采购与付款循环被认为是高风险区域之一，很多舞弊行为都与采购和存货有关。注册会计师应高度重视采购与付款循环的审计。

视频33　采购与付款循环审计

10.1.1　采购与付款循环的业务流程

采购与付款循环的业务流程从提出采购申请开始，到支付货款结束，这一过程经过了若干交易或事项，也牵涉多个职能部门。从总体上说，采购与付款循环包括采购和付款两大交易，但采购交易和付款交易又涉及多个具体业务流程，下面予以介绍。

1.提出采购申请

企业的采购申请一般由仓储部门和使用部门根据需求提出。对于原材料等商品的采购申请，一般由仓储部门根据需求提出。仓储部门根据经济批量和存货再订货点，在存货达到再订货点时，提出采购申请，而维修材料、固定资产等可能由使用部门根据其资产的使用情况提出。因采购申请是由不同的部门提出的，请购单往往不便事先编号，但采购申请必须经过授权人的同意才能提出。

采购申请是采购与付款循环的交易起点，因而请购单成为采购交易“发生”认定的审计证据之一。

2.批准采购

为了强化企业管理，企业的商品和劳务的采购一般统一由企业设立的采购部门负责。采购部门收到各部门提出的采购申请后，审核采购申请的合理性和紧迫性，并与年度采购预算核对。对于在预算内的合理的常规采购，采购部门可直接同意采购申请；对于非常规、预算外的采购申请，采购部门应认真审核其紧迫性，经过特殊授权后可予以批准。

对于批准的请购，采购部门应编制统一的事先连续编号的订购单。订购单应记载商品的品名、规格、数量、供应商名称和地址等。订购单一式多联，正联提交给供应商，副联则在采购与付款循环涉及的内部验收、仓库等部门流转。

订购单表明企业对某一商品或劳务展开了采购，将订购单与账簿记录等凭证进行核对，可以查找所有的采购是否均已入账。因此，检查订购单与采购交易的“完整性”认定有关。

3.验收商品

实施采购活动后，对于供应商发来的货物，应验收后入库。验收部门往往独立于采购部门和仓储部门，以便其保持独立性，认真查验采购商品的质量、性能和数量等是否与发出的订购单一致。

在验收环节，验收部门的工作人员应独立查验，将供应商发来的商品与订购单仔细核对，并在验收凭据上签署意见。只有验收合格的商品才能由仓储部门入库保管。对于验收过程中发现的发货数量、品种、规格错误，或是质量不达标的商品，应及时由采购部门等向供应商反映，以便及时处理。

4.存储商品

仓储部门应及时将验收合格的商品入库保管。商品入库时，仓库保管人员应独立核对入库商品名称、数量、规格等与订购单和验收单上的记载是否一致。存放商品的仓库除了经授权的人员能够接近外，其他人员应限制接近，以保证存放商品的安全性。

5.确认和记录负债

根据会计准则的要求，当采购商品或接受劳务的报酬和风险已经转移到购买企业后，购买企业应正确确认已验收商品和已接受劳务的债务，准确、及时地记录负债。购买商品或接受劳务产生的负债应记入“应付账款”账户。记入“应付账款”账户时，应将购货发票上所记载的品名、规格、价格、数量、条件及运费与订货单上的有关资料核对，如有可能，还应与验收单上的资料进行比较。

6.批准付款

企业通常通过应付凭单对付款进行控制。债务成立后，应付凭单管理部门应编制应付凭单。应付凭单应预先连续编号，编制应付凭单时，应核实购货发票的内容与相关的验收单、订购单的一致性，以及购货发票的计算正确性，并在应付凭单上填写应借记的资产或费用账户名称。

批准付款是由被授权人员在应付凭单上签字，同意按该应付凭单付款。所有应付凭单的副联应保存在应付凭单档案中，以待日后付款。

7.记录货款的支付

应付凭单经批准付款后，会计部门应根据预先约定的结算方式履行货款支付的结算手续并进行相应的账务处理。支付货款后，会计部门应根据结算方式的不同编制相应的付款记账凭证，并据以登记银行存款日记账及其他相关账簿。会计部门要独立核对货款支付的依据是否真实、凭证是否齐全、手续是否完备，并检查记入银行存款日记账和应付账款明细账的金额是否一致，定期编制银行存款余额调节表，核实银行与企业记账的正确性。

10.1.2　采购与付款循环的主要凭证与记录

采购与付款循环历经提出采购申请到记录货款的支出过程，需要仓库、采购部门、验收部门、应付凭单管理部门、会计部门等多个职能部门共同完成，涉及请购单、订购单、验收单、应付凭单、应付账款明细账和总账、库存现金日记账、银行存款日记账、支票(汇票、本票等)、付款凭证、转账凭证、购货发票等主要凭证和记录，表10-1列示了采购与付款循环的主要交易及主要凭证和记录。

表10-1　采购与付款循环的主要交易及主要凭证和记录

主要业务活动	对应的凭证和记录	相关的主要部门	相关的认定
1.提出采购申请	请购单	仓库、有关部门	“发生”
2.批准采购	订购单	采购部门	“发生”“完整性”
3.验收商品	验收单、订购单	验收部门	“存在”“完整性”
4.存储商品	在验收单上签收	仓库、请购部门	“存在”
5.确认和记录负债	购货发票、应付账款明细账、供应商发票、验收单、订货单、卖方对账单、转账凭证	应付账款管理部门、会计部门	“发生”“存在”“准确性、计价和分摊”；“完整性”“权利和义务”
6.批准付款	应付凭单、支票	应付凭单管理部门、财务部门	“存在”“完整性”“准确性、计价和分摊”“权利和义务”
7.记录货款的支付	库存现金日记账、银行存款日记账、支票、付款凭证	会计部门	“存在”“完整性”“准确性、计价和分摊”

10.2　采购与付款循环的内部控制

10.2.1　采购与付款循环的控制目标

1.采购交易的控制目标

(1) 所记录的采购确已收到商品或已接受劳务。企业所记录的采购业务确实已经收到商品并验收入库，或确实已接受该项劳务。这一目标与管理层的“发生”认定有关，主要是防止高估采购。

(2) 已发生的采购交易均已记录。这一目标要求凡是企业发生的采购业务应该登记入账的均已登记入账，不存在遗漏。这一目标与管理层的“完整性”认定有关，主要是防止低估采购。

(3) 记录的采购交易估价正确。这一目标与采购交易的"准确性"认定有关，要求记录在账簿和相关凭证中的采购交易金额正确，不存在错误。

(4) 记录的采购交易分类正确。企业的采购业务中，既有用于进一步加工生产的原材料，也有作为生产设备使用的固定资产，或是提升企业生产能力和竞争力的无形资产。这一目标要求所有的采购交易记录时分类正确，记入正确的账户。这一目标与管理层的"分类"认定有关。

(5) 采购交易记入正确的会计期间。这一目标要求采购交易记录的日期正确，不存在提前或延迟入账的情况，与采购交易的"截止"认定有关。

(6) 采购交易被正确记入应付账款和存货等明细账中，并被正确汇总。采购交易要登记存货资产的增加，也要登记应付账款负债的增加，因此，应正确记入应付账款和存货的明细账和总账，确保账簿记录正确，并在财务报表中正确列报。

2.付款交易的控制目标

(1) 所记录的付款都是企业真实业务发生的货款。这一目标要求企业记录的付款业务都是企业真实发生的采购交易，不存在向虚构交易付款的情况。这一目标与管理层的"存在"认定有关。

(2) 支付的货款已全部入账。这一目标要求企业将已支付的货款全部登记入账，不存在已付款仍挂账未销的情况，防止高估负债。

(3) 登记入账的付款金额正确。这一目标要求记录的付款金额是实际向供应商付款的金额，正确无误。

(4) 记录的货款支出分类正确。这一目标要求会计部门入账时，应根据结算方式的不同，将付款记入正确的账户，分类正确。这一目标与管理层的"分类"认定有关。

10.2.2 采购与付款循环的内部控制内容

1.不相容岗位相互分离控制

企业应当建立采购与付款业务的岗位责任制，明确相关部门和岗位的职责、权限，确保办理采购与付款业务的不相容岗位相互分离、制约和监督。企业采购与付款业务的不相容岗位至少包括：(1) 请购与审批；(2) 询价与确定供应商；(3) 采购合同的订立与审核；(4) 采购、验收与相关会计记录；(5) 付款的申请、审批与执行。

2.授权审批控制

企业应当建立采购与付款业务的授权制度和审核批准制度，并按照规定的权限和程序办理采购与付款业务。有资源整合条件的企业或企业集团，采购权应当尽量集中，实施集中或相对集中采购，或采取集中招标形式，以提高采购效率、堵塞管理漏洞、降低成本和费用。

企业可以根据具体情况，对办理采购业务的人员定期进行岗位轮换，防范采购人员利用职权和工作便利收受商业贿赂、损害企业利益的风险。

企业应当按照请购、审批、采购、验收、付款等规定的程序办理采购与付款业务，并在采购与付款各环节设置相关的记录、填制相应的凭证，建立完整的采购登记制度，加强请购手续、采购订单（或采购合同，下同）、验收证明、入库凭证、采购发票等文件和凭证的相互核对工作。

3.请购与审批控制

企业应当建立采购申请制度，依据购置商品或劳务的类型，确定归口管理部门，授予相应的请购权，并明确相关部门或人员的职责、权限及相应的请购程序。企业采购需求应当与生产经营计划相适应，具有必要性和经济性。请购部门提出的采购需求应当明确采购类别、质量等级、规格、数量、相关要求和标准、到货时间等。

企业应当加强采购业务的预算管理。对于预算内采购项目，具有请购权的部门应当严格按照预算执行进度办理请购手续；对于超预算和预算外采购项目，具有请购权的部门应当对需求部门提出的申请进行审核后再行办理请购手续。

企业应当建立严格的请购审批制度。对于超预算和预算外采购项目，应当明确审批权限，由审批人根据其职责、权限以及企业实际需要对请购申请进行审批。

4.采购与验收控制

企业应当建立采购与验收环节的管理制度，对采购方式确定、供应商选择、验收程序及计量方法等作出明确规定，确保采购过程的透明化。企业应当建立供应商评价制度，由企业的采购部门、请购部门、生产部门、财会部门、仓储部门等共同对供应商进行评价，包括对所购商品的质量、价格、交货及时性、付款条件，以及供应商的资质、经营状况等进行综合评价，并根据评价结果对供应商进行调整。企业应当对紧急、小额零星采购的范围、供应商的选择作出明确规定。同一企业（或企业集团）下属的分支机构应当尽量避免多头对同一供应商。

企业应当根据商品或劳务等的性质及供应情况确定采购方式。一般商品或劳务等可以采用订单采购或合同订货等方式，小额零星商品或劳务等可以采用直接购买等方式。企业应当对例外紧急需求、小额零星采购等特殊采购处理程序作出明确规定。

企业应当成立由企业管理层，以及来自采购、请购、生产、财会、内审、法律等部门的负责人组成的采购价格委员会，明确采购价格形成机制。大宗商品或劳务采购等必须采用招投标方式确定采购价格，并明确招投标的范围、标准、实施程序和评标规则。其他商品或劳务的采购应当根据市场行情制定最高采购限价，不得以高于最高采购限价的价格采购；以低于最高采购限价采购的，应以适当方式予以奖励。企业应根据市场行情的变化适时调整最高采购限价。委托中介机构进行招投标的，应当加强对中介机构的监督。

企业应当充分了解和掌握有关供应商信誉、供货能力等方面的信息，由采购、使用等部门共同参与比质比价，并按规定的授权批准程序确定供应商。小额零星采购也应当由经授权的部门事先对采购价格等有关内容进行审核。对单价高、数量多的物资采购，企业应当制定严格的比质比价采购制度。

企业应当根据规定的验收制度和经批准的订单、合同等采购文件，由独立的验收部门或指定专人对所购商品或劳务等的品种、规格、数量、质量和其他相关内容进行验收，出具检验报告、计量报告和验收证明。对验收过程中发现的异常情况，负责验收的部门或人员应当立即向有关部门报告；有关部门应当查明原因，及时处理。

5.付款控制

企业应当按照《现金管理暂行条例》《支付结算办法》等相关规定办理采购与付款业务，并按照国家统一的会计制度的规定进行核算和报告。

企业财会部门在办理付款业务时，应当对采购合同约定的付款条件以及采购发票、结算凭证、检验报告、计量报告和验收证明等相关凭证的真实性、完整性、合法性及合规性进行严格审核。财会部门应当参与商定对供应商付款的条件。

企业应当建立预付账款和定金的授权批准制度，加强预付账款和定金管理。企业应当加强对大额预付账款的监控，定期对其进行追踪核查；对预付账款的期限、占用款项的合理性、不可收回风险等进行综合判断；对有疑问的预付账款及时采取措施，尽量降低预付账款资金风险和形成损失的可能性。

企业应当加强应付账款和应付票据的管理，由专人按照约定的付款日期、折扣条件等管理应付款项；应当建立退货管理制度，对退货条件、退货手续、货物出库、退货货款回收等作出明确规定，及时收回退货货款；应当定期与供应商核对应付账款、应付票据、预付账款等往来款项，如有不符，应当查明原因，及时处理。

6.内部稽核

（1）采购与付款业务相关岗位及人员的设置情况。重点检查是否存在采购与付款业务不相容职务混岗的现象。

（2）采购与付款业务授权审批制度的执行情况。重点检查大宗采购与付款业务的授权审批手续是否健全，是否存在越权审批的行为。

（3）应付账款和预付账款的管理。重点检查应付账款和预付账款支付的正确性、时效性和合法性。

（4）有关单据、凭证和文件的使用和保管情况。重点检查凭证的登记、领用、传递、保管、注销手续是否健全，使用和保管制度是否存在漏洞。

10.3 采购与付款循环的重大错报风险评估

对采购与付款循环的重大错报风险进行评估，是实施采购与付款循环审计必须执行的程序，注册会计师在执行控制测试和实质性程序之前，需了解被审计单位采购与付款循环特性及环境，评估采购与付款循环的重大错报风险。其内容包括：（1）了解被审计单位采购与付款循环和财务报告相关的内部控制的设计，并记录获得的了解；（2）针对采购与付款循环的控制目标，记录相关控制活动，以及受该控制活动影响的交易和账户余额及其认定；（3）执行穿行测试，证实对交易流程和相关控制的了解，并确定相关控制是否得到执行；（4）记录在了解和评价采购与付款循环的控制设计和执行过程中识别的风险，以及拟采取的应对措施。

注册会计师可以通过询问被审计单位管理层和内部其他相关人员、了解重要交易流程并记录获得的了解、确定可能发生错报的环节、了解相关的内部控制和进行初步评估来对采购与付款循环的重大错报风险水平进行评估。

注册会计师通过询问被审计单位管理层和内部其他相关人员了解采购与付款循环的具体业务流程的风险高低。通过询问被审计单位董事会基本情况、原材料种类、采购过程控制、采购招标程序、供应商选择、人力资源政策、付款控制程序、信息系统、预算编制和控制、固定资产管理和维护等情况，初步了解被审计单位董事会治理风险、领导能力风险、技术风险、人力资源风险、信息风险、舞弊风险等的高低，以及其对采购与付款循环的重大错报风险的影响。

注册会计师要关注采购、材料验收和付款等环节的复杂程度，控制制度的完善程度，以及被审计单位是否制定了购货退回、购货折扣和折让的处理制度。注册会计师要将了解的采购与付款循环的重要交易流程及流程风险记录下来。

注册会计师需要确认和了解在采购与付款循环的哪个流程和环节容易发生错报，需要设置什么样的控制才能防止错报的发生。由于各交易环节的性质不同，发生错报的可能性也不同，注册会计师应予以了解和分析。

在采购与付款循环中，采购过程和付款过程是重大错报风险高和容易发生舞弊风险的环节。注册会计师应关注因采购过程和付款过程舞弊可能导致的重大错报，常见舞弊行为包括：

（1）高价采购，索取回扣。采购人员与供应商勾结，不进行询价比价，高价采购商品，从供应商处索取回扣。

（2）虚假采购，牟取私利。采购人员与供应商勾结，虚假采购，让企业为虚假采购支付货款。

（3）过量采购，索取回扣。采购人员实施未经批准的采购，超量采购商品，造成库存积压，采购人员从供应商处索取更多回扣，损害企业利益。

（4）对符合招标条件的采购，不实施招标，内定供应商，牟取私利。

（5）招投标过程不规范、不透明，搞明标暗定，从中牟利。

（6）利用合同条款不严舞弊。由于不同规格、型号、批次的同一产品价格不同，甚至相差很大，一些采购人员利用这一漏洞，偷梁换柱，用高价采购低等级、低质量产品，牟取私利。

（7）利用采购进口商品舞弊。采购进口商品涉及国际市场价格、关税、运费、保险费、汇率计算等更为复杂、特殊的环节，采购人员或有权限的人员可能利用国际市场询价困难、供应商选择决策难等特定问题，高价采购。

（8）利用采购高新产品舞弊。对于刚投放市场的高新产品，采购价格缺乏询价基础，采购人员利用这一点，虚报采购价格，实施舞弊。

（9）利用产品附件或赠品实施舞弊。在商品采购中，随同商品赠送给企业的产品配套附件或其他相关赠品，在采购合同中往往不作记载，采购人员利用这一空缺，将其据为己有，或上报采购价格，让企业给赠品付款。

（10）重复付款或超额付款。付款环节控制不严，或会计部门、采购人员和供应商勾结，对同一采购重复付款，或未扣除购货折扣和折让付款，形成超额付款。

此外，被审计单位还可能出于业绩考核或吸引外部资金等原因，通过遗漏交易、延迟确认费用支出、将费用支出资本化等手段低估采购交易中的负债或相关准备。

通过对采购与付款循环的了解，尤其是对采购业务流程中容易发生错报的环节的分析，注册会计师应当确定：被审计单位是否建立了采购与付款循环的有效控制，以防止或发现并纠正这些错报；是否遗漏了必要的控制；是否识别了可以最有效测试的控制。

注册会计师通过了解采购与付款循环业务流程及流程风险、发生错报的环节，以及相应的控制设计和运行情况，对采购与付款循环的重大错报风险进行初步评估，确定采购与付款循环重大错报风险的高低。

10.4 采购与付款循环的控制测试

采购与付款循环的控制测试，是指对采购与付款循环的内部控制设计和运行的有效性进行测试。这主要包括：（1）针对了解的被审计单位采购与付款循环的控制活动，确定拟进行测试的控制活动；（2）测试控制运行的有效性，记录测试过程和结论；（3）根据测试结论，确定对实质性程序的性质、时间和范围的影响。

10.4.1 采购与付款循环的控制测试程序

采购与付款循环的控制目标、控制活动与控制测试程序见表10-2。

表10-2 采购与付款循环的控制目标、控制活动与控制测试程序

主要业务活动	控制目标	受影响的相关财务报表项目及认定	常用的控制活动	控制测试程序
采购	只有经过核准的采购订单才能发给供应商	存货/应付账款：存在 管理费用/销售费用：发生	管理层必须核准所有采购订单，对非经常性和超过特定金额的采购，以及其他特殊的采购事项，应取得较高层次管理层的核准，并适当记录	抽取请购单并检查是否得到适当审批
	已记录的采购订单内容准确	存货/应付账款：准确性、计价和分摊 管理费用/销售费用：准确性；分类	由不负责输入采购订单的人员比较采购订单数据与支持性文件（如请购单）是否相符	对于上一步骤选择的项目，检查应付账款记账员是否已核对采购订单。检查应付账款记账员是否已复核采购信息报告
	采购订单均已得到处理	存货/应付账款：完整性	采购订单连续编号，采购订单的顺序已被记录	检查应付账款记账员是否已复核采购信息报告。同时，检查报告上的采购订单是否按顺序编号以及是否出现任何不符合连续编号的情况
记录应付账款	已记录的采购均确已收到物品	存货/应付账款：存在；权利和义务	对采购发票与验收单不符的事项进行调查；如果付款金额与采购发票金额不符，应经适当层次管理层核准	抽取采购订单、验收单和采购发票，检查所载内容是否核对一致。检查发票上是否加盖“相符”印戳
	已记录的采购均确已接受劳务	存货/应付账款：存在；权利和义务 管理费用/销售费用：发生	对已接受劳务的发票进行授权并附有适当的支持性文件	抽取费用发票，检查发票是否得到适当审批，并加盖“相符”印戳

续表

主要业务活动	控制目标	受影响的相关财务报表项目及认定	常用的控制活动	控制测试程序
记录应付账款	已记录的采购交易计价正确	存货/应付账款：准确性、计价和分摊 管理费用/销售费用：准确性；分类	定期与供应商对账，如有差异应及时进行调查和处理	抽取应付账款调节表，检查调节项目与有效的支持性文件是否相符，以及是否与应付账款明细账相符
	与采购物品相关的义务均已记录至应付账款	存货/应付账款：完整性 管理费用/销售费用：完整性	定期与供应商对账，如有差异应及时进行调查和处理	抽取应付账款调节表，检查调节项目与有效的支持性文件是否相符，以及是否与应付账款明细账相符
	与接受劳务相关的义务均已记录至应付账款	存货/应付账款：完整性 管理费用/销售费用：完整性	定期与供应商对账，如有差异应及时进行调查和处理	抽取应付账款调节表，检查调节项目与有效的支持性文件是否相符，以及是否与应付账款明细账相符
	采购物品交易均于适当期间记录	存货/应付账款：存在；完整性	定期与供应商对账，如有差异应及时进行调查和处理	抽取应付账款调节表，检查调节项目与有效的支持性文件是否相符，以及是否与应付账款明细账相符
	接受劳务交易均于适当期间记录	存货/应付账款：存在；完整性 管理费用/销售费用：截止	检查资产负债表日前后已接受的劳务，以确保其完整并记录于适当期间	
付款	仅对已记录的应付账款办理支付	存货/应付账款：完整性	管理层在核准付款前复核支持性文件。在签发支票后注销相关文件	抽取付款凭证，检查其是否经由会计主管复核和审批；检查有关的支票和信用证授权表是否得到适当人员的复核和审批
	准确记录付款	存货/应付账款：准确性、计价和分摊	管理层在核准付款前复核支持性文件。在签发支票后注销相关文件	抽取付款凭证，检查其是否经由会计主管复核和审批；检查有关的支票和信用证授权表是否得到适当人员的复核和审批
	付款均已记录	存货/应付账款：存在	定期将日记账中的付款记录与银行对账单进行核对	
	付款均于恰当期间记录	存货/应付账款：存在；完整性	定期将日记账中的付款记录与银行对账单进行核对	

续表

主要业务活动	控制目标	受影响的相关财务报表项目及认定	常用的控制活动	控制测试程序
维护供应商档案	对供应商档案的变更均为真实和有效的	存货/应付账款：存在；完整性 管理费用/销售费用：发生；完整性	核对供应商档案变更记录和原始授权文件，确定已正确处理	抽取更改申请表，检查其是否已经审批
	供应商档案变更均已进行处理	存货/应付账款：完整性 管理费用/销售费用：完整性	对供应商档案变更应连续编号，编号顺序已被记录	抽取更改信息报告，检查是否已经复核
	对供应商档案变更均为准确的	存货/应付账款：准确性、计价和分摊 管理费用/销售费用：准确性；分类	核对供应商档案变更记录和原始授权文件，确定已正确处理	抽取更改信息报告，检查是否已经复核
	对供应商档案变更均已于适当期间进行处理	存货/应付账款：权利和义务；存在；完整性 管理费用/销售费用：完整性；发生	对供应商档案变更应连续编号，编号顺序已被记录	抽取更改信息报告，检查是否已经复核
	确保供应商档案数据及时更新	存货/应付账款：权利和义务；存在；完整性 管理费用/销售费用：完整性；发生	管理层定期复核供应商档案的正确性，并确保其及时更新	抽取供应商档案，检查是否已及时更新

10.4.2 采购与付款循环的控制测试内容

采购与付款循环的控制测试内容见表10-3和表10-4。

表10-3 与采购材料有关的业务活动的控制测试内容

主要业务活动	测试内容	测试项目1	测试项目2	……
采购	请购单编号#（日期）			
	请购内容			
	请购单是否得到适当的审批（是/否）			
	采购订单编号#（日期）			

续表

主要业务活动	测试内容	测试项目1	测试项目2	……
记录应付账款	验收单编号＃（日期）			
	采购发票所载内容与采购订单、验收单的内容是否相符（是/否）			
	发票上是否加盖“相符”章（是/否）			
	转账凭证编号＃（日期）			
	是否记入应付账款贷方（是/否）			
付款	付款凭证编号#（日期）			
	付款凭证是否得到会计主管的适当审批（是/否）			
	有关支持性文件上是否加盖“核销”章（是/否）			
	支票编号#/信用证编号#（日期）			
	收款人名称			
	支票/信用证是否已支付给恰当的供应商（是/否）			

表10-4 **与费用有关的业务活动的控制测试内容**

主要业务活动	测试内容	测试项目1	测试项目2	……
请购	费用申请单编号＃（日期）			
	申请内容			
	费用申请单是否得到适当审批（是/否）			
	供应商名称			
记录应付账款	发票编号＃（日期）			
	发票是否得到适当审批（是/否）			
	费用申请单、发票与其他支持性文件所载内容是否相符（是/否）			
	发票上是否加盖“相符”章（是/否）			
	转账凭证编号＃（日期）			
	是否记入应付账款贷方（是/否）			
付款	付款凭证编号＃（日期）			
	付款凭证是否得到会计主管的适当审批（是/否）			
	有关支持性文件上是否加盖“核销”章（是/否）			
	支票编号＃／信用证编号＃（日期）			
	收款人名称			
	支票／信用证是否已支付给恰当的供应商（是/否）			

10.5 采购与付款循环的实质性程序

采购与付款循环主要涉及资产负债表项目，包括应付票据、应付账款、预付账款、固定资产、无形资产、在建工程、开发支出、商誉、长期待摊费用、长期应付款等；涉及的利润表的项目主要是管理费用。这里着重对应付账款、固定资产、无形资产账户的实质性程序作一介绍，其他账户的实质性程序可依据其特性参考执行。

10.5.1 采购与付款循环的交易实质性程序

采购与付款循环的交易实质性程序包括细节测试和实质性分析程序，其中细节测试是必须执行程序，实质性分析程序在注册会计师认为必要时执行。

1.实质性分析程序

对采购与付款循环实施实质性分析程序，有助于注册会计师分析交易的“发生”“完整性”“准确性”认定的错报风险。

（1）比较当年度及以前年度原材料成本、制造费用和直接人工占生产成本百分比的变动，并对异常情况作出解释。

（2）比较存货购入数量与耗用或销售数量，联系本年度存货的变动，对异常变动情况作出解释。

（3）核对存货采购的标准成本与实际成本。

（4）比较当年度及以前年度采购费用和各种采购费用占存货采购的比例的增减变动，并对异常情况作出解释。

（5）按月/季度比较实际发生的采购费用与预算的差异。

（6）比较各月存货采购的金额并对异常波动作出解释。

（7）比较当年度及以前年度从供应商处得到的现金折扣。

（8）将采购数量和平均单价之积与账面采购金额相比较。

通过上述实质性分析程序，可以初步判断采购与付款业务错报风险高的环节，有助于注册会计师结合细节测试，发现错报。

注册会计师对采购与付款循环实施实质性分析程序，应注意内部和外部对照数据的可靠性、期望数据的合理性，以及可接受的偏差大小。对于发现的偏差，并非都要做进一步调查，只有偏差超过了可容忍偏差才需要做进一步调查。

2.细节测试

（1）所有记录的采购都确已收到商品或接受劳务。对这一目标进行细节测试，是为了证实管理层“发生”认定。注册会计师可以通过逆查的方式收集审计证据，从采购明细账和总账、应付账款明细账和总账，追查至卖方出具的购货发票、验收单、订货单、请购单和仓库的永续盘存记录，检查相应的采购物资是否入库保管。

对于固定资产和无形资产，要检查固定资产和无形资产登记簿，检查相应的记录，并追查至使用部门，确定账簿记录的固定资产和无形资产是否存在。

（2）已发生的采购交易均已记录。对这一目标进行细节测试，是为了证实管理层“完整性”认定是否正确。注册会计师可以采用顺查的方法，从请购单、订购单、验收单、购货发票，追查至采购明细账和总账、应付账款明细账和总账。

（3）记录的采购交易估价正确。为了证实管理层关于“准确性”认定的正确性，可以将采购明细账中记录的交易金额与购货发票、购货合同或协议等文件进行核对，确定购货折扣和折让、运费的计算是否正确。

（4）记录的采购交易分类正确。根据购货发票标明的物资类型及付款方式等，参考会计科目表，核查采购交易的“分类”认定是否正确。

（5）采购交易记入正确的会计期间。要核实采购截止日是否正确，可以将购货发票、验收单、入库单的日期与采购交易明细账记录的日期进行比较。

（6）采购交易被正确记入应付账款和存货等明细账中，并被正确汇总。通过加计采购明细账金额，并追查至采购总账和应付账款明细账、总账，测试采购交易是否被正确记入应付账款和存货等明细账中，并正确汇总。

10.5.2　应付账款审计

应付账款是采购与付款循环的重要账户，一般来说，采购商品或接受劳务的债务都记入应付账款账户。

1.应付账款的审计目标

应付账款的审计目标通常包括：

（1）资产负债表中记录的应付账款是否存在；

（2）所有应当记录的应付账款是否均已记录；

（3）资产负债表中记录的应付账款是否是被审计单位应当履行的现时义务；

（4）应付账款是否以恰当的金额包括在财务报表中，与之相关的计价调整已恰当记录；

（5）应付账款是否已记录于恰当的账户；

（6）应付账款是否已被恰当地汇总或分解且表述清楚，并已按照企业会计准则的规定在财务报表中作出的相关披露是相关的、可理解的。

上述审计目标与管理层认定之间的关系见表10-5。

表10-5　**应付账款的审计目标与管理层认定**

审计目标	管理层认定					
	存在	完整性	权利和义务	准确性、计价和分摊	分类	列报
（1）资产负债表中记录的应付账款是否存在	√					
（2）所有应当记录的应付账款是否均已记录		√				
（3）资产负债表中记录的应付账款是否是被审计单位应当履行的现时义务			√			
（4）应付账款是否以恰当的金额包括在财务报表中，与之相关的计价调整已恰当记录				√		
（5）应付账款是否已记录于恰当的账户					√	
（6）应付账款是否已被恰当地汇总或分解且表述清楚，并已按照企业会计准则的规定在财务报表中作出的相关披露是相关的、可理解的						√

2.应付账款的实质性程序

（1）获取或编制按债权人名称填列的应付账款明细表，复核加计数，并与明细账、总账、报表核对相符。检查非记账本位币应付账款的折算汇率及折算是否正确。对于出现借方余额的项目，需要进行分析并查明原因，必要时作重分类调整。同时，还应注意结合预付账款、其他应付款等往来项目的明细余额，调查有无同挂的项目、异常余额或与购货无关的其他款项（如关联方账户或雇员账户）；如有，应作出记录，必要时作调整。

（2）执行实质性分析程序，以证实应付账款真实性和完整性及需特别关注的事项。

①将本期应付账款发生额与上期应付账款发生额进行比较；

②将应付账款占存货的比率、占销售成本的比率、占流动负债的比率与以前年度进行比较；

③将本期各月应付账款发生额的波动进行比较，分析波动的原因；

④将本期应付账款平均支付期与以前年度应付账款平均支付期进行比较，查明异常情况；

⑤分析应付账款增减变动与存货、营业成本等项目增减变动之间的合理性。

（3）应付账款函证。选择应付账款的重要项目（包括零余额账户），函证其余额和交易条款，对未回函的再次发函或实施替代检查程序（检查原始凭证，如合同、发票、验收单，核实应付账款的真实性）。应付账款函证与应收账款函证的差异体现在：

①函证的必要性。一般情况下，应付账款不需函证，但应收账款必须函证。原因是应付账款审计关注的是应付账款的低估，而函证无法查找隐瞒的应付账款，难以发现低估的应付账款，无法达到预期审计目标。而应收账款审计关注的是应收账款高估，函证能够发现高估的应收账款，能达到预期审计目标。

②函证的方式。应付账款的函证最好采用积极式函证，并具体说明应付金额的大小。而应收账款的函证可采用积极式函证，也可采用消极式函证，往往是二者结合使用。

③函证的对象。应付账款函证中，注册会计师应选择较大金额的债权人，以及那些在资产负债表日金额不大，甚至为零，但为企业重要供货人的债权人，作为函证对象。而应收账款函证应选择金额较大的项目、账龄较长的项目、交易频繁但期末余额较小的项目来进行。

除此之外，应付账款函证与应收账款函证一样，应控制函证全过程，要求债权人直接回函，并根据回函情况编制与分析函证结果汇总表。对未回函的，应考虑是否再次函证。对于未回函的重大项目，应采用替代审计程序。如果应付账款存在，被审计单位必然要予以支付，因此，可以检查决算日后应付账款明细账及相应的库存现金日记账和银行存款日记账，核实其是否已支付。当然，也可以同时检查与该笔债务相关的请购单、订购单、购货合同、购货发票、验收单和入库单等凭证资料，核实应付账款的真实性。

（4）抽查有关原始凭证，核实应付账款会计处理的正确性。检查债务形成的相关原始凭证，如供应商发票、验收报告或入库单等，查找有无未及时入账的应付账款，确定应付账款金额的准确性。

（5）查找未及时入账的应付账款，确认应付账款期末余额的完整性。对于负债，主要是防止被审计单位的低估问题，注册会计师在审计中要重点关注低估负债、故意漏记应付账款。注册会计师应获取被审计单位与其供应商之间的对账单（应从非财务部门，如采购部门获取），并将对账单和被审计单位财务记录之间的差异进行调节（如在途款项、在途货物、付款折扣、未记录的负债等），查找有无未入账的应付账款，确定应付账款金额的准确性。

（6）针对已偿付的应付账款，追查至银行对账单、银行付款单据和其他原始凭证，检查其是否在资产负债表日前真实偿付。

（7）检查资产负债表日后应付账款明细账贷方发生额的相应凭证，关注其购货发票的日期，确认其入账时间是否合理。

（8）检查购货折扣、折让和现金折扣、购货退回等原始凭证，分析应付账款入账金额的正确性。

（9）检查应付账款长期挂账的原因并作出记录，注意其是否可能无须支付；对确实无须支付的应付账款的会计处理是否正确，依据是否充分；关注账龄超过3年的大额应付账款在资产负债表日后是否偿还，检查偿还记录、单据及披露情况。

（10）检查应付关联款项的真实性、完整性。被审计单位与债权人进行债务重组的，检查不同债务重组方式下的会计处理是否正确。

（11）检查应付账款是否已按照企业会计准则的规定在财务报表中作出恰当列报。如果是上市公司，还应注意财务报表附注中有无说明欠持有5%以上（含5%）表决权股份的股东单位账款；说明账龄超过3年的大额应付账款未偿还的原因，并在期后事项中反映资产负债表日后是否偿还。

10.5.3 固定资产审计

固定资产是指为生产商品、提供劳务、出租或经营管理而持有的，使用寿命超过一个会计年度的资产。固定资产具有在资产总额中比例大、涉及会计科目多的特点。固定资产审计涉及固定资产的原价，累计折旧、固定资产减值准备、在建工程等科目。

1. 固定资产的审计目标

注册会计师审计固定资产的目标包括：

（1）确定资产负债表中记录的固定资产是否存在；

（2）确定所有应记录的固定资产是否均已记录；

（3）确定记录的固定资产是否由被审计单位拥有或控制；

（4）确定固定资产是否以恰当的金额包括在财务报表中，与之相关的计价或分摊已恰当记录；

（5）确定固定资产是否已记录于恰当的账户；

（6）确定固定资产是否已被恰当地汇总或分解且表述清楚，并已按照企业会计准则的规定在财务报表中作出的相关披露是相关的、可理解的。

上述审计目标与管理层认定的关系见表10-6。

2. 固定资产的实质性程序

（1）获取或编制固定资产和累计折旧分类汇总表，检查固定资产的分类是否正确并与总账数和明细账合计数核对是否相符，结合累计折旧、减值准备科目与报表数核对是否相符。

表 10-6 固定资产的审计目标与管理层认定

审计目标	管理层认定					
	存在	完整性	权利和义务	准确性、计价和分摊	分类	列报
(1) 确定资产负债表中记录的固定资产是否存在	√					
(2) 确定所有应记录的固定资产是否均已记录		√				
(3) 确定记录的固定资产是否由被审计单位拥有或控制			√			
(4) 确定固定资产是否以恰当的金额包括在财务报表中，与之相关的计价或分摊已恰当记录				√		
(5) 确定固定资产是否已记录于恰当的账户					√	
(6) 确定固定资产是否已被恰当地汇总或分解且表述清楚，并已按照企业会计准则的规定在财务报表中作出的相关披露是相关的、可理解的						√

（2）实施实质性分析程序。

①按类别分析当年和以前年度固定资产、在建工程增减变动情况，并将新增固定资产与新增产品产量进行比较。

②按类别分析固定资产当年折旧额和以前年度折旧额，如将折旧额与固定资产账面原值进行比较，按类别将固定资产账面价值和平均折旧率的乘积与账面折旧计提数进行比较。

③分析当年和以前年度固定资产维修费用占固定资产原值、营业收入和费用总额的比率。

（3）实地检查固定资产的存在性。注册会计师可以固定资产明细账为起点，进行实地查验，以证明会计记录中所列固定资产确实存在。

（4）检查固定资产的所有权或控制权。对各类固定资产，获取、收集不同的证据以确定其是否归被审计单位所有：对外购的机器设备等固定资产，审核采购发票、采购合同等；对房地产类固定资产，查阅有关的合同、产权证明、财产税单、抵押借款的还款凭据、保险单等书面文件；对融资租入的固定资产，检查有关融资租赁合同；对汽车等运输设备，检查有关运营证件等；对受留置权限制的固定资产，结合有关负债项目进行检查。

（5）检查本期固定资产的增加。询问管理层当年固定资产的增加情况，并与获取或编制的固定资产明细表进行核对；检查本年度增加固定资产的计价是否正确，手续是否齐备，会计处理是否正确；对于通过不同途径增加的固定资产，采用相应的检查方法。

（6）检查本期固定资产的减少。固定资产的减少主要包括出售、向其他单位投资转出、向债权人抵债转出、报废、毁损、盘亏等。注册会计师应查验各种途径固定资产减少的真实性，并核实减少的固定资产是否已作恰当的会计处理。

（7）检查固定资产的后续支出。固定资产的后续支出是指固定资产在使用过程中发生的更新改造支出和修理费用等。固定资产的后续支出包括收益性支出和资本性支出，应根据《企业会计准则第4号——固定资产》的规定，将符合固定资产确认条件的予以资本化，计入固定资产的成本；不符合固定资产确认条件的，则计入当期损益。注册会计师应检查有关固定资产后续支出的会计处理是否正确。

（8）检查固定资产的租赁。注册会计师应根据经营租赁和融资租赁的特点，检查租赁合同等相关凭证，查实经营租赁和融资租赁的划分是否正确，固定资产租赁的会计处理是否正确，对于融资租赁固定资产是否计提累计折旧，其后续支出的处理是否等同自有固定资产处理。

（9）检查固定资产的折旧。

①获取或编制累计折旧分类汇总表，复核加计是否正确，并与总账数和明细账合计数核对是否相符。

②检查被审计单位制定的折旧政策和方法是否符合相关会计准则的规定。

③复核本期折旧费用的计提和分配是否正确。

④检查折旧费用的分配方法是否合理，是否与上期一致。

⑤将“累计折旧”科目贷方的本期计提折旧额与相应的成本费用中的折旧费用明细账户的借方相比较，查明所计提折旧金额是否已全部摊入本期产品成本或费用。

⑥确定累计折旧的披露是否恰当。

（10）检查关联交易固定资产。注册会计师应检查关联交易取得的固定资产是否经适当授权，交易价格是否公允。

（11）检查固定资产的抵押、担保情况。结合对银行借款等的检查，了解固定资产是否存在重大的抵押、担保情况。如存在，应取证并作相应的记录，同时提请被审计单位作恰当披露。

（12）检查在建工程的处理是否正确。

①获取在建工程明细表，复核加计数，并与明细账、总账核对相符，结合“在建工程减值准备”科目和报表数核对是否相符。

②检查在建工程的本期增加数。询问管理层当年在建工程的增加情况，并与获取或编制的在建工程明细表核对；查阅公司资本支出预算、公司相关会议决议等，检查本年度增加的在建工程是否全部得以记录；检查本年度增加的在建工程的原始凭证，如立项申请、工程借款合同、施工合同、发票、工程物资请购申请、付款单据、建设合同、运单、验收报告等是否完整，计价是否正确。

③检查在建工程的本期减少数。了解在建工程结转固定资产的政策，并结合固定资产审计，检查在建工程转销额是否正确，是否存在将已交付使用的固定资产挂列在建工程而少计折旧的情形；检查在建工程其他减少情况，检查入账依据是否齐全、会计处理是否正确。

④检查利息资本化是否正确。复核计算资本化利息的借款费用、资本化率、实际支出数以及资本化的开始和停止时间。

⑤实施在建工程实地检查程序（全部或部分）。

⑥检查在建工程减值准备，关注停建工程。检查在建工程是否出现减值情形，是否应确认减值准备；检查减值计提所依据的确定可收回金额的方法。对以市价确定可收回金额的，复核管理层使用的市价的取得方法；对以现值确定可收回金额的，复核计算现值的假

设、方法是否合理。

⑦检查在建工程是否已按照企业会计准则的规定在财务报表中作出恰当列报。

(13) 检查工程物资的处理是否正确。

①获取或编制工程物资明细表，复核加计是否正确，并与总账数和明细账合计数核对是否相符，结合工程物资减值准备与报表数核对是否相符。

②实地检查工程物资，确定其是否存在，并观察是否有呆滞、积压物资。

③抽查若干工程物资采购合同、发票、验收单等原始凭证，检查其是否经过授权审批，会计处理是否正确。

④结合在建工程审计，检查工程物资的领用手续是否齐全，会计处理是否正确。被审计单位是否对工程物资定期盘点，对盘盈、盘亏的处理是否及时、是否符合规定，会计处理是否正确。工程完工后剩余的工程物资在转入存货时，是否将其所含的增值税进项税额进行了正确的分离。

⑤检查工程物资是否已按照企业会计准则的规定在财务报表中作出恰当列报。

(14) 检查固定资产清理的会计处理是否正确。

①获取或编制固定资产清理明细表，复核加计是否正确，并与报表数、总账数和明细账合计数核对是否相符。

②检查固定资产清理的发生是否有正当理由，是否经有关技术部门鉴定，固定资产清理的发生和转销是否经授权批准，相应的会计处理是否正确。

③由对外投资、非货币性资产交换、债务重组等原因转出产生固定资产清理的，检查相关的合同、协议以及股东（大）会、董事会的决议，确定合同或协议约定的价值是否公允，检查其会计处理是否正确。

④检查固定资产清理是否长期挂账；如有，应作出记录，必要时建议作适当调整。

⑤检查固定资产清理是否已按照企业会计准则的规定在财务报表中作出恰当列报。

(15) 检查固定资产的减值准备。根据《企业会计准则第8号——资产减值》的规定，固定资产符合减值条件时，应计提减值准备。

①获取或编制固定资产减值准备明细表，复核加计是否正确，并与总账数和明细账合计数核对是否相符。

②检查被审计单位计提固定资产减值准备的依据是否充分，处置固定资产时原计提的减值准备是否同时结转，相应的会计处理是否正确。

③确定固定资产减值准备在财务报表中的列报是否恰当。

(16) 检查固定资产是否已在财务报表中恰当列报。根据《企业会计准则第4号——固定资产》的规定，企业应当在财务报表附注中披露：

①固定资产的确认条件、分类、计量基础和折旧方法；

②各类固定资产的使用寿命、预计净残值和折旧率；

③各类固定资产的期初和期末原价、累计折旧额及固定资产减值准备累计金额；

④当期确认的折旧费用；

⑤对固定资产所有权的限制及金额和用于担保的固定资产账面价值；

⑥准备处置的固定资产名称、账面价值、公允价值、预计处置费用和预计处置时间等。

10.5.4　无形资产审计

无形资产，是指企业拥有或者控制的没有实物形态的可辨认非货币性资产。无形资产同时满足下列条件的，才能予以确认：第一，与该无形资产有关的经济利益很可能流入企业；第二，该无形资产的成本能够可靠地计量。注册会计师对无形资产进行审计，需要收集证据确定被审计单位对无形资产的确认、计量和披露是否正确。

1.无形资产的审计目标

（1）确定资产负债表中记录的无形资产是否存在；

（2）确定被审计单位所有应当记录的无形资产是否均已记录；

（3）确定资产负债表中记录的无形资产是否由被审计单位拥有或控制；

（4）确定无形资产是否以恰当的金额包括在财务报表中，与之相关的计价或分摊调整已恰当记录；

（5）确定无形资产是否已记录于恰当的账户；

（6）确定无形资产是否已被恰当地汇总或分解且表述清楚，并已按照企业会计准则的规定在财务报表中作出的相关披露是相关的、可理解的。

上述审计目标与管理层认定的关系见表10-7。

表10-7　**无形资产的审计目标与管理层认定**

审计目标	管理层认定					
	存在	完整性	权利和义务	准确性、计价和分摊	分类	列报
（1）确定资产负债表中记录的无形资产是否存在	√					
（2）确定被审计单位所有应当记录的无形资产是否均已记录		√				
（3）确定资产负债表中记录的无形资产是否由被审计单位拥有或控制			√			
（4）确定无形资产是否以恰当的金额包括在财务报表中，与之相关的计价或分摊调整已恰当记录				√		
（5）确定无形资产是否已记录于恰当的账户；					√	
（6）确定无形资产是否已被恰当地汇总或分解且表述清楚，并已按照企业会计准则的规定在财务报表中作出的相关披露是相关的、可理解的						√

2.无形资产的实质性程序

（1）获取或编制无形资产明细表，复核加计是否正确，并与总账数和明细账合计数核对是否相符，结合累计摊销、无形资产减值准备账户与报表数核对是否相符。

（2）检查无形资产的所有权或控制权。检查无形资产的权属证书原件、非专利技术的持有和保密状况等，并获取有关协议和董事会纪要等文件资料，确定无形资产是否由被审计单位拥有或控制。

(3) 检查无形资产的增加和减少。检查通过外购、投资者投入、自行研发等途径取得的无形资产的相关原始凭证，确定其会计处理是否正确。检查无形资产减少的相关凭证，分析其会计处理是否正确。

(4) 检查被审计单位确定无形资产使用寿命的依据，分析其合理性。

(5) 检查无形资产的摊销。

①获取或编制无形资产累计摊销明细表，复核加计是否正确，并与总账数和明细账合计数核对是否相符。

②检查无形资产各项目的摊销政策是否符合有关规定，是否与上期一致。

③复核本期摊销是否正确，与相关科目核对是否相符。

④确定累计摊销在财务报表中的列报是否恰当。

(6) 检查无形资产的后续支出是否合理，会计处理是否正确。

(7) 检查无形资产的担保。结合对长、短期借款等项目的审计，了解是否存在用于债务担保的无形资产。

(8) 检查无形资产的减值准备。根据《企业会计准则第6号——无形资产》的规定，无形资产的减值应当按照《企业会计准则第8号——资产减值》处理。符合资产减值条件的，应计提无形资产减值准备。注册会计师可实施下列审计程序测试被审计单位对无形资产的减值处理是否正确：

①获取或编制无形资产减值准备明细表，复核加计是否正确，并与总账数和明细账合计数核对相符。

②检查无形资产减值准备计提和转销的批准程序，取得书面报告等证明文件。

③检查被审计单位计提无形资产减值准备的依据是否充分，会计处理是否正确。

④检查无形资产转让时，相应的减值准备是否一并结转，会计处理是否正确。

⑤对于使用寿命有限的无形资产，逐项检查是否存在减值迹象，并作详细记录；对于使用寿命不确定的无形资产，无论是否存在减值迹象，都要进行减值测试。

⑥通过检查期后事项，以及比较前期无形资产减值准备数与实际发生数，评价无形资产减值准备的合理性。

(9) 检查无形资产是否已在财务报表中恰当列报。企业应当在财务报表附注中披露：

①无形资产的期初和期末账面余额、累计摊销额及减值准备累计金额。

②使用寿命有限的无形资产，其使用寿命的估计情况；使用寿命不确定的无形资产，其使用寿命不确定的判断依据。

③无形资产的摊销方法。

④用于担保的无形资产账面价值、当期摊销额等情况。

⑤计入当期损益和确认为无形资产的研究开发支出金额。

本章小结

采购与付款循环涉及采购、记录应付账款与付款等交易环节，经过提出采购申请、批准采购、验收商品、存储商品、确认和记录负债、批准付款、记录货款的支付等业务流程。在这个循环中，主要使用请购单、订购单、验收单、应付凭单、应付账款明细账和总账、库存现金日记账、银行存款日记账、支票（汇票、本票等）、付款凭证、转账凭证、购货发票等。注册会计师根据对采购与付款循环流程风险的了解，对该循环的重大错报风险进行评估。采购与付款循环的主要内部控制包括不相容岗位相互分离控制、授权审批控制、请购与审批控制、采购与验收控制、付款控制和内部稽核。采购与付款循环的交易实质性程序包括细节测试和实质性分析程序，本章对采购与付款循环中的应付账款、固定资产和无形资产三个主要账户的审计目标和实质性程序作了介绍。

思政园地

加强行业诚信建设 全面助力社会信用体系建设

为适应新时代高质量发展和全面建成社会主义现代化强国对注册会计师行业诚信建设的要求，增强行业诚信观念，提升执业质量，营造守法经营、诚信服务的行业文化，2023年3月14日，财政部印发了《注册会计师行业诚信建设纲要》（以下简称《纲要》），对注册会计师行业诚信建设进行全面系统部署，全面助力社会信用体系建设。《纲要》的出台是贯彻落实习近平总书记关于注册会计师行业“要紧紧抓住服务国家建设这个主题和诚信建设这条主线”重要指示批示精神的具体行动，是有效落实《关于进一步加强财会监督工作的意见》和《关于进一步规范财务审计秩序促进注册会计师行业健康发展的意见》要求的重要内容，也是落实落细党中央、国务院有关加强社会信用体系建设决策部署的重要举措。

《纲要》紧紧围绕加强行业诚信建设这条工作主线，聚焦落实社会信用体系建设客观需求和行业高质量发展内在需求，抓住诚信标准建设、诚信标准执行、诚信监督管理等主要环节，推进构建行业诚信闭环管理体系。《纲要》同时着力统筹发挥财政部门、注册会计师协会、会计师事务所和从业人员等四方面主体作用，按照“政府推动，社会共建”“健全制度，规范发展”“以人为本，教育为先”“德法并举，刚柔相济”“重点突破，强化联动”等基本原则，对行业诚信建设体系进行谋划布局，并从诚信标准建设、诚信教育和诚信文化建设、诚信信息采集和信息监控体系建设、诚信监管和评级评价制度建设、守信激励和失信惩戒机制建设以及组织保障等六个方面规划了推进行业诚信建设的重点工作。

《纲要》共分为八个部分，主要包括“充分认识加强注册会计师行业诚信建设的重要意义”“行业诚信建设的指导思想和基本原则”“以健全规范规则为基础，持续完善诚信标准建设”“以弘扬诚信美德为导向，推动诚信教育与诚信文化建设”“以平台建设为抓手，持续完善诚信信息采集和信息监控体系”“以加强诚信监管为着力点，健全诚信监管和评级评价制度”“以构建分级分类监管体系为重点，健全守信奖励和失信惩戒机制”“加强组织保障”等方面内容。

资料来源：中国注册会计师协会.财政部印发《注册会计师行业诚信建设纲要》[EB/OL].（2023-03-29）[2023-11-14]. https://www.cicpa.org.cn/xxfb/news/202303/t20230329_64026.html.

拓展阅读资料

巨人零售公司是美国一家大型零售折扣商店，创建于1959年。20世纪60年代，该公司销售增长速度令人震惊，至1971年，已经拥有112家零售商店。1971年，巨人零售公司的管理层面临着历史上第一次重大经营损失。为了掩盖真相，他们决定篡改会计记录，将1971年发生的250万美元经营损失改为150万美元收益，以提高与之有关的流动比率和周转率。

巨人零售公司1971年年报由罗丝会计师事务所负责审计。审计时，该事务所发现巨人零售公司管理层蓄意调减了1972年1月29日结束的会计年度的应付账款余额（见表10-8），并对此进行了进一步调查取证。

表10-8　　巨人零售公司应付账款蓄意调减情况汇总表

债权方	应付账款减少额	应付账款减少的理由
1 100家广告商	30万美元	以前未入账的预付广告费用
米尔布鲁克公司	25.7万美元	①商品退回；②总购折扣；③折扣优惠
罗斯盖尔公司	13万美元	商品退回
健身器材公司	17万美元	以前购进货物进价过高
健美产品制造商	16.3万美元	商品退回

1. 在1972年1月29日结束的会计年度中，巨人零售公司命令下属广告部门准备了一份14页的备忘录，虚构了大约1 100家广告商，记录巨人零售公司以前曾向它们预付过广告费但并未入账。对这些巨额广告费均未入账的情况，罗丝会计师事务所询问原因时，巨人零售公司管理人员答复，该公司广告部门曾有几个月忘了整理记录并记账。为了验证这些预付的广告费是否属实，罗丝会计师事务所向4家广告商发出函询证，并且要求巨人零售公司为另外20笔未入账的费用提供证明文件。虽然这4家广告商的回函中指出预付广告费是错误的，但罗丝会计师事务所并未进行追查，直接根据巨人零售公司的证明文件以及所发询证函对这些预付广告费进行了确认。

2. 巨人零售公司财务副总裁伪造了28份贷项通知单（红字发票），以此来抵减应付给一家大型的、提供健康和美容帮助的制造商——米尔布鲁克公司的账款。对于这些贷项通知单，审计师进行询问时，先后得到了三种不同的解释：一是因为商品退回发出的；二是给予总购货折扣；三是给予折让优惠。对于折让优惠是否属实，审计师要求向米尔布鲁克公司的一位高级行政人员求证。巨人零售公司财务副总裁当着审计师的面，打电话给一个听起来像是米尔布鲁克公司总裁的人。短暂交谈了几句后，该副总裁把电话递给审计师，电话另一头的那个人口头证实了这笔折让优惠，并且同意向罗丝会计师事务所递交一份书面证明。但几天后，该副总裁又告诉审计师，米尔布鲁克公司总裁改变了签发书面证明的想法。为此，审计师对贷项通知单的真实性提出疑问，而负责该审计项目的合伙人却认为已经收集到充分的证据，可以证实。

3. 巨人零售公司发出35份伪造的贷项通知单，蓄意减少应付给供应商罗斯盖尔公司的账款。审计师在审阅这些贷项通知单的复印件时，发现单据中被掩藏起来的句子："只有在收到货物时才可以记账。"审计师给罗斯盖尔公司的一位会计人员打电话，询问他有关这些商品退回的问题，回答是并无任何商品曾被巨人零售公司退回过。罗丝会计师事务所的合伙人知悉此事后，与巨人零售公司副总裁进行沟通，对方解释说是审计师误解了电话询问的内容，并断言确实是因退货才发出贷项通知单，且以两家公司之间即将发生法律诉讼为由坚持不让该合伙人与罗斯盖尔公司联系。最终，该合伙人由于收到了证实这件事的信件而接受了这一解释。

4. 巨人零售公司的管理层曾要求下属伪造一份名单，虚构因进价过高而向供应商要求

17万美元退款的事项。罗丝会计师事务所在调查这一事项时，从巨人零售公司提供的名单中随意抽取了几个供应商，然后给这些供应商打电话，求证进价过高是否真实。然而，在15个电话求证中，审计师居然允许该公司先同供应商联系并通知此事，接着又打电话再一次解释该事务所要询问的事项，最后才把电话递给审计师，让其与供应商通话。

此外，巨人零售公司还通过伪造发给健美产品制造商的贷项通知单，用根本没被确认的16.3万美元的商品退回减少应付账款。

资料来源：李若山.巨人零售公司审计案例——会计师事务所因屈服客户压力而执行了许多无效的审计程序，注册会计师难辞其咎的审计案例［J］. 中国注册会计师，1998（11）：40-44.

【思考】

1.罗丝会计师事务所在审计巨人零售公司财务报表时所实施的审计程序是否恰当？如不恰当，请提出改进建议。

2.结合本案例讨论应如何进行应付账款函证以及查找未入账的应付账款。

自测题

第10章判断题

第10章单项选择题

第10章多项选择题

第11章　生产循环审计

【学习目标】

通过本章的学习，你要：

1. 了解生产循环的主要交易和业务活动、主要凭证和记录；
2. 掌握生产循环的控制目标和内部控制；
3. 掌握生产循环的重大错报风险评估、控制测试和交易实质性程序；
4. 掌握存货的审计目标及实质性程序；
5. 掌握应付职工薪酬的审计目标及实质性程序；
6. 掌握营业成本的审计目标及实质性程序。

11.1　生产循环的特性

生产循环涉及从领用存货到加工生产产品的全过程，涉及仓库、生产等部门。

11.1.1　生产循环的业务流程

视频34　生产循环审计

对一般制造企业来说，其生产循环可以分为存货、生产（成本会计制度）和职工薪酬三大类交易，涉及按生产计划领料、组织生产、控制生产质量、计算生产成本和存货管理等内容，牵扯生产计划、仓库、生产、会计等多个部门。具体的业务流程包括：

1.计划生产和提出领料申请

组织产品生产往往由生产计划部门负责。生产计划部门根据顾客订单或者对销售预测和产品需求的分析决定产品是否投产、投产多少。如决定生产某类产品，生产计划部门将编制并签发预先连续编号的生产通知单，并根据生产产品的原材料构成情况，列示材料需求的种类、数量（重量）等。

生产部门根据生产通知单、材料需求报告及库存情况编制领料单，向仓库提出领料申请。

2.发出原材料

仓库根据生产部门的领料单发出原材料。仓库要严格按照领料单上注明的材料数量、种类、规格发料。领料单一般一式三联，仓库发出原材料时，将其中一联与材料一起交给领料部门，其余两联经仓库登记材料明细账后，送会计部门作为材料收发核算和成本核算的依据。

3.生产产品

生产产品是生产循环经历时间最长的一个业务流程，历经制造、组装、包装等多个生产环节。生产部门收到生产通知单及领取原材料后，便组织产品生产，一方面将生产任务分解到各车间和班组；另一方面对生产工人的生产过程进行监督和控制，确保产品生产过程规范、产品质量合格。对于在生产环节需委托外单位加工的，还应注意委托加工环节的控制。产品生产完工后，各车间和班组将所生产的产品交给生产管理部门清点产量，然后转交质量检验部门检验，经检验合格的产品移交仓库办理入库手续。

4.核算产品成本

企业应建立健全成本会计制度，既是为了正确分配和核算成本，也是为了有效控制产品成本水平。会计部门应根据实物流转，相应地进行成本核算，依据生产过程的领料单、工时记录、工资单等凭证，采用分步法、分批法等成本核算方法，将所消耗的材料、人工和间接费用进行归集，并在各类产品之间、在产品和完工产品之间合理分配，保证产成品成本核算准确。采用标准成本核算，还需分析成本差异及其产生的原因。有条件的企业可以采用作业成本、责任成本等核算方法。

5.储存产成品

完工产品需交仓库入库保管。仓库保管人员在产品入库时，应清点产品数量、名称、规格，并与验收部门出具的验收凭证核对；签收入库产品后，根据实际入库数量填制入库单，并将实际入库数量通知会计部门，以便会计部门进行账务处理。

6.发出产成品

销售产品时，仓库根据销售通知单等凭证发出库存产成品，由装运部门发送给顾客。发运产品时，需填制出库单。出库单至少一式四联：一联交仓库；一联发运部门留存；一联送交顾客；一联作为给顾客开发票的依据。这一环节既是生产循环的业务流程，也是销售与收款循环的业务流程。

11.1.2　生产循环的主要凭证与记录

生产循环的业务流程涉及生产计划、仓库、生产、会计等多个部门，既有实物流转，也有价值转移。为了记录实物流转过程和价值转移过程，并有效控制成本水平，确保产品成本核算准确，内部控制为生产循环设计了多种凭证和记录，主要包括生产通知单、领料单、发料单、产量和工时记录、工薪汇总表及工薪费用分配表、材料费用分配表、制造费用分配汇总表、成本计算单、存货明细账等。表11-1列示了生产循环主要业务及对应的凭证与记录。

表11-1　**生产循环主要业务及对应的凭证与记录**

主要业务活动	对应的凭证与记录	相关的主要部门
1.计划生产和提出领料申请	生产通知单、材料需求报告	生产计划部门
2.发出原材料	领料单（三联）	仓库

续表

主要业务活动	对应的凭证与记录	相关的主要部门
3.生产产品	生产通知单、产量和工时记录	生产部门
4.核算产品成本	生产通知单、领料单、计工单、入库单、工薪汇总表及工薪费用分配表、材料费用分配表、制造费用分配汇总表、成本计算单、存货明细账	会计部门
5.储存产成品	入库单	仓库
6.发出产成品	出库单（四联）	发运部门

11.2 生产循环的内部控制

生产循环包括存货、生产（成本会计制度）和工薪三类业务流程，因存货的控制目标在采购与付款循环中有所涉及，对存货的控制测试结合其他业务循环进行更为有效，故这里介绍生产和工薪两类业务流程的控制目标和控制测试。

生产循环内部控制的内容包括：(1) 了解被审计单位生产循环与财务报告相关的内部控制的设计，并记录获得的了解；(2) 针对生产循环的控制目标，记录相关的控制活动，以及受该控制活动影响的交易和账户余额及其认定；(3) 执行穿行测试，证实对交易流程和相关控制的了解，并确定相关控制是否得到执行；(4) 记录在了解和评价生产循环的控制设计和执行过程中识别的风险，以及拟采取的应对措施。

11.2.1 生产循环的控制目标

1.生产（成本会计制度）业务流程的控制目标

从业务流程来说，生产是原材料等实物资产转移并转化为产成品的流程；但从会计系统来说，生产是原材料的价值转移到产成品中的过程，即成本费用的归集与分配过程（成本会计制度）。因此，这类业务既可称为生产，也可称为成本会计制度。其控制目标包括：

(1) 生产经授权批准进行。生产是经管理层的授权批准进行的，这与成本费用的“发生”认定有关。

(2) 记录的成本为实际发生的支出。记录的成本是企业实际发生的成本支出，不存在虚构支出，这与成本费用的“发生”认定有关。

(3) 发生的支出已反映在成本中。生产过程中发生的所有费用支出，包括人工支出都应计入成本，这与存货的“完整性”认定有关。

(4) 成本以正确的金额、在恰当的会计期间记录于正确的账户。成本会计制度应能保证采用适当的成本核算方法和费用分配方法，并且前后各期一致，成本费用被记录于恰当的账户和会计期间。这与存货的“存在”“完整性”“准确性、计价和分摊”等认定有关。

(5) 存货的接近控制。存货保管人员与记录人员相互分离，限制未经授权的人员接近存货，保证存货的安全性。这与存货的“完整性”认定有关。

（6）存货账实相符。定期盘点存货，使账面存货与实际存货保持一致，这与存货的“存在”“完整性”“准确性、计价和分摊”认定有关。

2.工薪业务流程的控制目标

（1）工薪账项经授权批准。所有的工薪事项，包括上班时间、上班人员、加班时间、工资率、工薪汇总表、工薪结算表等均要经过授权批准，这与工薪的“发生”认定相关。

（2）记录的工薪为实际发生的工薪。凡是在账簿上记录的工人薪酬均为实际发生的薪酬支出，不存在将其他支出列入工薪范围的情况，这与工薪的“发生”认定相关。

（3）发生的工薪均已作记录。凡是已发生的工薪支出，均已经记录在账簿上，没有遗漏，这与工薪的“完整性”认定相关。

（4）记录的工薪金额正确，反映于正确的会计期间和账户。工薪费用的归集和分配方法正确，并且前后一致，账务处理正确，这与工薪的“发生”“完整性”“准确性”以及相关账户期末余额的“准确性、计价和分摊”等认定相关。

（5）不相容职务分离控制。工薪业务中的人事、考勤、工薪发放、记录等职务不能由一个部门或一个人负责，应相互分离，独立稽核，保证工薪业务处理的正确性。

11.2.2　生产循环的主要内部控制内容

1.岗位分工与授权批准控制

企业应当建立存货业务的岗位责任制，明确内部相关部门和岗位的职责、权限，确保办理存货业务的不相容岗位相互分离、制约和监督。存货业务的不相容岗位至少包括：（1）存货的请购与审批、审批与执行；（2）存货的采购与验收、付款；（3）存货的保管与相关会计记录；（4）存货发出的申请与审批、申请与会计记录；（5）存货处置的申请与审批、申请与会计记录。

企业应当对存货业务建立严格的授权批准制度，明确审批人对存货业务的授权批准方式、权限、程序、责任和相关控制措施，规定经办人办理存货业务的职责范围和工作要求。

2.材料领用控制

企业应当建立严格的材料领用制度。企业生产部门、基建部门领用材料，应当持有生产管理部门及其他相关部门核准的领料单。超出材料领料限额的，应当经过特别授权。

3.产品生产控制

产品生产应通过生产进度表予以控制，以确保在不积压库存商品的情况下，满足顾客需求。一方面，生产部门通过工序进程单记录货物的实际流动情况，并对成本予以控制，减少浪费；另一方面，做好工时记录、产量记录，核算价值流转过程，正确归集和分配各项耗费和支出。

4.成本费用控制

成本费用控制通过成本会计制度（系统）完成。企业应建立健全成本会计制度，正确归集和计算产品成本。

企业在建立和实施成本费用内部控制制度时，至少应当强化对以下关键方面和关键环节的风险控制：①权责分配和职责分工应当明确，机构设置和人员配备应当科学合理；

②成本费用定额、成本计划编制的依据应当充分、适当，成本费用事项和审批程序应当明确；③成本费用预测、决策、预算、控制、核算、分析、考核的控制流程应当清晰，对成本费用核算、内部价格的制定和结算办法、责任会计及有关成本费用考核等应当有明确的规定。

（1）岗位分工与授权控制。企业应当建立成本费用业务的岗位责任制，明确内部相关部门和岗位的职责、权限，确保办理成本费用业务的不相容岗位相互分离、制约和监督。同一岗位人员应定期作适当调整和更换，避免同一人员长时间负责同一业务。

成本费用业务的不相容岗位至少包括：①成本费用定额、预算的编制与审批；②成本费用支出与审批；③成本费用支出与相关会计记录。

企业应当对成本费用业务建立严格的授权批准制度，明确审批人对成本费用业务的授权批准方式、权限、程序、责任和相关控制措施，规定经办人办理成本费用业务的职责范围和工作要求。审批人应当根据成本费用授权批准制度的规定，在授权范围内进行审批，不得超越审批权限。经办人应当在职责范围内，按照审批人的批准意见办理成本费用业务。企业应当通过宣传、培训和奖惩措施，增强全体员工自觉节约成本费用的意识。

（2）成本费用预测、决策与预算控制。企业应当根据本单位历史成本费用数据、同行业同类型企业的有关成本费用资料、料工费价格变动趋势、人力和物力的资源状况，以及产品销售情况等，运用本量利分析，投入产出分析，变动成本计算和定量、定性分析等专门方法，对未来企业成本费用水平及发展趋势进行科学预测。

开展成本费用预测，应本着费用最少、效益最大的原则，明确合理的期限，充分考虑成本费用预测的不确定因素，确定成本费用定额标准。成本费用预测应当服从企业整体战略目标，考虑各种成本降低方案，从中选择最优成本费用方案。

企业对成本费用预测方案进行决策时，应当对产品设计、生产工艺、生产组织、零部件自制或外购等环节，运用价值分析、生产工序、生产批量等方法，采取降低成本费用的有效措施。企业应当根据成本费用预测决策形成的成本目标，建立成本费用预算制度。通过编制成本费用预算，可以将企业的成本费用目标具体化，加强对成本费用的控制。成本费用预算编制程序、审批权限等按照有关规定执行。

（3）成本费用执行控制。企业确定材料供应商和采购价格，并采用经济批量等方法确定材料采购批量，控制材料采购成本和储存成本。企业应当根据成本费用预算、定额和支出标准，分解成本费用指标，落实成本费用责任主体，保证成本费用预算有效实施。企业应当明确制造费用支出范围和标准，采用弹性预算等方法，加强对制造费用的控制。

企业应当建立成本费用支出审批制度，根据费用预算和支出标准的性质，按照授权批准制度所规定的权限，对费用支出申请进行审批。财会部门会同相关部门对成本费用开支项目和标准进行复核。

企业应当指定专人分解成本费用目标，记录有关差异，及时反馈有关信息；应当规范成本费用开支项目、标准和支付程序，从严控制费用支出。对未列入预算的成本费用项目，如确需支出，应当按照规定程序申请追加预算。对已列入预算但超过开支标准的成本费用项目，应由相关部门提出申请，报上级授权部门审批。

企业内部相互提供劳务和转移产品零部件等，其成本费用的确认方法应当本着有利于转出、转入双方和企业整体利益的原则，制定相应的控制制度。企业会计机构或人员在办理费用支出业务时，应当根据经批准的责任主体成本费用支出申请，对发票、结算凭证等相关凭据的真实性、完整性、合法性及合规性进行严格审核。

（4）成本费用核算控制。企业应当建立成本费用核算制度，制定必要的消耗定额，建立健全材料物资的计量、验收、领发、盘存以及在产品的移动管理制度，制定内部结算价格和结算方法，明确与成本费用核算有关的原始记录及凭证的传递流程和管理制度等。

成本费用的归集、分配应当遵循下列要求：①成本的确认和计量应当符合国家统一的会计制度的规定；②成本费用核算应与客观经济事项相一致，以实际发生的金额计价，不得人为降低或提高成本；③成本费用核算应当为企业未来决策提供有用信息；④成本费用应当分期核算；⑤一定期间的成本费用与相应的收入应当配比；⑥成本费用的核算方法应当前后一致；⑦成本费用归集、分配、核算应当考虑重要性原则。

企业应当根据本单位生产经营特点和管理要求，选择合理的成本费用核算方法。成本费用核算方法一般有品种法、分批法、分步法等。企业应当建立合理的成本核算、费用确认制度。成本费用核算应符合国家统一的会计制度的规定，对生产经营中的材料、人工、间接费用等进行合理的归集和分配，不得随意改变成本费用的确认标准及计量方法，不得虚列、多列、不列或者少列成本费用。成本计算方法应当在各期保持一致，变更成本计算方法应当经过有效审批。

（5）成本费用分析与考核控制。企业应当建立成本费用分析制度，可以运用比较分析法、比率分析性、因素分析法、趋势分析法等开展成本费用分析，检查成本费用预算完成情况，分析产生差异的原因，寻求降低成本费用的途径和方法。

企业应当建立成本费用内部报告制度，实时监控成本费用的支出情况，发现问题应及时上报有关部门。

企业应当建立成本费用考核制度，对相应的成本费用责任主体进行考核和奖惩。通过成本费用考核，企业能促进各责任中心合理控制生产成本及各种耗费。成本费用考核工作主要包括修订成本费用预算，确定成本考核指标，分析、评价业绩等。企业在进行成本费用考核时，可以通过目标成本节约额、目标成本节约率等指标和方法，综合考核责任中心成本费用预算或开支标准的执行情况，保证业绩评价公正、合理。

企业应当加强对成本费用的监督检查，制定制度，明确监督检查人员的职责、权限，定期或不定期地开展检查工作。检查内容包括：①成本费用业务相关岗位及人员的设置情况；②成本费用授权批准制度的执行情况；③成本费用预算制度的执行情况；④成本费用核算制度的执行情况。

5.存储产品控制

企业应建立存货保管制度，加强存货的日常保管工作。入库的自制存货，生产部门应组织专人对其进行检验，只有检验合格的产成品才可以作为存货办理入库手续。由生产车间发出至客户、实物不入库的产成品，以及采购后实物不入库而直接发至使用现场的外购存货，应当采取适当方法办理出入库手续。

（1）因业务需要分设仓库之情形，应当对不同仓库之间的存货流动办理出入库手续；

（2）应当按仓储物资所要求的条件贮存，并建立健全防火、防潮、防鼠、防盗和防变质等措施；

（3）贵重物品、生产用关键备件、精密仪器和危险品的仓储应当实行严格审批制度。

存货管理部门应当为入库的存货建立存货明细账，详细登记存货类别、编号、名称、规格、型号、数量、计量单位等内容，并定期与财会部门就存货品种、数量、金额等进行核对。入库记录不得随意修改，如确需修改，应当经有效授权批准。企业应当根据自身的生产经营特点制订仓储总体计划，并考虑工厂布局、工艺流程、设备摆放等因素，制定人员分工、实物流动、信息传递等具体管理制度。

存货的存放和管理应指定专人负责并进行分类编目，严格限制其他无关人员接触存货。入库存货应及时记入收发存登记簿或存货卡片，并详细标明存放地点。仓储部门应当定期对存货进行检查，确保及时发现存货损坏、变质等情况。

6.产成品的发出控制

库存产成品的发出需要经过相关部门批准，大批商品、贵重商品或危险品的发出应当得到特别授权。仓库应当根据经审批的销售通知单发出货物，并定期将发货记录同销售部门和财会部门核对。

企业应当明确发出存货的流程，落实责任人，及时核对有关票据凭证，确保其与存货品名、规格、型号、数量、价格一致。

企业财会部门应当针对存货种类繁多、存放地点复杂、出入库发生频率高等特点，加强与仓储部门的经常性账实核对工作，避免出现将已入库存货不入账或已发出存货不销账等情形。

7.盘点与处置控制

企业应当制定并选择适当的存货盘点制度，明确盘点范围、方法、人员、频率、时间等。

企业应当制订详细的盘点计划，合理安排人员、有序摆放存货、保持盘点记录完整，及时处理盘盈、盘亏存货。对于特殊存货，可以聘请专家采用特定方法进行盘点。

存货的盘盈、盘亏应当及时编制盘点表单，分析原因，提出处理意见，经相关部门批准后在期末结账前处理完毕。仓储部门应通过盘点、清查、检查等方式全面掌握存货的状况，及时发现存货的残、次、冷、背等情况，并选择有效的处理方式，经相关部门审批后作出相应的处置。

存货的会计处理应当符合国家统一的会计制度的规定。发出存货计价方法的选择应当反映存货的特点及企业内部存货流转的管理方式，防止通过人为调节存货计价方法操纵当期损益。存货发出的计价方法包括先进先出法、加权平均法、个别计价法。企业应当结合自身实际情况，确定存货计价方法。计价方法一经确定，未经批准，不得随意变更。仓储部门与财会部门应结合盘点结果对存货进行库龄分析，确定是否需要计提减值准备，经相关部门审批后，方可进行会计处理，并附有关书面记录材料。

11.3 生产循环的重大错报风险评估

注册会计师可以通过询问被审计单位管理层和内部其他相关人员、了解重要业务流程并记录获得的了解、确定可能发生错报的环节、了解相关的内部控制等对生产循环的重大错报风险进行评估。

注册会计师通过询问被审计单位管理层和内部其他相关人员了解生产循环的具体业务流程的风险高低。通过询问被审计单位董事会基本情况、生产计划、生产工序、生产过程的控制、人力资源政策、信息系统、产品检验、完工产品库存管理等情况，初步了解被审计单位董事会治理风险、领导能力风险、技术风险、人力资源风险、信息风险、舞弊风险等的高低，以及其对生产循环的重大错报风险的影响。

在了解过程中，注册会计师要重点关注生产流程和工序、成本费用归集和分配等环节的复杂程度、控制制度的完善程度，并将了解的生产循环的重要交易流程及流程风险记录下来，作为重大错报风险评估的依据。

通过了解，注册会计师需要确认在生产循环的哪个流程和环节容易发生错报，需要设置什么样的控制才能防止错报的发生。由于各交易环节的性质不同，发生错报的可能性也不同，注册会计师应予以了解和分析。

在生产循环中，存货资产和成本费用归集是重大错报风险高和容易发生舞弊的环节。注册会计师应关注舞弊所导致的重大错报。常见错误和舞弊行为包括：

（1）混淆生产费用和其他费用的界限，将不属于产品成本负担的费用支出列入产品成本项目。

（2）混淆本期支出与跨期支出的界限，将不属于本期产品成本负担的费用支出列入本期成本项目。

（3）故意虚增或虚减生产成本。

（4）将属于成本项目的费用支出列入其他支出项目。

（5）改变成本费用分配方法，利用定额成本调节利润。

（6）将不属于本部门的间接费用进行了归集、分配。

（7）利用固定资产折旧费用的计提和分配调节成本和利润。

（8）故意变更固定资产计提折旧的范围调节成本和利润。

（9）对制造费用的分配随意性大，调节产品成本和利润。

（10）将罚款支出、被没收的财物、自营工程支出、技术改造支出、违约金支出等计入制造费用。

（11）随意改变存货计价方法，调节标准成本与差异。

（12）账实不符，管理混乱。

（13）成本费用不预算、不审批，缺乏控制程序。

（14）虚记委托加工费用，责任人员从中牟利。

（15）边角余料不入账，形成账外资产。

（16）盘盈资产不入账，形成账外资产。

（17）盘盈、盘亏不作账务处理，或利用其调节利润。

（18）材料假出库，虚列成本费用。

（19）存货重复盘点，虚列存货。

（20）不计提存货减值准备。

注册会计师在对生产循环的重大错报风险进行评估后，要考虑是否将生产循环的重大错报风险定为高水平，在审计策略上是否采用主要依赖实质性程序的方案。

11.4 生产循环的控制测试

生产循环的控制测试与了解生产循环的内部控制不同，了解生产循环的内部控制是确定内部控制是否得到执行，而生产循环的控制测试需要确定内部控制是否得到有效执行。测试生产循环内部控制的工作包括：（1）针对了解的被审计单位生产循环的控制活动，确定拟进行测试的控制活动；（2）测试控制运行的有效性，记录测试过程和结论；（3）根据测试结论，确定对实质性程序的性质、时间安排和范围的影响。

11.4.1 生产循环的控制测试程序

生产循环的控制测试程序见表11-2。

表11-2 生产循环的控制测试程序

主要业务活动	控制目标	受影响的财务报表项目及认定	常用的控制活动	控制测试程序
材料验收与仓储	已验收材料均确附有有效采购订单	存货：存在 营业成本：发生	验收单与采购订单进行核对	抽取验收单，检查是否与采购订单内容一致
	已验收材料均确已准确记录	存货：准确性、计价和分摊 营业成本：准确性	管理层定期复核，以确保记录的正确性	抽取验收单，检查输入是否正确并经复核确认
	已验收材料均已记录	存货：完整性 营业成本：完整性	验收单均预先连续编号并已记录	抽取验收单，检查是否已输入系统
	已验收材料均已于适当期间记录	存货：存在；完整性、 营业成本：截止	定期由不负责日常存货保管或存货记录的人员盘点实地存货，如有差异应及时调查和处理	抽取存货盘点报告并检查是否经适当层次复核，有关差异是否得到处理
计划与安排生产	管理层授权进行生产	存货：存在 营业成本：发生	生产指令应经适当管理层批准	抽取生产通知单，检查是否与月度生产计划书的内容一致
生产与发运	发出材料均已准确记录	存货：准确性、计价和分摊 营业成本：准确性、分类	管理层定期复核以确保记录的正确性	抽取出库单及相关的原材料领用申请单，检查是否正确输入并经适当层次复核
	发出材料均于适当期间记录	存货：存在；完整性 营业成本：截止	定期由不负责日常存货保管或存货记录的人员盘点实地存货，发现差异应予以调整	抽取存货盘点报告并检查是否经适当层次复核，有关差异是否得到处理

续表

主要业务活动	控制目标	受影响的财务报表项目及认定	常用的控制活动	控制测试程序
生产与发运	已记录的生产成本均为真实发生且与实际成本一致	存货：存在；准确性、计价和分摊 营业成本：发生；准确性；分类	管理层定期复核以确保生产成本与其支持性文件一致	抽取原材料领用凭证，检查是否与生产记录日报表一致，是否经适当审核，如有差异是否及时处理
	已发生的生产成本均已记录	存货：完整性；准确性、计价和分摊 营业成本：完整性；准确性	管理层定期复核以确保生产成本与其支持性文件一致	抽取核对记录，检查差异是否已得到处理
	已发生的生产成本均于适当期间记录	存货：存在；完整性；准确性、计价和分摊 营业成本：截止	管理层定期复核以确保生产成本与其支持性文件一致	
	存货流转已完整、准确地记录于适当期间	存货：准确性、计价和分摊；完整性；存在 营业成本：截止；准确性	管理层定期复核以确保生产成本与其支持性文件一致	抽取生产成本结转凭证，检查与支持性文件是否一致并经适当复核。抽取销售成本结转凭证，检查与支持性文件是否一致并经适当复核
	完工产成品均于适当期间准确记录	存货：准确性、计价和分摊 营业成本：截止；准确性；分类	验收单均预先连续编号并已记录入账	抽取产成品验收单、产成品入库单并检查输入信息是否准确
	产成品发运均确已记录	存货：存在 营业成本：发生	出库单均事先连续编号并已记录入账	抽取发运通知单、出库单并检查是否一致
	产成品发运均已准确记录	存货：准确性、计价和分摊 营业成本：准确性；分类	管理层定期复核以确保记录的正确性	抽取出库单，检查是否正确输入系统并经适当复核
	已发运产成品均附有有效销售订单	存货：完整性 营业成本：发生	货物发运之前由独立人员核对销售订单和发运货物	抽取发运单和相关销售订单，检查内容是否一致
	产成品发运均已于适当期间记录	存货：存在；完整性 营业成本：截止	定期由不负责日常存货保管或存货记录的人员盘点实地存货，发现差异应予以调整	抽取存货盘点报告并检查是否经适当层次复核，有关差异是否得到处理

续表

主要业务活动	控制目标	受影响的财务报表项目及认定	常用的控制活动	控制测试程序
存货管理	适当保管存货	存货：存在；权利和义务	适当保管存货并限制无关人员接近	
	准确记录存货价值	存货：准确性、计价和分摊 资产减值损失：准确性	对存货货龄进行分析	
	存货价值调整已于适当期间记录	存货：准确性、计价和分摊 资产减值损失：发生；完整性	管理层复核并批准存货价值调整	选取不良存货明细表，检查是否已适当处理
	存货价值调整是真实发生的	存货：准确性、计价和分摊 资产减值损失：发生	管理层复核并批准存货价值调整	选取不良存货明细表，检查是否已适当处理
	存货价值调整均已记录	存货：准确性、计价和分摊 资产减值损失：完整性	管理层复核并批准存货价值调整	选取不良存货明细表，检查是否已适当处理

11.4.2 生产循环的控制测试内容

生产循环的控制测试内容见表11-3。

表11-3 生产循环的控制测试内容

主要业务活动	测试内容	测试项目1	测试项目2	……
材料验收	验收单编号#（日期）			
	验收内容			
	相对应的采购订单编号#（日期）			
	验收单与采购订单是否一致（是/否）			
	单价在人民币××元以上的材料，是否经质检经理签字（是/否，如适用）			
仓储	采购材料信息是否已正确输入系统（是/否）			
	仓储经理是否复核输入信息（是/否）			
	系统是否已更新（是/否）			

续表

主要业务活动	测试内容	测试项目1	测试项目2	……
计划和安排生产	测试期间			
	是否编制月度生产计划书（是/否）			
	月度生产计划书是否得到适当审批（是/否）			
	生产通知单编号#（日期）			
	生产通知单所载内容是否包含在月度生产计划书内（是/否）			
	日生产加工指令单编号#（日期）			
	完工日期			
原材料领用	生产通知单编号#（日期）			
	日生产加工指令单编号#（日期）			
	原材料领用申请单编号#（日期）			
	原材料领用申请单项目是否与日生产加工指令单相符（是/否）			
	原材料领用申请单信息是否得到审批（是/否）			
	原材料出库单编号#（日期）			
	原材料出库单是否得到复核确认（是/否）			
	原材料耗用是否与生产记录日报表内容相符（是/否）			
	转账凭证编号#（日期）			
	转账凭证是否得到适当复核（是/否）			
	是否正确记入相关明细账（是/否）			
生产成本归集	测试期间			
	生产成本计算表中材料成本是否与当月出库量一致（是/否）			
	生产成本结转凭证编号#			
	转账凭证是否经适当审核（是/否）			
	是否正确记入相关明细账			
半成品入库	半成品验收单编号#（日期）			
	半成品入库单编号#（日期）			
	半成品入库单是否与验收单内容相符（是/否）			
	半成品入库单是否得到复核确认（是/否）			

续表

主要业务活动	测试内容	测试项目1	测试项目2	……
半成品出库	半成品转移单编号#（日期）			
	半成品转移单是否得到审批（是/否）			
	半成品出库单编号#（日期）			
	半成品出库单是否得到复核确认（是/否）			
	半成品耗用是否与生产记录日报表内容相符（是/否）			
产成品入库	产成品验收单编号#（日期）			
	产成品入库单编号#（日期）			
	产成品入库单是否得到复核确认（是/否）			
产成品出库	出运通知单编号#（日期）			
	产成品出库单编号#（日期）			
	产成品出库单、销售订单、出运通知单、送货单内容是否相符（是/否）			
	送货单编号#（日期）			
	送货单是否经适当签字（是/否）			
销售成本结转	测试期间			
	销售成本结转凭证编号#			
	销售数量是否与系统内数据一致			
	转账凭证是否经适当审核（是/否）			

11.5 生产循环的实质性程序

生产循环的实质性程序包括细节测试和实质性分析程序。生产循环涉及的资产负债表项目主要是包括材料采购、在途物资、原材料、周转材料、生产成本、制造费用、存货跌价准备、发出商品、委托加工物资等账户在内的存货项目和应付职工薪酬等，涉及的利润表项目主要是营业成本等。本节着重介绍存货、应付职工薪酬和营业成本的审计目标和实质性程序。

11.5.1 存货审计

存货是企业的重要资产，具有种类繁多、涉及会计科目多、管理难度大的特点。存货审计是财务报表审计的重要内容，审计难度较大，注册会计师应予以特别关注。

1.存货的审计目标

（1）确定资产负债表中记录的存货是否真实存在；

（2）确定所有应当记录的存货是否均已记录；

（3）确定记录的存货是否由被审计单位拥有或控制；

（4）确定存货是否以恰当的金额包括在财务报表中，与之相关的计价调整已恰当记录；

（5）确定存货是否已记录于恰当的账户；

（6）确定存货是否已被恰当地汇总或分解且表述清楚，并已按照企业会计准则的规定在财务报表中作出的相关披露是相关的、可理解的。

上述审计目标与管理层认定的关系见表11-4。

表11-4 存货的审计目标与管理层认定

审计目标	管理层认定					
	存在	完整性	权利和义务	准确性、计价和分摊	分类	列报
（1）确定资产负债表中记录的存货是否真实存在	√					
（2）确定所有应当记录的存货是否均已记录		√				
（3）确定记录的存货是否由被审计单位拥有或控制			√			
（4）确定存货是否以恰当的金额包括在财务报表中，与之相关的计价调整已恰当记录				√		
（5）确定存货是否已记录于恰当的账户					√	
（6）确定存货是否已被恰当地汇总或分解且表述清楚，并已按照企业会计准则的规定在财务报表中作出的相关披露是相关的、可理解的						√

2.存货的实质性程序

（1）存货监盘。存货监盘是指注册会计师现场观察被审计单位存货盘点，并对已盘点的存货进行适当的检查。定期盘点存货、合理确定存货的数量和状况是被审计单位管理层的责任。实施存货监盘，获取有关期末存货数量和状况的充分、适当的审计证据是注册会计师的责任。存货监盘主要用于证实存货的"存在"认定。对于存货的"完整性"认定、"准确性、计价和分摊"认定以及"权利和义务"认定，存货监盘只能提供部分审计证据，要证实这些认定还需要执行其他实质性程序。

①存货监盘计划。注册会计师应当根据被审计单位存货的特点、盘存制度和存货内部控制的有效性等情况，在评价被审计单位存货盘点计划的基础上，编制存货监盘计划，对存货监盘作出合理安排。在编制存货监盘计划时，应当实施下列审计程序：第一，了解存货的内容、性质、各存货项目的重要程度及存放场所；第二，了解与存货相关的内部控制；第三，评估与存货相关的重大错报风险和重要性；第四，查阅以前年度的存货监盘工作底稿；第五，考虑实地察看存货的存放场所，特别是金额较大或性质特殊的存货；第

六，考虑是否需要利用专家的工作或其他注册会计师的工作；第七，复核或与管理层讨论其存货盘点计划。

在复核或与管理层讨论其存货盘点计划时，注册会计师应当考虑下列主要因素，以评价其能否合理地确定存货的数量和状况：第一，盘点的时间安排；第二，存货盘点范围和场所的确定；第三，盘点人员的分工及胜任能力；第四，盘点前的会议及任务布置；第五，存货的整理和排列，对毁损、陈旧、过时、残次及所有权不属于被审计单位的存货的区分；第六，存货的计量工具和计量方法；第七，在产品完工程度的确定方法；第八，存放在外单位的存货的盘点安排；第九，存货收发截止的控制；第十，盘点期间存货移动的控制，盘点表单的设计、使用与控制，盘点结果的汇总以及盘盈或盘亏的分析、调查与处理。

注册会计师制订的存货监盘计划应当包括下列主要内容：

第一，存货监盘的目标、范围及时间安排。存货监盘的目标是获取被审计单位资产负债表日有关存货数量和状况以及有关管理层存货盘点程序可靠性的审计证据，检查存货的数量是否真实完整，是否归属被审计单位，存货有无毁损、陈旧、过时、残次和短缺等状况。

存货监盘范围的大小取决于存货的内容、性质以及与存货相关的内部控制的完善程度和重大错报风险的评估结果。对存放于外单位的存货，应当考虑实施适当的替代程序，以获取充分、适当的审计证据。

存货监盘的时间包括实地察看盘点现场的时间、观察存货盘点的时间和对已盘点存货实施检查的时间等，应当与被审计单位实施存货盘点的时间相协调。

第二，存货监盘的要点及关注事项。存货监盘的要点主要包括注册会计师实施存货监盘程序的方法、步骤，各个环节应注意的问题以及所要解决的问题。需要重点关注的事项包括盘点期间的存货移动、存货的状况、存货的截止确认、存货的各个存放地点及金额等。

第三，参加存货监盘人员的分工。注册会计师应当根据被审计单位参加存货盘点人员分工、分组情况和人员素质，存货监盘工作量的大小等情况，确定参加存货监盘的人员组成、各组成人员的职责和具体的分工情况，并加强督导。

第四，检查存货的范围。注册会计师应当根据对被审计单位存货盘点的观察和对被审计单位内部控制的评价结果确定检查存货的范围。在实施观察程序后，如果认为被审计单位内部控制设计良好且得到有效实施、存货盘点组织良好，可以相应缩小实施检查程序的范围。

②存货监盘程序。注册会计师在存货盘点现场实施监盘时，可以使用观察、检查等程序。

第一，观察程序。在被审计单位盘点存货前，观察盘点现场，确定应纳入盘点范围的存货是否已经适当整理和排列，并附有盘点标识，防止遗漏或重复盘点。对未纳入盘点范围的存货，应当查明未纳入的原因。对所有权不属于被审计单位的存货，应当取得其规格、数量等有关资料，并确定这些存货是否已分别存放、标明，且未被纳入盘点范围。

注册会计师应当观察被审计单位盘点人员是否遵守盘点计划并准确地记录存货的数量和状况。当盘点人员没有按照存货盘点计划和程序进行盘点时，注册会计师应与被审计单位的复核或监督人员联系，纠正盘点中的问题，或调整盘点程序。例如，假设盘点程序要求一组人员盘点存货，另一组人员重新盘点，以保证存货数量的准确性，注册会计师如发现两组人员同时在一起盘点，须通知被审计单位管理层予以纠正。

第二，检查程序。注册会计师应当对已盘点的存货进行适当检查，将检查结果与被审计单位盘点记录相核对，并形成相应记录。

在检查已盘点的存货时，应当从存货盘点记录中选取项目追查至存货实物，以测试盘点记录的准确性；从存货实物中选取项目追查至存货盘点记录，以测试存货盘点记录的完整性。在检查过程中，注册会计师应关注下列问题：

实施检查程序时，对于所选择的存货项目，可对存货的描述说明作出验证，并将自己的检查结果与被审计单位的盘点结果进行核对。在可能的情况下，还可与永续盘存记录进行核对。

检查是否存在未被盘点的存货时，应当了解存货是否加贴了标签。如果在存货上采用了盘点标签或其他盘点标记，通常可寻找未加标签的存货项目。如果在存货上没有采用盘点标签或其他盘点标记，可以考虑将存货记录和盘点记录进行比较，并应特别关注大宗存货的漏记迹象。在对存货进行检查时，如有必要，可要求将某些包装物打开或将存货挪动位置。

对于没有检查到的存货项目，应考虑对其进行记录或复印相关项目的明细表，以便在获取期末存货“完整性”认定的审计证据时，与存货盘点明细报告核对。注册会计师还可以复核某些未被检查的存货项目的数量和名称。同时，应将检查的内容予以记录，以便事后追踪查证。

对于所有权不属于被审计单位的存货，如受托代销或受托加工的存货，应当实施必要的检查程序，取得并核对可证明这些存货所有权的有关资料，必要时向存货所有者实施函证程序，以确定存货的所有权。

如果检查时发现差异，应当查明原因，及时提请被审计单位更正。如果差异较大，应当扩大检查范围或提请被审计单位重新盘点。注册会计师在实施检查程序时发现差异，很可能表明被审计单位的存货盘点在准确性或完整性方面存在错误。由于检查的内容通常仅仅是已盘点存货中的一部分，所以在检查中发现的错误很可能意味着被审计单位的存货盘点还存在其他错误。一方面，要查明原因，并及时提请被审计单位更正；另一方面，应当考虑错误的潜在范围和重大程度，在可能的情况下，扩大检查范围以减少错误的发生。此外，还可要求被审计单位重新盘点。重新盘点的范围可限于某一特殊领域的存货或特定盘点小组。

注册会计师监盘过程中应当特别关注存货的移动情况，防止遗漏或重复盘点。尽管盘点存货时最好保持存货不发生移动，但在某些情况下，存货的移动是难以避免的。如果在盘点过程中被审计单位的生产经营仍持续进行，注册会计师应通过实施必要的检查程序，确定被审计单位是否已经对此设置了相应的控制程序，确保在适当的期间内对存货作出了准确记录。

注册会计师应当特别关注存货的状况，观察被审计单位是否已经恰当区分所有毁损、陈旧、过时及残次的存货，还应当把所有毁损、陈旧、过时及残次存货的详细情况记录下来。这既便于进一步追查这些存货的处置情况，也能为测试被审计单位存货跌价准备计提的准确性提供证据。

获取盘点日前后存货收发及移动的凭证，检查库存记录与会计记录期末截止是否正确。注册会计师在对期末存货进行截止测试时，通常应当关注以下事项：第一，所有在截止日以前入库的存货项目是否均已包括在盘点范围内，并已反映在截止日以前的会计记录中；任何在截止日以后入库的存货项目是否均未包括在盘点范围内，也未反映在截止日以前的会计记录中。第二，所有在截止日以前装运出库的存货项目是否均未包括在盘点范围内，且未包括在截止日的存货账面余额中；任何在截止日以后装运出库的存货项目是否均已包括在盘点范围内，并已包括在截止日的存货账面余额中。第三，所有已确认为销售但尚未装运出库的商品是否均未包括在盘点范围内，且未包括在截止日的存货账面余额中。第四，所有已记录为购货但尚未入库的存货是否均已包括在盘点范围内，并已反映在会计记录中。第五，在途存货和被审计单位直接向顾客发运的存货是否均已得到了适当的会计处理。

在存货监盘过程中，注册会计师应当获取存货验收入库、装运出库以及内部转移截止等信息，以便将来追查至被审计单位的会计记录。在存货入库和装运过程中采用连续编号的凭证时，注册会计师应当关注截止日前的最后编号。如果被审计单位没有使用连续编号的凭证，注册会计师应当列出截止日以前的最后几笔装运和入库记录。如果被审计单位使用运货车厢或拖车进行存储、运输或验收入库，应当详细列出存货场地上满载和空载的车厢或拖车，并记录各自的存货状况。

对某些特殊类型的存货而言，被审计单位通常使用的盘点方法和控制程序并不完全适用。这些存货通常或者没有标签，或者其数量难以估计，或者其质量难以确定，或者盘点人员无法对其移动实施控制。在这些情况下，注册会计师需要运用职业判断，根据存货的实际情况，设计恰当的审计程序，对存货的数量和状况获取审计证据。

③存货监盘结束时的工作。在被审计单位存货盘点结束前，注册会计师应当实施下列审计程序：第一，再次观察现场，并检查盘点表单。注册会计师应当再次观察盘点现场，以确定所有应纳入盘点范围的存货是否均已盘点，取得并检查已填用、作废及未使用盘点表单的号码记录，确定其是否连续编号，查明已发放的表单是否均已收回，并与存货盘点的汇总记录进行核对。第二，复核盘点结果汇总记录。注册会计师应当复核盘点结果汇总记录，评估其是否正确地反映了实际盘点结果。

将监盘过程中所记录的检查情况与存货盘点结果汇总记录进行核对，以确定这些项目的数量和相关描述已被完整并适当地记录在存货盘点结果汇总记录中。

将监盘过程中获取的未经检查但已复印或摘录的内容与存货盘点结果汇总记录进行核对，以确定所有原先关注的存货项目的数量和相关描述均已反映在存货盘点结果汇总记录中。

利用在监盘过程中获取的数据，测试所有用于记录实物盘点的存货盘点标签和盘点表单是否均已反映在存货盘点结果汇总记录中。

利用在监盘过程中获取的数据，测试存货盘点结果汇总记录中是否没有在盘点之后新增存货的任何盘点标签和盘点表单。

通过将原始的盘点表单与存货盘点结果汇总记录进行比较，检查盘点后是否减少了存货盘点表单、盘点表单是否被涂改，并确定原始表单中的存货项目均已反映在存货盘点结果汇总记录中。

通过将存货盘点结果汇总记录与原始的盘点表单进行比较，检查盘点后是否增加了存货盘点表单，并确定在存货盘点结果汇总记录中并未增加新的存货项目。

选择金额较大的存货项目，将本期与以前各期数量进行比较，对异常波动情况作出合理解释。

将存货盘点明细报告与永续盘存记录进行比较，如果存在无法解释的大额盘点差异，注册会计师有必要实施追加审计程序。

如果存货盘点日不是资产负债表日，注册会计师应当实施适当的审计程序，确定盘点日与资产负债表日之间存货的变动是否已作出正确的记录。

在永续盘存制下，如果永续盘存记录与存货盘点结果之间出现重大差异，注册会计师应当实施追加审计程序，查明原因，并检查永续盘存记录是否已作出适当的调整。

如果认为被审计单位的盘点方式及结果无效，注册会计师应当提请被审计单位重新盘点。

④特殊情况的处理。如果由于被审计单位存货的性质或位置等原因导致无法实施存货监盘，注册会计师应当考虑实施替代审计程序，获取有关期末存货数量和状况的充分、适当的审计证据。

注册会计师实施的替代审计程序主要包括：第一，检查进货交易凭证或生产记录以及其他相关资料；第二，检查资产负债表日后发生的销货交易凭证；第三，向顾客或供应商函证。

如果因不可预见的因素导致无法在预定日期实施存货监盘或接受委托时被审计单位的期末存货盘点已经完成，注册会计师应当评估与存货相关的内部控制的有效性，对存货进行适当检查或提请被审计单位另择日期重新盘点；同时，测试在该期间发生的存货交易，以获取有关期末存货数量和状况的充分、适当的审计证据。

对被审计单位委托其他单位保管的或已作质押的存货，注册会计师应当向保管人或债权人函证。如果此类存货的金额占流动资产或总资产的比例较大，注册会计师还应当考虑实施存货监盘或利用其他注册会计师的工作。

当首次接受委托未能对上期期末存货实施监盘，且该存货对本期财务报表存在重大影响时，如果已获取有关本期期末存货余额的充分、适当的审计证据，注册会计师应当实施下列一项或多项审计程序，以获取有关本期期初存货余额的充分、适当的审计证据：第一，查阅前任注册会计师的审计工作底稿；第二，复核上期存货盘点记录及文件；第三，检查上期存货交易记录；第四，运用毛利百分比法等进行分析。

（2）执行实质性分析程序。

①按存货品种及存放地点、存货类别，比较当年度及以前年度数量和金额的增减变动，并对异常情况作出解释。

②按存货成本构成、存货平均成本、材料采购价格差异，比较当年度及以前年度的增减变动，并对异常情况作出解释。

③比较当年度及以前年度直接材料、直接人工、制造费用占生产成本的比例，并查明异常情况的原因。

④比较当年度及以前年度存货跌价准备占存货余额的比例，并查明异常情况的原因。

⑤按存货残损情况、存货账龄、库存可用月数，比较当年度及以前年度的增减变动，

并对异常情况作出解释。

⑥比较截止日前后两个月的产品毛利率，并对异常波动作出解释。

⑦比较当年度及以前年度已售存货的数量，并查明异常情况的原因。

⑧比较存货库存量与生产量及库存能力的差异、存货的实际用量与预算用量的差异，并分析其合理性。

⑨比较当年度与以前年度的存货周转率，并查明异常情况的原因。

⑩核对下列相互独立部门的数据：仓库记录的材料领用量与生产部门记录的材料领用量；工资部门记录的人工成本与生产部门记录的工时和工资标准之积；仓库记录的产成品入库量与生产部门记录的产品生产量；发票记录的数量与发货量；发票记录的数量与订货量；发票记录的数量与主营业务成本记录的销售量；产品销售量与生产量或采购量；产品销售量和平均单位成本之积与账面产品销售成本。

（3）存货的计价测试。存货监盘程序主要用于证实存货是否存在，而存货的计价测试则用来证实存货的计价是否准确。

①存货计价方法测试。存货的计价方法多种多样，被审计单位应结合企业会计准则的规定，选择符合自身特点的方法。注册会计师应分析和评价被审计单位存货计价方法的合理性与一贯性，没有合理的理由，存货计价方法在同一会计年度内不得变动。

②外购存货成本的计价测试。对于外购的原材料等存货的成本，注册会计师一方面需要查验购货发票、验收凭证等，以证实原材料等的入账价值正确；另一方面要对被审计单位选择的存货发出计价方法的合理性进行分析，尤其要关注计价方法在本年度内是否发生变动、有无充足理由。

③在产品和产成品成本的计价测试。在产品和产成品成本的计价测试也就是对存货生产成本的核算进行计价测试。由于存货生产成本包括直接材料、直接人工和制造费用，因此应分别就直接材料、直接人工、制造费用以及生产费用在在产品和完工产品之间的分配进行计价测试。

直接材料成本的计价测试可以抽查材料发出及领用的原始凭证、产品成本计算单等有关凭证，检查直接材料成本的计算是否正确，材料单位成本计价方法是否适当，产品直接耗用材料的数量、计价和材料费用分配是否真实、合理，有无将非生产用材料计入直接材料费用。直接人工成本的计价测试可以抽查产品成本计算单、工薪汇总表、工薪结算表、工薪分配表，检查直接人工成本的计算是否正确，人工费用的分配标准与计算方法是否合理和适当，会计记录及会计处理是否正确。制造费用的计价测试可以获取或编制制造费用汇总表，并与明细账、总账核对，审阅制造费用明细账，检查其核算内容及范围是否正确，检查制造费用的分配是否合理。

此外，注册会计师还应检查生产费用在在产品和产成品之间的分配是否合理，在产品约当产量的确定或其他分配标准的确定是否恰当。

④期末存货计价测试。资产负债表日，存货应当按照成本与可变现净值孰低计量。如果存货成本高于其可变现净值，被审计单位应当计提存货跌价准备，计入当期损益。注册会计师应当对期末存货计价进行测试，包括识别需要计提存货跌价准备的存货项目以及检查存货可变现净值的确定和存货跌价准备的计提。

注册会计师可通过询问和检查程序了解被审计单位对于滞销、过时、陈旧等存货的会计处理，并结合实施存货监盘程序时所获取的存货状况信息，判断被审计单位计提存货跌价准备的存货范围是否恰当，存货可变现净值的确定是否以取得的确凿证据为基础并考虑持有存货的目的、资产负债表日后事项的影响等因素。同时，注册会计师还应确定存货跌价准备的发生是否真实、转销是否合理、期末余额是否正确、列报是否恰当。

（4）存货的截止测试。存货的截止测试包括存货入库截止测试和存货出库截止测试。存货的截止测试通常结合存货监盘、销售和采购业务进行，可以从存货明细账追查至存货入库（出库）记录，也可以从存货入库（出库）记录追查至存货明细账，核实存货的入库截止和出库截止是否正确。

（5）对材料采购、库存商品等各类存货实施特定的审计程序。注册会计师为了实现存货审计的全部目标，还需要对材料采购（在途物资）、原材料、委托加工材料、库存商品、发出商品、周转材料等实施特定的审计程序。例如，获取或编制各类存货的明细表，复核加计是否正确，并与总账数、明细账合计数核对是否相符；检查相关凭证记录，核实各类存货的计价是否正确，相应的会计处理是否恰当等。限于篇幅，我们不详细介绍各类存货具体的实质性程序，有兴趣的同学可参考有关书籍予以了解。

（6）检查存货是否按照会计准则的要求在资产负债表中恰当列报。根据《企业会计准则第1号——存货》的规定，企业应当在附注中披露与存货有关的下列信息：①各类存货的期初和期末账面价值；②确定发出存货成本所采用的方法；③存货可变现净值的确定依据、存货跌价准备的计提方法、当期计提的存货跌价准备的金额、当期转回的存货跌价准备的金额，以及计提和转回的有关情况；④用于担保的存货账面价值。

11.5.2　应付职工薪酬审计

职工薪酬，是指企业为获得职工提供的服务或解除劳动关系而给予的各种形式的报酬或补偿。职工薪酬包括短期薪酬、离职后福利、辞退福利和其他长期职工福利。另外，企业提供给职工配偶、子女、受赡养人，已故员工遗属及其他受益人等的福利，也属于职工薪酬。工薪费用是生产成本的重要组成部分，工薪计算错误将影响存货成本。

1.应付职工薪酬的审计目标

（1）确定资产负债表中记录的应付职工薪酬是否存在，当期的薪酬费用是否真实发生；

（2）确定应付职工薪酬的计提和发放是否均已记录；

（3）确定应付职工薪酬是否以恰当的金额包括在财务报表中；

（4）确定应付的职工薪酬费用是否已记录于恰当的账户；

（5）确定应付职工薪酬的披露是否恰当、相关和具有可理解性。

上述审计目标与管理层认定的关系见表11-5。

2.应付职工薪酬的实质性程序

（1）获取或编制应付职工薪酬明细表，复核加计是否正确，并与报表数、总账数和明细账合计数核对是否相符。

（2）实施实质性分析程序，主要有：

①比较被审计单位职工人数的变动情况，检查被审计单位各部门各月薪酬费用的发生额是否有异常波动；如有，则查明波动原因是否合理。

表11-5　　应付职工薪酬的审计目标与管理层认定的关系

审计目标	管理层认定				
	存在	完整性	准确性、计价和分摊	分类	列报
(1) 确定资产负债表中记录的应付职工薪酬是否存在，当期的薪酬费用是否真实发生	√				
(2) 确定应付职工薪酬的计提和发放是否均已记录		√			
(3) 确定应付职工薪酬是否以恰当的金额包括在财务报表中			√		
(4) 确定应付的职工薪酬费用是否已记录于恰当的账户				√	
(5) 确定应付职工薪酬的披露是否恰当、相关和具有可理解性					√

②比较本期与上期薪酬费用总额，要求被审计单位解释其增减变动原因，或取得管理层关于职工工薪标准的决议。

③比较本期与上期应付职工薪酬余额是否有异常变动；如有，则查明变动原因是否合理。

④结合职工社保缴纳情况，明确被审计单位职工范围，检查是否与关联公司职工薪酬混淆列支。

⑤核对工资部门记录的工资支出与出纳记录的工资支付数、工资部门记录的工时与生产部门记录的工时。

⑥比较个人所得税与工资、薪金所得，奖金与工资的关系。

(3) 检查薪酬费用的计提是否符合有关规定，计提金额是否正确，计提依据是否充分；检查分配方法是否与上年一致，发放金额是否正确，代扣的款项及金额是否正确；是否存在属于拖欠性质的职工薪酬，若是，了解拖欠的性质。

(4) 检查发放的非货币性福利。检查将自产产品发放给职工的非货币性福利、无偿向职工提供住房的非货币性福利、租赁住房等资产供职工无偿使用的非货币性福利，是否根据受益对象，将福利支出计入相关资产成本或当期损益，同时确认应付职工薪酬；对于难以认定受益对象的非货币性福利，是否直接计入当期损益和应付职工薪酬。

(5) 检查以现金与职工结算的股份支付，包括：

①检查授予后立即可行权的以现金结算的股份支付，是否在授予日以承担负债的公允价值计入相关成本或费用。

②检查完成等待期内的服务或达到规定业绩条件以后才可行权的以现金结算的股份支付，在等待期内的每个资产负债表日，是否以可行权情况的最佳估计为基础，按照承担负债的公允价值金额，将当期取得的服务计入成本或费用。在资产负债表日，后续信息表明当期承担债务的公允价值与以前估计不同的，是否进行调整，并在可行权日调整至实际可行权水平。

③检查可行权日之后，以现金结算的股份支付当期公允价值的变动金额，是否借记或贷记“公允价值变动损益”科目。

④检查在可行权日，实际以现金结算的股份支付金额是否正确，会计处理是否恰当。

（6）检查应付职工薪酬在财务报表中的披露是否恰当、相关和具有可理解性。注册会计师应当检查被审计单位在附注中是否披露了与短期职工薪酬有关的信息、与设定提存计划和受益计划有关的信息、支付的因解除劳动关系所提供辞退福利及其期末应付未付金额，以及提供的其他长期职工福利的性质、金额及计算依据。

11.5.3　营业成本审计

营业成本包括两部分：一是对外销售商品、提供劳务等主营业务活动发生的主营业务成本；二是销售材料、出租固定资产、出租无形资产、出租包装物等其他经营活动发生的其他业务成本。营业成本对企业利润具有重要影响，因此企业很可能通过操控营业成本调节利润，注册会计师应注意核实被审计单位营业成本是否存在错报。

1. 营业成本的审计目标

（1）确定利润表中记录的营业成本是否真实发生，且与被审计单位有关；

（2）确定所有应当记录的营业成本是否均已记录；

（3）确定与营业成本有关的金额及其他数据是否已恰当记录；

（4）确定营业成本是否已记录于正确的会计期间；

（5）确定营业成本是否已记录于恰当的账户；

（6）确定营业成本是否已按照企业会计准则的规定在财务报表中作出恰当的披露。

上述审计目标与管理层认定的关系见表11-6。

表11-6　　营业成本的审计目标与管理层认定的关系

审计目标	管理层认定					
	发生	完整性	准确性	截止	分类	列报
（1）确定利润表中记录的营业成本是否真实发生，且与被审计单位有关	√					
（2）确定所有应当记录的营业成本是否均已记录		√				
（3）确定与营业成本有关的金额及其他数据是否已恰当记录			√			
（4）确定营业成本是否已记录于正确的会计期间				√		
（5）确定营业成本是否已记录于恰当的账户					√	
（6）确定营业成本是否已按照企业会计准则的规定在财务报表中作出恰当的披露						√

2. 营业成本的实质性程序

（1）获取或编制主营业务成本和其他业务成本明细表，复核加计是否正确，并与总账数和明细账合计数核对是否相符。

（2）编制生产成本及主营业务成本倒轧表并与相关项目核对一致。

（3）执行实质性分析程序。

①比较当年度及以前年度不同品种产品的主营业务成本和毛利率，并查明异常情况的原因。

②比较当年度及以前年度各月主营业务成本的波动趋势，并查明异常情况的原因。

③比较被审计单位与同行业统计资料的毛利率，并查明异常情况的原因。

④比较当年度及以前年度截止日前后两个月的毛利率，并查明异常情况的原因。

⑤比较当年度及以前年度的存货周转率，并查明异常情况的原因。

⑥比较当年度及以前年度主要产品的单位成本，并查明异常情况的原因。

⑦比较当年度及以前年度各月主要产品的单位成本，并查明异常情况的原因。

（4）检查主营业务成本的内容和计算方法是否符合会计准则的规定，前后期是否一致。检查其他业务成本内容是否真实，计算是否正确，会计处理是否正确，择要抽查原始凭证予以核实。

（5）复核主营业务成本明细表的正确性，编制生产成本与主营业务成本倒轧表，并与相关科目交叉索引。复核其他业务成本明细表的正确性，并与相关科目交叉核对。

（6）抽查若干月主营业务成本结转明细清单，比较计入主营业务成本的品种、规格、数量和主营业务收入的口径是否一致，是否符合配比原则。

（7）针对主营业务成本中的重大调整事项（如销售退回）、非常规项目，检查相关原始凭证，评价其真实性和合理性，检查其会计处理是否正确。

（8）在采用计划成本、定额成本、标准成本或售价核算存货的条件下，检查产品成本差异或商品进销差价的计算、分配和会计处理是否正确。

（9）结合期间费用的审计，判断被审计单位是否通过将应计入生产成本的支出计入期间费用，或将应计入期间费用的支出计入生产成本等手段调节生产成本，从而调节主营业务成本。检查除主营业务活动以外的其他经营活动发生的相关税费是否计入其他业务成本。

（10）检查营业成本是否已按照企业会计准则的规定在财务报表中作出恰当的披露。

本章小结

生产循环的主要业务流程包括计划生产和提出领料申请、发出原材料、生产产品、核算产品成本、储存产成品和发出产成品等。生产循环中使用的主要凭证和记录包括生产通知单、领料单、发料单、产量和工时记录、工薪汇总表及工薪费用分配表、材料费用分配表、制造费用分配汇总表、成本计算单、存货明细账等。注册会计师应在了解生产循环的特性和内部控制的基础上，对生产循环重大错报风险进行评估。注册会计师可以通过询问、检查、观察、重新执行和穿行测试进行控制测试，生产循环的交易实质性程序可以通过细节测试和实质性分析程序进行。本章着重介绍了生产循环的实质性程序，尤其对存货、应付职工薪酬、营业成本的审计目标和实质性程序进行了重点介绍。

思政园地

审计监督护航新征程

中共中央宣传部2021年6月2日举行中外记者见面会，请审计工作党员代表围绕“审计监督护航新征程”与中外记者见面交流。审计机关成立30多年来，特别是中共十八大以来，在促进党中央令行禁止、维护国家经济安全、保障经济社会健康发展、推进廉政建设等方面做了大量工作，发挥了重要作用。审计署社会保障审计司副司长吴星表示，审计项目实实在在抓住了人民群众反映强烈的烦心事、操心事、揪心事。

北京市审计局固定资产投资审计处副处长徐梁介绍说："我们工作中也曾遇到过施工单位不理解和不配合的情况。比如，曾经有一位施工单位的技术人员说，我们有合同、有监理，你们还需要盯着吗？后来经过一系列沟通磨合，他们理解和认可了我们的工作。审计人员干一行、爱一行、钻一行，我身边很多同事通过学习取得了相应的专业技术职称。"

近年来，审计工作不断运用新技术手段，提高审计的精准度和效率。天津市审计局自然资源和生态环境审计一处彭鹏展示了一台平板电脑和一款APP，就是天津市审计局和天津市测绘院共同研发的外业终端核查系统，以最新的遥感影像为底图，叠加通过影像比对分析出来的疑点图斑，对一些在河道管理范围、永久基本农田、生态保护红线区域内的疑似违法违规活动进行精准定位。

"审计的根本目的是解决问题。"吴星说，一方面要抓好具体问题的整改工作，督促被审计单位、主管部门建立整改台账，逐项销号，切实把具体问题整改好；另一方面要针对审计中发现的普遍性问题，深入研究背后存在的体制性障碍、制度性缺陷、管理漏洞，提出合理审计建议，推动完善体制机制，努力做到标本兼治，从源头上强化治理效能。

资料来源：潘旭涛. 中宣部就"审计监督护航新征程"举行中外记者见面会［N］. 人民日报海外版，2021-06-03（2）.

拓展阅读资料

獐子岛集团股份有限公司（以下简称獐子岛）成立于1958年，主要养殖海参、鲍鱼、扇贝和其他海珍品，是集育苗、养殖、生产销售以及休闲于一体的综合性海洋企业。獐子岛有自己的虾夷扇贝原良种场，是国家级海洋牧场，也是最好的海珍品培养基地之一。其产业中近1/3的收入来源于虾夷扇贝，虾夷扇贝的生长周期一般是3年。在众多水产类上市公司中，獐子岛是存货占比最大的一家，在行业内具有代表性。自2014年起，獐子岛陆续上演"扇贝跑路""扇贝死亡"事件，使獐子岛对扇贝等生物资产存货的处理方式成为社会公众和中小投资者关注的重点。

每年年底，獐子岛财务核算部门下发通知，要求对生物资产存货进行年度盘点，依照该公司财产盘点制度的相关要求，划分盘点范围、确定盘点时间并提出盘点要求。獐子岛一般每年在春、秋、冬三季进行三次生物资产存货盘点，第一次是4—5月，第二次是9—10月，第三次是年末，利用科研船视频技术，采用实地盘点法。登船出海参与生物资产存货盘点的工作人员主要是日常负责具体养殖工作的渔民，监督人员、第三方人员在岸上依靠水下视频进行监盘。根据盘点计划，将生物资产的散播分布图上的随机采样点分配给参与盘点的船舶，船长根据盘点地点将船驶向指定的海域，盘点人员将拖车收放的时间、经度、纬度记录在盘点清单中。水下摄像系统主要分为海底拖车和海底影像摄录存储系统。拖车放入海底后，海底影像摄录存储系统的屏幕将显示宽度为0.5～0.6米的画面，并使用卫星导航定位来确定摄录的距离（一龄贝类为200米，二龄以上的贝类为300米），每个抽样点的摄录面积为100～180m^2，盘点人员统计采样区内虾夷扇贝的数量并进行记录；然后使用底栖动物采集器在摄录点附近进行采样，测量采样点的样品（扇贝）的大小、质量，并根据所采集的平均数量计算抽样点海域的生物资产存量；海底影像摄录存储系统拍摄照片进行记录留档。以此为基础，将此过程获取的所有数值都记录在盘点清单中，所有盘点人员在盘点清单上签字确认，最后根据各抽样点海域的盘点结果推算出獐子岛生物资产存货的数量以及生长情况。

獐子岛生物资产所占存货的比重一直以来都在30%~40%。在存货计提减值准备环节，由工作人员对存货进行期末的抽查盘点，若生物资产存货出现减值的情况，财务人员需要编制生物资产存货减值准备计提审批表，写明减值评估的过程及方法，并将减值准备计提审批表提交至总经理审批，然后根据总经理的审批结果及时进行会计账面调整。獐子岛的生物资产易受自然灾害的威胁，且直接影响未来产量。獐子岛的减值测试则基于产品未来的销售价格不变，以年末账面记录的生物资产存货数量为基础，按照以往的自然增长率、存活率等进行测算。

资料来源：刘嘉祺.獐子岛集团生物资产存货审计案例研究［D］. 南昌：华东交通大学，2020.

【思考】

獐子岛在存货的盘点技术和减值准备计提方面是否存在问题？如存在问题，请提出改进建议。

自测题

第11章判断题

第11章单项选择题

第11章多项选择题

第12章　投资与筹资循环审计

【学习目标】

通过本章的学习，你要：

1. 了解投资业务、筹资业务的主要业务流程；
2. 了解投资业务、筹资业务涉及的主要凭证和记录；
3. 掌握如何对投资与筹资循环的重大错报风险进行初步评估；
4. 掌握投资与筹资循环的控制目标、主要内部控制、控制测试和实质性程序；
5. 掌握借款与财务费用的实质性程序；
6. 掌握投资、公允价值变动损益和投资收益的实质性程序；
7. 掌握实收资本（股本）和资本公积的实质性程序。

12.1　投资与筹资循环的特性

投资与筹资循环由投资活动和筹资活动两类交易构成，其特点是政策性强，无论投资还是筹资，都必须符合国家的有关政策规定。投资活动和筹资活动在企业中发生的频率相对较低，但单笔金额大，如果发生错报，对财务报表的公允性会产生较大影响。

视频35　筹资与投资循环审计

12.1.1　投资与筹资循环的业务流程

1.投资业务涉及的主要业务流程

（1）批准对外投资。投资业务需要集体决策，往往由企业的高级管理机构，如董事会等审批确定。

（2）进行投资。企业通过股票、企业债券、国库券等途径进行投资。通过股票、债券投资应取得相应的股权凭证、债权凭证，如果是其他方式的投资，也应取得相应的权益凭证。

（3）收取投资收益。投资的目的是取得投资收益，进行投资后，企业应获得利息收入、股利收入或其他形式的投资收益。

（4）收回投资。当企业认为应当收回投资时，可以转让所持有的股票、债券等有价证券，实现投资的收回。对于其他直接投资，包括联营投资，撤资应根据合同和有关法律的规定办理。

2.筹资业务涉及的主要业务流程

（1）确定融资需求。筹资活动的起点是确定企业的资金需求，根据投资计划、生产经营计划等编制现金预算，确定需对外筹资的资金数额。

（2）授权审批。企业通过借款筹集资金须经管理层审批。其中，债券的发行每次均要由董事会授权；发行股票必须依据国家有关法规或企业章程的规定，报经企业最高权力机构（如董事会）及国家有关管理部门批准。

（3）签订合同或协议。企业筹集资金，需要与债权人等签订合同或协议。例如，从银行借款，需要与银行签订借款合同；发行债券，需要与券商签订包销协议等。

（4）取得资金。通过各种途径筹集资金后，应将资金划入企业账户，保证资金及时入账和资金的安全。

（5）支付股利或利息。通过发行股票融资，需要支付股利；从银行借款或发行债券，需要按期支付利息。

（6）偿还本金。如果是债权融资，应根据签订的借款协议或债券契约的规定，按期归还本金。

12.1.2 投资与筹资循环的主要凭证与记录

上面介绍的投资活动和筹资活动涉及的凭证与记录具体见表12-1。

表12-1 筹资与投资活动涉及的凭证与记录

筹资活动	投资活动
1.债券	1.股票或债券
2.股票	2.经纪人通知书
3.债券契约	3.债券契约
4.股东名册	4.企业章程及有关协议
5.公司债券存根簿	5.投资协议
6.承销或包销协议	6.有关记账凭证
7.借款合同或协议	7.有关会计科目的明细账和总账
8.有关记账凭证	
9.有关会计科目的明细账和总账	

12.2 投资与筹资循环的内部控制

了解投资与筹资循环的内部控制是进行重大错报风险评估的基础，主要工作包括：

（1）了解被审计单位投资与筹资循环和财务报告相关的内部控制的设计，并记录获得的了解；

（2）针对投资与筹资循环的控制目标，记录相关控制活动，以及受该控制活动影响的交易和账户余额及其认定；

（3）执行穿行测试，证实对交易流程和相关控制的了解，并确定相关控制是否得到执行；

（4）记录在了解和评价投资与筹资循环的控制设计和执行过程中识别的风险，以及拟采用的应对措施。

12.2.1　投资与筹资循环的控制目标

1.投资业务的控制目标

（1）记录的投资交易是真实发生的交易。资产负债表中记录的投资交易是经过授权审批的，是真实发生的交易，不存在虚构入账的情况。这主要是对高估投资交易进行控制。

（2）所有的投资交易均已记录。企业发生的投资交易已经全部记录，不存在遗漏或故意隐瞒投资业务的情况。这是为了防止低估投资交易。

（3）投资交易以恰当的金额记入正确的账户。这一目标要求投资交易记入恰当的账户，“分类”正确，而且金额无误，满足“准确性、计价和分摊”及“准确性”认定。

（4）投资交易的记录记入恰当的会计期间。这一目标要求投资交易根据发生的原始凭证及时记入恰当的会计期间，不存在提前或延迟入账的情形。

（5）投资交易已按会计准则的要求在财务报表中作出恰当列报。这一目标要求企业按照会计准则的要求，在财务报表中对投资交易作出恰当列报。

2.筹资业务的控制目标

（1）记录的筹资交易是真实发生的筹资活动。这一目标与“发生”认定有关，要求记录在财务报表中的筹资交易是真实发生的，经过适当授权批准，不存在将虚构的筹资交易入账的情况。

（2）凡是应记录的筹资交易均已记录。这一目标与“完整性”认定有关，要求企业发生的筹资交易均已记录，不存在遗漏，防止低估筹资交易。

（3）筹资交易以恰当的金额反映在正确的账户中。这一目标与“分类”“准确性”认定有关，要求根据筹资的途径，将筹资交易记入正确的账户，而且金额无误。

（4）筹资交易记入恰当的会计期间。这一目标与“截止”认定有关，要求筹资交易在发生时入账。

（5）筹资交易已按会计准则的要求在财务报表中作出恰当列报。这一目标与“列报”认定有关，要求筹资交易按照会计准则的要求在财务报表中正确列报。

12.2.2　投资与筹资循环的主要内部控制内容

1.投资业务的主要内部控制

（1）岗位分工与授权审批控制。企业应当建立对外投资业务的岗位责任制，明确相关部门和岗位的职责、权限，确保办理对外投资业务的不相容岗位相互分离、制约和监督，并可根据具体情况对办理对外投资业务的人员定期进行岗位轮换。

对外投资不相容岗位至少包括：①对外投资项目的可行性研究与评估；②对外投资的

决策与执行；③对外投资处置的审批与执行；④对外投资绩效评估与执行。

企业还应当建立对外投资授权制度和审核批准制度，并按照规定的权限和程序办理对外投资业务；根据对外投资类型制定相应的业务流程，明确对外投资中主要业务环节的责任人员、风险点和控制措施等；对实际发生的对外投资业务，应当设置相应的记录或凭证，如实记载各环节业务的开展情况，加强内部审计，确保对外投资全过程得到有效控制；加强对审批文件、投资合同或协议、投资方案书、对外投资处置决议等文件资料的管理，明确各种文件资料的取得、归档、保管、调阅等环节的管理规定及相关人员的职责、权限。

（2）可行性研究、评估与决策控制。企业应当加强对对外投资可行性研究、评估与决策环节的控制，对投资项目建议书的提出、可行性研究、评估、决策等作出明确规定，确保对外投资决策合法、科学、合理。

企业应当编制对外投资项目建议书，由相关部门或人员对建议投资项目进行分析与论证，对被投资企业的资信情况进行尽责调查或实地考察，并关注被投资企业管理层或实际控制人的能力、资信等情况。对外投资项目如有其他投资者，应当根据实际情况对其他投资者的资信情况进行了解或调查。

企业应当由相关部门或人员或委托具有相应资质的专业机构对投资项目进行可行性研究，重点对投资项目的目标、规模、投资方式、投资风险与收益等作出评价；还应当由相关部门或人员或委托具有相应资质的专业机构对可行性研究报告进行独立评估，形成评估报告。评估报告应当全面反映评估人员的意见，并由所有评估人员签章。对重大对外投资项目，必须委托具有相应资质的专业机构对可行性研究报告进行独立评估。

企业应当根据经股东大会（或者企业章程规定的类似权力机构）批准的年度投资计划，按照职责分工和审批权限，对投资项目进行决策审批。重大的投资项目应当根据公司章程及相应权限报经股东大会或董事会（或者企业章程规定的类似决策机构）批准。

有条件的企业可以设立投资审查委员会或者类似机构，对达到一定标准的投资项目进行预审。在预审过程中，应当审查以下内容：①拟投资项目是否符合国家有关法律法规和相关调控政策的规定，是否符合企业主业发展方向和对外投资的总体要求，是否有利于企业的长远发展；②拟订的投资方案是否可行，主要风险是否可控，是否采取了相应的防范措施；③企业是否具有相应的资金能力和项目监管能力；④拟投资项目的预计经营目标、收益目标等是否能够实现，企业的投资利益能否确保，所投入的资金能否收回。

只有预审通过的投资项目，才能提交上一级管理机构和人员进行审批。

（3）投资执行控制。企业应当制定对外投资实施方案，明确出资时间、金额、方式及责任人员等。对外投资实施方案及方案的变更应当经企业董事会或其授权人员审查批准。对外投资业务需要签订合同的，应当征询企业法律顾问或相关专家的意见，并经授权部门或人员批准后签订。以委托投资方式进行的对外投资，应当对受托企业的资信情况和履约能力进行调查，签订委托投资合同，明确双方的权利、义务和责任，并采取相应的风险防范和控制措施。

对于已投资项目，企业应指定专门的部门或人员进行跟踪管理，掌握被投资企业的财务状况、经营情况和现金流量，定期组织对外投资质量分析，发现异常情况应当及时向有关部门和人员报告，并采取相应措施。必要时，企业可根据有关规定向被投资企业派出董事、监事、财务负责人或其他管理人员。同时，企业还需加强对投资收益的控制和对外投资有关权益证书的管理。投资收益的核算应当符合国家统一的会计制度的规定，对外投资取得的股利以及其他收益均应当纳入企业会计核算体系，严禁账外设账。对于对外投资有关权益证书，应指定专门的部门或人员予以保管，并建立详细的记录。未经授权的人员不得接触有关权益证书，财会部门应当定期或不定期地与相关管理部门和人员清点、核对有关权益证书。被投资企业股权结构等发生变化的，企业应当取得被投资企业的相关文件，及时办理相关产权变更手续，反映股权变更对本企业的影响。

此外，企业还应定期或不定期地与被投资企业核对有关投资账目，保证对外投资的安全、完整；加强对投资项目减值情况的定期检查和归口管理，减值准备的计提标准和审批程序按照有关规定执行。

（4）投资处置控制。企业应当对投资收回、转让、核销等的决策和授权批准程序作出明确规定。对外投资的收回、转让与核销应当按规定权限和程序进行审批，并履行相关审批手续。对应收回的对外投资资产，要及时、足额收回。转让对外投资，应当由相关机构或人员合理确定转让价格，并报授权批准部门批准；必要时，可委托具有相应资质的专门机构进行评估。核销对外投资，应当取得因被投资企业破产等原因不能收回投资的法律文书和证明文件。

企业财会部门应当认真审核与对外投资处置有关的审批文件、会议记录、资产回收清单等相关资料，并按照规定及时进行对外投资处置的会计处理，确保资产处置真实、合法。

企业应当建立对外投资项目后续跟踪评价管理制度，对企业的重要投资项目和所属企业超过一定标准的投资项目，有重点地开展后续跟踪评价工作，并作为进行投资奖励和责任追究的依据。

2.筹资业务的主要内部控制

（1）岗位分工与授权审批控制。企业应当建立筹资业务的岗位责任制，明确有关部门和岗位的职责、权限，确保办理筹资业务的不相容岗位相互分离、制约和监督。同一部门或个人不得办理筹资业务的全过程。筹资业务的不相容岗位至少包括：①筹资方案的拟订与决策；②筹资合同或协议的审批与订立；③与筹资有关的各种款项偿付的审批与执行；④筹资业务的执行与相关会计记录。

企业应当对筹资业务建立严格的授权批准制度，明确授权批准方式、程序和相关控制措施，规定审批人的权限、责任以及经办人的职责范围和工作要求。

企业应当制定筹资业务流程，明确筹资决策、执行、偿付等环节的内部控制要求，并设置相应的记录或凭证，如实记载各环节业务的开展情况，确保筹资全过程得到有效控制。

企业应当建立筹资决策、审批过程的书面记录制度以及有关合同或协议、收款凭证、支付凭证等资料的存档、保管和调用制度，加强对与筹资业务有关的各种文件和凭据的管理，明确相关人员的职责、权限。

（2）筹资决策控制。企业应当建立筹资业务决策环节的控制制度，对筹资方案的拟订设计、筹资决策程序等作出明确规定，确保筹资方式符合成本效益原则，筹资决策科学、合理。

企业拟订的筹资方案应当符合国家有关法律法规、政策和企业筹资预算的要求，明确筹资规模、用途、结构、方式和对象，并对筹资时机选择、预计筹资成本、潜在筹资风险和具体应对措施以及偿债计划等作出安排和说明。企业拟订筹资方案，应当考虑企业的经营范围、投资项目的未来效益、目标资本结构、可接受的资金成本水平和偿付能力。在海外筹集资金的，还应当考虑筹资所在国（地区）的政治、法律、汇率、利率、环保、信息安全等风险以及财务风险等。

企业对重大筹资方案应当进行风险评估，形成评估报告，报董事会或股东大会审批。评估报告应当全面反映评估人员的意见，并由所有评估人员签章。未经风险评估的方案不能进行筹资。企业拟订筹资方案时，应有不止一个方案进行比较分析，企业需要综合考虑筹资成本和风险评估等因素来确定方案。

对于重大筹资方案，应当实行集体决策审批或者联签制度，决策过程应有完整的书面记录。企业筹资方案需经国家有关管理部门或上级主管单位批准的，应及时报请批准。

企业还应当建立筹资决策责任追究制度，对重大筹资项目应当进行后评估，明确相关部门及人员的责任，定期或不定期地进行检查。

（3）筹资执行控制。企业应当建立筹资决策执行环节的控制制度，对筹资合同的订立与审核、资产的收回等作出明确规定。

企业应当根据经批准的筹资方案，按照规定程序与筹资对象，与中介机构订立筹资合同或协议。企业相关部门或人员应当对筹资合同或协议的合法性、合理性、完整性进行审核，审核情况和意见应有完整的书面记录。筹资合同或协议的订立应当符合《中华人民共和国民法典》合同编及其他法律法规的规定，并经企业有关授权人员批准。重大筹资合同或协议的订立应当征询法律顾问或专家的意见。企业筹资通过证券经营机构承销或包销企业债券或股票的，应当选择具有规定资质和资信良好的证券经营机构，并与该机构签订正式的承销或包销合同或协议。企业变更筹资合同或协议，应当按照原审批程序进行。

企业应当按照筹资合同或协议的约定，及时、足额取得相关资产。取得货币性资产，应按实有数额及时入账；取得非货币性资产，应当根据合理确定的价值及时进行会计记录，并办理有关财产转移手续。对需要进行评估的资产，应当聘请有资质的中介机构及时进行评估。

企业应当加强对筹资费用的计算、核对工作，确保筹资费用符合筹资合同或协议的规定。企业应当结合偿债能力、资金结构等，保持足够的现金流量，确保及时、足额偿还到期本金、利息或已宣告发放的现金股利等。

企业应当按照筹资方案所规定的用途使用对外筹集的资金。由于市场环境变化等特殊情况导致确需改变资金用途的，应当履行审批手续，并对审批过程进行完整的书面记录。严禁擅自改变资金用途。企业应建立持续符合筹资合同条款的内部控制制度，其中应包括预算不符合条款要求的预警和调整制度。国家法律、行政法规或者监管协议规定应当披露的筹资业务，企业应及时予以公告和披露。

（4）筹资偿付控制。企业应当建立筹资业务偿付环节的控制制度，对偿还本金，支付利息、租金、股利（利润）等作出计划和预算制度安排，并正确计算、核对，确保各款项偿付符合筹资合同或协议的规定。

企业应当指定财会部门严格按照筹资合同或协议规定的本金、利率、期限及币种计算利息和租金，经有关人员审核确认后，与债权人进行核对。本金与应付利息必须和债权人定期对账，如有不符，应查明原因，按权限及时处理。

企业支付筹资利息、股息、租金等，应当履行审批手续，经授权人员批准后方可支付。企业通过向银行等金融机构举借债务筹资，其利息的支付可按照双方在合同、协议中约定的方式办理。企业委托中介机构对外支付债券利息，应清点、核对中介机构的利息支付清单，并及时取得有关凭据。

企业应当按照股利（利润）分配方案发放股利（利润），股利（利润）分配方案应当按照企业章程或有关规定，按权限审批。企业委托中介机构支付股利（利润），应清点、核对中介机构的股利（利润）支付清单，并及时取得有关凭据。

企业以非货币资产偿付本金、利息、租金或支付股利（利润）时，应当由相关机构或人员合理确定其价值，并报授权批准部门批准，必要时可委托具有相应资质的机构进行评估。

企业财会部门在办理筹资业务款项偿付过程中，发现已审批拟偿付的各种款项的支付方式、金额或币种等与有关合同或协议不符的，应当拒绝支付并及时向有关部门报告，有关部门应当查明原因，作出处理。

企业以抵押、质押方式筹资，应当对抵押物进行登记。业务终结后，应当对抵押或质押资产进行清理、结算、收缴，及时注销有关担保内容。

企业对外筹资业务的会计处理应当符合国家统一的会计制度的规定。

12.3 投资与筹资循环的重大错报风险评估

注册会计师对投资与筹资循环重大错报风险的评估是建立在对该循环特性和内部控制的了解基础上的。注册会计师可以通过询问被审计单位管理层和内部其他相关人员、了解重要交易流程并记录获得的了解、确定可能发生错报的环节、了解相关的内部控制对投资与筹资循环的重大错报风险水平进行评估。

注册会计师需要确认投资与筹资循环中哪些业务环节容易发生错报，需要设置什么样的控制才能防止错报的发生。由于各交易环节的性质不同，发生错报的可能性也不同，注册会计师应予以了解和分析。

在投资业务中，注册会计师应关注下列舞弊行为可能导致的错报：（1）交易费用入账不正确。（2）投资计价不实，损害投资者利益。（3）成本法和权益法混淆使用，调节利润。（4）溢折价不摊销，减值准备不计提。（5）截留投资收益，形成账外资金。（6）证券投资“黑箱”操作，亏损由企业负担，盈利则截留或者私分。（7）故意多计或提前确认投资收益，调节利润。（8）有关投资信息披露不实。

在筹资业务中，注册会计师应关注被审计单位是否存在以下舞弊行为：（1）利息不入费用，长期挂账。（2）虚计利息费用，调节利润。（3）混淆资本化利息。（4）溢折价不摊销。（5）长期借款短期化或者短期借款长期化。

通过对投资与筹资循环业务流程风险的了解，注册会计师应当确定：（1）被审计单位是否建立了投资与筹资循环的有效控制，以防止或发现并纠正这些错报；（2）被审计单位是否遗漏了必要的控制；（3）是否识别了可以最有效测试的控制。

12.4 投资与筹资循环的控制测试

12.4.1 投资与筹资循环的控制测试程序

注册会计师可以采用询问、观察、检查、重新执行等程序对投资与筹资循环的内部控制进行测试，评估内部控制运行的有效性。

投资与筹资循环的控制测试是指对投资与筹资循环的内部控制设计和运行的有效性进行测试。作为进一步审计程序之一，当出现以下情形时，注册会计师必须执行投资与筹资循环的控制测试：（1）预期投资与筹资循环的内部控制的运行是有效的；（2）仅实施实质性程序不足以提供投资与筹资循环认定层次充分、适当的审计证据。

注册会计师测试投资与筹资循环内部控制有效性的工作包括：（1）针对了解的被审计单位筹资与投资循环的控制活动，确定拟进行测试的控制活动；（2）测试控制运行的有效性，记录测试过程和结论；（3）根据测试结论，确定对实质性程序的性质、时间安排和范围的影响。

投资与筹资循环的控制测试程序见表12-2。

表12-2 投资与筹资循环的控制测试程序

主要业务活动	控制目标	受影响的主要财务报表项目及认定	常用的控制活动	控制测试程序
筹资	已记录的借款均确为公司的负债	短期借款/长期借款：存在；权利和义务	所有筹资交易应经管理层批准	选取借款申请表或综合授信使用申请，检查是否得到适当审批
	借款均已准确记录	短期借款/长期借款：准确性、计价和分摊	借款变动情况的记录与借款合同一致并经复核，以确保输入准确	选取借款合同并检查是否与账务记录一致
	借款均已记录	短期借款/长期借款：完整性	借款合同或协议由专人保管，同账务记录核对一致，如发现差异应及时调查和处理	选取借款合同并检查是否与账务记录一致
	借款均已于适当期间记录	短期借款/长期借款：存在；完整性	管理层定期复核借款记录并确保其及时更新	选取信贷情况表并检查是否得到适当复核
	利息费用均已准确计算并于适当期间记录	财务费用/长期借款：发生或存在；完整性、准确性或准确性、计价和分摊；分类；截止	管理层复核利息费用的计算	选取银行借款利息回单并检查是否已准确、及时记录
	已记录的偿还借款均为真实发生	短期借款/长期借款：完整性；权利和义务	管理层定期复核借款记录并确保其及时更新	选取信贷情况表并检查是否得到适当复核

续表

主要业务活动	控制目标	受影响的主要财务报表项目及认定	常用的控制活动	控制测试程序
筹资	偿还借款均已准确记录	短期借款/长期借款：准确性、计价和分摊	借款合同或协议由专人保管，同账务记录核对一致，如发现差异应及时调查和处理	选取借款备查账记录，检查是否与账务记录一致
	偿还借款均已记录	短期借款/长期借款：存在	借款合同或协议由专人保管，同账务记录核对一致，如发现差异应及时调查和处理	选取借款备查账记录，检查是否与账务记录一致
	偿还借款均已于适当期间记录	短期借款/长期借款：存在；完整性	借款合同或协议由专人保管，同账务记录核对一致，如发现差异应及时调查和处理	选取借款备查账记录，检查是否与账务记录一致
投资	已记录的投资均确为公司的投资	交易性金融资产/长期股权投资：存在；权利和义务	管理层制定政策并确保投资交易符合规定	选取投资项目的付款申请单并检查是否得到适当复核
	投资交易均已记录	交易性金融资产/长期股权投资：完整性	管理层复核投资交易记录，如有差异应及时调查和处理	
	投资交易计价准确	交易性金融资产/长期股权投资：准确性、计价和分摊	管理层复核投资交易记录，如有差异应及时调查和处理	选取记账凭证，检查与账务记录是否一致
	投资交易均已于适当期间记录	交易性金融资产/长期股权投资：完整性；存在	管理层复核投资交易记录，如有差异应及时调查和处理	选取金融资产报告并检查是否得到适当复核
	投资收益均已准确计算并于适当期间记录	投资收益：发生；准确性；完整性；截止；分类 长期股权投资：准确性、计价和分摊	及时取得被投资单位的财务报表并确认投资收益。管理层复核投资交易记录，如有差异应及时调查和处理	选取交易流水单，与记账记录核对，检查是否准确记录于适当期间

12.4.2　投资与筹资循环的控制测试内容

与日常借款有关的控制测试内容见表12-3。

与偿还借款有关的控制测试内容见表12-4。

与交易性金融资产有关的测试内容见表12-5。

表 12-3　　日常借款的控制测试内容

主要业务活动	测试内容	测试项目 1	测试项目 2	……
借款	借款申请表编号#（日期）			
	借款申请表是否经恰当批准（是/否）			
	借款合同编号#（如适用）			
	综合授信协议编号#（如适用）			
	综合授信使用申请表编号#（日期）			
记录借款	收款凭证编号#（日期）			
	借款合同金额、期限等内容是否与借款申请表内容一致（是/否）			
	是否记入短期借款明细账贷方（是/否）			
	是否登记借款备查账（是/否）			
	明细账记录内容是否与借款备查账内容一致（是/否）			
	借款备查账记录内容是否与借款合同一致（是/否）			

表 12-4　　偿还借款的控制测试内容

主要业务活动	测试内容	测试项目 1	测试项目 2	……
偿还	借款合同编号#（日期）			
	综合授信协议编号#（如适用）			
	付款申请表编号#（日期）			
	付款申请表是否经恰当批准（是/否）			
	是否与借款合同规定还款日一致（是/否）			
记录还款	付款凭证编号#（日期）			
	还款金额、期限等内容是否与付款申请表内容一致（是/否）			
	是否记入短期借款明细账借方（是/否）			
	是否登记借款备查账（是/否）			
	明细账记录内容是否与借款备查账内容一致（是/否）			
	借款备查账记录内容是否与借款合同一致（是/否）			

表 12-5　　交易性金融资产的测试内容

主要业务活动	测试内容	测试项目 1	测试项目 2	……
购入/出售	股票名称			
	交易流水单号码			
	是否登记投资备查账（是/否）			
确认、记录投资	转款凭证编号#（日期）			
	股票名称			
	是否正确记入投资明细账（是/否）			
	是否正确确认投资收益（是/否）			

12.5　投资与筹资循环的实质性程序

投资与筹资循环涉及的资产负债表项目主要包括交易性金融资产、衍生金融资产、其他应收款、债权投资、其他债权投资、长期股权投资、其他权益工具投资、投资性房地产、短期借款、交易性金融负债、衍生金融负债、其他应付款、长期借款、应付债券、实收资本（或股本）、资本公积、盈余公积、未分配利润等，涉及的利润表项目主要包括财务费用、投资收益等。本节着重介绍借款及财务费用，投资、公允价值变动损益和投资收益，实收资本（或股本）与资本公积等主要账户的实质性程序。

12.5.1　投资与筹资循环的交易实质性程序

投资与筹资循环的交易实质性程序包括细节测试和实质性分析程序。

1.细节测试

（1）投资业务的审计目标及对应的实质性程序。

①确定记录的投资交易是否真实发生。通过检查投资交易明细账，与相关的原始凭证，包括投资授权文件、被投资单位出具的股权或债权证明、投资付款记录等进行核对。

②确定所有的投资交易是否均已记录。检查董事会会议纪要、投资合同或协议，并结合有价证券盘点，与投资付款和投资交易记录进行核对，确定有无未入账的投资交易。

③确定投资交易是否以恰当的金额记入正确的账户。将投资交易记录与原始凭证进行详细核对，结合会计科目表，分析投资交易金额的准确性和分类的正确性。

④确定投资交易的记录是否记入恰当的会计期间。将投资记录与所附原始凭证进行详细核对，核实原始凭证的日期与投资交易记录日期的一致性。

⑤确定投资交易是否已被恰当地汇总或分解且表述清楚，并已按照企业会计准则的规定在财务报表中作出的相关披露是相关的、可理解的。

（2）筹资业务的审计目标及对应的实质性程序。

①确定记录的筹资交易是否真实发生。检查支持筹资记录的借款、发行债券和股票等原始凭证，确定已记录的筹资交易均有原始凭证支持。

②确定应记录的筹资交易是否均已记录。检查董事会会议纪要、股东大会会议记录、借款合同、债券契约等原始凭证，与筹资交易记录核对，确定有无未入账的筹资交易。

③确定筹资交易是否以恰当的金额反映在正确的账户上。将筹资交易相关记录与所附原始凭证详细核对，查实入账金额和账户是否正确。

④确定筹资交易是否记入恰当的会计期间。检查筹资交易记录与所附原始凭证，注意交易记录入账时间是否正确。

⑤确定筹资交易是否已被恰当地汇总或分解且表述清楚，并已按照企业会计准则的规定在财务报表中作出的相关披露是相关的、可理解的。

2.实质性分析程序

实质性分析程序往往结合其他审计程序一起运用。因为实质性分析程序无法直接证实某一认定是否存在重大错报，因此，只有在注册会计师认为必要时才使用实质性分析程序。

对投资与筹资循环实施实质性分析程序有助于注册会计师分析投资与筹资循环的“发生”“完整性”“准确性”“分类”“截至”认定的错报风险，评估投资与筹资循环的整体合理性。

12.5.2 借款审计

与借款相关的项目包括短期借款、长期借款、应付债券、长期应付款、应付利息、财务费用等科目。对于负债项目的审计，主要是为了防止企业低估债务。低估债务经常伴随着低估成本费用，从而达到高估利润的目的。注册会计师在执行借款业务审计时，应将被审计单位是否低估借款作为一个关注的要点。

1.短（长）期借款审计

短期借款是指企业向银行或其他金融机构借入的期限在一年以内的各项借款，主要用于维持正常的生产经营活动。长期借款是指企业向银行或其他金融机构借入的期限在一年以上的各项借款。长期借款是企业为了满足生产经营或投资所需借入的款项。

（1）短（长）期借款的审计目标。

①确定资产负债表中记录的借款是否真实存在的；

②确定所有应当记录的借款是否均已记录；

③确定记录的借款是否是被审计单位应当履行的现时义务；

④确定借款是否以恰当的金额包括在财务报表中，与之相关的计价调整已恰当记录；

⑤确定借款是否已记录于恰当的账户；

⑥确定借款是否已被恰当地汇总或分解且表述清楚，并已按照企业会计准则的规定在财务报表中作出的相关披露是相关的、可理解的。

上述审计目标与管理层认定的关系见表12-6。

表12-6　**短（长）期借款的审计目标与管理层认定的关系**

审计目标	管理层认定					
	存在	完整性	权利和义务	准确性、计价和分摊	分类	列报
（1）确定资产负债表中记录的借款是否真实存在	√					
（2）确定所有应当记录的借款是否均已记录		√				
（3）确定记录的借款是否是被审计单位应当履行的现时义务			√			
（4）确定借款是否以恰当的金额包括在财务报表中，与之相关的计价调整已恰当记录				√		
（5）确定借款是否已记录于恰当的账户					√	
（6）确定借款是否已被恰当地汇总或分解且表述清楚，并已按照企业会计准则的规定在财务报表中作出的相关披露是相关的、可理解的						√

（2）短（长）期借款的实质性程序。

①获取或编制短（长）期借款明细表，复核其加计数是否正确，与报表数、总账数和明细账合计数核对是否相符。其中，对于长期借款，需减去将于一年内偿还的长期借款后与报表数核对是否相符，检查非记账本位币借款的折算汇率及折算金额是否正确，折算方法是否前后期一致。

②检查被审计单位贷款卡，核实账面记录是否完整。对被审计单位贷款卡中列示的信息与账面记录核对的差异进行分析，并关注贷款卡中列示的被审计单位对外担保的信息。

③函证短（长）期借款。向银行或其他非金融机构函证，并关注是否存在未入账短（长）期借款项目。

④检查本期短（长）期借款的增加数。对本期增加的借款，检查借款是否经授权批准，了解借款数额、借款条件、借款日期、还款期限、借款利率；检查借款合同、协议是否合规，银行收款等原始凭证与账面记录是否相符，会计处理是否正确等。

⑤检查本期短（长）期借款的减少数。对本期减少的借款，检查相关原始凭证，确定还款金额是否经授权审批；检查还款期限与原借款合同是否相符，相关会计处理是否正确。

⑥复核短（长）期借款利息。根据短（长）期借款的利率和期限，检查利息、借款费用（通常包括辅助费用、应计利息、因外币借款而发生的汇兑差额）计算是否正确，符合资本化条件的是否资本化，资本化率计算是否正确，相应的会计处理是否恰当。

⑦检查逾期未还短（长）期借款。检查相关原始凭证和记录，确定有无逾期未还借款；对逾期未还借款应查明原因，同时应关注逾期借款是否办理展期手续，是否会因此发生债务纠纷或法律诉讼；如有财产抵押，是否会因此导致财产损失。

⑧检查短（长）期借款的抵押和担保。检查董事会会议纪要、借款合同和协议，确定是否存在抵押和担保借款。检查被审计单位用于抵押借款的抵押资产的所有权是否属于被审计单位，其价值和实际状况是否与担保契约中的规定相一致。

⑨检查被审计单位与贷款人之间所发生的债务重组。检查债务重组协议，确定其真实性、合法性，并检查债务重组的会计处理是否正确。

⑩检查短（长）期借款的列报。注册会计师应检查借款在资产负债表中的列报是否已按照会计准则的要求处理。长期借款是否有一年内到期的，如有，是否列示为一年内到期的非流动负债项目。被审计单位借款是否按信用借款、抵押借款、质押借款、保证借款分别披露，检查期末逾期借款是否按贷款单位、借款金额、逾期时间、年利率、逾期未偿还原因和预期还款期等进行披露，被审计单位是否在附注中按规定披露与借款费用有关的信息。

2.应付债券审计

应付债券是企业为了筹集资金对外发行的一种债权性质的有价证券。应付债券的发行必须符合国家的有关规定，应付债券利息的计提和偿付以及债券本金的归还应根据债券契约执行，相应会计处理必须符合会计准则的规定。

（1）应付债券的审计目标。

①确定资产负债表中记录的应付债券是否存在；

②确定所有应当记录的应付债券是否均已记录；

③确定记录的应付债券是否是被审计单位应当履行的现时义务；

④确定应付债券是否以恰当的金额包括在财务报表中，与之相关的计价调整已恰当记录；

⑤确定应付债券是否已被恰当地汇总或分解且表述清楚，并已按照企业会计准则的规定在财务报表中作出的相关披露是相关的、可理解的。

应付债券审计目标与管理层认定的关系见表12-7。

表12-7　应付债券的审计目标与管理层认定的关系

审计目标	管理层认定				
	存在	完整性	权利和义务	准确性、计价和分摊	列报
（1）确定资产负债表中记录的应付债券是否存在	√				
（2）确定所有应当记录的应付债券是否均已记录		√			
（3）确定记录的应付债券是否是被审计单位应当履行的现时义务			√		
（4）确定应付债券是否以恰当的金额包括在财务报表中，与之相关的计价调整已恰当记录				√	
（5）确定应付债券是否已被恰当地汇总或分解且表述清楚，并已按照企业会计准则的规定在财务报表中作出的相关披露是相关的、可理解的					√

（2）应付债券的实质性程序。

①取得或编制应付债券明细表，复核加计是否正确，并与报表数、总账数和明细账合计数核对是否相符，检查非记账本位币应付债券的折算汇率及折算是否正确，折算方法是否前后期一致。

②检查应付债券的增加。审阅债券发行申请和审批文件，检查发行债券所收入现金的收据、汇款通知单、送款登记簿及相关的银行对账单，核实其会计处理是否正确。

③检查债券利息费用及溢（折）价摊销的会计处理。获取或编制债券利息、债券溢（折）价及其摊销的账户分析表，复核对利息费用及溢（折）价的账务处理是否正确，资本化的处理是否符合规定。

④检查到期债券的偿还。检查偿还债券的支票存根等相关会计凭证，检查会计处理是否正确。

⑤函证应付债券期末余额。如果认为有必要，注册会计师可直接向债权人及债券的承销人或包销人函证应付债券的期末余额。

⑥如发行债券时已作抵押或担保，检查相关契约的履行情况。

⑦如果应付债券即将到期，审查被审计单位是否有足够的清偿准备，并对是否会引发债务危机和影响被审计单位的持续经营能力作出专业判断。

⑧检查应付债券是否已在资产负债表中充分披露。检查一年内到期的应付债券是否列为一年内到期的非流动负债，期末到期未偿付的债券金额及逾期原因是否充分披露。

3.财务费用审计

财务费用是指企业为了筹集生产经营所需资金而发生的费用，包括利息支出、汇兑损益，以及相关的手续费等。

（1）财务费用的审计目标。

①确定利润表中记录的财务费用是否已发生，且与被审计单位有关；

②确定所有应当记录的财务费用是否均已记录；

③确定与财务费用有关的金额及其他数据是否已恰当记录；

④确定财务费用是否已记录于正确的会计期间；

⑤确定财务费用是否已记录于恰当的账户；

⑥确定财务费用是否已按照企业会计准则的规定在财务报表中作出恰当披露。

上述财务费用审计目标与管理层认定的关系见表12-8。

表12-8　　财务费用的审计目标与管理层认定的关系

审计目标	管理层认定					
	发生	完整性	准确性	截止	分类	列报
①确定利润表中记录的财务费用是否已发生，且与被审计单位有关	√					
②确定所有应当记录的财务费用是否均已记录		√				
③确定与财务费用有关的金额及其他数据是否已恰当记录			√			
④确定财务费用是否已记录于正确的会计期间				√		
⑤确定财务费用是否已记录于恰当的账户					√	
⑥确定财务费用是否已按照企业会计准则的规定在财务报表中作出恰当披露						√

（2）财务费用的实质性程序。

①获取或编制财务费用明细表，复核加计是否正确，与报表数、总账数及明细账合计数核对是否相符。

②执行实质性分析程序。第一，将本期财务费用各明细项目与上期进行对比，必要时比较本期各月份财务费用，如有重大波动和异常情况应追查原因；第二，计算借款、应付债券平均实际利率并同以前年度及市场平均利率相比较；第三，根据借款、应付债券平均余额、平均利率测算当期利息费用和应付利息，并与账面记录进行比较；第四，根据银行存款平均余额和存款平均利率复核利息收入。

③检查利息收支明细账，包括：审查各项借款期末应计利息有无预计入账；审查现金折扣的会计处理是否正确；结合长短期借款、应付债券等的审计，检查财务费用中是否包括为购建或生产满足资本化条件的资产发生的应予资本化的借款费用；检查融资租入的固定资产、购入有关资产超过正常信用条件延期支付价款、实质上具有融资性质的，采用实际利率法分期摊销未确认融资费用时计入财务费用数是否正确；检查应收票据贴现利息的计算与会计处理是否正确；检查存在资产弃置费用义务的固定资产或油气资产，在其使用

寿命内，是否按期计算确定应负担的利息费用。

④检查利息收入明细账，包括：确认利息收入的真实性及正确性；检查从其他企业或非银行金融机构取得的利息收入是否按规定计缴所得税；检查采用递延方式分期收款、实质上具有融资性质的销售商品或提供劳务，采用实际利率法按期计算确定的利息收入是否正确。

⑤检查汇兑损益计算方法是否正确，核对所用汇率是否准确，前后期是否一致。

⑥检查“财务费用——其他”明细账，注意检查大额金融机构手续费的真实性与正确性。

⑦抽取资产负债表日前后若干天的若干张凭证，实施截止测试，若存在异常迹象，考虑是否追加审计程序，对于重大跨期项目应作必要调整。

⑧检查财务费用是否已按照企业会计准则的规定在财务报表中作出恰当披露。

12.5.3 投资审计

与投资相关的账户涉及交易性金融资产、债权投资、其他债权投资、长期股权投资、应收利息、投资收益、公允价值变动损益等账户，下面着重介绍债权投资和长期股权投资、公允价值变动损益和投资收益的审计，至于其他投资项目的审计，有兴趣的同学可参考相关书籍。

1.债权投资审计

（1）债权投资的审计目标。

①确定资产负债表中记录的债权投资是否存在；

②确定所有应当记录的债权投资是否均已记录；

③确定记录的债权投资是否由被审计单位拥有或控制；

④确定债权投资是否以恰当的金额包括在财务报表中，与之相关的计价调整已恰当记录；

⑤确定债权投资是否已按照企业会计准则的规定在财务报表中作出恰当披露。

上述审计目标与管理层认定的关系见表12-9。

表12-9 债权投资的审计目标与管理层认定的关系

审计目标	财务报表认定				
	存在	完整性	权利和义务	准确性、计价和分摊	列报
①确定资产负债表中记录的债权投资是否存在	√				
②确定所有应当记录的债权投资是否均已记录		√			
③确定记录的债权投资是否由被审计单位拥有或控制			√		
④确定债权投资是否以恰当的金额包括在财务报表中，与之相关的计价调整已恰当记录				√	
⑤确定债权投资是否已按照企业会计准则的规定在财务报表中作出恰当披露					√

（2）债权投资的实质性程序。

①获取或编制债权投资明细表，复核加计是否正确，并与总账数和明细账合计数核对是否相符；结合“债权投资减值准备”科目，与报表数核对是否相符。检查非记账本位币债权投资的折算汇率及折算是否正确。确定划分为债权投资的金融资产是否符合企业会计准则的规定。

②就被审计单位管理层将投资确定划分为债权投资的意图获取审计证据，并考虑管理层实施该意图的能力。

③确定债权投资的存在及余额正确。注册会计师实施债权投资的监盘，检查债权投资名称、数量、票面价值、票面利率等内容，并与相关账户余额核对。对于在外保管的债权投资等，应查阅有关保管文件，必要时可向保管人函证。可以向证券公司等获取对账单的，应取得对账单，并与明细账余额核对；需要时，向其发函询证，以确认是否存在。如有差异，查明原因，作出记录或进行适当调整。

④检查本期债权投资的增加数和减少数，并确定债权投资的会计记录完整，确定所购入债权投资归被审计单位拥有。注册会计师追查至原始凭证，检查其是否经授权批准，确认有关债权投资的购入、售出、处置及投资收益金额正确，记录完整，并确定所购入债权投资归被审计单位拥有。

⑤确定债权投资的计价正确。检查债权投资初始计量是否正确；复核其计价方法，检查是否按摊余成本计量，前后期是否一致。重新计算持有期间的利息收入和投资收益。

⑥检查债权投资与其他金融资产相互重分类的依据是否充分，会计处理是否正确。

⑦结合银行借款等的检查，了解债权投资是否存在质押、担保情况。如有，应详细记录，并提请被审计单位进行充分披露。

⑧检查非货币性资产交换、债务重组时取得或转出债权投资的会计处理是否正确。

⑨期末对债权投资进行检查，以确定投资是否已经发生减值。对于发生减值的，将预计未来现金流量现值低于账面价值的差额作为债权投资减值准备予以计提，并确定相应的会计处理是否正确。

⑩检查债权投资的披露是否恰当。注册会计师检查被审计单位对债权投资在资产负债表中的披露是否充分。债权投资期初、期末价值，确定债权投资的依据，投资利得和损失的计量基础等是否恰当列报。

2.长期股权投资审计

（1）长期股权投资的审计目标。

①确定资产负债表中记录的长期股权投资是否存在；

②确定所有应当记录的长期股权投资是否均已记录；

③确定记录的长期股权投资是否由被审计单位拥有或控制；

④确定长期股权投资是否以恰当的金额包括在财务报表中，与之相关的计价调整已恰当记录；

⑤确定长期股权投资是否记入恰当的账户；

⑥确定长期股权投资是否已按照企业会计准则的规定在财务报表中作出恰当披露。

上述长期股权投资的审计目标与管理层认定的关系见表12-10。

表 12-10　　长期股权投资的审计目标与管理层认定的关系

审计目标	管理层认定					
	存在	完整性	权利和义务	准确性、计价和分摊	分类	列报
①确定资产负债表中记录的长期股权投资是否存在	√					
②确定所有应当记录的长期股权投资是否均已记录		√				
③确定记录的长期股权投资是否由被审计单位拥有或控制			√			
④确定长期股权投资是否以恰当的金额包括在财务报表中，与之相关的计价调整已恰当记录				√		
⑤确定长期股权投资是否记入于恰当的账户					√	
⑥确定长期股权投资是否已按照企业会计准则的规定在财务报表中作出恰当披露						√

（2）长期股权投资的实质性程序。

①获取或编制长期股权投资明细表，复核加计是否正确，并与总账数和明细账合计数核对是否相符；结合“长期股权投资减值准备”科目，与报表数核对是否相符。

②确定长期股权投资是否存在，并归被审计单位所有；根据管理层的意图和能力，分类是否正确；针对各分类，计价方法、期末余额是否正确。

③检查股权投资计价方法、期末余额的正确性。根据有关合同和文件，确认长期股权投资的股权比例和时间，检查长期股权投资核算方法是否正确。

④复核采用权益法核算长期股权投资会计处理的正确性。对于应采用权益法核算的长期股权投资，获取被投资单位已经注册会计师审计的年度财务报表；如果未经注册会计师审计，则应考虑对被投资单位的财务报表实施适当的审计或审阅程序。第一，复核投资损益时，根据重要性原则，以取得投资时被投资单位各项可辨认资产的公允价值为基础，对被投资单位的净损益进行调整后加以确认。被投资单位采用的会计政策及会计期间与被审计单位不一致的，应当按照被审计单位的会计政策及会计期间对被投资单位的财务报表进行调整，据以确认投资损益，并作出详细记录。第二，将重新计算的投资损益与被审计单位计算的投资损益相核对，如有重大差异，查明原因，并作适当调整。第三，关注被审计单位在被投资单位发生净亏损或以后期间实现盈利时的会计处理是否正确。第四，检查除净损益以外被投资单位所有者权益的其他变动是否调整计入所有者权益。

⑤复核采用成本法核算长期股权投资会计处理的正确性。对于采用成本法核算的长期股权投资，检查股利分配的原始凭证及分配决议等资料，确定会计处理是否正确；对被审计单位实施控制而采用成本法核算的长期股权投资，比照权益法编制变动明细表，以备合并财务报表使用。

⑥确定长期股权投资增减变动的记录是否完整。第一，检查本期增加的长期股权投

资，追查至原始凭证及相关的文件或决议及被投资单位验资报告或财务资料等，确认长期股权投资是否符合投资合同、协议的规定，会计处理是否正确（根据企业合并形成、企业合并以外其他方式取得的长期股权投资分别确定初始投资成本）；第二，检查本期减少的长期股权投资，追查至原始凭证，确认长期股权投资的处理是否有合理的理由及授权批准手续，会计处理是否正确。

⑦期末对长期股权投资进行逐项检查，确定长期股权投资是否已经发生减值。检查当长期股权投资可收回金额低于账面价值时，被审计单位是否计提减值准备，计提金额是否恰当，并核对长期股权投资减值准备本期与以前年度计提方法是否一致。

⑧结合银行借款等的检查，了解长期股权投资是否存在质押、担保情况。如有，应详细记录，并提请被审计单位进行充分披露。

⑨检查通过发行权益性证券、投资者投入、企业合并等方式取得的长期股权投资的会计处理是否正确。

⑩检查长期股权投资的披露是否恰当。检查子公司、合营企业和联营企业清单，包括企业名称、注册地、业务性质、投资企业的持股比例和表决权比例；合营企业和联营企业当期的主要财务信息，包括资产、负债、收入、费用等的合计金额；被投资单位向投资企业转移资金的能力受到严格限制的情况；当期及累计未确认的投资损失金额；与对子公司、合营企业及联营企业投资相关的或有负债等披露是否充分。

3.公允价值变动损益审计

公允价值是指在公平交易中，熟悉情况的当事人自愿进行资产交换或负债清偿的金额。公允价值变动损益是指公允价值变动带来的损失或收益。

（1）公允价值变动损益的审计目标。

①确定利润表中记录的公允价值变动损益是否真实发生，且与被审计单位有关。

②确定所有应当记录的公允价值变动损益是否均已记录。

③确定与公允价值变动损益有关的金额及其他数据是否已恰当记录。

④确定公允价值变动损益是否记录于正确的会计期间。

⑤确定被审计单位记录的公允价值变动损益是否记录于恰当的账户。

⑥确定公允价值变动损益是否已按照企业会计准则的规定在财务报表中作出恰当披露。

上述公允价值变动损益的审计目标与管理层认定的关系见表12-11。

（2）公允价值变动损益的实质性程序。

①获取或编制公允价值变动损益明细表，复核加计是否正确，并与报表数、总账数和明细账合计数核对是否相符。

②结合相关科目的审计，检查被审计单位是否在资产负债表日将以公允价值计量且其变动计入当期损益的金融资产的公允价值与其账面价值的差额确认为公允价值变动损益；处置以公允价值计量且其变动计入当期损益的金融资产时，检查会计处理是否正确。

③结合相关科目的审计，检查被审计单位是否在资产负债表日将衍生金融工具的公允价值与其账面价值的差额确认为公允价值变动损益；终止确认衍生金融工具时，检查会计处理是否正确。

④结合相关科目的审计，检查被审计单位在资产负债表日满足运用套期会计方法条件的现金流量套期和境外经营净投资套期产生的利得和损失，检查会计处理是否正确。

表12-11 公允价值变动损益的审计目标与管理层认定的关系

审计目标	管理层认定					
	发生	完整性	准确性	截止	分类	列报
①确定利润表中记录的公允价值变动损益是否真实发生，且与被审计单位有关	√					
②确定所有应当记录的公允价值变动损益是否均已记录		√				
③确定与公允价值变动损益有关的金额及其他数据是否已恰当记录			√			
④确定公允价值变动损益是否记录于正确的会计期间				√		
⑤确定被审计单位记录的公允价值变动损益是否记录于恰当的账户					√	
⑥确定公允价值变动损益是否已按照企业会计准则的规定在财务报表中作出恰当披露						√

⑤结合相关科目的审计，检查被审计单位是否在资产负债表日将投资性房地产的公允价值与其账面价值的差额确认为公允价值变动损益；处置时，检查会计处理是否正确。

⑥结合相关科目的审计，检查被审计单位公允价值变动损益的确认和计量是否正确，检查会计处理是否正确。

⑦检查公允价值变动损益是否已按照企业会计准则的规定在财务报表中作出恰当披露，产生公允价值变动损益的来源及本期发生额、上期发生额等是否充分披露。

4.投资收益审计

投资收益是指企业对外投资所获得的收益，包括债权性投资收益和股权性投资收益。

（1）投资收益的审计目标。

①确定利润表中记录的投资收益是否真实发生，且与被审计单位有关；

②确定所有应当记录的投资收益是否均已记录；

③确定与投资收益有关的金额及其他数据是否已恰当记录；

④确定投资收益是否已记录于正确的会计期间；

⑤确定投资收益是否已记录于恰当的账户；

⑥确定投资收益是否已按照企业会计准则的规定在财务报表中作出恰当披露。

投资收益的审计目标与管理层认定的关系见表12-12。

（2）投资收益的实质性程序。

①获取或编制投资收益分类明细表，复核加计是否正确，并与报表数、总账数和明细账合计数核对是否相符；检查非记账本位币投资收益的折算汇率及折算是否正确。

②确定投资收益的金额是否准确。与交易性金融资产、债权投资、其他债权投资、长期股权投资、交易性金融负债等的相关审计结合，验证确定投资收益的记录是否充分、准确；对于重大的投资收益项目，审阅相关文件，复核计算的准确性，并确定其为投资收益。

表12-12 投资收益的审计目标与管理层认定的关系

审计目标	管理层认定					
	发生	完整性	准确性	截止	分类	列报
①确定利润表中记录的投资收益是否真实发生，且与被审计单位有关	√					
②确定所有应当记录的投资收益是否均已记录		√				
③确定与投资收益有关的金额及其他数据是否已恰当记录			√			
④确定投资收益是否已记录于正确的会计期间				√		
⑤确定投资收益是否已记录于恰当的账户					√	
⑥确定投资收益是否已按照企业会计准则的规定在财务报表中作出恰当披露						√

③结合投资和银行存款等的审计，确定投资收益被计入正确的会计期间。

④检查投资协议等文件，确定国外的投资收益汇回是否存在重大限制；若存在重大限制，应说明原因，并作出恰当披露。

⑤检查投资收益是否已按照企业会计准则的规定在财务报表中作出恰当披露。

12.5.4 所有者权益审计

所有者权益项目包括实收资本（或股本）、资本公积、盈余公积和未分配利润等，下面主要介绍实收资本和资本公积审计。

1.实收资本审计

实收资本是指投资人按照企业章程的规定或合同、协议的约定，作为资本投入企业中的各种资产的价值。

（1）实收资本的审计目标。

①确定资产负债表中记录的实收资本（股本）是否存在；

②确定所有应当记录的实收资本（股本）是否均已记录，实收资本（股本）的增减变动是否符合法律法规和合同、章程的规定；

③确定实收资本（股本）是否以恰当的金额包括在财务报表中；

④确定实收资本（股本）是否已按照企业会计准则的规定在财务报表中作出恰当披露。

实收资本的审计目标与管理层认定的关系见表12-13。

（2）实收资本的实质性程序。

①获取或编制实收资本（股本）明细表，复核加计是否正确，并与报表数、总账数和明细账合计数核对是否相符；以非记账本位币出资的，检查其折算汇率是否符合规定，折算差额的会计处理是否正确。

②对于首次接受委托的客户，取得历次验资报告，将其所载明的投资者名称、投资方式、投资金额、到账时间等内容与被审计单位历次实收资本（股本）变动的账面记录、会计凭证及附件等核对。

表 12-13　　实收资本的审计目标与管理层认定的关系

审计目标	管理层认定				
	存在	完整性	权利和义务	准确性、计价和分摊	列报
①确定资产负债表中记录的实收资本（股本）是否存在	√				
②确定所有应当记录的实收资本（股本）是否均已记录，实收资本（股本）的增减变动是否符合法律法规和合同、章程的规定		√			
③确定实收资本（股本）是否以恰当的金额包括在财务报表中				√	
④确定实收资本（股本）是否已按照企业会计准则的规定在财务报表中作出恰当披露					√

③审阅公司章程，股东（大）会、董事会会议记录中有关实收资本（股本）的规定。收集与实收资本（股本）变动有关的董事会会议纪要、股东（大）会决议、合同、协议、公司章程及营业执照、公司设立批文、验资报告等法律文件，并更新永久性档案。

④检查投入资本是否真实存在，审阅和核对与投入资本有关的原始凭证、会计记录，必要时向投资者函证实缴资本额，对有关财产和实物价值进行鉴定，以确定投入资本的真实性。第一，对于发行在外的股票，检查股票的发行活动。检查的内容包括已发行股票的登记簿、募股清单、银行对账单、会计账面记录等。必要时，可向证券交易所和金融机构函证股票发行的数量。第二，对于发行在外的股票，检查股票发行费用的会计处理是否符合有关规定。

⑤检查出资期限和出资方式、出资额，检查投资者是否按合同、协议、章程约定的时间和方式缴付出资额，是否已经注册会计师验证。若已验资，应审阅验资报告。

⑥检查实收资本（股本）增减变动的原因，查阅其是否与董事会纪要、补充合同、协议及其他有关法律文件的规定一致，逐笔追查至原始凭证，检查其会计处理是否正确。注意有无抽资或变相抽资的情况；如有，应取证核实，作出恰当处理。对首次接受委托的客户，除取得验资报告外，还应检查并复印记账凭证及进账单。

⑦根据证券登记公司提供的股东名录，检查被审计单位及其子公司、合营企业与联营企业是否有违反规定的持股情况。

⑧检查认股权证及其有关交易，确定委托人及认股人是否遵守认股合约或认股权证中的有关规定。

⑨检查实收资本（股本）是否已按照企业会计准则的规定在财务报表中作出恰当披露。

2.资本公积审计

资本公积是指企业收到投资者的超出其在企业注册资本（或股本）中所占份额的投资，以及直接计入所有者权益的利得和损失等。资本公积包括资本溢价（或股本溢价）和直接计入所有者权益的利得和损失等。

（1）资本公积的审计目标。

①确定资产负债表中记录的资本公积是否存在；

②确定所有应当记录的资本公积是否均已记录，资本公积的增减变动是否符合法律法规和合同、章程的规定；

③确定资本公积是否以恰当的金额包括在财务报表中；

④确定资本公积是否已按照企业会计准则的规定在财务报表中作出恰当披露。

资本公积审计目标与管理层认定的关系见表12-14。

表12-14　　资本公积的审计目标与管理层认定的关系

审计目标	管理层认定				
	存在	完整性	权利和义务	准确性、计价和分摊	列报
①确定资产负债表中记录的资本公积是否存在	√				
②确定所有应当记录的资本公积是否均已记录，资本公积的增减变动是否符合法律法规和合同、章程的规定		√			
③确定资本公积是否以恰当的金额包括在财务报表中				√	
④确定资本公积是否已按照企业会计准则的规定在财务报表中作出恰当披露					√

（2）资本公积的实质性程序。

①获取或编制资本公积明细表，复核加计是否正确，并与报表数、总账数和明细账合计数核对是否相符。

②对于首次接受委托的单位，对期初的资本公积进行追溯查验，检查原始发生的依据是否充分。

③审查资本公积增减变动的内容及依据，查阅相关会计记录和原始凭证，确认其增减变动的合法性和正确性。收集与资本公积变动有关的股东（大）会决议、董事会会议纪要、资产评估报告等文件资料，更新永久性档案。

④根据资本公积明细账，对“资本（股本）溢价”的发生额逐项审查至原始凭证。取得董事会会议纪要、股东（大）会决议、有关合同、政府批文，追查至银行收款等原始凭证，结合相关科目的审计，检查会计处理是否正确，注意发行股票溢价收入的计算是否已扣除股票发行费用。

⑤对于资本公积转增资本，取得股东（大）会决议、董事会会议纪要、有关批文等，检查资本公积转增资本是否符合有关规定，会计处理是否正确。

⑥若有同一控制下的企业合并，应结合“长期股权投资”科目，检查被审计单位（合并方）取得的被合并方所有者权益账面价值的份额与支付的合并对价账面价值的差额计算是否正确，是否依次调整本科目、盈余公积和未分配利润。

⑦股份有限公司回购本公司股票进行减资的，检查其是否按注销的股票面值总额和所注销的库存股的账面余额，冲减资本公积。

⑧根据资本公积明细账，对其他资本公积的发生额逐项审查至原始凭证。这主要包

括：检查以权益法核算的被投资单位除净损益以外所有者权益的变动，被审计单位是否已按其享有的份额入账，会计处理是否正确；处置该项投资时，注意是否已转销与其相关的资本公积；以自用房地产或存货转换为采用公允价值模式计量的投资性房地产，转换日的公允价值大于原账面价值的，检查其差额是否计入资本公积，处置该项投资性房地产时，原计入资本公积的部分是否已转销；以权益结算的股权支付，取得相关资料，检查在权益工具授予日和行权日的会计处理是否正确；对于在资产负债表日，满足运用套期会计方法条件的现金流量套期和境外经营净投资套期产生的利得和损失，是否进行了正确的会计处理。

⑨检查资本公积各项目，考虑对所得税的影响。

⑩检查资本公积是否已按照企业会计准则的规定在财务报表中作出恰当披露。

本章小结

投资与筹资循环可区分为投资活动与筹资活动两类交易。投资交易包括批准对外投资、进行投资、收取投资收益、收回投资等主要业务流程，涉及股票或债券、经纪人通知书、债券契约、企业章程及有关协议、投资协议、有关记账凭证、有关会计科目的明细账和总账等主要凭证和记录。筹资交易包括确定融资需求、授权审批、签订合同或协议、取得资金、支付股利或利息、偿还本金等业务流程，涉及债券、股票、债券契约、股东名册、公司债券存根簿、承销或包销协议、借款合同或协议、有关记账凭证、有关会计科目的明细账和总账等主要凭证和记录。对投资与筹资循环重大错报风险的评估是建立在对该循环特性和内部控制的了解基础上的。注册会计师根据评估的重大错报风险水平，确定进一步审计程序的性质、时间和范围，包括控制测试和实质性程序。对投资与筹资循环的控制测试可以通过询问、检查、观察、重新执行等方法进行。本章着重对短（长）期借款、应付债券、财务费用，债权投资、长期股权投资，实收资本（或股本）、资本公积等账户的审计目标和实质性程序作了介绍。

思政园地

锤炼“看家本领”，更好发挥“经济体检”独特作用

在2023年1月召开的2023年全国审计工作会议上，审计署审计长侯凯表示，审计工作要始终立足经济监督定位，深入开展研究型审计，推动经济运行实现质的有效提升和量的合理增长。

作为宏观调控重要“工具箱”，审计的主责主业是聚焦财政财务收支真实合法效益。审计是国家财产“看门人”，财政资金“守护者”。近年来，审计机关始终把聚焦主责主业依法审计作为“看家本领”，不断加大对国家“钱袋子”的审计力度。数据显示，5年来，全国共审计44万多个单位，促进增收节支和挽回损失2万多亿元，健全完善规章制度5.8万多项。其中，2022年1至11月，共审计单位5.3万多个，促进增收节支和挽回损失4 010多亿元，健全完善规章制度1.4万多项。“审计在财经领域打假治乱具有先天优势和独特作用。”侯凯说，今后要继续加大力度，着力揭示违反财经纪律问题，切实保障党和国家大政方针在财经领域的贯彻落实。

党的十九大以来，审计机关严肃查处一批有重大影响的典型问题线索，揭示一些影响

经济安全的重大风险隐患。5年来，向纪检监察、司法等部门移送重大问题线索3.8万多件，涉及9 200多亿元、5.1万多人。“很多问题处理实现了‘第一次’。研究处理这些问题的会议规格之高、通报范围之广、整改要求之严，在中华人民共和国成立后审计发展历程中实属罕见，审计在推动国家治理中发挥了越来越重要的作用。”侯凯说。

“经济体检”不仅为了查病，更为了“治已病、防未病”。作为审计工作“下半篇文章”，审计整改是确保审计成果落地的有效手段。截至目前，针对2021年度中央预算执行和其他财政收支审计查出的问题，有关地方、部门和单位已整改问题金额6 632.74亿元，制定完善相关规章制度2 800多项，追责问责1.4万人。侯凯表示，较之以往，审计发现问题的整改率得到提升、整改完成时限大幅提前，重点督办的问题线索总体进展顺利，重大问题整改取得实质性突破，铲除了一些阻碍改革发展和长期未解决的顽瘴痼疾。

2023年是全面贯彻落实党的二十大精神的开局之年。侯凯表示，审计机关要紧紧围绕全面建设社会主义现代化国家的决策部署，聚焦主责主业，高质量推进审计全覆盖。审计全覆盖是党中央、国务院交给审计的重大政治任务，必须把握形式与内容、数量与质量的辩证统一。“全覆盖的实质在于对所有管理使用公共资金、国有资产、国有资源的地方、部门和单位无一遗漏、无一例外，形成一种常态化、动态化震慑。”

2023年，全国审计机关要围绕推动稳增长稳就业稳物价、财政政策加力提效等五方面开展审计。侯凯表示，重点工作包括：围绕积极的财政政策要加力提效的要求，深入开展财政审计；围绕稳健的货币政策要精准有力的要求，深入开展金融审计；围绕产业政策要发展和安全并举的要求，深入开展相关专项审计；围绕社会政策要兜牢民生底线的要求，深入开展民生审计；围绕推进党的自我革命，充分发挥审计在反腐治乱中的重要作用。

资料来源：邹多为. 锤炼“看家本领”，更好发挥“经济体检”独特作用——2023年全国审计工作会议观察［EB/OL］.（2023-01-20）［2023-11-14］. http://www.news.cn/politics/2023-01/20/c_1129304836.htm.

拓展阅读资料

雅戈尔集团（以下简称雅戈尔）成立于1979年，经过40多年的不断发展，其业务主要包括三大板块：服装、房地产和金融投资。

相关公告数据显示，雅戈尔2016年和2017年的利润总额分别为45亿元和8亿元。2018年年底，雅戈尔总资产为756亿元，净资产为283亿元，全年实现营业总收入98亿元、利润总额43亿元，投资净收益约为35亿元。实际上，在2018年第一季度，雅戈尔在投资上的业绩并不乐观，但雅戈尔在企业会计准则允许的范围内灵活运用相关规定，使利润暴增93亿元，将33亿元投资亏损变为盈利近百亿元。雅戈尔进行盈余管理的方式主要包括：

一是增加股权投资处置收益。雅戈尔在2018年度处置以公允价值计量且其变动计入当期损益的金融资产取得的投资收益为3.08亿元，占当年利润总额的7.08%。

二是改变股权投资核算方法。雅戈尔曾在2015年投资172亿元收购在港股上市的中信股份的股票，并且在初始确认时划分为可供出售金融资产，以公允价值进行后续计量。2017年由于中信股份股价持续下跌，雅戈尔计提减值准备而使该投资亏损33.08亿元。2018年3月29日，也就是第一季度的倒数第二个交易日，雅戈尔再次买入1 000股中信股份的股票，这一追加投资使得雅戈尔对中信股份的持股比例从4.99%增加至5.00%。2018年4月9日，雅戈尔发布公告，自2018年3月29日起，对中信股份的会计核算方法由可供出售金融资产变更为长期股权投资，并采用权益法进行后续计量。2018年第一季度，在中信股份股价没有上升的情况下，雅戈尔又因该投资增加利润93亿元。

资料来源：王文铖.股权投资视角下的企业盈余管理探析——以雅戈尔为例［D］．南昌：江西财经大学，2020.

【思考】

1.请分析雅戈尔利用股权投资进行盈余管理可能产生的经济后果。

2.针对上述案例，请提出其他债权投资和长期股权投资的审计策略。

自测题

第12章判断题　　第12章单项选择题　　第12章多项选择题

第四模块

热点专题

第13章　舞弊审计

第14章　内部控制审计

第15章　大数据审计技术与方法

第13章　舞弊审计

【学习目标】

通过本章的学习，你要：

1.理解舞弊审计的责任；

2.了解舞弊的含义和种类；

3.理解并能运用舞弊三角理论；

4.掌握针对舞弊风险实施的审计程序。

13.1　舞弊的含义及产生因素

13.1.1　舞弊的含义

舞弊的定义有很多种。《现代汉语词典》对舞弊的定义是“用欺骗的方式做违法乱纪的事情”。从法律角度看，舞弊具有多种犯罪形式，包括挪用、盗窃、诈骗、行贿受贿等。舞弊的目的是为特定个人或利益集团获取不当或非法利益。

在审计职业界，舞弊的外延比法律角度要小一些。美国注册会计师协会在2002年第99号审计准则公告中将“舞弊”视为一个范围很广的法律概念，审计人员不必对一个公司是否存在舞弊作出法律意义上的判断，而应关注是否存在使该公司财务报表产生重大错报的舞弊行为。

在财务报表审计中，财务报表存在的错报可能由于舞弊或错误所致，而舞弊和错误的区别在于，前者是故意行为，后者是非故意行为。也就是说，对于审计人员而言，舞弊是指与财务报表审计相关的故意错报行为。

中国注册会计师协会在《中国注册会计师审计准则第1141号——财务报表审计中与舞弊相关的责任》中对舞弊的概念作出了明确的界定。舞弊是指被审计单位的管理层、治理层、员工或第三方使用欺骗手段获取不当或非法利益的故意行为。同时，审计准则还强调，舞弊是一个宽泛的法律概念，但注册会计师应当关注的是导致财务报表发生重大错报的舞弊。

由此可见，虽然社会公众对舞弊的法律责任在认识上存在较大差异，但是国内外审计准则均明确了注册会计师应当关注导致财务报表发生重大错报的舞弊，从而划定了注册会计师的职责范围，包括识别、评估和应对舞弊导致的重大错报风险。

13.1.2　舞弊的种类

在财务报表审计中，注册会计师需要重点关注可能导致财务报表发生重大错报的两类舞弊行为：

1.编制虚假财务报告

编制虚假财务报告是指被审计单位为欺骗财务报表使用者而对财务报表作出的故意错报（包括对财务报表金额或披露的遗漏）。此类舞弊行为的产生可能源于管理层通过操纵利润误导财务报表使用者对被审计单位业绩或盈利能力的判断，是被审计单位管理层欺骗财务报表使用者的一种重要舞弊类型。资本市场上的许多财务舞弊案件都属于这一类，如美国的安然、世通案件，以及我国的银广夏、康得新案件。被审计单位管理层可能通过以下方式编制虚假财务报告：（1）对编制财务报表所依据的会计记录或支持性文件进行操纵、弄虚作假（包括伪造）或篡改；（2）在财务报表中错误表达或故意漏记交易、事项或其他重要信息；（3）故意误用与金额、分类或列报相关的会计原则（包括会计政策和会计估计）。

编制虚假财务报告通常涉及管理层凌驾于内部控制之上，而这些内部控制却看似有效运行。由于内部控制制度的设计、实施和维护责任往往由管理层承担，因此对被审计单位而言，它时刻面临着管理层凌驾于内部控制之上的风险。当凌驾于内部控制之上的机会与达成财务目标的强烈愿望结合起来时，管理层就很容易卷入财务舞弊。管理层往往利用其在单位内部的管理和控制地位，故意传递错误的财务报表信息，以达到欺骗投资者、债权人的目的。

管理层通过凌驾于内部控制之上编制虚假财务报告的手段主要包括：（1）故意作出虚假会计分录，特别是临近会计期末时，从而操纵经营成果或实现其他目的；（2）故意不恰当地调整对账户余额作出估计时使用的假设和判断；（3）故意在财务报表中漏记、提前或推迟确认报告期内发生的事项和交易；（4）故意遗漏、掩盖或歪曲适用的财务报告编制基础要求的披露或为实现公允反映所需的披露；（5）故意隐瞒可能影响财务报表金额的事实；（6）故意构造复杂交易，以歪曲财务状况或经营成果；（7）故意篡改与重大和异常交易相关的记录和条款。

2.侵占资产

侵占资产是指被审计单位的管理层或员工非法占用被审计单位的资产。侵占资产可以通过以下方式实现：（1）贪污收到的款项。例如，侵占收到的应收账款或将与已注销账户相关的收款转移至个人银行账户。（2）盗窃实物资产或无形资产。例如，盗窃存货以自用或出售，盗窃废料以再销售，通过向被审计单位的竞争者泄露技术资料、与其串通以获取回报。（3）使被审计单位对未收到的商品或未接受的劳务付款。例如，向虚构的供应商支付款项，供应商向采购人员提供回扣以作为其提高采购价格的回报；向虚构的员工支付工资。（4）将被审计单位的资产挪为私用。例如，将被审计单位的资产作为个人或关联方贷款的抵押。

侵占资产的行为人大多是公司的雇员，也可能是公司的管理层，他们侵占资产可以通过伪造凭证或编制错误记录来完成，因此侵占资产通常伴随着虚假或误导性的记录或文件，其目的是掩饰或隐瞒舞弊事实。一般情况下，员工侵占资产的金额相对较小且不重要，而管理层侵占的往往是金额较大的重要资产，并且通过更难以发现的手段予以掩饰或隐瞒。

13.1.3 舞弊产生的动因

1.舞弊动因理论概述

(1) 舞弊冰山理论，又称二因素论，该理论把各种导致舞弊行为的因素分成两大类，并将其比喻为海上的冰山。露出海平面的只是冰山一角，是大家都看得见的部分，属于组织内部管理的问题；而淹没在海平面以下的部分是主观因素，包括行为人的态度、感情、价值观，属于舞弊的行为部分。

(2) 舞弊三角理论，又称三因素论，该理论由美国注册舞弊审查师协会（ACFE）的创始人斯蒂文·爱尔伯莱彻（W. Steve Albrecht）提出。这个理论认为舞弊的产生是由三个因素导致的，即动机（或压力）、机会和借口。在一项舞弊活动中，三个因素中的每一个都是必要的并且是相互关联的，缺少它们当中的任何一个都不会导致舞弊。

(3) GONE理论，即四因素论，该理论把舞弊的诱因分为四种：贪婪（greed）、机会（opportunity）、需要（need）和暴露（exposure）。它们相互作用，共同决定舞弊风险程度。

(4) 舞弊风险因子理论，该理论由GONE理论发展而来，认为舞弊风险因子由一般风险因子和个别风险因子组成。当一般风险因子与个别风险因子结合在一起，并且被舞弊者认为有利时，舞弊就会发生。

2.舞弊产生的动因——基于舞弊三角理论

在实施财务报表舞弊审计时，注册会计师需要从舞弊产生的动因入手，分析并查找被审计单位是否存在舞弊迹象。对于舞弊产生的动因，我国现行审计准则中采用的是舞弊三角理论，认为被审计单位舞弊行为的产生通常离不开三个要素：动机或压力、机会、寻找借口的能力。在财务报表审计中，可结合舞弊三角理论分析、归纳被审计单位是否存在舞弊风险因素。

(1) 实施舞弊的动机或压力。动机或压力是发生舞弊行为的首要条件，是舞弊行为的内部原因和原动力。一般而言，动机或压力不同，舞弊行为的性质也就不同。导致编制虚假财务报告和侵占资产这两类舞弊行为发生的动机或压力是存在一定差异的。

与编制虚假财务报告相关的动机或压力可能有：

①财务稳定性或盈利能力受到不利经济环境、行业状况或被审计单位运营状况的威胁。例如，市场需求大幅下降，所处行业的经营失败增多；难以应对技术变革、产品过时、利率或汇率调整等外部市场环境变化；竞争激烈或市场饱和，主营业务利润率不断下降；新颁布的行业相关法律法规、会计准则、监管规则对被审计单位的经营活动、投资活动或筹资活动产生重大不利影响；与同行业其他企业相比，增长过快或盈利能力异常；经营活动难以产生足够的现金净流入，或经营活动现金流量连续为负；严重或持续亏损使被审计单位可能破产、丧失抵押品赎回权或遭恶意收购。

②管理层为满足第三方要求或预期而承受过度的压力。例如，投资分析师、机构投资者、重要债权人或其他外部人士对盈利能力或增长趋势存在预期（特别是过分激进或不切

实际的预期），包括管理层在过于乐观的新闻报道和年报信息中作出的预期；管理层在媒体等公开场合提供的信息过于乐观；需要进行额外的举债或权益融资才能满足研究开发或其他资本性支出的需求，以保持竞争力；盈利能力或财务状况必须满足上市交易、偿债要求或债务协议规定的其他要求，否则可能导致退市、特别处理、清偿债务等后果；报告较差财务成果将对正在进行的重大交易（如企业合并或签订合同）产生可察觉的或实际的不利影响；上市公司控股股东存在股权质押；面临实现对赌协议的业绩承诺。

③管理层或治理层的个人财务状况受到被审计单位财务业绩的影响。例如，管理层或治理层在被审计单位拥有重大经济利益；管理层或治理层的报酬中有相当一部分（如奖金、股票期权、基于盈利能力的支付计划）取决于被审计单位能否实现激进的目标（如在股价、经营成果、财务状况或现金流量方面）；个人为被审计单位的债务提供了担保等。

④管理层或经营者为实现治理层制定的财务目标而承受过度的压力。例如，治理层为管理层设定了过高的销售业绩或利润指标。

与侵占资产相关的动机或压力可能有：

①接触现金或其他易被侵占（通过盗窃）资产的管理层或员工负有个人债务。例如，管理层或员工可能因为个人追求奢侈生活条件导致出现债务而侵吞资产。

②接触现金或其他易被盗窃资产的员工与被审计单位存在紧张关系。例如，员工已被裁员或预期被裁员；近期或预期报酬或福利计划发生变动；晋升、报酬或其他奖励偏离个人预期。

（2）实施舞弊的机会。舞弊机会是客观环境中存在的因素，这些因素提供了通过一定的手段、方法来实施舞弊行为的可能性。舞弊机会一般源于内部控制在设计和运行上的缺陷。舞弊者通过对内部控制制度的逾越或者对内部控制漏洞的利用来达到舞弊的目的。

通常情况下，与编制虚假财务报告相关的机会可能有：

①被审计单位所处行业或其业务的性质为编制虚假财务报告提供了机会。例如，从事超出正常经营过程的重大关联交易，或者与未经审计或由其他会计师事务所审计的关联企业进行重大交易；从事重大、异常或高度复杂的交易（特别是临近期末）；在经济环境及文化背景不同的国家或地区从事重大经营或重大跨境经营；利用中介从事交易（往往难以判断此类交易是否具有明确的商业理由）；在属于“避税天堂”的国家或地区开立重要银行账户或者设立子公司或分公司进行经营，而此类安排似乎不具有明确的商业理由；资产、负债、收入或费用建立在重大估计的基础上，这些估计涉及主观判断或不确定性，难以印证；从事科技含量高、研发周期长或市场风险大的经营业务；在所处行业具有重要地位，从而有能力胁迫供应商或客户与其从事不公允或不适当的交易等。

②组织结构复杂或不稳定。例如，难以确定对被审计单位持有控制性权益的组织或个人；组织结构过于复杂，存在异常的法人组织形式或管理职级关系；高层管理人员、法律顾问或治理层频繁变更。

③对管理层的监督失效。例如，管理层由一人或少数人控制（在非业主管理的实体中），且缺乏补偿性控制；治理层对财务报告过程和内部控制的监督无效。

④内部控制存在缺陷。例如，被审计单位对内部控制体系的监督工作不充分；会计人员、内部审计人员或信息技术人员变动频繁，或是胜任能力不足；会计系统和信息系统无效，内部控制存在重大缺陷。

与侵占资产相关的机会可能有：

①某些资产存在容易被侵占的特性或特定情形。例如，存在大额现金被经手或处理的情形；有单位价值高或需求较大、体积小、易于变现且不易识别所有权归属的存货、固定资产或其他资产项目（如钻石、豪华跑车、无记名债券、计算机芯片等）。

②与资产相关的内部控制存在缺陷。例如，不相容职务的分离不充分，或独立审核不力；对高层管理人员财务支出（如差旅费、业务招待费）的监督不足；对负责保管实物资产的员工监管不力（如资产存放位置偏远）；对接触资产的员工选聘不严格；对资产的会计记录不健全；交易（如采购）的授权及批准制度不健全；对库存现金、有价证券、存货或固定资产等实物保管的安全措施不充分；未对账实不符的资产项目（如盘盈资产）作出及时、完整的会计调整；未对交易（如销货退回）作出及时、适当的会计记录；对处于关键控制岗位的员工缺少强制性休假制度；管理层或处于控制监督岗位的人员缺乏对信息技术的了解（从而可能使信息技术人员有机会侵占资产）；对自动生成的记录的访问控制不充分（包括对计算机系统日志的控制和复核）。

（3）为舞弊行为寻找借口的能力。舞弊者只有能够对舞弊行为进行合理化解释，才能心安理得，而不会惴惴不安。舞弊者可能对自身的舞弊行为进行各种合理化解释，这种为舞弊行为寻找借口的能力就是舞弊行为产生的第三个要素。所谓借口，是指存在某种态度、性格或价值观念，使得管理层或雇员能够作出不诚实的行为，或者管理层或雇员所处的环境促使其能够将舞弊行为合理化。例如，侵占资产的员工可能认为单位对自身的待遇不公；编制虚假财务报告者可能认为造假不是出于个人私利，而是出于公司集体利益。

舞弊者在编制虚假财务报告这一舞弊行为发生时，可能存在的态度或借口包括：

①管理层态度不端或缺乏诚信。例如，管理层对企业价值或道德标准的沟通、贯彻执行不力，或传递了不适当的价值观或道德标准；管理层过分强调保持或提高公司股票价格或盈利水平；管理层总是试图基于重要性原则解释处于临界水平的或不适当的会计处理；管理层存在通过不恰当方法降低盈利水平的逃税倾向；非财务管理人员过度干涉会计政策的选择或重大会计估计的确定；管理层或治理层存在违反证券法或其他方面法律法规的不良记录，或是因涉嫌舞弊或违反法律法规而遭起诉；管理层向外界承诺实现激进的或不切实际的预期；管理层没有及时纠正已发现的值得关注的内部控制缺陷；高级管理人员缺乏士气；业主兼经理混淆个人业务与公司业务；股东人数有限的被审计单位股东之间存在争议。

②管理层与现任或前任注册会计师的关系紧张。例如，在会计、审计或信息披露问题上经常与注册会计师产生意见分歧；对注册会计师提出不合理的要求，如对外勤审计工作的完成或审计报告的出具提出不合理的时间限制；对注册会计师施加限制，使其难以接触某些人员（包括与治理层有效沟通）或信息；对注册会计师表现出盛气凌人的态度，特别是试图影响注册会计师的工作范围，或者影响对执行审计业务的人员或被咨询人员的选择和保持。

在侵占资产舞弊行为发生时，舞弊者可能存在的态度或寻找的借口主要包括：①忽视监控或降低与侵占资产相关的风险的必要性；②忽视与侵占资产相关的控制，如凌驾于现有的控制之上或未对已知的内部控制缺陷采取适当的补救措施；③对被审计单位存在不满甚至敌对情绪，例如员工认为自己没有得到应得的待遇或报酬；④个人在行为或生活方式方面发生了变化，例如为了满足个人对奢侈生活的追求；⑤容忍小额盗窃资产的行为。

在实际业务中，舞弊风险因素的存在并不一定表明发生了舞弊，但在舞弊发生时，通常存在舞弊风险因素。注册会计师应当运用职业判断，考虑被审计单位的规模、复杂程度、所有权结构及所处行业等，以确定舞弊风险因素的相关性和重要程度及对重大错报风险评估可能产生的影响。

13.2 舞弊审计的责任

关于舞弊审计，美国注册舞弊审查师协会认为，这是一种发现舞弊的先发制人的方法，即运用会计记录和其他信息进行分析性复核，识别出舞弊行为及其隐瞒方法。

近年来，由公司舞弊行为导致审计失败的案例频频发生，表明舞弊行为对注册会计师执行审计业务具有重要影响。我国1996年颁布的《独立审计具体准则第8号——错误与舞弊》规定，注册会计师对会计报表的审计，并非专为发现错误或舞弊。如果委托人要求对可能存在的错误与舞弊行为进行专门审计，注册会计师应当考虑自身能力和审计风险，并另行签订业务约定书。这一规定似乎倾向于为注册会计师提供“保护伞”，不要求注册会计师承担舞弊审计的责任，但是在实际的司法程序中，这一规定并没有能够减轻或免除注册会计师对于舞弊审计的相关责任。

由于我国目前没有专门进行公司舞弊审查的专业人员，所以注册会计师审计就成为控制舞弊行为的重要一环。2019年颁布的《中国注册会计师审计准则第1141号——财务报表审计中与舞弊相关的责任》明确界定了在财务报表审计中注册会计师对于舞弊的责任。本节将探讨财务报表舞弊审计，即注册会计师为了对财务报表整体不存在重大错报提供合理保证而对重大舞弊予以关注的行为。

13.2.1 被审计单位对于舞弊的责任

《国际审计准则第240号——审计师在财务报表审计中对舞弊考虑的责任》及《中国注册会计师审计准则第1141号——财务报表审计中与舞弊相关的责任》均明确规定，被审计单位治理层和管理层对防止或发现舞弊负有主要责任。管理层在治理层的监督下，高度重视对舞弊的防范和遏制是非常重要的。对舞弊进行防范，可以减少舞弊发生的机会；对舞弊进行遏制，发现和惩罚舞弊行为，能够警示被审计单位人员不要实施舞弊。

被审计单位的内部控制是防范和遏制舞弊的第一道防线。良好的内部控制有助于减少舞弊行为实施的机会。为防范和遏制舞弊，被审计单位的治理层有责任监督管理层设计、执行和维护相关的内部控制，并考虑管理层凌驾于内部控制之上或对财务报告过程施加其他不当影响的可能性。例如，管理层为了影响分析师对被审计单位业绩和盈利能力的看法而操纵利润。管理层的责任则是在治理层的监督下建立良好的内部环境，营造诚实守信和合乎道德的文化，并且使这一文化能够在治理层的有效监督下得到强化。强化措施包括建立和实施识别、评估和应对舞弊风险的控制政策和程序，加强对舞弊的监督，如由审计委员会承担对单位内部控制和财务报告的监督责任等。

13.2.2 注册会计师的责任

在财务报表审计中，注册会计师究竟应承担多大的舞弊审计责任，以合理保证财务报表不存在由于舞弊导致的重大错报？这一直是各界争论的焦点。尽管财务报表审计不是专门的舞弊调查，注册会计师也不具备专业的舞弊调查技能，而且舞弊案件的罪魁祸首本质上是实施舞弊的公司，但是作为反舞弊的最后一道防线，执行独立审计业务的注册会计师还是应当尽到自己的责任。

《中国注册会计师审计准则第1141号——财务报表审计中与舞弊相关的责任》明确规定，在按照审计准则的规定执行审计工作时，注册会计师有责任对财务报表整体是否不存在由于舞弊或错误导致的重大错报获取合理保证。根据该规定，注册会计师应当合理保证能够发现导致财务报告产生重大错报的舞弊，这是实现财务报表审计目标的内在要求，也是财务报表审计的价值所在。为此，在财务报表审计中，注册会计师应当做到：识别和评估由于舞弊导致的财务报表重大错报风险；通过设计和实施恰当的应对措施，针对评估的由于舞弊导致的重大错报风险，获取充分、适当的审计证据；恰当应对审计过程中识别出的舞弊或舞弊嫌疑。

同时，审计准则也指出，由于审计的固有限制，即使按照审计准则的规定，恰当地计划和执行了审计工作，注册会计师也不能对财务报表整体不存在重大错报获取绝对保证。在舞弊导致错报的情况下，固有限制的潜在影响尤其重大。由于舞弊者可能精心策划以及刻意隐瞒其舞弊行为，舞弊导致的重大错报未被发现的风险通常高于错误导致的重大错报未被发现的风险。由于管理层往往能够直接或间接地操纵会计记录并编制虚假财务信息，管理层舞弊导致的重大错报未被发现的风险通常高于员工舞弊导致的重大错报未被发现的风险。注册会计师发现舞弊的能力主要受以下因素的影响：

（1）舞弊者实施舞弊的技巧。舞弊者实施舞弊的技术方法越复杂，其舞弊行为越具有隐蔽性，那么注册会计师也就越难以发现。

（2）串通舞弊的程度。串谋可能导致原本虚假的审计证据被注册会计师误认为具有说服力，因此，如果舞弊涉及串谋，舞弊导致的重大错报更难以发现（相对于没有涉及串谋的情形而言）。这种难度还随着串谋的广泛程度增加而加大，即牵涉面越广，舞弊导致的重大错报越难以被发现。

（3）舞弊者在被审计单位的职位级别。舞弊者的职位级别越高，注册会计师识别舞弊导致的重大错报所受到的阻力就越大，也就越难以发现舞弊导致的重大错报。

（4）舞弊者操纵会计记录的范围和频率。操纵会计记录的范围和频率会影响注册会计师对舞弊导致的重大错报的识别，但其影响可能不像前几个因素那么直接。例如，舞弊者频繁地操纵会计记录，一种可能是被注册会计师发现的概率增大，但也有另一种可能，就是舞弊者通过频繁实施舞弊，使其效果更具常态，也就更具隐蔽性和迷惑性。再如，被操纵的会计记录涉及的范围越广（或程度越深），要么被注册会计师发现的概率就越大，要么舞弊者通过对多项会计记录的共同操纵和相互“印证”，使注册会计师反而更难以察觉异常情况。又如，对涉及判断（如会计估计）的项目，即使注册会计师可能发现存在实施舞弊的机会，也往往难以确定有关错报是出于故意还是无意（即无法判定财务信息被操纵的程度）。

（5）舞弊者操纵的每笔金额的大小。如果舞弊者将大笔金额的舞弊目标分割为多笔较小金额的错报（并可能伴随频繁、均匀或无规律的舞弊行为特征），注册会计师发现舞弊导致重大错报的可能性通常会有所降低。

由于上述各种限制，如果在完成审计工作后发现舞弊导致的财务报表重大错报，特别是串通舞弊或伪造文件记录导致的重大错报，并不必然表明注册会计师没有遵循审计准则。注册会计师是否应当承担责任，需要根据注册会计师是否按照审计准则的要求执行了业务进行判断。

在获取合理保证时，注册会计师有责任在整个审计过程中保持职业怀疑，对获取的信息和审计证据是否表明可能存在舞弊导致的重大错报风险始终保持警惕，并考虑管理层凌驾于内部控制之上的可能性。此外，注册会计师还应注意，对发现错误有效的审计程序未必对发现舞弊有效。因此，注册会计师应当始终保持职业怀疑，以识别和评估舞弊导致的重大错报风险，并设计有效的用以发现这类错报的审计程序。

13.3 针对舞弊风险的风险评估程序和相关活动

在财务报表审计中，注册会计师需要运用风险导向审计的思路恰当应对审计过程中的舞弊或舞弊嫌疑。首先通过实施风险评估程序和相关活动识别和评估舞弊风险，然后针对评估的舞弊风险，设计和实施恰当的审计程序，获取充分、适当的审计证据，以应对审计过程中所识别出的舞弊或舞弊嫌疑。

13.3.1 询问程序

尽管舞弊通常隐藏于相关事项背后，一般难以从表面发觉，但是再隐蔽的舞弊行为也会留下一些细微的痕迹。国外的舞弊案例研究表明，在调查和揭露企业舞弊时，往往涉及一个非常重要的审计技术——“勤勉的询问”。舞弊易于掩盖，但并不意味着没有线索，通过询问很可能发现线索。查找舞弊的最佳线索不是审查账面资料，而是直接与相关人员沟通，通过询问发现异常情况。

1.询问的对象和内容

一般而言，询问的对象包括治理层、管理层、内部审计人员以及被审计单位内部其他相关人员。其他相关人员包括：①不直接参与财务报告过程的业务人员；②拥有不同级别权限的人员；③参与生成、处理或记录复杂、异常交易的人员及监督人员；④负责法律事务的人员；⑤负责道德事务的人员；⑥负责处理舞弊指控的人员。向具有不同职位的人员进行询问，有助于注册会计师获取不同角度的信息，通过信息的相互比较、印证发现问题。如果询问对象不同，那么询问的内容也就不同，注册会计师需要根据询问对象运用职业判断确定询问内容。

（1）应当向管理层询问的事项：①管理层对舞弊导致的财务报表重大错报风险的评估；②管理层对舞弊风险的识别和应对过程；③管理层就其对舞弊风险的识别和应对过程与治理层沟通的情况；④管理层就其经营理念及道德观念与员工沟通的情况。

（2）应当向治理层询问的事项：①治理层如何监督管理层对舞弊风险的识别和应对过

程，以及管理层为降低舞弊风险设计的内部控制；②治理层是否知悉任何影响被审计单位的舞弊事实、舞弊嫌疑或舞弊指控。

除非治理层全部成员参与管理被审计单位，否则注册会计师应当通过询问获取上述相关信息，并可考虑将治理层对这些询问的答复作为管理层答复的佐证信息。

（3）应当向内部审计人员询问的事项：①内部审计人员对被审计单位舞弊风险的看法；②内部审计人员在本期是否实施了用以发现舞弊的程序；③管理层是否对实施内部审计程序的结果采取了令人满意的应对措施；④内部审计人员是否了解任何舞弊事实、舞弊嫌疑或舞弊指控。

2.询问管理层的技巧

由于审查舞弊通常需要运用一定的心理战术，注册会计师在询问时，特别是询问管理层时，应当掌握一定的技巧。

（1）由谁进行询问。一般情况下，由项目合伙人或项目经理进行询问，他们具有丰富的经验，能够敏锐地发现异常情况。

（2）确定被询问人员。一般来说，应当与被审计单位的总经理或首席执行官、财务总监、内部审计负责人和总法律顾问进行面谈，也可以在实际业务中根据具体情况扩大被询问对象。

（3）制订面谈计划。对于注册会计师能够经常见到的人，应当将讨论作为例会的一部分。对于注册会计师不容易见到的高级管理人员，可以在例会之后单独约见。

（4）确定面谈方式。直接提出舞弊风险问题是注册会计师专业责任的组成部分，询问的目的不是得到精确的答案。根据经验，直接提问能够得到开诚布公的回应（推诿或不明确的答复可能使注册会计师产生怀疑），管理层在正常情况下期待注册会计师与其分享关于公司的财务事项并提出建议。

（5）了解管理层可能关注的事项。注册会计师需要找到既能够引起管理层关注又与财务报表密切相关的事项进行询问，包括：可能增加收入确认的政策、高估或未实现的资产、被掩盖的错误、未调节的账户；经营活动中的异常经营成果，绕过内部控制的机会或一个或多个高风险、高回报领域（如金融风险管理）的虚弱控制，与可能的关联方之间的交易，客户或供应商的异常抱怨，舞弊可能发生的经营活动；巨大的实现预算或收益激励目的的压力、管理层承担新的重要责任或个人财务问题等。

（6）在询问过程中运用心理策略。注册会计师为了发现舞弊行为的迹象，应当在询问过程中运用心理策略。注册会计师可以用激烈的语言和严肃的态度提出所发现的严重问题并列举重要证据，使被询问人员感到紧张。另外，注册会计师在询问中可以步步紧逼，接连提出一系列问题，使被询问者没有编造谎言的时间。当然，如果在询问中发现被询问者在编造谎言，注册会计师不需要制止，而应当让其继续陈述并将所陈述的内容及时记录，以便结束后对照笔录寻找证据，找出破绽。

3.获取管理层和治理层（如适用）声明

为了明确管理层和治理层对于舞弊的责任，注册会计师应当获取管理层和治理层就下列事项作出的书面声明：

（1）设计、执行和维护内部控制以防止和发现舞弊是管理层和治理层的责任；

（2）已向注册会计师披露了管理层对舞弊导致的财务报表重大错报风险的评估结果；

(3) 已向注册会计师披露了已知的涉及管理层、在内部控制中承担重要职责的员工以及其舞弊行为可能对财务报表产生重大影响的其他人员的舞弊或舞弊嫌疑；

(4) 已向注册会计师披露了从现任和前任员工、分析师、监管机构等方面获知的、影响财务报表的舞弊指控或舞弊嫌疑。

13.3.2　充分运用分析程序

分析程序是揭露舞弊的重要工具，尤其是在舞弊的识别上。其理论基础在于，管理层可以操纵某些财务或非财务信息，但通常不会操纵全部业务信息。由于不同信息之间具有一定的相关性，有效的分析程序可以帮助注册会计师识别影响财务报表的异常交易、事项、比例及趋势。注册会计师不仅应当分析“异常变动”的项目，还应当预期可能存在的合理关系，并与被审计单位记录的金额、依据记录的金额计算的比率或趋势相比较。如果发现异常关系或偏离预期的关系，应当在识别舞弊导致的重大错报风险时考虑这些比较结果。

1. 一般分析方法

(1) 横向分析。横向分析指的是同业比较，就是将被审计单位的数据与行业平均数据或竞争者的数据对比，发现被审计单位的数据有何特殊之处。应当注意，参照物的选择应当具有可比性。

(2) 纵向分析。纵向分析即将前后期的财务数据进行对比，分析被审计单位的发展趋势。通常应选择3~5年的数据，也应考虑前后期数据的可比性。如果公司进行了重组，则前后期可能不可比。

(3) 财务数据之间的比较。财务数据本身是关联的，其中存在一些逻辑关系，如三大报表之间的钩稽关系、财务报表科目之间的对应关系，以及财务报表年度内的可比关系。

(4) 财务数据与非财务数据的比较。财务数据是企业经营活动的反映，经营成果直接决定财务数据，如果财务数据与非财务数据发生冲突，就要给予充分关注。注册会计师不仅应当审查会计资料，还应当从账外搜寻信息，再结合报表项目进行综合判断。

2. 针对我国上市公司财务报表舞弊的特殊分析方法

(1) 不良资产剔除分析法。不良资产除包括待摊费用、待处理流动资产净损失、待处理固定资产净损失、开办费、长期待摊费用等虚拟资产项目外，还包括可能产生潜亏的其他资产项目，如存货跌价和积压损失、投资损失、固定资产损失等。不良资产剔除分析法是将不良资产总额与净资产比较，如果不良资产总额接近或超过净资产，则说明企业持续经营能力有问题，或表明企业在过去几年因人为夸大利润而形成“资产泡沫”；或者将不良资产的增加额与当期利润总额的增加额比较，如果不良资产的增加额超过利润总额的增加额，则说明企业当期的利润有“水分”。

(2) 关联交易剔除分析法。关联交易剔除分析法是将来自关联企业的营业收入和利润总额予以剔除，分析某一特定企业在多大程度上依赖关联企业，以判断这一企业的盈利基础是否扎实，利润来源是否稳定。如果企业的营业收入和利润主要来源于关联企业，就应当特别关注关联交易定价政策，分析企业是否以不等价交换的方式与关联企业发生交易，从而操纵财务报表数据。

(3) 异常利润剔除分析法。异常利润剔除分析法是将其他业务利润、投资收益、补贴收入、营业外收入从企业利润中剔除，以分析和评价企业利润来源的稳定性。由于企业利用资产重组调节产生的利润要通过这些项目体现出来，采用异常利润剔除分析法识别会计报表粉饰特别有效。

（4）现金流量分析法。现金流量分析法是将经营活动、投资活动产生的现金流量及总体现金净流量分别与主营业务利润、投资收益和企业净利润进行比较，以判断企业的主营业务利润、投资收益和净利润的质量。一般而言，没有相应现金流量的利润，意味着与之对应的资产可能属于不能转化为现金流量的虚拟资产，表明企业可能存在粉饰会计报表的现象。

（5）收付实现制验证分析法。权责发生制较好地解决了收入和费用的配比问题，可以更加准确地计算各期损益，平滑会计利润。但这种方法本身也有缺陷，如收入确认不真实，确认的部分资产含有一定的风险，费用分摊方法的可选择性和随意性可能导致成本费用和利润不实。收付实现制则以实际发生的现金流量为准。为了防止权责发生制下会计报表的粉饰现象，可用收付实现制验证权责发生制下确认的资产、收入等，以便为会计报表使用者提供相关、可靠的会计信息。

（6）表外筹资监管分析法。表外筹资是企业在资产负债表中未予以反映的筹资行为，它通过租赁、产品筹资协议、出售有追索权的应收账款、应收票据贴现等方式筹集资金。这些业务并不反映在资产负债表中，企业在借入资金的同时，不改变资产、负债现状，它可以保持会计法规要求的资产负债率。由于表外筹资的隐蔽性和风险性使财务报表的信息缺乏完整性和真实性，对信息使用者构成潜在的风险，因此注册会计师必须认真分析表外筹资，实行有效监督，以维护企业外部关系人的利益。

在针对舞弊风险实施分析程序时，注册会计师必须从多角度分析被审计单位所处的行业发展前景及公司的前景，把战略分析、绩效分析、财务分析及前景分析等运用到风险评估之中，既对财务数据进行分析，也对非财务数据进行分析。这就使得风险评估多元化，增大了揭发财务报表粉饰的可能性。

13.3.3 考虑其他信息

除运用分析程序获取的信息外，注册会计师还应当考虑在了解被审计单位及其环境、适用的财务报告编制基础和被审计单位的内部控制体系时所获取的其他信息，是否有助于识别被审计单位存在由于舞弊导致的重大错报风险。其他信息可能来源于项目组内部的讨论、业务的承接或保持过程以及向被审计单位提供其他服务所获得的经验（如中期财务信息审阅等业务）。

13.3.4 项目组内部的讨论

由于舞弊的复杂性和隐蔽性，在审计过程中考虑舞弊的风险更需要项目组成员群策群力，发挥集体智慧。在整个审计过程中，项目组成员应当持续交换可能影响舞弊导致的重大错报的风险评估及应对程序的信息。

项目组内部讨论的内容通常包括：（1）由于舞弊导致财务报表重大错报的可能性，重大错报可能发生的领域及方式；（2）在遇到哪些情形时需要考虑存在舞弊的可能性；（3）已了解的可能产生舞弊动机或压力、提供舞弊机会、营造舞弊行为合理化环境的外部和内部因素；（4）已注意到的对被审计单位舞弊的指控；（5）已注意到的管理层或员工在行为或生活方式上出现的异常或无法解释的变化；（6）管理层凌驾于内部控制之上的可能性；（7）是否有迹象表明管理层操纵利润，以及采取的可能导致舞弊的操纵利润手段；（8）管理层对接触现金或其他易被侵占资产的员工实施监督的情况；（9）为应对舞弊导致财务报表重大错报的可能性而选择的审计程序，以及各种审计程序的有效性；（10）如何使拟实施审计程序的性质、时间和范围不易为被审计单位预见。

13.4　识别和评估舞弊导致的重大错报风险

通过实施上述针对舞弊的风险评估程序和相关活动，注册会计师应当在财务报表层次和各类交易、账户余额、披露的认定层次识别和评估舞弊导致的重大错报风险。舞弊导致的重大错报风险是注册会计师在执行财务报表审计过程中需要特别予以考虑的重大错报风险，属于一种特别风险。由于舞弊往往具有较强的隐蔽性，难以被发现，因此，在整个审计过程中，注册会计师应当始终保持职业怀疑，结合舞弊风险因素，识别和评估被审计单位是否存在由于舞弊导致的财务报表层次和各类交易、账户余额、披露的认定层次的重大错报风险。

由于大多数公司财务舞弊案例显示，收入项目发生舞弊的风险往往较高，因此，在识别和评估被审计单位舞弊导致的重大错报风险时，注册会计师应对收入确认方面的舞弊风险予以重点关注，并基于收入确认存在舞弊风险的假定，评价哪些类型的收入、收入交易或认定导致舞弊风险。如果认为收入确认存在舞弊风险的假定不适用于业务的具体情况，从而未将收入确认作为由于舞弊导致的重大错报风险领域，注册会计师应当对此种情况及结论形成相应的审计工作底稿。

如被审计单位存在以下情形之一，则表明财务报表可能存在由于舞弊导致的重大错报：

1.会计记录中的差异

（1）对交易的记录不完整或不及时，或对交易的金额、会计期间、分类或被审计单位会计政策的记录不恰当；

（2）账户余额或交易缺乏证据支持或未经授权；

（3）在最后时间编制的对财务成果产生重大影响的调整分录；

（4）有证据表明员工对系统或记录的访问权限不符合其职权范围；

（5）向注册会计师传递的有关舞弊指控的消息或投诉。

2.审计证据不一致或缺失

（1）文件发生丢失；

（2）文件存在改动迹象；

（3）预期存在文件原件的情况下，仅能获取复印件或电子版本；

（4）调节表中包含无法解释的重大项目；

（5）资产负债表项目、财务趋势或重要财务比率或关系发生异常变动，如应收账款的增长比收入的增长快；

（6）管理层或员工对注册会计师的询问或实施分析程序的结果作出的答复或解释不一致、含糊不清或不合理；

（7）被审计单位的记录与询证函回函之间存在异常差异；

（8）应收账款记录中存在大量的贷方分录和其他调整；

（9）应收账款明细账与总账或客户对账单与应收账款明细账之间存在难以解释的或解释不当的差异；

（10）作废的支票或支票存根丢失或根本不存在，而通常情况下，被审计单位会对作废的支票或支票存根实施某些控制或存在其他支持性文件，如作废的支票与银行单据一起被退回至被审计单位，或者作废的支票存根上注明“作废”标记，或者作废的支票存根与作废的支票保存在一起；

（11）大额存货或实物资产丢失；

（12）难以获取电子证据或电子证据缺失（不符合被审计单位的记录保存惯例或政策）；

（13）询证函回函数量低于或高于预期；

（14）无法为本期的系统变更和系统配置工作提供关键的系统开发、程序变更测试以及系统实施活动方面的证据。

3.注册会计师与管理层之间的关系紧张或异常

（1）管理层不允许注册会计师接触可能提供审计证据的某些记录、设备、特定员工、客户、供应商或其他人员；

（2）管理层对解决复杂或有争议的问题施加不合理的时间限制；

（3）管理层对审计工作的开展表示不满，或威胁项目组成员，特别是有关注册会计师对审计证据作出的关键评价或与管理层之间潜在意见分歧的解决等事项；

（4）被审计单位在向注册会计师提供其要求的信息时发生不正常的拖延；

（5）管理层不愿意配合注册会计师接触重要的电子文档，使其不能运用计算机辅助审计技术进行测试；

（6）管理层不允许注册会计师接触关键的信息技术操作人员（包括系统安全、系统操作和系统开发人员）及设备；

（7）管理层不愿意对财务报表披露作出补充或修改，以使其更加完整、易懂；

（8）管理层不愿意及时处理已识别出的内部控制缺陷。

4.其他方面

（1）管理层不愿意让注册会计师与治理层单独会谈；

（2）会计政策似乎与行业惯例存在差异；

（3）会计估计变更频繁，且似乎并非由所处环境的变化所致；

（4）容忍违反被审计单位行为守则的行为。

13.5 应对舞弊导致的重大错报风险

舞弊导致的重大错报风险属于特别风险，注册会计师应当按照审计准则的规定采用恰当的措施予以应对。应对措施包括：针对舞弊导致的财务报表层次重大错报风险，采取总体应对措施；针对舞弊导致的认定层次重大错报风险和管理层凌驾于内部控制之上的风险，实施具体审计程序。

13.5.1　总体应对措施

针对舞弊导致的财务报表层次重大错报风险，注册会计师应当确定下列总体应对措施：

（1）在整体审计工作中保持职业怀疑，包括：在选择拟检查的支持重大交易的文件的性质和范围时，增强敏感性；增强对管理层有关重大事项的解释或声明进行印证的必要性的认识。

（2）考虑项目组成员的适当分派和督导。注册会计师应当根据舞弊导致的财务报表层次的重大错报风险的评估结果，向项目组额外分派具备专门技能和知识的人员（如法律专家和信息技术专家）或分派更有经验的人员，并进行相应的督导。

（3）在选择审计程序的性质、时间和范围时，增加审计程序的不可预见性，避免被审计单位相关人员预见或事先了解。

考虑到熟悉常规审计程序的被审计单位内部人员更有能力掩盖其对财务信息作出虚假报告的行为，注册会计师在选择进一步审计程序的性质、时间和范围时，应当有意识地避免被这些人员预见或事先了解。注册会计师应当考虑采取下列措施：①对通常由于风险程度较低而不会进行测试的账户余额实施实质性程序；②调整审计程序的实施时间，使之有别于预期的时间安排；③运用不同的抽样方法；④在不同的经营地点或未预先通知的经营地点实施审计程序。

13.5.2　具体审计程序

1.针对管理层凌驾于内部控制之上的风险

管理层在被审计单位拥有特殊地位，因此管理层凌驾于内部控制之上的风险几乎在每个审计项目中都会存在。其主要手段有：①编制虚假的会计分录，特别是在临近会计期末时；②滥用或随意变更会计政策；③不恰当地调整会计估计所依据的假设及改变原先作出的判断；④故意漏记、提前确认或推迟确认报告期间发生的交易或事项；⑤隐瞒可能影响财务报表金额的事实；⑥构造复杂或虚假的交易以歪曲财务状况或经营成果；⑦篡改与重大或异常交易相关的会计记录和交易条款。

（1）针对日常会计核算过程中存在的凌驾风险。管理层凌驾于内部控制之上导致的重大错报通常涉及对财务报告过程的操纵，可能体现为：在整个期间（或接近期末）的日常会计核算过程中记录不恰当或未经授权批准的会计分录，或在编制财务报表过程中作出不恰当的合并抵消分录或重分类分录。

注册会计师应当测试日常会计核算过程中作出的会计分录以及为编制财务报表作出的调整分录是否适当。在设计和实施审计程序时，注册会计师应当采取下列措施：①了解被审计单位的财务报告过程，并了解被审计单位对日常会计分录及财务报表编制过程中的调整分录的控制；②评价被审计单位对日常会计分录及财务报表编制过程中的调整分录的控制，并确定其是否得到执行；③询问被审计单位内部参与财务报告过程的人员是否注意到在编制会计分录或调整分录时存在不恰当或异常活动；④确定测试的时间；⑤选择拟测试的会计分录或调整分录。

在选择拟测试的会计分录或调整分录并确定适当的测试方法时，注册会计师应当考虑下列因素：

①注册会计师对舞弊导致的重大错报风险的评估。注册会计师对舞弊风险因素的识别，以及在评估舞弊导致的重大错报风险时获取的其他信息，可能促使其选择某些类别的会计分录或调整分录进行测试。

②被审计单位对会计分录或调整分录已实施的控制。如果注册会计师已对相关控制（指与会计分录或调整分录相关）的运行有效性进行了测试，且测试结果表明被审计单位对会计分录或调整分录所实施的控制运行有效，那么针对会计分录或调整分录所需实施的实质性程序的范围就可适当缩小。

③被审计单位的财务报告过程以及所能获取的证据性质。在很多被审计单位中，交易的日常会计处理既涉及人工步骤和程序，又涉及计算机自动处理；会计分录或调整分录的处理方式也同样是人工和自动化两种成分的结合，只是在不同被审计单位的财务报告过程中有不同的侧重点；在每一种成分的运用过程中，其具体运用方式也会存在差异。特别是当信息技术在很大程度上应用于被审计单位的财务报告系统时，会计分录或调整分录可能仅以电子形式存在。被审计单位财务报告过程的这些差异会影响注册会计师对审计程序和测试对象的确定。

④虚假会计分录或调整分录的特征。一般来讲，虚假会计分录或调整分录往往伴随一些异常的特征，包括：第一，这些分录把交易或事项记录到不相关、不合常规的账户或很少使用的账户中；第二，由日常负责编制相关分录的人员以外的其他人员编制；第三，在资产负债表日或资产负债表日后编制，同时又缺少或没有相应的交易、事项描述及解释；第四，在编制财务报表过程中（或临近编表时）作出且缺少相应账簿记录（相当于调表不调账的会计处理）；第五，分录金额以约整数（特别是大额约整数，如整千、整万等数字形式）表示。虽然具备这些特征的分录并不一定全是虚假分录，但根据以往的经验，当出现这些特征时，往往意味着更高的编制虚假分录的风险，注册会计师应予以格外关注。

⑤会计账户的性质和复杂程度。不当的会计分录或调整分录有可能出现在某些具有一定特征的账户中，包括：第一，涉及复杂或异常交易的账户；第二，涉及重大估计（及需要定期作出相应调整）的账户；第三，涉及过去经常发生错报的账户；第四，涉及未作出及时对账调节的账户，或含有未调节差异的账户；第五，涉及公司内部交易的账户。对于虽不具备上述特征但与已识别的舞弊导致的重大错报风险相关的账户，注册会计师也需要关注。此外，在审计具有多处经营场所或多个组成部分的被审计单位时，注册会计师需要考虑从不同的经营场所或组成部分选取会计分录或调整分录进行测试。

⑥在常规业务流程之外处理的会计分录和调整分录。由于在常规业务流程之外处理的会计分录和调整分录受到的控制程度与常规业务流程下编制的分录受到的控制程度可能存在较大差异，因此注册会计师应予以特别关注。

需要说明的是，以上各种因素仅供注册会计师在确定测试方法时参考，注册会计师应当根据被审计单位的具体情况，运用职业判断，确定需要测试的会计分录或调整分录的性质、时间和范围。

（2）针对会计估计存在的凌驾风险。在编制财务报表过程中，管理层有责任针对重大的会计估计作出一系列判断或假设，并持续关注所作估计的合理性。管理层通常通过故意作出不当的会计估计对财务信息作出虚假报告。

在复核会计估计是否有失公允从而可能产生舞弊导致的重大错报时，注册会计师应当采取下列措施：①从财务报表整体上考虑管理层作出的某项会计估计是否反映出管理层的某种偏向，是否与注册会计师所获取审计证据表明的最佳估计存在重大差异；②追溯复核管理层在以前年度财务报表中作出的重大会计估计及其依据的假设。

如果发现管理层作出的会计估计可能有失公允，注册会计师应当评价这是否表明存在舞弊导致的重大错报风险。注册会计师应当考虑管理层在作出会计估计时是否同时高估或低估所有准备，从而使收益在两个或多个会计期间内得以平滑，或达到某个特定收益水平。

（3）针对异常的重大交易存在的凌驾风险。对于注意到的、超出正常经营过程或基于对被审计单位及其环境的了解显得异常的重大交易，了解其商业理由的合理性。注册会计师应当考虑下列事项：①交易的形式是否过于复杂；②管理层是否已与治理层就此类交易的性质和会计处理进行讨论并作出适当记录；③管理层是否更强调需要采用某种特定的会计处理方式，而不强调交易的经济实质；④对于涉及不纳入合并范围的关联方（包括特殊目的实体）的交易，是否已得到治理层的适当审核与批准；⑤交易是否涉及以往未识别的关联方，或不具备实质性交易基础或独立财务能力的第三方。

2.针对舞弊导致的认定层次重大错报风险

针对舞弊导致的认定层次重大错报风险，注册会计师应当设计和实施进一步审计程序，通过改变拟实施的审计程序的性质和范围以及实质性程序的时间，获取更为可靠、相关的审计证据或者其他佐证信息。例如，更为重视现场观察和检查程序的实施，函证程序实施时改变常规的函证内容，实质性程序实施时间尽量安排在期末，扩大样本规模，采用更详细的数据实施分析程序等。注册会计师所采取的具体应对措施取决于已发现的舞弊风险因素类型以及各类具体的交易、账户余额相关认定。以下列举一些针对舞弊导致的认定层次重大错报风险的程序（但不是全部）：

（1）与财务信息作出虚假报告相关的审计程序。

①收入确认方面：第一，针对收入项目，从更细致的数据层面实施实质性分析程序（利用计算机辅助审计技术可能有助于更好地实现使用此类方法的目的——发现异常或未预期到的收入交易或关系）。第二，通过函证和更直接的沟通方式（如询问、走访）向被审计单位的顾客确证销售合同的部分或全部条款以及是否存在附加协议。第三，向被审计单位财务人员以外的其他内部人员询问所审计期间（特别是接近期末）的销售和发货情况，以及他们所了解的异常交易条款或交易状况。第四，于期末或接近期末时在被审计单位的一处或多处销售及发货现场实地观察销售及发货情况，检查准备发出的货物状况，实施适当的销售及存货截止测试；在销售及发货现场如发现退货情形或待处理的退回货物，观察被审计单位的处理与相关记录。第五，对于通过电子形式自动生成、处理、记录的销售交易，实施控制测试。

②关于存货数量：第一，检查被审计单位的存货记录，判断需要在被审计单位盘点过程中（或结束后）特别重视的存货项目或存货存放地点。第二，在不预先通知的情况下，

观察某些存放地点的存货盘点，或在同一天对所有存放地点的存货实施观察。第三，要求被审计单位在期末或尽可能接近期末的时点安排存货盘点。第四，在观察存货盘点过程中结合实施其他程序，并利用专家工作。第五，按照存货的等级或类别、存放地点或其他标准分类，将存货的当期数量与上期数量进行比较，或将盘点数量与存货记录进行比较。第六，利用计算机辅助审计技术，进一步测试存货盘点数据的可靠性。

③有关管理层估计：第一，请专家对相关认定作出独立估计，并与管理层的估计进行比较；如果涉及的估计非常重大且舞弊导致的重大错报风险很高，针对专家的部分或全部假设、方法及结果实施额外程序（如重新执行或再聘请其他专家执行），以确定之前的专家工作结果没有明显不当之处。第二，向管理层和财务人员以外的相关工作人员询问，以验证估计的合理性。第三，从事后的角度评价管理层对以前期间的会计估计和判断事项的合理性。

（2）与侵占资产相关的审计程序。

①对于货币资金及有价证券：第一，在期末或接近期末时对库存现金或有价证券进行监盘。第二，直接向被审计单位的顾客询问或函证付款日或退货情况。第三，调查已注销银行账户的恢复使用情况。

②对于存货：第一，对存在的存货短缺现象，按照存货存放地点和货物类型分类并加以分析。第二，分析重要的存货指标与行业正常水平是否存在显著差异。第三，对于发生存货金额减计的会计记录，细致检查相关凭证。

③对于采购活动：利用计算机辅助审计技术，将被审计单位的供货商名单与被审计单位员工名单的某些标识信息（如地址、电话号码）相核对，识别出具有相同标识信息的数据。

④对于劳务及工资费用：第一，利用计算机辅助审计技术，检查工资及薪酬记录中是否存在重复或虚假的员工身份（如姓名、身份证号）、银行账号、地址、电话号码等。第二，检查人事档案记录、员工工作考核记录、劳务支付名单的记录，并与实际情况相比对。

⑤对于销售活动：第一，分析销售折扣和销售退回等项目，识别出异常的折扣、退货模式或异常趋势。第二，向第三方确证销售合同的具体条款。第三，实施审计程序以获取销售合同是否按照规定条款得到执行。

⑥对于费用开支：第一，检查大额或异常费用开支的适当性。第二，检查高层管理人员提交的费用报告的适当性和金额。

⑦对于向员工提供资金或担保：检查被审计单位为高层管理人员和关联方提供资金或担保的授权、贷款或担保条款以及金额。

如果舞弊或舞弊嫌疑导致出现错报，致使注册会计师遇到对其继续执行审计业务的能力产生怀疑的异常情形，注册会计师应当确定适用于具体情况的职业责任和法律责任，包括是否需要向审计业务委托人或监管机构报告，并在相关法律法规允许的情况下，考虑是否需要解除业务约定。如果决定解除业务约定，注册会计师应当与适当层级的管理层和治理层讨论解除业务约定的决定和理由，并考虑是否有责任向审计业务委托人或监管机构报告解除业务约定的决定和理由。

本章小结

在风险导向审计中，由于舞弊导致的重大错报风险属于特别风险，如何识别、评估和应对舞弊导致的重大错报风险是审计业务中的重要问题。防止或发现舞弊是被审计单位治理层和管理层的责任；注册会计师的责任是按照审计准则的规定实施审计工作，获取财务报表在整体上不存在重大错报的合理保证，无论该错报是由于舞弊还是由于错误导致。

舞弊是指被审计单位的管理层、治理层、员工或第三方使用欺骗手段获取不当或非法利益的故意行为。舞弊行为有很多种，在财务报表审计中，注册会计师通常关注两类舞弊行为：编制虚假财务报告和侵占资产。我国现行审计准则中采用舞弊三角理论，认为舞弊产生有三个因素：动机或压力、机会和借口。

注册会计师在财务报表审计中识别和评估舞弊时，需要运用风险导向审计的思路，首先识别和评估舞弊风险，然后采取适当的措施应对风险。针对舞弊风险的审计程序和相关活动包括询问程序、充分运用分析程序、考虑其他信息、项目组内部的讨论。此外，还要识别和评估并应对舞弊引起的重大错报风险。

思政园地

打击资本市场财务造假，提升审计质量

2021年3月，中国注册会计师协会审计准则委员会召开“打击资本市场财务造假，提升审计质量”专题会议，剖析资本市场财务造假的成因及相关角色和责任，研判注册会计师行业当前面临的形势和问题，对如何提升审计质量、切实维护公众利益提出“一优五强”的六点建议：

一是优化执业环境。推进立法、公正司法，明确财务报告生成链条上的各环节所应承担的责任，从根本上解决责任不清的问题，从完善制度、从严监管、协同各方、宣传引导等方面，综合施策，不断优化执业环境。

二是强制度。针对财务造假方式日趋多样隐蔽、信息技术飞速发展，要与时俱进，不断完善准则体系，保持与国际准则持续趋同，积极参与国际准则制定，将中国意见体现在国际准则中。另外，要在制度执行层面下功夫。

三是强能力。注册会计师应当恪守准则要求，保持职业怀疑，提高执业能力。会计师事务所应当提高质量管理水平，加大对信息技术方面的重视程度和投入，应对不断变化的市场需求和技术发展。高等院校应重视在会计、审计方面基本功底的培养，强化后备人才积累。行业协会则应充分发挥赋能作用，加强对注册会计师的培训。

四是强监管。进一步加强监管，切实解决监管不严、执法不力的问题。改进和完善监管制度建设，强调过罚相当，推动依法处理、专业处理、适度处理。

五是强协同。加强与各方的协同，加强行业协会与政府部门的协同，加强政府部门之间的协同，特别是加强与司法部门的沟通，共同维护资本市场秩序和社会公众利益。

六是强宣传。行业协会应当总结注册会计师行业的核心价值观，加大对行业的正面宣传力度，引导投资者、监管机构、司法机构、社会公众等正确认识行业的价值和贡献。

资料来源：佚名．打击资本市场财务造假提升审计质量［N］．中国会计报，2021-03-19（1）．

拓展阅读资料

银广夏，全称广夏（银川）实业股份有限公司，1994年6月在深圳证券交易所上市。在1999年、2000年和2001年年初，银广夏创造了令人瞠目结舌的业绩和股价神话。1999

年年报中披露每股收益为0.51元，而每股股价则从1999年12月30日的13.97元飙升至2000年4月19日的35.98元；2000年4月20日公布了优厚的分红方案，2000年12月29日创下了每股股价37.99元的新高，折合为除权前的价格为75.9元，较一年前的价格上涨了440%；2000年年报披露的业绩再创新高，在股本扩大1倍的情况下，每股收益达到0.827元；2001年3月1日，银广夏发布公告，称与德国诚信公司签订了连续3年、总金额为60亿元的萃取产品订货总协议，仅据此合同推算，2001年银广夏每股收益将达到2~3元。银广夏对外宣称其利润绝大部分来自其子公司天津广夏对德国诚信公司出口二氧化碳超临界萃取技术的产品，包括卵磷脂、生姜精油、桂皮精油等，其毛利率约为10倍。2001年8月5日，《财经》杂志发表封面文章《银广夏陷阱》，记者调查发现其中四大疑点：（1）清华大学化学工程专家指出，银广夏使用的二氧化碳超临界萃取技术的设备即使24小时运转也无法达到其宣称的销售量；（2）天津广夏的产品出口价格高出同类产品价格3~5倍；（3）天津广夏所宣称的某些产品根本不可能由二氧化碳超临界萃取技术萃取生产；（4）天津广夏所宣称的德国客户的注册资本只有51 129.19欧元，但合同总金额高达60亿元人民币，且该企业从未露面。决定性的证据来自天津海关，统计数据显示，天津广夏所宣称的产品根本没有出口记录，天津广夏所有的经营业绩都是虚构的。

2001年8月3日，中国证监会正式立案稽查银广夏事件。9月5日通过新闻发言人向公众表示，中国证监会已经查明，银广夏通过伪造购销合同、伪造出口报关单、虚开增值税专用发票、伪造免税文件和伪造金融票据等手段虚构主营业务收入，以致虚增利润7.63亿元，其中1998年为0.18亿元、1999年为1.78亿元、2000年为5.67亿元；同时还查明，深圳中天勤会计师事务所及签字注册会计师严重违反《注册会计师法》、《中国注册会计师独立审计准则》和《中国注册会计师职业道德守则（2009）》的规定，未发现银广夏会计报表中的重大虚假问题，为银广夏出具了严重失实的审计报告。中国证监会对上述涉嫌犯罪的有关责任人员已依法移送公安机关，追究其刑事责任。与此同时，财政部对该案所涉及的深圳中天勤会计师事务所和注册会计师也依法进行了处罚。

资料来源：蒋飞. 监管期阵痛：证券市场拨乱反正［N］. 第一财经日报，2010-12-03（A15）.

【思考】

1.请用舞弊三角理论对银广夏财务舞弊行为进行分析。

2.请针对银广夏财务舞弊设计审计应对措施。

3.请讨论深圳中天勤会计师事务所审计失败的原因并提出改进建议。

自测题

第13章判断题　　第13章单项选择题　　第13章多项选择题

第14章　内部控制审计

【学习目标】

通过本章的学习，你要：

1. 了解中美两国内部控制审计的发展过程；
2. 理解内部控制审计的含义；
3. 掌握内部控制审计的程序；
4. 掌握内部控制审计报告的编制。

14.1　内部控制审计概述

内部控制作为企业最基本的管理制度，对企业的运行和发展具有重要影响。《企业内部控制基本规范》指出，内部控制是由企业董事会、监事会、经理层和全体员工实施的、旨在实现控制目标的过程。内部控制的目标是合理保证企业经营管理合法合规、资产安全、财务报告及相关信息真实完整，提高经营效率和效果，促进企业实现发展战略。

内部控制是否有效与企业财务报告的质量有着密切的关系，近年来国内外不断爆发的重大财务舞弊案件使得内部控制问题被推到了风口浪尖。内部控制是企业内部的制度规范过程，企业一般会设立内审部，对内部控制执行情况进行监督检查，但是内审部的独立性相对较弱，难以满足外部利益相关者了解企业内部控制运行情况的需求，于是就出现了注册会计师以独立身份对企业内部控制进行审计的内部控制审计业务。由于内部控制是企业内部程序，注册会计师对内部控制进行审计具有高风险，注册会计师和被审计单位应当在内部控制审计中承担何种责任也引起了很大争议。

14.1.1　内部控制审计的含义

企业的内部控制具有多重职能，包括保证经营的合规性、保障资产安全和财务信息真实完整等。内部控制审计的范围是财务报告内部控制，而这只是内部控制的一个方面。

美国公众公司会计监督委员会（Public Company Accounting Oversight Board，PCAOB）将财务报告内部控制定义为：“财务报告内部控制是一个过程，由公司的首席执行官、首席财务官或者行使类似职权的人员设计或监控，并受公司董事会、管理层和其他人员影响，为财务报告的可靠性和（供外部使用的）财务报表的编制符合公认会计原则提供合理的保证。”

具体而言，财务报告内部控制包括以下控制政策和程序：（1）保持详细的会计记录，以准确、公允地反映公司资产的交易和处置情况。（2）为以下事项提供合理保证：公司对发生的交易进行必要的记录，使财务报表的编制满足公认会计原则的要求；公司所有的收支活动均得到管理层和董事会的合理授权。（3）为下列事项提供合理保证：防止或及时发现可能对财务报表产生重大影响的未经授权的公司资产的取得、使用和处置。

财务报告内部控制的各项控制政策和程序是为了防止或发现财务报告可能的错误和舞弊。根据防止或发现错误和舞弊的层次，财务报告内部控制可以分为预防性控制和发现性控制，两者目的不同。前者的目的是防止导致财务报表错报的错误和舞弊发生，比如对录入的数据进行检验、限制对资产和文件的接触等；后者旨在发现已经发生的导致财务报表错报的错误和舞弊，比如每月与银行对账、内部审计人员对财务记录进行检查等。

14.1.2 美国内部控制审计的发展过程

1.财务报表审计中的内部控制评价阶段

（1）20世纪初：引入阶段。内部控制评价20世纪初就开始与审计相联系。1912年，罗伯特·蒙哥马利在《审计——理论与实践》一书中提到内部控制对于审计的重要性，认为资产负债表审计的必要范围应当与评价委托人的内部控制系统联系起来。美国会计师协会于1939年10月发布第1号审计程序公告，其中第一次增加了对内部控制审查评价的内容。次年10月，美国证券交易委员会（Securities and Exchange Commission，SEC）正式要求审计人员在签署的审计报告中增加关于内部控制审查的内容。此后，账项基础审计逐步为制度基础审计所取代，内部控制评价成为财务报表审计的组成部分和重要特征。

（2）20世纪40年代后：发展成熟阶段。美国会计师协会于1949年在《内部控制——协作体系的要素及其对于管理层和独立公共会计师的重要性》中第一次对内部控制作了明确定义。此后，美国审计程序委员会（Committee on Auditing Procedure，CAP）在发展和完善内部控制评价方面作出了不懈的努力，通过制定准则要求审计师有重点地加强对内部控制的评价。外部审计由此从对内部控制评价在审计中作用的关注，发展至正式将内部控制评价纳入审计准则，并使其成为审计过程中一个关键性程序。

2.内部控制审核阶段

制度基础审计产生后，内部控制评价就成为审计程序中的一个重要部分。在随后的发展中，每当遇到重大事项，内部控制评价就会受到职业监管主体的强调，并且逐渐从在财务报表审计中评价内部控制演变为一项单独的业务，即审核并报告内部控制。在这一阶段，有以下几个与内部控制评价有关的重要事项：

（1）《反国外贿赂行为法案》的实施。20世纪60年代，美国的经济动荡和激进商业行为引发了很多财务丑闻；而在国际市场上，日本在汽车、电子等领域显示出强大力量。美国企业界为了获得有利可图的订单，经常直接贿赂有影响力的官员。为了限制这种行为，美国于1977年12月实施《反国外贿赂行为法案》。除了反贿赂条款，该法案还包括一些属于会计和内部控制的条款，要求公司形成并保存合理详细程度的账册、记录和凭证，它们可以正确、公允地反映公司的交易和资产状况；同时，还要求公司设计并维持有效的内部会计控制系统。

（2）科恩委员会的建议与SEC的回应。研究注册会计师职责的科恩委员会于1978年提交的报告建议，公司管理层出具与财务报告相一致的报告，以披露公司内部控制系统的状况；同时，注册会计师对管理层出具的内部控制报告进行评价并对外报告。科恩委员会的建议发布后，国际财务执行官组织认可了该建议，并且发布指南帮助实施该建议。作为回应，SEC在1979年4月30日发布《管理层对内部会计控制的公告》征求意见稿，提议管理层在向股东提交的年度报告中应该包括内部会计控制的内容。

按照SEC的观点，上市公司内部控制体系的有效性对于投资者而言是必备信息，可以帮助投资者更好地作出决策。为此，SEC试图将该建议以法律形式确定下来，但由于实施的成本、报告信息的非相关性、内部控制标准的不明确等原因遭到了上市公司、会计师、律师乃至其他相关人士的普遍质疑，SEC在1980年不得不决定暂缓执行该建议，只保留对私人机构在该领域活动的监督。

（3）全美反舞弊财务报告委员会的建议与SEC的再次回应。20世纪80年代，美国发生了一系列公司破产和审计失败案例，使得公众对管理层的行为、财务报告的适当性以及注册会计师审计的有效性产生了怀疑。在此背景下，全美反舞弊财务报告委员会（National Commission on Fraudulent Financial Reporting，又称Treadway Commission）于1985年创立。该委员会主要识别引发欺诈性财务报告的各种常见因素，并为减少类似事件的发生提供建议。1987年，Treadway Commission提交的《欺诈性财务报告全国委员会报告》指出，在纳入研究范围的欺诈性财务报告案例中，约有50%是因为内部控制失效导致的。该委员会提出了防止欺诈性事件发生的框架，其中就有设计和实施内部控制；还认为管理层有责任对内部控制的有效性进行报告。除此之外，该委员会也强调控制环境、行为规范、审计委员会、内部审计等的重要性。

在Treadway Commission的建议下，SEC于1988年7月19日发布《报告管理层的责任》，要求管理层在年度报告中披露其对财务报表和内部控制的责任，评估内部控制的有效性。由于巨大的制度运行成本，SEC的提议仍然未能实施。

（4）《联邦储蓄保险公司改进法》的出台。20世纪90年代初，由于商业银行纷纷破产，美国国会于1991年颁布了《联邦储蓄保险公司改进法》。该法案要求资产总额在5亿美元以上的大银行评估并报告其内部控制的有效性，同时要求注册会计师对管理层有关内部控制的声明进行验证。这一规定扩大了为大银行提供审计服务的注册会计师的责任范围，开创了强制要求管理层报告内部控制有效性的先例。由于该法案是在向联邦银行管理机构和适当的州级银行监察机构提交报告时使用的，对上市公司整体的直接影响并不大。该法案的重要意义在于：内部控制信息确实可以由公司的管理层提供，并会实现某些预期的效果（如强化管理层的责任意识、改善内部控制），这使很多曾经反对内部控制报告的团体改变了观点。

3.内部控制审计阶段

进入21世纪后，安然、世通等事件的发生引起公众对内部控制的更高要求。上市公司内部控制由自愿披露变为强制披露，由原先的内部控制审核变为内部控制审计。

（1）2002年《萨班斯-奥克斯利法案》的颁布。受安然财务舞弊案影响，美国国会于2002年7月发布了《萨班斯-奥克斯利法案》（Sarbanes-Oxley Act，SOX法案），作出了一系列与内部控制相关的规定。SOX法案的302条款和404条款规定，公司首席执行官、首席财务官或类似职务者必须书面声明对内部控制的设计和执行的有效性负责，并且要随定期报告一同对外披露管理层对有关财务报告内部控制的评价报告，还必须经过注册会计师审计。这意味着管理层内部控制报告由以前的自愿披露演变为强制披露，开启了美国上市公司强制提供内部控制报告的新时代。

之后SEC发布《最终规则——管理层对财务报告内部控制的报告及其对定期披露的证明》，要求所有在1934年证券交易法13（a）或者15（d）约束下的公司，不仅是上市公司，均须在其年报中包含一份管理层对该公司财务报告内部控制评估的报告。

为了贯彻SOX法案的要求，PCAOB于2004年3月9日发布了第2号审计准则（Auditing Standard 2，AS2）《与财务报表审计相关的财务报告内部控制审计》，就审计人员根据公众公司管理层对内部控制有效性的评估报告进行审计作出了具体、详尽的规定。该准则要求公众公司审计人员在执行财务报表审计的同时进行财务报告内部控制审计，并提出了整合审计的理念。

通过以上努力，财务报告内部控制审计作为一个新型审计体系的框架和内容基本建立起来。不仅管理层内部控制评价、财务报告内部控制审计成为监管机构、公众公司、中介机构乃至社会公众等关注的焦点，而且在上述法案及准则、制度的促进之下，各会计师事务所也积极响应，提出进行财务报告内部控制评价的操作指引。财务报告内部控制审计因此有了切实的可行基础。

（2）财务报告内部控制审计的发展：AS5取代AS2。SOX法案404条款与AS2的实施，由于成本巨大而在美国引起极大争议。2006年12月19日，PCAOB发布对财务报告内部控制审计的新标准——第5号审计准则（Auditing Standard 5，AS5）《与财务报表审计相整合的财务报告内部控制审计》（征求意见稿），取代AS2。此后，PCAOB仔细考虑收到的意见和建议，完善了征求意见稿，于2007年6月12日正式对外公布AS5。AS5的主要目标是让审计人员将审计资源集中于高风险领域，尽量减少不必要的审计程序，同时力求使重大缺陷在导致重大错报前被发现。

14.1.3 内部控制审计在中国的发展

1. 20世纪90年代后期：在审计中评价内部控制

对内部控制进行评价的有关规范在我国形成比较晚，财政部于1996年12月颁发的《独立审计具体准则第9号——内部控制和审计风险》首次提出审计人员应当审查公司的内部控制，以内部控制评价的结果作为审计风险确定的前提。

2. 2001年至今：内部控制审核

2001年1月，中国证监会发布了《证券公司内部控制指引》，要求公司聘请有证券执业资格的会计师事务所对内部控制进行评审，会计师事务所应当向证券公司提供内部控制评审报告。《公开发行证券的公司信息披露编报规则》规定，商业银行、证券公司、保险公司必须对其内部控制的完整、有效作出说明，同时需要经过审计人员的审核，出具审核报告。

财政部于2001年6月颁发了《内部会计控制规范——基本规范（试行）》，对单位的内部会计控制提出了指导性意见，并于2001—2004年陆续印发关于货币资金、销售与收款等具体项目的规范，进一步完善了我国内部会计控制规范体系。其中，《内部会计控制规范——基本规范（试行）》第二十八条规定：单位可以聘请中介机构或相关专业人员对本单位内部会计控制的建立健全及有效实施进行评价，接受委托的中介机构或相关专业人员应当对委托单位内部会计控制中的重大缺陷提出书面报告。

2002年2月，中国注册会计师协会发布《内部控制审核指导意见》，规定：本意见所称内部控制审核，是指注册会计师接受委托，就被审核单位管理层对特定日期与会计报表相关的内部控制有效性的认定进行审核，并发表审核意见。

2005年10月，《国务院批转证监会关于提高上市公司质量意见的通知》要求，上市公司加强内部控制制度建设，强化内部管理，对内部控制制度的完整性、合理性及实施的有效性进行定期检查和评估，同时要通过外部审计对公司的内部控制制度以及自我评估报告进行核实评价，并披露相关信息。

2006年5月17日，中国证监会发布《首次公开发行股票并上市管理办法》，其中规定，发行人的内部控制在所有重大方面是有效的，并由注册会计师出具了无保留结论的内部控制鉴证报告。这是我国首次对上市公司内部控制提出具体的要求。

2006年6月5日和2006年9月28日，上海证券交易所和深圳证券交易所分别出台了《上海证券交易所上市公司内部控制指引》和《深圳证券交易所上市公司内部控制指引》。《上海证券交易所上市公司内部控制指引》是我国首部指导上市公司建立健全内部控制机制的规范性文件。该指引借鉴了美国COSO[①]的《企业风险管理——整体框架》，一方面强制要求上市公司在定期报告和临时公告中披露内部控制制度的实施情况，另一方面对上市公司建立健全和有效实施内部控制制度、提高上市公司风险管理水平提出了规范性的指导意见；同时，还鼓励公司聘请专业机构（如会计师事务所）协助建立内部控制制度，提出在信息披露中必须有专业机构对企业内部控制提出的审核评价意见。

3.推动内部控制审计在中国的实施

2005年6月，国务院在财政部、国资委和中国证监会联合上报的“关于借鉴〈萨班斯-奥克斯利法案〉完善我国上市公司内部控制制度的报告”上作出批示，同意由财政部牵头，联合中国证监会及国资委，研究制定一套完整公认的企业内部控制指引；7月15日，财政部、国资委、中国证监会、审计署、中国银监会、中国保监会联合发起成立了“企业内部控制标准委员会”，许多监管部门、大型企业、行业组织、中介机构、科研院所的领导和专家学者积极参与，为构建我国企业内部控制标准体系提供了组织和机制保障。2008年5月22日，财政部、中国证监会、审计署、中国银监会、中国保监会联合发布了《企业内部控制基本规范》，要求上市公司对本公司内部控制的有效性进行自我评价，披露年度自我评价报告，并可聘请具有证券、期货业务资格的会计师事务所对内部控制的有效性进行审计。这一基本规范为我国内部控制评价体系的构建画上了重要的一笔，同时也拓展了我国会计师事务所提供审计服务的领域。

2010年4月15日，财政部等五部委发布了与《企业内部控制基本规范》相配套的其他具体规范，包括《企业内部控制应用指引》、《企业内部控制评价指引》和《企业内部控制审计指引》，要求自2012年1月1日起在上海证券交易所、深圳证券交易所主板上市公

① The Committee of Sponsoring Organization of the Treadway Commission，美国反舞弊财务报告全国委员会的发起组织委员会，专门研究内部控制问题。

司开始实施。为稳步推进主板上市公司有效实施企业内部控制规范体系，确保内控体系建设落到实处、取得实效，财政部又会同中国证监会于2012年8月14日发布了《关于2012年主板上市公司分类分批实施企业内部控制规范体系的通知》，要求我国所有主板上市公司都应当自2012年起着手开展内部控制体系建设，包括成立或指定专门工作机构，健全风险评估机制，梳理风险管控流程，完善各项经营管理制度，优化内部信息系统，建立内控责任与员工绩效考评挂钩机制，推进企业内部控制规范体系稳步实施。这些内部控制相关规范的发布，为注册会计师开展内部控制审计业务提供了有效的指导。

14.1.4 内部控制审计与财务报表审计

1.内部控制审计与财务报表审计的比较

内部控制审计是注册会计师对财务报告内部控制设计和执行的有效性发表审计意见，并对内部控制审计过程中注意到的非财务报告内部控制重大缺陷进行披露。财务报表审计是注册会计师对财务报表是否在所有重大方面按照适用的财务报告编制基础编制并实现公允反映发表审计意见。内部控制审计和财务报表审计作为两种不同类型的审计活动，存在一定的联系，同时也有区别。

（1）联系。

①两者均存在对内部控制的了解和测试，且审计方法具有一致性。在内部控制审计中，注册会计师需要对内部控制设计和执行的有效性进行了解和测试；而在财务报表审计中，注册会计师也需要对内部控制的设计和执行情况进行了解，并根据需要对其有效性进行测试。在对内部控制进行了解和测试时，两者所采用的审计方法具有一致性，均可能使用检查、观察、询问、重新执行和穿行测试等方法获取证据。

②两者均按照风险导向审计模式设计和实施审计程序。内部控制审计和财务报表审计都采用现代风险导向审计模式开展审计工作，审计程序的设计和实施均以风险评估结果为基础。

③两者均需运用相同的审计重要性水平。在财务报表审计中，注册会计师需要运用审计重要性水平确定财务报表中是否存在由于舞弊或错误导致的重大错报。在内部控制审计中，注册会计师也需要运用审计重要性水平确定财务报告内部控制中是否存在重大缺陷，即是否存在具备合理可能性导致不能及时防止、发现并纠正财务报表重大错报的一个或者多个控制缺陷的组合。可见，财务报告内部控制审计与财务报表审计中运用的审计重要性水平相同。

④两者均应识别重要账户、列报及其相关认定，且结果相同。无论是内部控制审计还是财务报表审计，注册会计师都应当识别重要账户、列报及其相关认定，且识别时均应从性质和数量两个方面加以评价，评价时所考虑的重要性水平和风险因素具有一致性。

（2）区别。

①对内部控制的了解和测试的目的不同。在内部控制审计中，注册会计师对内部控制进行了解和测试的目的是评价财务报告内部控制的有效性并发表审计意见；而财务报表审计对内部控制进行了解是为了识别和评估财务报表重大错报风险，测试内部控制的目的是确定实质性程序的性质、时间和范围，从而最终实现对财务报表是否存在重大错报发表审计意见。

②对内部控制的测试范围不同。在内部控制审计中，注册会计师需要对财务报告内部控制设计和运行的有效性进行测试，以获取充分、适当的审计证据，实现对其有效性的评价，对内部控制测试的要求高，测试范围广，所需样本量大。而在财务报表审计中，针对认定层次的重大错报风险，注册会计师如果采用实质性方案，将不涉及内部控制的测试；只有采用综合性方案，才需要对相关内部控制运行的有效性进行测试。因此，财务报表审计中对控制测试的要求低，测试范围小，所需样本量少。

③对内部控制的测试时间要求不同。在内部控制审计中，注册会计师是对特定基准日的内部控制设计和运行有效性进行测试，测试时间范围仅要求基准日前的足够长的时间即可，而非整个会计期间。在财务报表审计中，注册会计师如果采用综合性方案，那么需要对内部控制在整个拟信赖期间运行的有效性进行测试。

④对内部控制测试结果的评价要求不同。在内部控制审计中，注册会计师需要识别内部控制是否存在缺陷，并评价缺陷的严重程度，确定是否存在重大缺陷。而在财务报表审计中，注册会计师只需识别和评价与认定有关的内部控制是否在防止或发现并纠正认定层次重大错报方面存在缺陷。

⑤对内部控制测试结果的报告要求不同。在完成内部控制审计工作后，注册会计师应当以积极方式对内部控制是否有效发表审计意见，出具审计报告，并对外披露。在财务报表审计中，注册会计师要对财务报表在所有重大方面是否合法、公允发表审计意见，并出具审计报告。审计报告中通常不对外披露被审计单位的内部控制情况，但可以用管理建议书的方式向管理层或治理层报告在对财务报表审计过程中发现的内部控制存在的重大缺陷。

2.内部控制审计与财务报表审计的整合

内部控制审计和财务报表审计虽然存在明显区别，但在内容和方法等方面也存在重合。当注册会计师接受委托，同时对某单位财务报表和内部控制进行审计时，在保证审计质量的前提下，为了节约审计成本和审计资源，提高审计工作效率，对于这两者的工作成果可以互为利用。例如，在进行财务报表审计时，可以直接利用内部控制审计报告中对内部控制有效性的结论进行控制风险的评估，最终确定实质性程序的性质、时间和范围。我们将内部控制审计与财务报表审计的整合进行称为“整合审计”。

在整合审计中，注册会计师应当对内部控制设计与运行的有效性进行测试，以同时实现下列目标：

（1）获取充分、适当的证据，支持其在内部控制审计中对内部控制有效性发表的意见。

（2）获取充分、适当的证据，支持其在财务报表审计中对控制风险的评估结果。

与非整合审计相比，整合审计不仅可以降低成本费用、提高审计效率和质量，更有利于促进企业内部控制制度的建设和完善、提高财务报告信息的真实公允性，从而为信息使用者提供更为丰富的决策信息。随着人们对企业内部控制制度建设和实施的重视程度日益提高，整合审计已经成为内部控制审计实务中的首选方式。

14.2 内部控制审计流程

14.2.1 业务的承接

1.注册会计师执行内部控制审计业务的原则

（1）专业胜任能力。由于内部控制审计是审计业务的一种，一般公认审计准则同样适用于财务报告内部控制审计业务。一般公认审计准则要求执行独立审计业务的注册会计师具有专业胜任能力，因此，注册会计师执行财务报告内部控制审计时，也应当具备相关知识和技能，即注册会计师要具备专业胜任能力。

（2）独立性。注册会计师在审计过程中要保持独立性（包括实质上的独立性和形式上的独立性）。评价实质上的独立性，主要看经济活动是否能够影响注册会计师的能力，或影响注册会计师评价财务报告内部控制的客观性。形式上的独立性是指，了解相关事项和情况的理性投资者观察是否有直接或间接重大利益影响注册会计师的客观性，是否影响其在业务约定范围内对于所有事件的判断。此外，管理层必须积极参与注册会计师的内部控制审计工作，还要承担提供证据、协助注册会计师执行控制测试的责任，而不能将这些责任推脱给注册会计师。

（3）应有的职业谨慎。在内部控制审计中，注册会计师必须保持应有的职业谨慎，尤其是职业怀疑态度。职业怀疑态度所涉及的内容和财务报表审计是一样的，即对管理层执行的评价和测试程序持批判态度。

2.注册会计师执行内部控制审计业务的目的和范围

内部控制审计是指会计师事务所接受委托，对特定基准日的内部控制设计与运行的有效性进行审计。内部控制审计实质上就是对内部控制的再控制，它是基于企业改善经营管理、提高经济效益的自我需要而产生和发展起来的一类审计监督活动。根据《企业内部控制基本规范》及其配套指引的相关规定，执行企业内部控制规范体系的企业，应当在披露年度内部控制自我评价报告的同时，聘请具有证券、期货业务资格的会计师事务所，对其财务报告内部控制的有效性进行审计。会计师事务所及其注册会计师应当依据《企业内部控制审计指引》以及中国注册会计师执业准则的相关要求开展内部控制审计工作。注册会计师执行内部控制审计工作的目的是对特定基准日的财务报告内部控制设计与运行的有效性进行评价，并发表审计意见，出具审计报告。所谓特定基准日，就是注册会计师评价内部控制在某一时日是否有效的基准日，一般指最近一个会计期间的截止日。注册会计师执行内部控制审计工作的范围仅限于与财务报告相关的内部控制，而非所有内部控制。在内部控制审计过程中，如果发现非财务报告内部控制存在重大缺陷，可以在内部控制审计报告中增加“非财务报告内部控制重大缺陷描述段”进行披露。

注册会计师的责任是在实施审计工作的基础上，对公司财务报告内部控制发表意见，从而为被审计单位财务报告内部控制在所有重大方面保持有效提供合理保证。为了配合注册会计师完成财务报告内部控制审计业务，被审计单位的管理层或治理层应当完成下列工作：①对建立健全和有效实施本单位内部控制承担责任；②采用适当的标准评估本单位内部控制的有效性；③对本单位内部控制有效性进行自我评价，并披露年度自我评价报告。

14.2.2　计划审计工作

与财务报表审计一样，在审计财务报告内部控制之前，应当恰当地计划内部控制审计工作，配备具有专业胜任能力的项目组，并对助理人员进行适当的监督。在计划审计工作时，应当评价以下事项对内部控制、财务报表以及审计工作的影响：企业在经营活动中面临的各种风险，重点关注对财务报表产生重大影响的风险及其在当年的变化；对企业经营环境产生影响的法律法规以及行业概况，如税法、监管法规、违规违约情况、竞争环境和技术变动等事项；公司组织结构、经营特点和资本结构等相关重要事项；公司内部控制最近发生变动的程度；重要性、风险及其他与确定内部控制重大缺陷相关的因素；与企业沟通过的内部控制缺陷；可获取的与内部控制有效性相关的证据的种类和范围；以前年度对企业内部控制有效性的初步判断。

上述相关信息主要通过询问管理层及相关人员、观察公司的经营情况、检查有关文件、进行穿行测试等程序获得。如果以前年度审计过该公司，注册会计师也可以根据以前的审计情况制订审计计划。

评价这些因素不需要像获取审计证据那样具体而详细，注册会计师在初步了解上述影响因素后，就可以针对内部控制审计工作制订审计计划。内部控制审计计划与财务报表审计计划一样，包括总体审计策略和具体审计计划。其中，总体审计策略用于明确内部控制审计业务的范围、时间安排、方向，以及执行该业务所需资源的性质、时间安排和范围；具体审计计划用以确定了解和测试内部控制的具体审计程序的性质、时间安排和范围。对于任何一个审计项目，审计计划都是至关重要的，只是在不同情况下，审计计划的繁简程度有所不同。注册会计师在整个内部控制审计过程中应当按照计划执行审计业务。但是，审计计划不是一成不变的，在审计计划执行过程中，需要根据已获取的审计证据和注册会计师的职业判断对审计计划进行修改。

在制订审计计划前，注册会计师要了解内部控制审计与财务报表审计的关系，对被审计单位进行风险评估，评价被审计单位的规模和结构复杂程度，考虑是否使用其他人员（如内部审计人员）的测试工作。这些都有助于注册会计师制订适当的审计计划，节约审计时间和资源，提高审计效率。

1.风险评估的作用

风险评估贯穿于整个审计过程，包括在确定重要账户和列报以及相关的认定、选择控制进行测试以及确定所需的审计证据时。在公司财务报告内部控制的某一领域，可能存在重大缺陷的风险程度与注册会计师在该领域投入的资源应当有直接关系。公司财务报告内部控制未能防止或发现由于舞弊导致的重大错报的风险通常高于其未能防止或发现错误导致的重大错报的风险。因此，注册会计师应当将更多注意力集中在发生重大缺陷、风险较高的内部控制特定领域，而没有必要测试那些即使有缺陷也不会有合理的可能性导致财务报表重大错报的控制。组织结构的复杂性、业务单元和业务流程对于注册会计师风险评估及确定重要程序具有重要作用。

2.利用他人的工作

注册会计师应当对被审计单位的内部控制自我评价工作进行评估，以确定是否利用以及在多大程度上利用他人的工作以减少可能本应该亲自执行的工作。注册会计师可以利用内部审计师、内部控制评价人员或其他相关人员的工作，但在考虑是否利用以及如何利用时，应当对这些人员的专业胜任能力和客观性进行充分评价。专业胜任能力越强，客观性越高，可利用程度就越高。另外，对他人工作的利用程度还取决于与测试的控制有关的风险。与某项控制有关的风险越高，可利用程度就越低，就越需要注册会计师亲自实施工作。

3.考虑舞弊风险和重要性

在计划和执行财务报告内部控制审计时，应当考虑舞弊风险评估的结果。在识别和测试公司层控制以及选择其他控制进行测试时，注册会计师应当评价被审计单位的内部控制是否足以应对识别出的、由于舞弊导致的重大错报风险，并且是否能够发现管理层凌驾于内部控制之上的风险。能够发现这些风险的控制包括：

（1）对于重大且异常交易的控制，特别是那些导致日记账入账延期或异常的控制；

（2）对于日记账和期末财务报告编制过程中的会计调整的控制；

（3）对关联交易的控制；

（4）与重要的管理层估计相关的控制；

（5）与对管理层错误地或不恰当地操纵财务结果的行为加压或减轻其采取此种行为动机有关的控制。

如果注册会计师在财务报告内部控制审计中发现用于防止或发现舞弊的控制存在缺陷，在实施财务报表审计过程中应对重大错报风险时应当考虑这些缺陷。

在计划财务报告内部控制审计时，注册会计师应当运用与公司年度财务报表审计计划阶段相同的方法考虑重要性。

14.2.3 选择需要测试的控制

在财务报告内部控制审计中，注册会计师应该采用自上而下的方法选择控制进行测试。自上而下的方法开始于报表层和公司层的控制，即注册会计师首先从财务报表层次对内部控制整体风险进行了解，重点关注企业层面的内部控制；然后将工作下移，对重要账户、列报及其相关认定进行识别；最后，注册会计师通过了解与相关认定有关的业务流程，识别可能导致潜在错报的来源以及管理层为应对这些潜在风险而执行的控制，选择能足以应对评估的每个相关认定重大错报风险的内部控制进行测试。这一方法促使注册会计师关注那些可能使财务报表和相关列报产生重大错报的账户、列报和相关认定。因此，自上而下的方法能够指导注册会计师只测试那些与是否存在重大缺陷、获取合理保证相关的控制。

1.测试和评价公司层控制

公司层控制是企业为应对财务报表整体层面的风险而设计和实施的控制，它是过程、交易或应用控制运行的基础。在内部控制审计中，应首先测试和评价公司层控制是否设计有效，因为审计结果可能影响注册会计师评估财务报告内部控制的其他方面。公司层控制包括以下控制：①与控制环境相关的控制，包括公司高层的管理哲学、授权和责任的分配、一贯的政策和程序、公司的内部程序；②与治理层和管理层的凌驾风险相关的控制；③企业的风险评估过程；④对内部信息传递和期末财务报告流程的控制；⑤对控制有效性的内部监督（即监督其他控制的控制）和内部控制评价，包括内部审计、审计委员会的活动和自我评估程序；⑥集中的处理过程和控制，包括共享的服务环境；⑦监督经营结果的控制；⑧关于重要业务的控制和风险管理的政策。

2.识别重要账户和列报及其相关的认定

注册会计师应当根据审计重要性，识别重要账户、列报及其相关认定。在判断时，要评价性质和数量两方面的风险因素。这些因素的评价与财务报表审计相似，因此对重要账户、列报及其相关认定的识别在两种审计中是一样的。这些风险因素包括：①账户的规模和构成；②错误或舞弊导致的错报的重要程度；③通过账户处理的或反映在披露信息中的与个人交易的数量、复杂性和同质性；④账户的性质；⑤记录、报告账户的复杂性；⑥账户所披露的损失；⑦重大或有负债产生的可能性；⑧账户中的关联交易；⑨前期账户或列报的特点的变更。

作为识别重要账户和列报及其相关认定的一部分，注册会计师应当确定可能导致财务报表产生重大错报的潜在错报的来源。潜在的重要账户或列报的组成部分可能被不同的重大风险所支配，因此，只有不同的控制组合才足以识别这些风险。

3.了解潜在错报的产生原因并识别相关控制

（1）了解潜在错报的产生原因。为了进一步了解潜在错报的可能原因，注册会计师应当达到以下目标：①了解与相关认定有关的业务流程，包括业务是如何发起、授权、处理以及记录的；②核实注册会计师已经识别的公司业务流程中可能单独或与其他错报共同产生重大错报（包括舞弊导致的错报）的控制点；③识别管理层实施的用于发现这些潜在错报的控制；④识别管理层实施的用于防止或及时发现未授权的公司资产收购、使用或处置导致的财务报表重大错报的相关控制。

由于需要的专业判断程度不同，注册会计师既可以亲自执行能够满足以上目标的程序，也可以利用其他为注册会计师提供直接帮助人员的工作成果。此外，注册会计师还应当了解信息技术如何影响公司的业务流程。

（2）执行穿行测试。执行穿行测试是达到上述目标的最有效的方法。在穿行测试中，注册会计师通过信息系统从头追踪一笔交易，直到其最终反映在公司的财务记录里。穿行测试是询问、观察、检查文件记录和重新执行等程序的综合运用。

对于重要处理程序的控制点，在执行穿行测试时，注册会计师应当向公司员工询问他们对于公司法定程序和控制要求的理解。这些试探性的问题与其他穿行测试结合起来，能帮助注册会计师获得对业务处理过程的理解，并能够识别内部控制缺失的关键点和内部控制的设计失效。另外，以关于单笔交易之外的试探性提问作为穿行测试的基础，可以使得注册会计师对不同类型的重要交易有所理解。

4.选择拟测试的控制

注册会计师应该测试那些对审计结论有重要影响的控制，评价这些控制是否能防止或发现与认定相关的错报风险。能防止或发现与认定相关的错报风险的控制可能不止一项，一项控制也可能会防止或发现不止一个认定错报风险。因此，既没有必要测试与认定相关的所有控制，也没有必要测试过多的控制，除非冗余本身就是一个控制目标。

在确定一项控制是否被选择进行测试的时候，决定因素应当是该项控制单独或与其他控制联合作用是否足以发现评估的重大错报风险，而不是该项控制的类型（如公司层控制、业务层控制、预防性控制、发现性控制)。

14.2.4 测试控制的有效性

注册会计师应当对控制设计和运行有效性进行测试，根据评估的风险确定要获取的审计证据数量和质量，从而找出是否存在重要缺陷或重大缺陷，为发表独立审计意见提供合理保证。

1.测试的目的

(1) 测试控制设计的有效性。企业设计和执行财务报告内部控制的目标是防止或及时发现可能导致财务报表重大错报的错误或舞弊。如果某项内部控制由拥有必要授权和专业胜任能力的人员按照规定的程序和要求执行，能够实现企业预期的控制目标，则表明该项控制设计是有效的。注册会计师可通过以下标准来判定设计是否能达到目标：①确定公司每个领域的控制目标；②判定控制是否满足每个目标；③如果执行合理，判定控制是否能有效防止或及时发现导致财务报表重大错报的错误或舞弊。

(2) 测试控制运行的有效性。注册会计师主要评价控制是否按设计执行，执行控制的人员是否经过必要的授权，并具有必要的能力来执行有效控制的程序。如果某项内部控制正在按照设计运行，执行人员拥有必要的授权和专业胜任能力，能够实现企业预期的控制目标，则表明该项控制是有效运行的。通常，注册会计师会从以下三个方面获取审计证据，以确定控制运行是否有效：①控制在所审计期间的相关时点如何运行；②控制是否一贯执行；③控制的执行主体是谁，采用的是何种执行方式。

2.测试程序的性质、时间和范围

(1) 测试程序的性质。在内部控制审计中，注册会计师用于测试控制运行有效性的审计程序包括：

①询问被审计单位相关人员，包括与其进行讨论，以获取与控制有效性相关的信息。由于询问本身并不足以提供充分、适当的审计证据，因此通过询问所获得的信息不能直接用于形成内部控制有效性的结论，还需结合其他测试手段所获取的信息予以印证。

②检查内部控制存在或执行的相关记录和文件，以确定内部控制是否有效运行。

③观察公司经营活动以及相关控制的运行，主要适用于没有留下运行轨迹的内部控制的测试和对实物的控制测试。

④重新执行作为被审计单位内部控制组成部分的程序或控制，以评价控制的有效性。

注册会计师应根据需要测试的内部控制的性质来选择测试程序的类型。

(2) 测试的时间。内部控制审计的目的在于评价基准日控制的有效性并出具审计报告。通常，测试涵盖期间越长，提供的证据越多。为获取充分、适当的审计证据，注册会计师在确定控制测试的时间时，应当权衡以下两个因素：①尽量在接近企业内部控制自我评价基准日实施测试；②实施的测试需要涵盖足够长的期间。

在内部控制审计中，注册会计师应当获取内部控制在企业自我评价基准日之前的一段足够长的期间内有效运行的审计证据，且越靠近管理层评价基准日的测试所获得的证据越具有证明力。在整合审计中，注册会计师通常将财务报表审计中拟信赖的控制期间作为控制测试所涵盖的期间。如果注册会计师选择在期中进行控制测试，则还应判断获取剩余期间内与控制执行相关的补充证据是否必要。注册会计师的判断依据主要包括：在基准日之前特定控制的测试以及这些控制测试的结果；期中获取的证据的充分性和适当性；剩余期间的跨度；期中测试后内部控制发生重大变化的可能性。

（3）测试的范围。注册会计师需要收集充分、适当的证据，证明内部控制是否有效执行。注册会计师应当合理确定控制测试的范围，以获取足以评价内部控制有效性的审计证据。在确定控制测试的范围时，注册会计师应考虑以下因素：

①控制的性质。注册会计师应把更多的测试应用于自动控制而非人工控制。如果信息技术的一般控制运行有效，那么测试一项自动控制的运行有时就足以获取运行有效性的高度保证。对于人工控制，要评价更多的控制以及每个控制执行的结果，才能获取运行有效性的充分证据。注册会计师还要评估控制的复杂性、判断的重要性和执行控制者的能力。复杂性和判断水平越高，控制执行者能力越低，则审计测试的范围就越大。

②执行的频率。一般来说，人工控制越频繁，所采取的控制测试就越多。注册会计师应准备充足的时间来测试人工控制的执行，以获取对该控制有效执行的较高保证。对于执行频率较少的控制，比如月末会计调整和期末财务报表的编报控制，注册会计师可能进行较少的测试。但是，对于这些控制的评价也可能更广泛。

③控制的重要性。相关性更强的控制应进行更广泛的测试。若一项控制涉及多个认定，某些期末发现性控制可能比相关的防止性控制更重要。注册会计师应测试更多的操作控制，如果这些控制运行频率不高，应更广泛地评价控制的每一次运行。

3.对审计证据和风险的考虑

对于每个测试的控制，注册会计师都要评价控制可能无效的风险，或者存在重大缺陷的风险。注册会计师获取必要证据的数量与评估的风险大小成正比，评估的风险越小，所要获取的证据就越少；反之，则越多。与控制相关的风险因素有：①控制所要防止或发现的错报的性质；②与账户和认定相关的固有风险；③严重影响控制设计和执行有效性的交易的数量和性质是否发生变化；④账户是否有错误的历史；⑤公司层控制的有效性，尤其是那些监督其他控制的控制；⑥控制依赖其他控制的程度；⑦执行控制或监督控制的人员的能力，执行控制或监督控制的关键人员是否发生变化；⑧控制的执行是人工还是自动化的；⑨控制的复杂性。注册会计师在判断公司控制执行的偏离程度时，需要根据测试结果和获取的证据评价偏离产生的影响。注册会计师测试控制而获得的证据取决于审计程序的性质、时间和范围。进一步地，对于单项控制，测试的性质、时间和范围的不同组合可能会提供足够的审计证据。

4.以后年度审计的考虑

对于以后年度的审计，注册会计师可以结合以前年度审计获取的信息，确定必要的测试范围、时间和性质，来执行财务报告内部控制审计。

在以后年度的审计过程中，与控制相关的风险评估包括以下一些风险要素：①控制所要防止或发现错报的性质和重要性；②与账户和认定相关的固有风险；③严重影响控制设计和执行有效性的交易的数量和性质是否发生变化；④账户是否有错误的历史；⑤公司层控制的有效性，尤其是监督其他控制的控制；⑥控制依赖其他控制的程度；⑦执行控制或监督控制的人员的能力，执行控制或监督控制的关键人员是否发生变化；⑧控制的执行是人工还是自动化的；⑨控制的复杂性；⑩以前年度执行的审计程序的性质、时间和范围，以前年度控制测试的结果，以及自以前年度审计起，控制是否变动过，或者控制所执行的重要过程是否变动过。在考虑上述风险因素后，与控制相关的风险越低，则在后续年度中需要的证据就越少。

另外，注册会计师每年都会改变控制测试的性质、时间和范围，每年可能在不同的期间测试控制，增加或减少已执行测试的数量和种类，或者对已经合并过的程序重新组合。

14.2.5 评价内部控制缺陷

在内部控制审计中，注册会计师应当对被审计单位内部控制的缺陷进行识别和评价。内部控制缺陷按照成因不同，分为设计缺陷和运行缺陷；按照影响程度不同，分为一般缺陷、重要缺陷和重大缺陷。注册会计师必须评价其所识别的各项控制缺陷的严重性，以确定这些缺陷单独或联合起来是否构成重大缺陷。但是，在计划和执行审计的过程中，注册会计师不需要专门寻找那些单独或联合起来未构成重大缺陷的控制缺陷。

1.影响内部控制缺陷严重程度的因素

（1）缺陷导致账户或列报错报的可能性大小；

（2）由一项或多项缺陷导致的潜在错报的金额大小。

需要注意的是，财务报告内部控制缺陷的严重性取决于错报的可能性，而非是否实际上已经发生了错报。

注册会计师在评价控制缺陷是否可能导致账户或列报错报时，应考虑的因素包括：

①财务报表账户、列报和相关认定的性质（如值得怀疑的账户和具有高风险的关联交易）；

②相关资产或负债对损失或舞弊的敏感性；

③在确定相关金额时需要的判断的主观性、复杂性及程度；

④与其他控制相关的控制的联系或关系；

⑤缺陷的相互关系，如在评价两个或更多缺陷的集合时，看缺陷是否影响同一财务报表的账户和认定；

⑥缺陷导致的可能的未来结果。

在评价缺陷是否导致错报的可能性时，注册会计师应当评价控制是如何跟其他控制相联系的。其他控制主要取决于这些控制，如信息技术的一般控制。一些控制组成了控制组，这样在缺少一些控制的前提下，控制组的其他控制也能达到同样的目标。

控制缺陷的严重程度除了取决于其导致账户或列报发生错报的可能性大小外，还取决于其导致的潜在错报的金额大小。注册会计师需要通过评价控制缺陷所导致的潜在错报的金额以确定其严重程度，评价时应当考虑：①受控制缺陷影响的业务交易额或财务报表金额；②本期或预期未来期间受控制缺陷影响的账户金额或交易数量。

2.评价内部控制缺陷的严重程度

在评价财务报告内部控制缺陷的重要性时，注册会计师应当确定详细程度和保证程度，以满足谨慎的管理者管理事务、合理保证交易的记录、以公认会计原则为基础编制财务报表等条件。如果注册会计师认为存在的一般缺陷不能为谨慎的管理者管理事务提供合理保证，那么该缺陷至少应确认为重要缺陷。以下领域的缺陷通常至少被认为是重要缺陷：根据公认会计原则选择和应用会计政策的控制；反舞弊程序和控制；非常规和非系统性交易的控制；年末财务报表编制流程的控制。

在确定为重要缺陷后，注册会计师还必须进一步判断该缺陷是否为重大缺陷。评价财务报告内部控制重大缺陷的重要指标有：①识别出高级管理人员的舞弊，无论是否重大；②重新报告之前已发布的财务报表，以反映对重大错报的更正；③识别出当期财务报表的重大错报，这种情况表明公司财务报告内部控制未能发现该错报；④公司审计委员会对公司外部财务报告和财务报告内部控制的无效监管。

14.2.6 终结审计工作

1.形成审计意见

注册会计师在对财务报告内部控制有效性形成审计意见前，应当评估所获取的证据，包括控制测试的结果和在财务报表审计中发现的错报及已识别的控制缺陷。注册会计师只有在审计工作范围没有受到限制的前提下，才能发表财务报告内部控制审计意见。

2.获取书面声明

在完成审计工作后，注册会计师应当获取企业管理层所签署的书面声明，内容应当包括：

（1）企业董事会对建立健全和有效实施内部控制的责任；

（2）企业对内部控制有效性的自我评价以及评价所依据的标准和得出的结论；

（3）企业没有使用注册会计师执行过的程序和结果作为自我评价的基础；

（4）企业已向注册会计师披露识别出的内部控制在设计或执行方面的所有缺陷，并对重大缺陷和重要缺陷进行了单独披露；

（5）企业对注册会计师前期审计中已识别的重要缺陷和重大缺陷所采取的纠正措施；

（6）企业在基准日以后内部控制的重大变化，或存在的可能严重影响内部控制的其他因素。

如果企业拒绝出具书面声明或者以不当理由回避书面声明，注册会计师可将其视为审计范围受到限制，应当解除该项业务约定或出具无法表示意见的内部控制审计报告。

3.书面沟通

在出具内部控制审计意见之前，注册会计师必须与企业沟通审计过程中所识别的控制缺陷。其中，对于审计期间已确认的所有内部控制的重要缺陷和重大缺陷，应当以书面形式与企业审计委员会沟通。审计委员会应能清楚地区分重要缺陷涉及的事项和重大缺陷涉及的事项。如果注册会计师认为审计委员会和内部审计机构对公司内部控制的监督无效，应当以书面形式与企业董事会和经理层进行沟通。

14.3 内部控制审计报告

注册会计师在完成内部控制审计之后，应当对内部控制出具审计报告。如果是整合审计，注册会计师应选择对内部控制审计业务与财务报表审计业务分别出具报告，但签署日期应保持一致。注册会计师所出具的内部控制审计报告类型包括标准审计报告和非标准审计报告。如果注册会计师出具的审计报告为无保留意见，且不附加说明段、强调事项段或任何修饰性用语，该报告就是标准内部控制审计报告。其他类型的报告被称为非标准内部控制审计报告。

14.3.1 标准内部控制审计报告

根据《企业内部控制审计指引》，注册会计师出具的标准内部控制审计报告应由以下要素构成：

1.标题

2.收件人

3.引言段

4.企业对内部控制的责任段

在审计报告中，应当指明维护和评估财务报告内部控制有效性是被审计单位管理层的责任，同时提及管理层对内部控制的评价报告。

5.注册会计师的责任段

在审计报告中，应当指明注册会计师的责任是在实施审计的基础上对被审计单位财务报告内部控制的有效性发表意见。

6.内部控制固有局限性的说明段

在本段中应当说明，由于固有局限性，财务报告内部控制可能不能防止或发现错报，并且对于财务报告内部控制在未来期间有效性的评估是有风险的，如情况的变化可能使得控制变得不适当、对政策和程序的遵守程度会降低。

7.财务报告内部控制审计意见段

本段应当说明，截至特定日期，被审计单位是否按照相关法律法规的要求，在所有重大方面保持了财务报告内部控制的有效性。

8.非财务报告内部控制重大缺陷描述段（如适用）

在审计过程中，如果注册会计师认为被审计单位的非财务报告内部控制存在重大缺陷，则需要在本段内容中对这一非财务报告内部控制重大缺陷进行描述，包括重大缺陷的性质及其对实现相关控制目标的影响程度，并提示报告使用者注意相关风险，但是不涉及发表审计意见。对于非财务报告内部控制的一般缺陷和重要缺陷，则无须在内部控制审计报告中予以说明，只需与企业管理层和治理层沟通，提醒企业改进即可。

9.注册会计师的签名和盖章

10.会计师事务所的名称、地址及盖章

11.报告日期

审计报告的日期不应早于注册会计师获取充分、适当的审计证据以提出审计意见的日期。同时，由于注册会计师不能在未审计财务报表的情况下审计财务报告内部控制，内部控制审计报告和财务报表审计报告的签署日期应当相同。

14.3.2 非标准内部控制审计报告

1.重大缺陷与非标准内部控制审计报告

如果认为财务报告内部控制存在一项或多项重大缺陷，注册会计师应当对被审计单位的财务报告内部控制发表否定意见，除非审计范围受到限制。否定意见审计报告还应包括下列内容：

（1）阐述重大缺陷的定义。

（2）报告已发现的重大缺陷的性质及其对财务报告内部控制的影响程度。如果重大缺陷未包含在企业的内部控制自我评价报告中，注册会计师应当在审计报告中指明已经识别但未被包含在自评报告中的重大缺陷。如果企业的内部控制自我评价报告中包含了重大缺陷，但这些重大缺陷未能在所有重大方面得到公允反映，注册会计师也应当在审计报告中说明这一情况，并公允表达重大缺陷的相关信息。

（3）注册会计师应当在内部控制审计报告中披露对内部控制发表的否定意见会对财务报表审计意见产生何种影响。

2.期后事项与非标准内部控制审计报告

在注册会计师实施内部控制审计之后、审计报告日之前（即期后的一段时间），财务报告内部控制可能会发生变化，或出现一些对财务报告内部控制具有重要影响的因素。注册会计师应当询问管理层是否存在这些变化或因素，并获取管理层对相关事项的书面声明。

注册会计师应当针对期后期间，通过询问和检查以下文件获取内部控制发生变化或其他能够影响内部控制的信息：

（1）在期后出具的内部审计报告或类似报告；

（2）其他注册会计师出具的有关企业内部控制缺陷的报告；

（3）监管机构发布的有关企业内部控制的报告；

（4）注册会计师在执行其他业务时获取的关于企业内部控制有效性的信息。

如果获知存在对基准日内部控制的有效性有重大负面影响的期后事项，注册会计师应当对财务报告内部控制发表否定意见。如果不能确定期后事项对内部控制有效性的影响，应当出具无法表示意见的内部控制审计报告。同时，如果管理层在内部控制评价报告中披露了基准日后企业可能采取的纠正措施，注册会计师不应当在审计报告中对此发表意见。

注册会计师可能获知在基准日并不存在，但在期后发生的事项。如果此类期后事项对内部控制有重大影响，应当在内部控制审计报告中增加强调事项段，对该事项及其影响进行描述，或提醒报告使用者注意在企业内部控制评价报告中披露的该事项及其影响。

3.其他需要出具非标准内部控制审计报告的情况

如果存在下列情况之一，注册会计师应当出具非标准内部控制审计报告：

（1）当企业内部控制评价报告的要素不完整或表达不恰当时，应当考虑出具带强调事项段的内部控制审计报告。

（2）当审计范围受到限制时，应当出具无法表示意见的内部控制审计报告或者解除业务约定。根据法律法规的相关豁免规定，被审计单位可不将某些实体纳入内部控制的评价范围。在这种情况下，如果内部控制审计的范围也不包括这些实体，不属于审计范围受限的情形，注册会计师应当出具带强调事项段的内部控制审计报告，或者在注册会计师的责任段中进行恰当的陈述。

14.3.3　内部控制审计报告范例

范例一：标准内部控制审计报告

内部控制审计报告

××股份有限公司全体股东：

按照《企业内部控制审计指引》及中国注册会计师执业准则的相关要求，我们审计了××股份有限公司（以下简称××公司）20××年12月31日的财务报告内部控制的有效性。

一、企业对内部控制的责任

按照《企业内部控制基本规范》、《企业内部控制应用指引》以及《企业内部控制评价指引》的规定，建立健全和有效实施内部控制，并评价其有效性是××公司董事会的责任。

二、注册会计师的责任

我们的责任是在实施审计工作的基础上，对财务报告内部控制的有效性发表审计意见，并对注意到的非财务报告内部控制的重大缺陷进行披露。

三、内部控制的固有局限性

内部控制具有固有局限性，存在不能防止和发现错报的可能性。此外，由于情况的变化可能导致内部控制变得不恰当，或对控制政策和程序遵循的程度降低，根据内部控制审计结果推测未来内部控制的有效性具有一定风险。

四、财务报告内部控制审计意见

我们认为，××公司于20×× 年12月31日按照《企业内部控制基本规范》和相关规定在所有重大方面保持了有效的财务报告内部控制。

五、非财务报告内部控制的重大缺陷（如适用）

在内部控制审计中，我们注意到××公司的非财务报告内部控制存在重大缺陷：

[分别对发现的非财务报告内部控制重大缺陷的性质及对相关控制目标的影响程度进行描述]

由于存在上述重大缺陷，我们提醒本报告使用者注意相关风险。需要指出的是，我们并不对××公司的非财务报告内部控制发表意见或提供保证。本段内容不影响对财务报告内部控制有效性发表的审计意见。

××会计师事务所　　　　　　　　　　中国注册会计师：××（签名、盖章）

（盖章）　　　　　　　　　　　　　　中国注册会计师：××（签名、盖章）

中国·杭州

二〇××年××月××日

范例二：非标准内部控制审计报告

内部控制审计报告

甲股份有限公司全体股东：

按照《企业内部控制审计指引》及中国注册会计师执业准则的相关要求，我们审计了甲股份有限公司（以下简称甲公司）20××年12月31日的财务报告内部控制的有效性。

一、甲公司对内部控制的责任

按照《企业内部控制基本规范》《企业内部控制应用指引》《企业内部控制评价指引》的规定，建立健全和有效实施内部控制，并评价其有效性是甲公司董事会的责任。

二、注册会计师的责任

我们的责任是在实施审计工作的基础上，对财务报告内部控制的有效性发表审计意见，并对注意到的非财务报告内部控制的重大缺陷进行披露。

三、内部控制的固有局限性

内部控制具有固有局限性，存在不能防止和发现错报的可能性。此外，由于情况的变化可能导致内部控制变得不恰当，或对控制政策和程序遵循的程度降低，根据内部控制审计结果推测未来内部控制的有效性具有一定风险。

四、导致否定意见的事项

重大缺陷，是指一项或多项控制缺陷的组合可能导致企业严重偏离控制目标。

我们在内部控制审计过程中发现，甲公司财务报告内部控制存在以下重大缺陷：

A有限责任公司（以下简称A公司）于20××年9月失去控制，甲公司未能有效执行投资管理的相关内控制度，造成不能有效管控投资活动及投后管理，股权投资管理的内部控制执行存在重大缺陷。

五、财务报告内部控制审计意见

我们认为，由于存在上述重大缺陷及其对实现控制目标的影响，甲公司于20××年12月31日未能按照《企业内部控制基本规范》和相关规定在所有重大方面保持有效的财务报告内部控制。

××会计师事务所　　　　　　　　　　中国注册会计师：××（签名、盖章）

（盖章）　　　　　　　　　　　　　　中国注册会计师：××（签名、盖章）

中国·上海

二〇××年××月××日

本章小结

财务报告内部控制是一个为财务报告的可靠性和财务报表的编制符合公认会计原则提供合理保证的过程，财务报告内部控制只是企业内部控制的一个方面。内部控制审计在美国的发展经历了财务报表审计中的内部控制评价、内部控制审核、内部控制审计三个阶段。我国的相关准则制定机构正在推动内部控制审计在我国的实施。

与财务报表审计相同，实施内部控制审计也要制订审计计划。注册会计师要对公司进行风险评估，考虑舞弊风险和重要性，确定是否需要利用他人的工作。注册会计师应该采用自上而下的方法选择拟测试的控制，即首先考虑报表层和公司层控制，然后是重要会计账户、列报和相关认定，最后是主要交易类别和重要处理过程。注册会计师应当实施控制测试，从而找出是否存在重要缺陷或重大缺陷，为发表独立审计意见提供合理保证。注册会计师应当评价所关注的每项控制缺陷的严重性，但不必专门寻找那些单独或联合起来未构成重大缺陷的控制缺陷。

完成财务报告内部控制审计之后，注册会计师应当出具内部控制审计报告。根据实施审计程序的结果，审计报告可以是标准内部控制审计报告或适当类型的非标准内部控制审计报告。

思政园地

加强内部控制体系建设和监督，提升内部控制管理水平

2023年3月，国务院国资委印发了《关于做好2023年中央企业内部控制体系建设与监督工作有关事项的通知》（以下简称《通知》），对国资央企新一轮内控体系建设与监督三年工作进行部署安排，并提出了新的要求，国资央企内控管理工作迈入新阶段。《通知》的主要内容围绕加强组织领导与管理体制机制、强化内控制度建设、深入开展内控专项整治、强化重大风险防控、增强境外资产风险管控、提升内控监督评价质量等六个方面

展开。

①加强组织领导与管理体制机制。进一步明确党组织、董事会和内控职能部门在内控管理工作中的职责分工。强调党委（党组）负责对内控管理工作的全面领导，企业内控与风险管理工作及存在的重大内控缺陷和风险隐患等情况，应定期向党委（党组）报告并抄送纪检监察部门。董事会及其下设的审计与风险管理等专门委员会负责对内控体系建设与监督的监管，定期听取和审议内控职能部门工作情况报告。内控职能部门承担统筹推动、组织协调、监督落实的作用，具体负责完善制度、强化执行、监督评价、整改落实等内控管理工作。

②强化内控制度建设。要求国资央企根据国家审计、国资监管、企业内部监督等各类监督检查工作中发现的问题，按照“可执行、可监督、可问责”的工作要求，一是从规范性建设角度，聚焦核心业务流程、关键控制环节、监督问责机制等关键要素，持续做好制度“立改废释”工作；二是从堵塞漏洞的角度，针对对外投资、招标采购、购销业务、金融业务、工程项目承揽等重要领域和关键环节存在的易发多发问题，细化梳理业务流程，完善内控要求、风险应对措施和责任追究规定；三是从填补空白的角度，加强新并入企业、新型商业模式、新兴业务领域的制度建设，及时准确进行外法内规化，确保内控制度体系覆盖企业全部业务领域和管理环节，落实到全体岗位和责任人员。

③深入开展内控专项整治。要求国资央企围绕综合治理专项行动发现的问题和风险，从缺陷整改落实、信息化管控和追责问责三个方面深入开展内控管理专项整治工作，切实强化内控体系刚性约束。

④强化重大风险防控。国资央企应强化底线思维、关联思维，切实做好年度重大风险评估、季度重大风险监测预警和重大经营风险事件报告及处置工作，牢牢守住不发生系统性风险的底线。

⑤增强境外资产风险管控。对国资央企设立的境外单位内控体系建设与监督工作的要求明显增强，包括要求持续强化境外单位内控体系建设，加大境外单位内控体系有效性监督评价力度，并强调要压实境外单位重大风险防控责任，完善境外单位重大经营风险事件报告及处置工作机制，切实提升境外资产重大损失、重大舆情、被其他国家或者国际组织机构制裁或调查等重大风险应对处置能力。

⑥提升内控监督评价质量。明确提出国资央企要加强质量控制，切实提升内控监督评价质效。一方面要着力提升子企业年度内控自评价质量，指导督促各级子企业有效开展内控自评价，另一方面要求规范开展集团监督评价，研究制定新一轮三年集团监督评价全覆盖工作规划。国资委将持续组织开展年度内控体系有效性抽查评价工作，对国资央企内控监督评价质效及缺陷整改落实情况进行监督检查。

资料来源：胡为民. 国务院国资委《关于做好2023年中央企业内部控制体系建设与监督工作有关事项的通知》（国资厅监督〔2023〕8号）的解读［EB/OL］.（2023-04-13）［2023-11-14］. https://finance.sina.com.cn/wm/2023-04-13/doc-imyqevks3670529.shtml.

拓展阅读资料

以下是凯迪生态环境科技股份有限公司（以下简称凯迪生态）董事会出具的2019年度内部控制评价报告以及希格玛会计师事务所对该公司出具的2019年财务报告内部控制

审计报告的部分内容：

凯迪生态环境科技股份有限公司2019年度内部控制评价报告（部分）

二、内部控制评价结论

上一年度内部控制整改情况：

（1）记账凭证编制完成后需经过审核才能记账，且需不同的人进行编制和审核。2018年1—10月，记账凭证在编制完成后没有经过审核。整改情况：2018年11月后，公司已经充分意识到有关问题并已作出整改，已完善记账审核等流程。

（2）2018年度募集资金的使用未经有效审核。2018年1月，凯迪生态将募集资金账户共计40 278.50万元的募集资金转出，未用于募投项目，资金转出未经审批。整改情况：公司力争尽快归还违规使用的募集资金，但鉴于公司出现债务危机，资金周转困难，目前暂未完成归还。

根据公司财务报告内部控制重大缺陷的认定情况，基于公司当前所处的债务危机状态，于内部控制评价报告基准日，发现2019年度内部控制主要缺陷包括：

（1）公司发生债务危机后，大量银行账户被冻结，公司经营管理因缺少流动资金陷入困境，违规使用了部分募集资金账户资金，使用的部分募集资金尚未归还，导致公司资金管控存在重大缺陷。

公司债务危机发生后，大量银行账户被冻结，部分子公司无法通过正常渠道进行资金收付，部分子公司与债权方、当地政府等签订了封闭运营协议，公司对该部分子公司的资金管控权限存在部分限制。

未经董事会批准，公司于2019年4月25日分别从募集资金账户累计转出222.90万元用于支付当期费用，且以往年度使用的部分募集资金未按计划归还。

（2）债务危机发生后，公司治理层和管理层人员变动频繁，多个重要岗位人员缺失，导致公司内部治理存在重大缺陷。

公司7名董事均为2018年10月以后任职，其中4人为2019年新增。

报告期内，公司董事会解聘了技术总监，但未任命接任人员；控股股东法定代表人、董事长兼任公司总经理和董事会秘书职务，导致公司内部治理存在重大缺陷。

（3）公司对个别子公司的管控存在重大缺陷。公司投资持有郑州煤炭工业（集团）杨河煤业有限公司60%股权，并将其纳入合并财务报表范围。公司对该子公司的日常管理存在一定程度的受限，导致公司对该公司的管控存在重大缺陷。

内部控制审计报告（部分）

四、导致否定意见的事项

重大缺陷，是指一项或多项控制缺陷的组合可能导致企业严重偏离控制目标。

（一）财务报告编制相关的内部控制存在重大缺陷

贵公司的格薪源生物质燃料有限公司、双峰县凯迪绿色能源开发有限公司等子公司的财务报表和账套数据存在不相符的情况，岳阳市凯迪绿色能源开发有限公司、隆回县凯迪绿色能源开发有限公司等多个子公司2019年财务数据不完整，公司多项重要的业务未及时处理，财务报表的重要编制程序未执行到位，公司缺少具有编制合并财务报表能力的财务人员。

（二）公司资金管控存在重大缺陷

由于涉及司法诉讼，贵公司238个银行账户已被冻结，部分子公司未能通过正常结算渠道进行资金收付。28家子公司已与债权人、当地政府和开户银行签订了封闭运营协议，公司已对这些子公司的资金管理失去控制权。公司204个银行账户长期存在未达账项，但未执行银行存款余额调节表编制控制程序。未经董事会批准，贵公司2019年4月25日分别从5个募集资金账户累计转出222.90万元用于支付当期费用，2019年5月15日归还。因未履行司法判决，公司2个募集资金账户的399.57万元被法院扣划，8个募集资金账户被法院冻结。截至审计报告日，贵公司用于补充流动资金的募集资金113 121.12万元尚未按计划归还，2017年度未按照要求使用募集资金80.75万元以及募投项目实施主体使用募集资金支付银行借款利息5 689.64万元和支付融资租赁租金1 714.18万元尚未归还，2018年度公司未经审批使用募集资金用于非募投项目40 278.50万元尚未归还。

（三）公司内部治理存在重大缺陷

2019年度，贵公司治理层和管理层人员变动频繁，7名董事均为2018年10月以后任职，其中4人为2019年新增。2019年6月公司董事会解聘了技术总监，但未任命接任人员，关键管理人员缺失。公司多个部门的多个重要岗位人员缺失，报告期内贵公司控股股东法定代表人、董事长兼任贵公司总经理和董事会秘书职务，公司经营的独立性不能合理保障。

（四）对子公司的管控存在重大缺陷

贵公司投资持有郑州煤炭工业（集团）杨河煤业有限公司60%股权，并将其纳入合并财务报表范围。在审计过程中，我们无法判断该公司财务报表的合法性、真实性和公允性，贵公司对该公司的管控存在重大缺陷。

有效的内部控制能够为财务报告及相关信息的真实完整提供合理保证，而上述重大缺陷使贵公司内部控制失去这一功能。

管理层已识别出上述重大缺陷，并将其包含在企业内部控制评价报告中，但未在所有重大方面得到公允反映。在凯迪生态2019年财务报表审计中，我们已经考虑了上述重大缺陷对审计程序的性质、时间安排和范围的影响。本报告并未对我们在2020年9月29日对凯迪生态2019年财务报表出具的审计报告产生影响。

由于存在上述重大缺陷及其对实现控制目标的影响，凯迪生态于2019年12月31日未能按照《企业内部控制基本规范》和相关规定在所有重大方面保持有效的财务报告内部控制。

资料来源：[1] 凯迪生态环境科技股份有限公司董事会.凯迪生态环境科技股份有限公司2019年度内部控制评价报告［EB/OL］.（2020-09-30）［2023-11-14］. https://q.stock.sohu.com/cn,gg,000939,6336789645.shtml. [2] 凯迪生态环境科技股份有限公司董事会.凯迪生态环境科技股份有限公司董事会对否定意见内部控制审计报告涉及事项的专项说明［EB/OL］.（2020-09-30）［2023-11-14］. http://guba-post.eastmoney.com/news,000939,968794545,d.html.

【思考】

请比较分析两份报告中对于内部控制缺陷的披露差异，并指出在什么情况下注册会计师会出具非标准内部控制审计报告。

自测题

第 14 章判断题

第 14 章单项选择题

第 14 章多项选择题

第15章　大数据审计技术与方法

【学习目标】

通过本章的学习，你要：

1. 了解现代信息技术对审计的影响；
2. 理解大数据的概念和特点；
3. 掌握大数据审计的流程和技术方法。

近年来，大数据、云计算、人工智能、物联网等信息技术的发展，推动着数据量呈几何级数增长。据国际权威机构Statista的统计与预测，全球数据量在2019年达到41ZB，2025年将高达175ZB。伴随着2022年OpenAI公司推出聊天机器人程序ChatGPT，人工智能成为互联网大数据挖掘、抓取、解析并存储的有力工具，推动大数据技术进一步向纵深发展。大数据应用已渗透到各行各业，机遇与挑战并存。一方面，大数据可以提高组织的透明度，能迅速发现需求，有利于科学决策，以及创造新的商业模式，从而为组织创造价值；另一方面，大数据对传统的组织模式、决策模式、管理模式提出了挑战，特别是数据泄露、内部滥用、外部侵袭等安全问题日益严峻。

社会的发展推动审计技术和方法的变革。从19世纪英国股份公司的发展促使注册会计师审计产生，催生出账项基础审计，到20世纪经济危机发生，美国颁布《证券交易法》，衍生出制度基础审计，直到当今全球化背景下风险导向审计的主导地位，审计技术和方法总是伴随着科学技术和管理理论的发展，不断地从低级走向高级。大数据技术的高速发展使得审计信息化成为必然。我国政府高度重视审计信息化工作。习近平总书记在中央审计委员会第一次会议上指出，要坚持科技强审，加强审计信息化建设。2013年12月召开的全国审计工作会议指出，积极跟踪国内外大数据分析技术的新进展、新动态，探索在审计实践中运用大数据技术的途径，为推动大数据背景下的审计信息化建设做好准备。2015年8月，国务院发布《促进大数据发展行动纲要》，要求将大数据作为提升政府治理能力的重要手段。同年12月，中共中央办公厅、国务院办公厅印发《关于完善审计制度若干重大问题的框架意见》及相关配套文件，指出创新审计技术是实现审计全覆盖的一个重要手段，要求构建大数据审计工作模式，提高审计能力、质量和效率，扩大审计监督的广度和深度。我国政府在持续推进大数据审计的同时，也积极参与大数据审计的国际交流与合作。在中国审计署的倡导下，世界审计组织大数据审计工作组于2016年12月成立。

2022年，世界审计组织大数据审计工作组正式发布由中国审计署作为工作组主席主导编写的审计指南和研究报告，进一步推动世界各国审计机关运用数据分析等前沿技术开展高质量审计工作。此外，在审计实践领域，我国政府对大数据审计进行了积极的探索，特别是在医疗保险基金审计、金融审计、经济责任审计、政策跟踪审计等大型审计活动中成功运用了大数据技术，积累了宝贵的经验。在此背景下，分析信息技术对审计的影响、探索大数据技术在审计中的应用具有重大的理论和应用价值。

15.1　现代信息技术对审计的影响

以电子计算机的发明和应用为主要标志的第三次工业革命，极大地推动了信息技术的发展，引发了诸多领域的信息技术革命。近年来，随着大数据、人工智能、移动互联网、云计算等技术的问世，以数据为载体的信息呈爆炸性增长态势。现代信息技术不仅改变了传统数据采集、处理和应用方法，还推动了人类工作和思维方式的变革。大数据时代的经济学、政治学、社会学等许多科学门类都将发生巨大甚至是颠覆性的变化，进而影响人类价值体系、知识体系以及工作和生活方式，审计也不例外。在现代信息技术环境下，无论是审计思维、审计组织流程、审计技术方法，还是审计方式、审计成果应用以及审计人才与行业发展，都在发生深刻的变化。

15.1.1　审计思维

传统审计工作遵循既定的逻辑和思维方式，如通过样本推断总体、追求数据的精度、注重因果分析等。这些逻辑和思维方式决定了审计工作的方法和流程。然而在大数据时代，数据处理技术已经发生了翻天覆地的变化，传统审计思维也受到挑战。

1.总体优于抽样

19世纪初，英国注册会计师主要采用对会计账目进行逐笔加计、汇总以及重新计算等详细审计方法来查错防弊。随着公司规模越来越大，业务越来越多，业务的复杂程度越来越高，详细审计已不适应审计工作的需求，审计抽样应运而生。这是在数据获得受限和成本约束情况下的次优选择。在大数据时代，数据的收集、分类、挖掘以及分析技术突飞猛进，审计人员能够全面实施审计程序，有效规避由于审计抽样带来的风险。在可以预见的将来，随着大数据技术的不断发展、数据处理能力的不断提升，总体优于抽样的思维将深入人心，审计证据的获取将不再单纯依赖抽样调查和实证数据分析，传统的审计抽样势必被大数据分析所取代。

2.效率优于精确

在传统的审计抽样中，由于信息缺乏以及测量事物的能力有限，审计师只能通过抽样对总体进行模拟。对于“小数据”而言，最基本、最重要的要求就是减少错误，保证质量。“小数据”的有限性意味着细微的错误会被放大，甚至有可能影响整个结果的准确性。因此，审计师非常关注数据的精确性。在大数据时代，追求精确度既无必要也无可能，允许不精确已经成为新的趋势。由于放宽了容错标准，审计师掌握的数据也多了起来，甚至可以利用这些数据做更多的新事情。科学家的实验证明，相比传统“小数据”的复杂算法，大数据的简单算法更为有效。利用大数据，审计师无须对一个事物的现象进行深究，只需掌握其宏观趋势，并保证数据的及时性、使用效率及获取数据的便捷性。相对于依赖“小数据”和精确性的时代，大数据更强调数据的完整性和混杂性，这可以帮助审计师进一步认识事物的全貌，进而接近事实真相。

3.相关性优于因果性

相关性是回答“是什么”的问题，因果性则是回答“为什么”的问题。长期以来，寻找因果关系进而寻求现象背后的原因已经成为审计师的职业习惯。然而，在大数据时代，寻找海量数据的因果关系变得越来越困难。不仅如此，因果性对于审计师来说已经不那么重要，至少不是最重要的。换句话说，审计师无须知道现象背后的原因，相关性却变得越来越重要。相关性的核心是量化两个数据之间的数理关系。大数据的相关性分析更准确、更快，而且不易受审计师个人偏见的影响。建立在相关性分析基础上的预测是大数据的核心。审计师可以通过寻求审计对象强的相关关系，评价现在和预测未来，进而取得对审计对象宏观和整体的认识。

15.1.2 审计组织流程

审计组织方式是指审计主体组织进行审计的行为方式。以政府审计为例，在政府审计部门内部机构设置上，采取的是将从事相似活动的人组织在一起，形成财政、金融、企业、投资、外资、行政等审计部门的职能型结构；在审计项目中，大多也沿用了这种组织结构，即由某个审计业务部门具体组织某一项目的实施。经济社会的不断发展、审计业务的创新对审计组织方式提出了更高的要求，特别是在大数据审计背景下，这种业务组织模式职能孤立、协调困难的特点使其越来越不适应国家大型审计项目的要求。

《“十三五”国家审计工作发展规划》要求，加强审计管理，优化审计资源配置，推进跨层级、跨专业、跨区域审计资源的优化配置；加强各级审计机关、不同类型审计项目的统筹融合和相互衔接，建立审计成果和信息共享机制。《“十四五”国家审计工作发展规划》进一步要求创新审计组织方式，根据审计项目性质，综合运用上审下、交叉审、同级审等审计组织方式，对涉及全国的大项目，统一调度兵力打好决战；对急难险重的任务，集中优势兵力打好歼灭战；对党中央临时交办、时效性强的任务，快速集合兵力打好闪击战；对历史遗留问题和体制机制问题，善于坚守阵地，打好持久战，不断提高审计工作质量和效率。这就要求各级审计机关打破原有的审计组织模式，形成扁平化、矩阵式的组织结构，围绕审计项目优化整合资源，共享人才、技术、信息和审计成果。特别是在专业性较强的审计项目中，如果面临跨专业问题，依靠自身力量无法解决，如医疗保险基金审计面临专家支持不足的问题，审计机关要探索向社会购买部分审计服务的路径，如外聘专家和审计服务外包，形成与内部审计机构及社会审计组织协同审计的模式，从而弥补政府审计在知识结构方面的不足。再比如，在自然资源资产离任审计中，审计工作不再是审计一个部门能够完成的工作，而是需要审计、农林、国土、大气、矿产、水资源、统计等多个部门有效协同。在大数据审计环境下，数据分析师等专业人员先进行数据挖掘、采集、预处理、分类以及分析工作，形成大数据包；然后，审计师对这些数据实施审计程序。因此，推进多部门有效协同、联席办公是大数据审计需要探索的问题。

15.1.3 审计技术方法

审计技术方法是指审计人员检查和分析审计对象，收集审计证据，并对照审计依据或标准进行评价，从而形成审计结论和意见的各种专门技术手段的总称。在传统审计环境下，相对成熟的审计技术方法有检查、观察、询问、函证、重新计算、重新执行以及分析程序等。在现代信息技术环境下，传统审计技术方法仍将发挥作用，但新的审计技术将成为审计师更有力的工具。这些新技术与传统审计技术共同组成更加完备的技术方法体系。当前，与审计行业相关的大数据技术主要有以下三类：

1.大数据智能分析技术

作为大数据分析领域的研究主流，大数据智能分析技术以各种高性能处理算法、智能搜索与挖掘算法等为主要研究内容。该类技术从计算机的视角出发，强调计算机的计算能力和人工智能，如各类面向大数据的机器学习和数据挖掘方法等。该类技术具体包括自然语言处理技术、社会网络分析技术、图形数据库技术等。

2.大数据可视化分析技术

该类技术是从人作为分析主体和需求主体的视角出发，强调基于人机交互的、符合人的认知规律的分析方法。其目的是将人所具备的、机器并不擅长的认知能力融入数据分析过程中。该类技术具体包括标签云分析、散点图分析、条形图分析、折线图分析、直方图分析、气泡图分析、小提琴图分析、热力图分析等。

3.大数据多数据源综合分析技术

该类技术对采集的各行各业各类大数据，采用数据查询等常用方法或其他大数据技术方法进行相关数据的综合比对和关联分析，以发现更多隐藏的审计线索。

15.1.4 审计方式

审计方式是指审计主体进行审计的行为方式。在传统审计中，由于审计资源有限，审计人员往往在被审计单位业务完成后进行事后审计，在审计过程中主要采用抽样方式获取审计证据，并不对总体实施审计。这种事后审计方式难以满足审计信息及时性的要求，审计抽样也会产生抽样风险。随着经济社会的不断发展，审计结果使用者对审计信息的要求越来越高。大数据技术使得持续审计成为可能。特别是信息技术与大数据、云计算技术的交叉融合，使得对业务数据和风险控制的“实时性”要求较高的行业实施持续审计成为可能。例如，在对银行等金融机构的审计中，审计组织与银行建立业务和数据系统的对接，形成一个持续审计系统。通过该系统，审计人员可以实施分析，监控银行的业务数据和风险趋势，并对出现的异常情况进行预警。一旦发现重要的异常情况，审计人员可实时进行工作底稿的登记，并指派现场审计人员进一步核实。

15.1.5 审计成果应用

一般来说，审计主题包括财务信息、业务信息、特定行为以及特定制度。基于这四类主题，分别形成了财务审计、绩效审计、合规性审计以及制度审计。财务审计仍是当前我国审计的主流。以财务审计为例，审计人员接受委托，对被审计单位的财务报告进行审计并出具审计报告。传统的审计报告的格式固定，内容较单一，提供的信息含量较少，不能完全满足预期使用者日益增长的信息需求。随着大数据技术在审计中的广泛运用，审计人员除了提供法定的审计报告外，还可以进行大数据审计分析，形成“增值性”的审计成果，从而提高被审计单位的经营管理水平。

首先，大数据审计对被审计单位的海量数据进行收集、挖掘、分类、分析，可以发现数据的长期趋势、内在规律以及突出问题。让数据说话，用数据分析，凭数据决策，可以有效改变被审计单位决策的主观性和随意性，提高经营管理水平。

其次，大数据审计突破了传统审计的财务维度，从多维度、多层面对数据进行挖掘和分析，有效提升了审计成果的应用价值。

再次，大数据审计改变了传统审计事后评价的单一职能，通过数据分析对被审计单位的未来发展趋势进行模拟和预测，可以有效发挥其预警和控制功能。

最后，大数据审计成果具有长期使用的价值，可以减少后续审计的时间和工作量，提高审计工作的效率。

15.1.6 审计人才与行业发展

在传统审计环境下，审计从业人员的学历结构、知识结构、能力结构较为单一。随着以大数据为代表的信息技术的迅猛发展，审计工作对从业人员提出了更高的要求。大数据环境下的审计师不仅是财务专家，还应该是熟练掌握数学、统计学、计算机技术、人工智能等先进技术的专门人才。大数据审计对数据分析和预测能力的要求，促使传统审计师向数据分析师转变。在未来的审计工作中，可以预见的是，数据分析师恪守职业道德，娴熟运用分析和预测工具处理海量数据；与此同时，数据分析师精通运算规则、统计方法，对数据挖掘、采集及分析过程了然于胸。

审计人才的发展推动着审计行业的变革。大数据环境下的审计行业，可能会突破当前的专业壁垒，“跨界”特征将越来越明显。在以大数据为代表的信息技术的推动下，传统审计行业将与信息技术深度融合，审计价值的进一步提升将对行业重新定位，也必将带来行业布局的深刻变化。

15.2 大数据技术概述

随着科技、经济、社会的发展，全球每天产生海量的数据，传统技术手段已经不足以处理数据的采集、存储、操作、管理、分析和可视化工作，大数据技术应运而生。大数据技术是继物联网之后信息产业又一次颠覆性的技术变革。大数据的研究与应用已经成为国内外的热点问题。

15.2.1 大数据的概念

大数据研究最早可以追溯到20世纪80年代，未来学家阿尔文·托夫勒在其所著的《第三次浪潮》一书中，将大数据称为“第三次浪潮的华彩乐章”。此后许多研究机构和学者对大数据的概念进行了研究。世界著名咨询机构麦肯锡将大数据定义为：大数据是指大小超出常规数据库工具获取、存储、管理和分析能力的数据集。研究机构Gartner则给出了这样的定义：大数据是指无法在一定时间范围内用常规软件工具进行捕捉、管理和处理的数据集合，是需要在新处理模式下才能具有更强的决策力、洞察发现力和流程优化能力的海量、高增长率和多样化的信息资产。维克托·迈尔·舍恩伯格和肯尼斯·库克耶在其合著的《大数据时代》一书中指出，大数据不用随机分析法（抽样调查）这样的捷径，而采用所有数据（全样本）进行分析处理。

15.2.2　大数据的特点

大数据的概念多种多样，但人们对其特点已达成基本共识。IBM公司提出大数据具有如下主要特点：

（1）大量：是指数据量大，非结构化数据具有超大规模，其增长比结构化数据增长快10~50倍。

（2）高速：是指数据量增长速度快，且大数据要实时分析，处理速度要快。

（3）多样性：是指大数据形式多样，具有多种不同形式，如文本、图像、视频、机器数据等。

（4）真实性：是指数据必须是准确的、可靠的、一致的，具有可追溯性。

（5）低价值密度：是指合理运用大数据，以低成本创造高价值。

此外，IBM公司提出大数据还应具备可变性、复杂性等特点。国际内部审计师协会在2017年发布《全球技术审计指引：了解和审计大数据》（Global Technology Audit Guide: Understanding and Auditing Big Data），将可视化也作为大数据的一个重要特点。

15.2.3　大数据处理流程

大数据处理流程是指在合适工具的辅助下，对不同结构的数据源进行抽取和集成，进而按照一定的标准统一存储，并利用数据分析技术对存储的数据进行分析，从中提取有益的知识并利用适当的方式将结果展示给终端用户的过程。大数据处理流程主要可分为以下三个过程：

1.数据抽取与集成

大数据处理流程的第一步，是对不同来源的数据进行抽取和集成，从中找出关系和实体，经过关联、聚合等操作，再按照统一格式对数据进行存储。

2.大数据分析

大数据分析是指对海量数据进行分析，是大数据处理流程的核心步骤。通过抽取和集成环节，从不同结构的数据源中获得用于大数据处理的原始数据，根据需求对大数据进行分析处理，如数据挖掘、机器学习、数据统计、数据分析等。

3.数据可视化

数据可视化是借助图形化手段，清晰有效地传达与沟通信息。其基本思想是将数据库中的单个数据作为单个图元元素表示，大量数据集合构成数据图像；与此同时，将数据的属性值以多维数据的形式表示，以便从不同维度观察数据，从而将处理结果以图形方式直观地呈现给用户。大数据处理流程图如图15-1所示。

图15-1　大数据处理流程图

15.2.4 大数据关键技术

大数据技术是指对各种类型的数据进行处理以获取有价值信息的技术。一般而言，大数据处理关键技术可分为感知和采集、存储和处理、数据分析、可视化等。

1.感知和采集

大数据的来源多种多样，既有来自自然界的大数据，也有来自生命和生物的大数据，还有来自社交媒体的大数据。在大数据、人工智能、移动互联网、云计算技术迅猛发展的今天，产生了大量结构化、半结构化甚至是非结构化的数据。传感器、移动互联网终端（手机等）、物联网（RFID射频等）已成为感知和采集大数据的主要手段。

2.存储和处理

大数据存储和处理是应用最为广泛的共性基础技术。当前，大数据存储和处理技术呈现平台化、系统化的发展趋势，涌现出了诸如Apache Hadoop系列开源平台，产生了系统性的存储和处理技术，包括基础支撑性功能、分布式文件系统、编程模型和框架、分布式应用程序协调服务、分布式数据收集和分析等。通过这些技术，可以实现大数据的存储、管理和调用。

3.数据分析

数据分析是大数据技术的核心，是通过数据获取有价值信息的关键，是让数据说话的过程。通过数据分析，可以从杂乱无章的海量数据中提取不为人知的量化的、精准的、直观的规律和结果，为人们科学决策提供依据。当前主要的数据分析技术包括数据挖掘、统计分析、自然语言处理、机器学习等。

4.可视化

可视化是为了增强人的感知，运用计算机图形学和图像处理技术，将数据转换为图形或图像，并进行交互处理的技术。一般来说，图形或图像更接近人类自然感知，也更容易为人们所理解和接受。可视化技术就是通过这种可视化的表达，帮助人们更直观地发现数据中的规律和结果。

15.2.5 大数据的应用领域

随着经济社会的发展，大数据在各个领域得到了日益广泛和深入的应用。当前，我国将大数据重点应用于商业智能、政府决策、公共服务等领域，如电子商务、金融保险、医疗、农林牧渔、社会安全和执法、科学计算、社交媒体、移动数据、物联网、多媒体、社会数据、网页搜索、呼叫记录、天文、大气、基因工程、生物工程、军事学等。大数据技术的高速发展对各行各业提出了更高的要求。

15.3 大数据技术在审计中的应用

大数据技术在我国各行各业的应用方兴未艾，但就审计行业而言，大数据技术的应用还处于探索阶段。我国政府高度重视审计信息化工作，早在2013年12月，审计署就在全国审计工作会议上对大数据审计进行了规划和部署。如前所述，政府审计机关已经在医疗保险基金审计、经济责任审计、扶贫审计、金融审计、大气污染审计等大型审计活动中成功运用大数据技术，取得了宝贵的经验。下面介绍几种大数据技术在审计中的应用。

15.3.1 数据可视化技术在审计中的应用

1.数据可视化技术简介

数据可视化是关于数据视觉表现形式的科学技术，主要借助图形化手段，清晰有效地传达与沟通信息。换句话说，数据可视化通过图形化手段，将复杂的数据模型表达出来，从而清晰有效地表达数据中的信息，最后将数据的规律传达给用户。

数据可视化主要有两大功能：一是将分析结果更加清晰地展现出来；二是将数据有效组织起来，有利于提出新的猜想，或引导下一步活动走向。为了实现上述功能，通常采用直方图、条形图与饼状图、散点图与折线图、时间序列图、关系图、热图、地图、词云、三维图等技术。当前，数据可视化技术的内涵和外延已经发生了显著变化，逐渐由单纯的展现过渡到报表、分析和展现为一体的综合性技术。

2.大数据审计环境下可视化技术的应用原理

在审计实务中，利用大数据技术采集的海量数据，无论是数据的规模还是类型，都给传统的审计数据分析带来挑战，而数据可视化技术很好地解决了这一问题。该技术可以帮助审计人员探索、分析以及解释海量数据，并利用直方图、条形图等形式直观展现，审计人员可以通过人机交互界面完成审计分析。一般来说，大数据审计环境下可视化技术的应用流程是：首先，将海量数据形成数据库；其次，对数据库中每一个数据项用单个图元元素表示；再次，审计人员利用自己的专业知识，通过视觉系统对可视化图形、图像进行观察、认知和分析；最后，从总体获取被审计数据的特征。大数据环境下可视化技术应用流程图如图15-2所示。

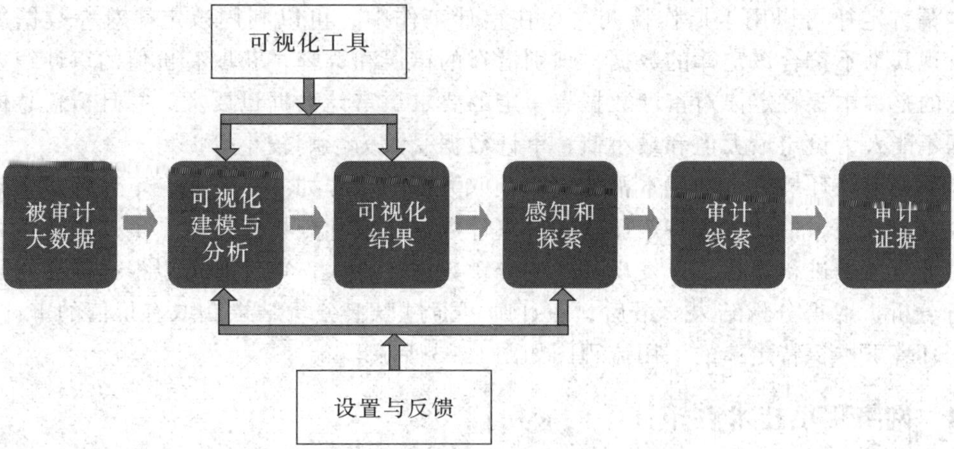

图15-2 大数据环境下可视化技术应用流程图

15.3.2 模糊匹配技术在审计中的应用

1.模糊匹配技术简介

模糊匹配技术目前并没有形成一致的定义。一般认为，模糊匹配是与模糊搜索相伴而生的一个概念。当用户输入关键词的同义词进行模糊检索时，会得到较多的检索结果，这一过程的实现就是模糊匹配。模糊检索就是同义词检索，当搜索目标不是很明确时，使用模糊检索是一种较好的策略。当前，模糊匹配技术已经形成了广泛的应用市场。

2. 大数据环境下模糊匹配技术的应用原理

通过大数据技术采集的海量数据中，可能存在一些相似、重复的数据，这些数据可能就是审计师要查找的可疑数据。对这些可疑数据进行排查是审计中的一项重要工作。在传统审计环境下，审计师只能通过SQL（结构化查询语言）进行精准匹配，无法实现模糊搜索。发展模糊匹配技术应该是大数据审计未来的一个方向。

一般来说，大数据环境下模糊匹配技术的应用流程如下：（1）审计师选取模糊匹配字段。字段的选取需要审计师运用职业判断对数据进行分析，确定需要进行比较的字段。（2）进行模糊匹配。审计师确定了模糊匹配字段后，执行检索任务，一般会得到多个检索结果。此时，审计师可以运用不同的方法对字符型字段、布尔型字段以及数值型字段进行相似度检测。如果检测出相似重复数据，即可认定为可疑数据。（3）确认模糊匹配结果。审计师进行模糊匹配并进行相似度检测后，可能会得到多组相似的可疑数据，审计师需要对可疑数据进行分析，最终获得审计证据。

15.3.3 本福特定律在审计中的应用

1. 本福特定律简介

本福特定律的基本原理是：一组从实际生活得出的数据中，以1为首位数字的数出现的概率约为总数的三成，接近其期望值1/9的3倍。将这一发现推广开来就是：越大的数，以它为首位数字甚至是首几位数字出现的概率就越低。这一定律后来用于股票市场分析和欺诈检测。

2. 大数据审计环境下本福特定律的应用原理

本福特定律可以用于欺诈检测，如在审计工作中，可以利用该定律对大数据进行分析，发现其中不符合该定律的数据，识别潜在的错误和舞弊，获取有价值的审计线索。需要注意的是，本福特定律对审计数据有一定的要求：审计数据量要大，并且覆盖总体；审计数据不能人为设定最大值和最小值；审计数据受人为影响较小等。

大数据审计环境下，应用本福特定律获取数据的流程如下：首先，审计师对大数据进行集成和预处理，借助本福特定律软件对审计数据建模和分析。其次，审计师通过可视化手段对分析结果进行观察，以发现其中的异常数据。再次，审计师可以根据需要对异常数据进行分析，取得分析结果。最后，审计师可通过以上分析结果获取有价值的审计线索。大数据环境下本福特定律的应用流程图如图15-3所示。

15.3.4 网络爬虫技术在审计中的应用

1. 网络爬虫技术简介

网络爬虫又称网页蜘蛛、网络机器人，是一种按照一定的规则，自动抓取网络信息的程序或者脚本。如何有效提取并应用网络信息是一个巨大的挑战，传统的搜索引擎已不能满足用户日益增长的需求，网络爬虫技术应运而生。

网络爬虫分传统爬虫和聚焦爬虫两种。传统爬虫从初始网页的URL开始，在抓取网页的过程中，不断从当前页面上抽取新的URL放入队列，直到满足系统的停止条件。聚焦

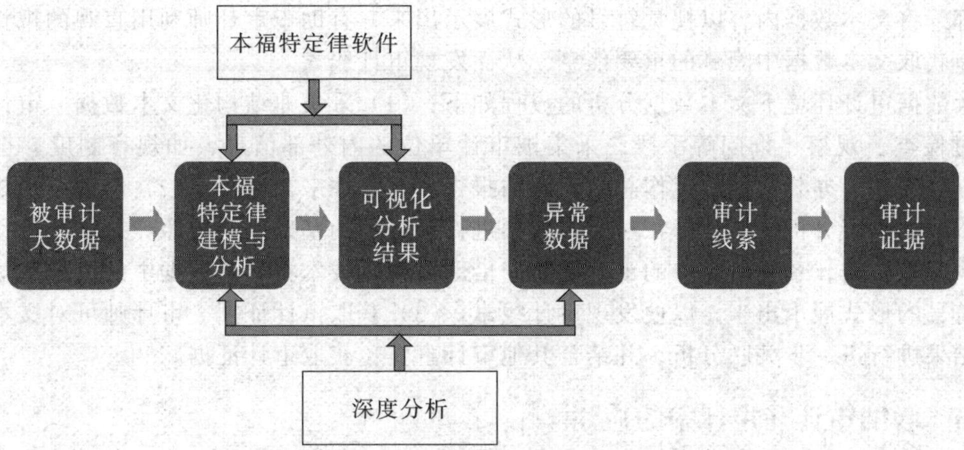

图15-3　大数据环境下本福特定律的应用流程图

爬虫则是根据一定的网页分析算法过滤与主题无关的链接，保留有用的链接并放入等待抓取的URL队列中；然后根据搜索策略选择下一个要抓取网页的URL，并不断重复上述过程，直到达到停止条件。

2.大数据审计环境下网络爬虫技术的应用原理

在大数据审计环境下，利用网络爬虫技术获取数据的流程如下：（1）确定抓取目的，即确定抓取目标网站上的哪些网页上的哪些数据。（2）分析页面结构，即利用相关技术对目标网页进行分析。（3）利用网络爬虫技术，实施对目标数据的抓取。（4）数据分析。审计师可通过可视化分析结果，快速从被审计大数据中发现异常数据，以获取审计线索。另外，审计师还可以对异常数据进行深入分析，获取更多审计证据。

15.3.5　文本数据分析在审计中的应用

1.文本数据分析简介

文本数据分析是指对文本的表示及其特征项的选取，是将非结构化文本数据转换为有意义的数据进行分析的过程，用以度量客户意见、产品评论、反馈，提供搜索工具、情感分析和实体建模，以及支持基于事实的决策制定。文本数据分析从文中抽取特征词进行量化来表示文本信息，并将它们从一个无结构的原始文本转化为结构化的计算机可以识别、处理的信息，即对文本进行科学的抽象，建立数学模型，用以描述和代替文本，从而使计算机能够通过计算来实现对文本的识别。文本数据分析借助多种语言、统计和机器学习技术，从非结构化数据中搜索信息，对输入文本进行结构化以得出模式和趋势，并对输出数据进行评估和解释。

一般来说，特征项选取的方法有四种：（1）用映射或变换的方法将原始特征变换为新特征；（2）从原始特征中挑选出一些最具代表性的特征；（3）根据专家的知识挑选最有影响力的特征；（4）运用数学方法挑选，找出最具分类信息的特征，好处就是人为干扰因素较少，适合文本自动分类挖掘系统。

2.大数据审计环境下文本数据分析的应用原理

在大数据审计环境下，审计师无法使用传统方法对大量的非结构化数据进行分析，文本数据分析技术应运而生。文本数据分析借助可视化分析技术，如TF-IDF技术、标签云技术等，将文本数据内容以视觉符号的形式展示出来，有助于审计师利用直观的视觉感知来快速获取文本数据中隐藏的重要信息，从而发现审计线索。

大数据审计环境下文本数据分析的流程如下：（1）采集非结构化文本数据。审计师可以通过检查、观察、询问等手段，采集被审计单位的内外部信息，如规章制度、会议纪要、办公通知、办公文件、工作总结、评估报告、客户往来文件等。（2）借助可视化技术对文本数据进行分析。审计师在对文本数据进行预处理的基础上，按照“总体分析，发现疑点，分散核查，系统研究”的审计思路，借助可视化技术将文本数据中的内容和规律以视觉符号的形式展示出来，以便发现审计线索。（3）获取审计证据。审计师可对文本数据分析结果进行进一步关联分析，并结合其他审计事实，获取审计证据。

15.3.6 联网审计在审计中的应用

1.联网审计简介

联网审计是指审计机关与被审计单位进行网络互连后，在对被审计单位财政财务管理相关信息系统进行测评和高效率的数据采集与分析的基础上，对被审计单位财政财务收支的真实、合法、效益进行实时、远程检查监督的行为，是一种全新的审计理念与审计模式。

一般来说，联网审计包括以下流程：（1）数据采集。当前主要通过“数据采集前置机”服务器完成联网审计电子数据采集。（2）数据传输。电子数据采集完成之后，需要通过网络传输到审计单位，以备审计分析。（3）数据存储。这是指审计机关采用一定的方式对电子数据进行存储。（4）数据分析。这主要是指审计师采用一定的方法对电子数据进行分析，以识别异常数据，发现审计线索。

与传统审计方式相比，联网审计具有突出的优势，主要表现在以下三个方面：（1）高效。联网审计的特点是全自动、高效率的数据采集、数据转换和数据分析功能，就像“网上审计师”，具备定期采集数据、集中存储和自动转换数据的功能。（2）远程。由于审计机关与被审计单位进行了网络互连，审计师就可以通过网络访问被审计单位的数据库，打破了传统审计空间的限制。不仅如此，审计师还可以跨年度审计，从而打破了审计时间的限制。（3）多维。联网审计可借助多种技术手段对电子数据进行在线、实时查询、筛选以及分析，可满足多维审计目标，为将来扩展审计功能提供了技术保障。

2.大数据环境下联网审计数据分析方法

联网审计作为一种全新的审计模式，突破了审计时间、空间以及方式的限制，同时，它也存在一定的风险，特别是当审计师采用的数据分析方法较为单一时，就可能无法识别数据中存在的问题，从而造成审计风险。

一般来说，联网审计通常采用下列方法进行数据分析：（1）对采集的电子数据进行非现场总体分析。审计师通过对采集的电子数据进行非现场总体分析，可以发现显著特征和规律，识别审计线索，为后续的现场审计提供有针对性的准备和支持。（2）提供远程数据查询和分析服务。联网审计的优势是远程和高效，在实际工作中，联网审计数据中心可以为审计人员开放权限，以便现场审计人员能及时访问审计数据中心，实时查询和分析，完成审计工作。需要指出的是，远程查询和分析功能存在一定的风险，为控制风险，审计机关在开放相关数据时，需要根据实际工作需要，切忌“一刀切”；另外，审计机关要严把开放权限，做好保密和安全教育。

本章小结

社会的发展推动审计技术和方法的变革，特别是在以大数据为代表的现代信息技术环境下，无论是审计思维、审计组织流程、审计技术方法，还是审计方式、审计成果应用以及审计人才与行业发展，都在发生深刻的变化。在这一背景下，本章对大数据技术的概念、特点、处理流程、关键技术以及应用领域进行了简要介绍。在此基础上，进一步探讨了大数据技术在审计中的应用，重点介绍了数据可视化技术、模糊匹配技术、本福特定律、网络爬虫技术、文本数据分析技术、联网审计等技术在审计工作中的应用。总的来说，大数据技术在审计中的应用尚处于探索阶段，研究大数据审计方法，对于推动审计技术方法的创新意义重大，势在必行。

思政园地

加快行业信息化建设 赋能行业高质量发展

2021年4月8日，中注协发布《注册会计师行业信息化建设规划（2021—2025年）》（以下简称《信息化规划》）。《信息化规划》共分七个部分，在回顾“十三五”时期行业信息化发展现状的基础上，分析了行业信息化发展面临的形势，指出存在的不足，提出了“十四五”时期行业信息化建设的指导思想、基本原则、2035年远景目标和未来五年主要目标，明确了四个方面的十八项任务，并就保障规划的实施提出要求。

《信息化规划》明确提出了“十四五”时期行业信息化建设的指导思想，即：坚持以习近平新时代中国特色社会主义思想为指导，全面贯彻国家信息化发展战略、网络强国战略、数字中国战略，以行业服务国家建设为主题，以行业诚信建设为主线，统筹推进“会计师事务所信息化、行业管理服务信息化、协会办公信息化”总体布局，协调推进“标准化、数字化、网络化、智能化”战略布局，坚定不移贯彻新发展理念，以创新融合为根本动力，以赋能行业高质量发展为根本目的，统筹信息化发展和安全，加快“三个领域”的信息系统建设，推进行业信息化跨越式发展，行业信息化达到国际水平。

《信息化规划》提出了“十四五”时期必须坚持的五项基本原则，即：坚持对接网络强国战略、坚持服务行业高质量发展、坚持安全与发展并重、坚持创新融合、坚持问题导向。

《信息化规划》明确了“十四五”时期行业信息化建设的四大目标——信息化基础达到新水平，数据分析应用能力得到新提高，行业管理服务与协会办公信息化取得新进展，会计师事务所信息化实现新突破。此外，为做好“十四五”时期行业信息化建设规划与长远展望相衔接，还首次提出了2035年远景目标，即到2035年，数字技术在行业广泛应用，成为行业高质量发展的有力支撑；行业数字产业初具规模，成为行业服务的新兴业态；标准化、数字化、网络化、智能化水平大幅提升，基本实现行业数字化转型，基本实现网络强注会目标。

《信息化规划》围绕“会计师事务所信息化、行业管理服务信息化、协会办公信息化”总体布局和“标准化、数字化、网络化、智能化”战略布局，从加快信息化基础研究与建设、全面提高数据支撑服务能力、深入推进行业管理服务与协会办公信息化建设和大力加强会计师事务所信息化建设四个方面，明确了十八项信息化建设任务，即：打造先进系统技术架构、推动构建行业数据标准体系、强化网络安全建设、丰富行业知识库建设、布局行业数据中心建设、深化大数据分析应用、推动开展数据治理、优化行业管理信息系统、完善行业诚信信息监控体系、完成注协机关协同办公系统建设、促进各级各类信息系统互联、完善信息化相关制度、升级大型会计师事务所审计作业系统、强化总分所一体化综合管理系统建设、普及中小型会计师事务所信息化产品应用、推动实现函证数字化、探索研究现代信息技术的融合应用和丰富信息化实现路径。

资料来源：中国注册会计师协会. 中注协发布《注册会计师行业信息化建设规划（2021—2025年）》[EB/OL].（2021-04-08）[2023-11-14]. http://www.cicpa.org.cn/xxfb/news/202104/t20210408_56091.html.

拓展阅读资料

苏宁易购自2009年起开始推进转型创新，运用互联网技术再造业务流程、组织体系，建立起覆盖全客群、全渠道、全品类的运营能力，成为主流零售行业中唯一具备线上线下双向销售及服务能力的企业。在快速发展背景下，CFO任峻对内审团队提出要借助大数据手段来提升审计效率与效果。从2015年年末开始至2018年，大数据审计探索在增加价值和改善组织运营上取得了明显成效，在集团防范风险方面发挥越来越大的作用。

业务在线和数据处理的集中化与自动化是苏宁易购大数据审计实施的先决条件和基础。苏宁易购自成立之日起就很重视信息化建设，且有强大的信息系统自研团队，从最初的金力ERP，到2006年的POS+SAP、2009年的线上WCS（线上电商交易平台）+线下POS+后端SAP，再到2012年的多终端前台+融合的中后台，使系统能够灵活支持业务的快速发展。这样的优势使其业务虽然遍布全球，但总部可以通过在线的业务来获得数据和利用数据，数据也贯穿了整个业务流程。此外，苏宁易购所建设的数据中台可使不同业务系统的数据集中化、自动化处理。苏宁易购业务全域数据的采集、存储、计算均可在此平台上完成，通过相应组件进行数据运算，运算后的结果数据会同步到风控平台。

苏宁易购大数据审计实践经历了销售订单持续监控试点、核心业务订单持续监控全面覆盖、风险监控与预警平台、审计机器人四个阶段。

1.销售订单持续监控试点

销售业务是苏宁易购最重视的业务域，也是核心业务，所以大数据审计决定从销售订单的持续监控开始试点。

第一步，梳理销售订单监控规则。首先，明确销售订单的监控目标；其次，结合目标梳理整个销售订单流程可能存在的风险，以及这些风险对应的订单异常数据，如价格异常、团购异常、券异常、虚假销售、积分异常、促销品异常、佣金/提成异常、退换货异常、串码开票、占单/倒卖、定金发货等，明确对这些异常的监控规则或规则组合；再次，明确这些订单中的角色，如客户、采购人员、运营人员、财务人员、客服人员、店长、促销员、营业员、仓管员、快递员、供应商、承运商、商户等；最后，明确数据与角色的关系，可以得到异常行为数据指向的角色。

第二步，将销售订单监控规则在系统中实施。向IT方提交需求，立项、建设、测试、验收、上线，实现对所有销售订单的T+1异常数据监控。

第三步，建立对销售持续监控的工作流程与机制。内审团队对异常数据进行核查，分析原因，明确责任，推进问题整改与问责。与传统的审计方式相比，这种方式极大提升了效率与效果。

2.核心业务订单持续监控全面覆盖

在销售订单持续监控取得较好成效的基础上，苏宁易购逐步推进了采购订单、返利费用订单、物流订单、售后订单、广告订单、库存、开发、非经营性物资招采等业务的持续监控，均取得了较好的成效。在后续的持续监控中，对一部分业务实现了实时监控，数据挖掘也更深入了，引进了算法对异常进行监控。

3.风险监控与预警平台

2017年，内审团队结合苏宁易购风险管理的实际情况，建设了统一的风险监控与预警平台。该平台涵盖事前、事中、事后风险管控。一是为各道防线的用户提供数据化、信息化的风险管理手段与工具；二是围绕风险闭环管理，通过对风险数据的展示、异常的实时监控、异常数据的实时预警、问题的实时推送整改等，实现对风险及时、动态、高效管理。

4.审计机器人

2018年，在持续监控较为成熟的基础上，苏宁易购推进自动化流程，进一步提升审计效率与效果。苏宁易购进行审计机器人试点，试点成熟后系统将实现7×24小时不间断自动监控和检查，以适应互联网环境下业务快速变化的风险管控需要。具体的工作流程如下：审计机器人自动根据侦测规则识别异常数据→审计机器人自动进行异常数据分析及评估→审计机器人根据风险级别及阈值设定派发任务单→总部运营及各财务/业务管理人员对异常情况进行核查及问题反馈→内审团队进行责任追究及推进问题整改→内审团队定期开展内控管理评价→内审团队对侦测规则进行完善，提升审计机器人的工作效率。

资料来源：杨芳. 苏宁易购集团大数据审计实践探讨［J］. 企业改革与管理，2018（19）：56-57.

【思考】

1.在集团内部审计中，实施大数据审计技术应具备哪些条件？

2.大数据审计与传统审计在审计流程和方法上有哪些不同？

自测题

第15章判断题

第15章单项选择题

第15章多项选择题

主要参考文献

[1] 庄飞鹏，郝睿，左迪，等.关键审计事项持续披露信息研究——基于新审计报告实施以来沪深两市数据统计［J］. 新会计，2022（12）：33-38.

[2] 刘明辉，史德刚. 审计［M］. 8版. 大连：东北财经大学出版社，2022.

[3] 张玉秋. 关键审计事项披露对审计质量影响分析［J］. 经济研究导刊，2020（11）：150-151；171.

[4] 袁敏. 康美药业货币资金审计问题反思［J］. 中国注册会计师，2020（8）：63-68.

[5] 王彪华. 大数据审计理论与实践研讨会综述［J］. 审计研究，2020（2）：52-56.

[6] 何秀芝，李朝旗，丁志. 开源GIS软件和空间数据库在资源环境审计中的应用路径［J］. 审计研究，2020（2）：22-28.

[7] 刘芯伊，赛金英. 新审计报告准则下关键审计事项披露——基于国际“四大”事务所审计报告的分析［J］. 商业会计，2020（2）：25-31.

[8] 审计署昆明特派办理论研究会课题组. 新时代大数据审计实践研究——以医疗保障基金审计为例［J］. 审计研究，2020（2）：7-13.

[9] 审计署上海特派办理论研究会课题组. 大数据技术在国家重大政策措施落实情况跟踪审计中的应用研究［J］. 审计研究，2020（2）：14-21；56.

[10] 袁野. 推进新时代大数据审计工作的思考［J］. 审计研究，2020（1）：3-6.

[11] 中国注册会计师协会. 中国注册会计师执业准则（2020）［M］. 上海：立信会计出版社，2020.

[12] 中国注册会计师协会. 审计［M］. 北京：经济科学出版社，2019.

[13] 潘琰，朱灵子. 领导干部自然资源资产离任审计的大数据审计模式探析［J］. 审计研究，2019（6）：37-43；69.

[14] 李成艾，何小宝. 大数据审计组织方式的探索与创新［J］. 审计研究，2019（5）：23-29.

[15] 陈伟. 大数据审计理论、方法与应用［M］. 北京：科学出版社，2019.

[16] 汪寿成，刘明辉，陈金勇. 改革开放以来中国注册会计师行业演化的历史与逻

辑［J］. 会计研究，2019（3）：35-41.

［17］董东，王艳君，陈玉哲. 审计分析：从关系到大数据［M］. 北京：清华大学出版社，2019.

［18］吴勇，曹丹丹，李正西. 新审计报告中关键审计事项的确定、表达与披露研究［J］. 中国注册会计师，2018（11）：44-49.

［19］彭冲，胡重辉，陈希晖. 大数据环境下的数据式绩效审计模式研究——以X市智慧停车规划与管理项目绩效审计为例［J］. 审计研究，2018（8）：24-31.

［20］王会金，刘国城. 大数据时代政务云安全风险估计及其审计运行研究［J］. 审计与经济研究，2018（5）：1-11.

［21］牛艳芳，薛岩，邓雪梅，等. 审计大数据关联的网络分析平台构建及应用研究［J］. 审计研究，2018（5）：35-42.

［22］章轲，张冬霁，梁轩瑞，等. 大数据审计中要做到的"三个把握"［J］. 审计研究，2018（5）：30-34.

［23］蒋品洪. 论在审计报告关键审计事项部分描述事项［J］. 中国注册会计师，2018（4）：75-78.

［24］樊斌. 大数据审计分析［M］. 北京：高等教育出版社，2018.

［25］湖北省审计学会课题组. 大数据技术在审计全覆盖中的应用研究——以湖北省医保审计实践为例［J］. 审计研究，2018（1）：11-15.

［26］中国注册会计师协会. 中国注册会计师执业准则（2017）［M］. 北京：中国财政经济出版社，2017.

［27］陈宋生，韩晓彤. 我国民间审计发展沿革［J］. 商业会计，2017（7）：6-12.

［28］王英姿，朱荣恩. 审计学［M］. 4版. 北京：高等教育出版社，2017.

［29］鲍朔望. 大数据环境下政府采购审计思路和技术方法探讨［J］. 审计研究，2016（6）：13-18.

［30］刘星，牛艳芳，唐志豪. 关于推进大数据审计工作的几点思考［J］. 审计研究，2016（5）：3-7.

［31］郑伟，张立民，杨莉. 试析大数据环境下的数据式审计模式［J］. 审计研究，2016（4）：20-27.

［32］王家新，晏维龙，尹平，等.《关于完善审计制度若干重大问题的框架意见》学习笔谈纪要［J］. 审计与经济研究，2016（1）：3-17.

［33］涂子沛. 大数据［M］. 3版. 桂林：广西师范大学出版社，2015.

［34］秦荣生. 大数据、云计算技术对审计的影响研究［J］. 审计研究，2014（6）：23-28.

［35］翟群丽，魏志浩，崔瑞瑞，等. 河南省审计厅大数据环境下"五个关联"审计思路与方法［J］. 审计研究，2016（5）：14-19.

［36］VIKTOR M，CUKIER K. Big data：A revolution that will transform how we live，work，and think［M］. London：Hodder & Stoughton，2013.

［37］MCAFEE A，BRYNJOLFSSON E. Big data：the management revolution［J］. Harvard Business Review，2012，90（10）：60-68.

[38] MANYIKA J, CHUI M, BROWN B, et al. Big data: the next frontier for innovation, competition, and productivity [R]. New York: McKinsey Global Institute, 2011.